摄于2015年10月28日

雪

公元二零一四年二月七日,西于庄迎来了新年的第一场雪,使整个凝重的老区变得疏朗而寂寥,似乎要褪掉昔日的嘈杂与陈旧,于是我冒雪抢拍了雪霁中水墨的西于庄。

摄于2014年2月7日

摄于2014年2月7日

夜

公元二零一四年二月九日,西于庄上空刮了一阵风,卷走了多日不散的雾霾,天湛蓝而清澈,我伴着凛冽的寒风,苦苦等到天黑的那一刻,抢拍了夜幕下静谧的西于庄。

摄于2014年2月9日

摄于2014年2月9日

雨

公元二零一四年五月二十日,西于庄被绵绵细雨滋润了二十多个小时,仿佛连空气都淋湿了。绿色把这里的一切都渲染得葱笼而富有生机,于是我抢拍了春雨里馨香的西于庄。

摄于2014年5月20日

摄于2014年5月20日

問津文庫
津沽文化研究集刊第七种
主编　王振良

口述津沽

民间语境下的西于庄

（上）

张建　著

天津出版传媒集团
天津古籍出版社

图书在版编目（CIP）数据

口述津沽：民间语境下的西于庄 / 张建著. -- 天津：天津古籍出版社，2017.4
（津沽文化研究集刊 / 王振良主编）
ISBN 978-7-5528-0524-6

Ⅰ.①口… Ⅱ.①张… Ⅲ.①村史—天津 Ⅳ.①K292.1

中国版本图书馆 CIP 数据核字(2017)第 085010 号

口述津沽：民间语境下的西于庄（上下册）
张建 著

出版人 / 张玮
*
天津古籍出版社出版
（天津市西康路 35 号　邮政编码：300051）
http://www.tjabc.net
今晚报社印刷厂印刷
全国新华书店发行
开本 880×1230 毫米　1/32　印张 24.25　字数 540 千字
2017 年 5 月第 1 版　2017 年 5 月第 1 次印刷

ISBN 978-7-5528-0524-6
定　价：108.00 元

週末公休覓已暇春秋廿載立
生涯文章不作絕麟嘆攝影弗
爲靈績誇經夜老城化瓦礫千
年故事遠乘槎洛陽紙貴爭讀
甚口述津沽第一家

賀張建兄口述津沽三冊梓行維羣並書

烦闷银灯亦是暇定
街衢巷陌生涯询来
市井遨游民语古乡
贤故跡老聘人问得须
探舊跡渡跨人间直泛
新楹育文渡渾奏沉
梓曰述津洁第一家

贺张健新著出版王振良用姜维群口述津沽
第一家原韵和诗之一 张长勇漆书

西于庄·口述史料·公众史学

张利民

与张建的相识可以说是从神交开始——未见其人,先读其书。2009年至2011年,从天津文化遗产保护志愿者编辑的《天津记忆》中,我就读过张建写的《"老南市"忆往》(第4期)、《最后的南市》(第20期)、《口述堤头》(第32期)、《"新村"纪事》(第68期)、《老城夫妻》(第86期)、《走近铃铛阁》(第89期)。这些专集篇幅长短不一,但透出作者的淳朴与执着。特别2013年之后,问津书院编辑的《问津》中,又相继推出了张建《原住民口中的西沽》(第1期、第18期),不仅是真挚诚恳的文风和质朴生动的笔调打动了我,更是从其人的经历、研究方法和视域等多层次多角度,激发我要与作者见面进行深度交流的渴望。经振良学兄的热心引荐,我终于如愿以偿。如我想象中的张建一样,朴实诚恳的性格特点,天津人特有的热情和率真,让我真切地体会到"文如其人"这句话绝非妄言。

最近振良学兄希望我能为张建撰写的《口述津沽:民间语境下

的西于庄》贡献个序言，多次推辞未就，只好"遵旨"而为。其实，无论是作为张建的朋友和本人的西于庄情结也好，还是对天津地方史研究也罢，本人应该为张建的新作写点读后感和一些感想，算不上序言。

我收到书稿后，几乎是一口气读完的。张建用朴实简洁的文字记录下的普通人和事，再次成为张建人格与文风的集中展现，还有一点是勾起了我对西于庄的许多回忆。我曾经在西于庄旁边的中学上学，在距此不足三里的地方生活了十几年，尽管当时很少"远足"到此，但有一段时间几乎每天都从这里经过；另外，我的一些工作场景也在此书中再现，感触至深。对作者和作品极其欣赏的同时，也引发了我的些许思考。

目前，口述历史盛行，机构运作、名人效应等充斥媒体，似乎成为潮流。另一方面在研究群体中也有"公共史学"的流行。我也曾撰文涉足口述史等，但现在从张建的作品，可以总结出来的是，如何推动口述历史的本土化和建立中国特色的公众史学。

当前"公众史学"热潮的兴起，不仅为普通市民提供了更加趣味盎然的历史作品，丰富了他们的史学素养与精神世界，更重要的是为城市文化寻根与认同，为城市文化遗产保护提供丰厚的历史资源与明确的战略方向。从媒体人士到民间志愿者，他们都在为此默默地耕耘着。而张建正是凭借脚踏实地、贴近市民的工作，为之作出了突出的贡献。

公众史学需要赋予历史以鲜活生动的现场感。可是，西于庄却存在着历史遗迹遗址有限的不利情况。面对这样的困难，张建没有气馁。他花费整整一年时间，进行百余次深入采访，几乎是扎根西于庄，与八十户西于庄人的真诚交流与心灵碰撞，在此基础上整理形成了口述访谈。从他们娓娓道来的叙述中,从巷院住宅的穿梭中,用文字特别是充分展示其美术功底的素描配图,生动地拼接出并还原了西于庄发展虽然短暂却有滋有味的历史情境。重大历史场景历历在目,使读者仿佛身临其境,从而唤起了他们对这座城市历史上多少亲切的记忆。从这一意义上来说,《口述津沽:民间语境下的西于庄》采集的大量口述史料,可谓尽得公众史学将历史"在场化"的真味。

公众史学一方面把目光从帝王将相、名流精英投向了普通百姓,另一方面也积极引导普通百姓从他们自己的视角讲述历史。历史学的深入与发展,历史学的拓展与本土化,必须回归土地,"接地气",才能获得继续茁壮成长的深厚土壤。《口述津沽:民间语境下的西于庄》正是在这片热土上结出的丰美果实。热心率直,坦诚执着,善于沟通的性格特点,使张建很容易赢得普通百姓的亲近和信任,打开他们的心扉,这也为他能够担当起带领和引导市民共同保存城市记忆、共同书写城市历史这一重要职责提供了有利的先天条件。无论是西于庄口述史料还是西于庄采访日记,都贯穿着张建与西于庄人之间纯朴真挚的珍贵友谊。

同时,口述访谈绝不是简单的"请客吃饭"闲聊天,而是一件特别耗时费力的工作。也许是因为张建的特殊经历,从一名美术和摄影爱好者到一名摄影记者再到摄影部主任,每一步都留下了他曾经作为普通人为追求自己梦想所付出的汗水,所以他更能贴近普通人的心灵,更具有普通人的坚韧与执着。《口述津沽:民间语境下的西于庄》的日记部分,记录下了他风雨无阻,节假日无休,在西于庄大街小巷留下坚韧踏实的足迹,令人感动钦佩!

一座城市的记忆应当是凝聚了千千万万市民共同的回忆。一部可以超越时空的历史作品应该是对现实生活有所关怀、对民众心声有所回应、对过往岁月充满温情的文字。而张建以他对待摄影与口述工作的诚恳、踏实得近乎虔诚的态度,以他对西于庄人赤诚相见的心,做到了这一点。令我折服,令我钦佩。

2015 年 6 月

于庄·东于庄·西于庄

尹树鹏

天津北部沿河一带，有三个以于姓为名的村庄，他们是小于庄、东于庄、西于庄。20世纪50年代，我居住在小于庄附近的大闸口。60年代我又到东于庄附近工作，与此地老居民多有联系和交流。再加上我经常从堤头过河去西于庄购买不需要票证的廉价食品，故对三个带有"于姓"的地名很是好奇，为此还做了些寻访和探究。

先说小于庄。小于庄原名于庄子，前面没有"小"字，是个很古老的居民点，位于旧金钟河北岸不远处的一个高岗。1916年周学熙在此建立华新纱厂，拉动了周边地区的发展。纱厂正门到种植园有一条正南正北的大道，叫"华新大街"。在厂门附近偏北处，即为于庄子旧址。华新大街在水产学校处建有一座石桥，桥下有活水流过。此街两侧店铺林立，成为天津北站外最先繁荣的一条大众商业带。因为大量居民涌入，里巷建得稠密，很快将于庄子包裹起来，使它显得很"小"，故人们称之为"小于庄"。再后，外围房屋越建越多，"小于庄上坡"代替"小于庄"这一地名。穿过曲折的小胡同，可到达高岗的核心地带,上世纪五六十年代尚留有几处别致的青砖院落,可见当初这些最早的院落是多么宁静和空旷。

20世纪80年代地名普查时,据当地老者讲述,在金钟河出现以前的明代,这里是贾家口引河排水地域。土地十分肥沃,是明代皇帝赏赐给于姓的封地,后形成聚落称为"于庄"。1915年华新纱厂在此购地建厂,于姓土地逐渐失去,于姓人口也被外来居民所湮没。于姓中的一支沿金钟河向东迁移,在金钟河边现何兴庄一带落脚。其中有于姓大户盖有四合套瓦房,有自用水井和面积很大的水浇菜园。这家解放后被定为富农,其四合套房被没收,改为小于庄小学分校。土地则被压缩,但于家仍能靠着剩余的菜园生存,家中还有一架质量很好的黑驴大车,主人定期赶车到市里卖菜。直到1957年前后,于家主人因对合作化不满而被捕入狱,家属全部入社参加劳动。

但是在他当保长期间他对这一带的村庄取名何兴庄寓意为"河兴鱼(于)旺"。这是天津以于姓命名的村庄,但于姓的祖坟在北运河东岸现609电缆厂一带再往东又有王家大坟,故此村落称于王庄。它们形成与明代永乐年间。于姓虽然为这一带的大户名门但人丁不兴。倒是王姓很是发达,到民国初年此处有王、刘、殷三个大户。成为这个村的主体。以后的岁月杂姓逐渐增多,于姓又被淹没。上世纪九十年代老河东粮店街拆迁时我曾亲自目睹一些清乾隆时代残存的土地买卖的文书官契。上面明显的写着有于王庄的村民购买此处田宅。上面并没有"东"字。可见当时不会有西于庄。西于庄的出现是清代中期,当时大清河和子牙河不交汇分别汇入北运河,西沽的老河口就是大清河和北运河的交汇处。西沽位于两条河的夹角处,是一个金元时代的村庄。而在附近大清河的西岸,在雍正年间出现聚落。到道光年间,始称"西于庄",也称"西于王庄"。有桥和西沽相连。在以后的地图和文献中,西于王庄和西于庄动态使用让人非常费解。以至于史志部门、地名部门都很难确定谁在先谁在后。我查遍从清代到民国的各种地图和文献,通过空间区位的分析我认为东西于庄的东、西二字几乎是同时出现的。它们应在西于庄初步繁荣之时。东于庄是明代村庄无疑,但其始终没有发展成区片。因为其西为河,其东为塌河淀减引河的放淤区,而后又出现铁路分割,锁住了它的发展空间。而西于庄位于大清河畔,是西河水路的要冲,其河堤又是通往韩家墅的旱路。因此西河流域的人到此处谋生极为便利。大红桥建成后此地又成为出北门通京畿的必经之处,西于庄的发展很快超过了东于庄并很快发展成区片。到民国期间此区片仍完整的保留着关帝庙大街、红桥北大街、屠宰场、公所大街、刘家胡同、富宝里、小辛庄并和子牙河上的大红桥及西河码头连成一片。在以后的岁月中,它的发展速度超过了西沽。成了红桥区的核心地带。但子牙河和1912年建成的京浦铁路锁住了其北部的界限。东、西于庄到底是一个什么关系呢?我认为完全是地名习惯所造就,两者仅有空间和区位的对称,没有从属和人际关系。但东于庄在前,西于庄在后。西于庄跟于姓没有任何关系。应是西于庄规模很小时以东于庄为方向坐标而得名。这已经是清末的事了。

  东、西于庄的得名和渔民、渔业都没有关系。在农耕时代,天津的河淀地区特别丰水,各个村落都以打鱼为生。但没有以渔业为主的村落。东于庄如此,西于庄也如此。根据捕鱼的规律,天津的南、北运河因航船繁忙、水道狭窄,渔业资源很少,不利捕鱼。水势较大的子牙、大清及诸多减引河因与天津各处的诸多洼淀相连,渔业资源相当丰富,捕鱼的渔民多一些,但他们多为渔耕兼做。西于庄早先位于大清河故道,是一条下游经常决口的河流,打鱼并不顺畅。近代大清河、子牙河交汇后,子牙河与西于庄之间有空旷的土地分割。为什么西于庄建有渔民村呢?它们在西于庄落户已是上世纪五六十年代的事了。清代山东省金乡县因位于微山湖附近有一些渔民在水面谋生,其中张、孙、杨、王、胡、石等十几户在1855年黄河在河南铜瓦厢决口前夕经南运河到达河北,而后因大运河南北中断,不能返回山东,遂北上到海河流域捕鱼。他们分成两支,一支在海河下游及东部支流与渤海沿岸捕鱼,另一支在海河西部的支流捕鱼,非常艰苦。没到冬季封冻季节,他们便在河边陆地盖些窝铺就地越冬。直到上世纪五十年代,他们还过着这种飘荡不定的生活。为安排他们的生活要给他们上户口,供给他们粮食、供其子女上学,因此市人民政府决定:由北辰区将他们管辖起来!

1962年北辰区人民政府接管了经常在子牙河畔过冬的"红桥渔业队"又称"西于庄渔业队"和在河北区新开河耳闸附近的"京津渔业队"共16个生产队近800人。共有大小船只134只,至此,西于庄的渔业队在西于庄周边地区建房,京津渔业队在耳闸的基础地面建房,因西于庄渔民的特殊身份,他们的粮食供应既不是城市的水平也没有农业户口的粮食自给保证。副食供应水平较低,又因西于庄地区人口稠密,渔民家庭比较贫困,自认为矮人一等,所以有了黑户的自称。就因为此处有很多渔民居住,人们把西于庄的得名和"鱼"字联系起来是不符合实际的。西于庄大规模出现渔民定居是上世纪五六十年代以后的事了。

让我沉迷的西于庄

张 建

有好友开玩笑说,就冲你对西于庄这么牵肠挂肚,应该到那里去任职。其实,在我步入西于庄之前,对那个地方根本不了解,只听别人说过,西于庄有点"野"。所以在我采访西沽的三年里,竟没到一街之隔的西于庄去看过。那时,我觉得弄完了西沽,就该结束我的"口述史生涯"了,这些年因为做口述史把我消磨得已经力不从心。然而,刚刚步入2014年,西于庄却扑面而来,并且来得很匆忙,它不断提示我,这个承载着万余户的老区不久将会消失,于是我那扇虚掩的闸门一下子被激情冲开。从2014年1月13日启动西于庄采访至2015年5月,共探访这个陈旧的街区100多次,深度采访36个老住户,整理访谈录10多万字;拍摄西于庄老街旧巷82条;记录拍摄了100个原居家庭;考察记载了十几处历史遗址;拍摄了有年味的老门100扇、收录春联100副;手绘《西于庄旧貌复原图》26幅、平面示意图3幅;汇编完成《图说西于庄》画册并留下12万字的《西于庄采访日记》。

不知不觉西于庄让我沉迷其中,有一个阶段,经常半夜醒来再无法入睡,那些老人的音容笑貌一幕一幕地浮现在眼前,就像患了强迫症,生怕有什么遗漏,生怕做不到位,于是就没完没了地往西于庄跑,然而越跑头绪越乱,越跑想法越多,越跑压力越大,越跑干劲越足。现在回过头来想想,自己都感到不可思议,好些西于庄人以为我就是土生土长的老住户,甚至有些日子不到那里去,他们会找借口约我来聊聊。2015年春节,我特意跟几位采访过的老住户道别,他们恋恋不舍地把我送到胡同口,忽然不知道说什么好,其中有位老奶奶打破沉默蹦出一句:"让柳二爷保佑你吧!"这句话至今还萦绕在我耳边。我想,很多西于庄人会记住我的,今后人们也会通过我的呈献记住西于庄的。

画意西于庄

想说诗情画意的西于庄,只因本人不擅长写诗,所以减掉俩字。但是西于庄的画意是存在的,它不仅在我的眼里,也在我的心里。

我从小就喜欢画画,三四岁的时候站床头在墙上画;五六岁的时候蹲胡同在地上画;七八岁的时候登桌子在黑板上画;十几岁的时候伏案子在大字报纸上画,然而最终没能成为画家。上世纪70年代末也曾想过要报考美术学院,可基本功实在太差,于是就到第二工人文化宫去补习,只是随着年龄的增长,这个愿望变得淡漠,渐渐成为工人圈里会画画的,美术圈里会打杂的。不过,我还是承认自己有这个天分,不论哪种艺术形式,接受起来都特别顺畅。喜欢泥塑的时候,一上手就得到"泥人张"传人的肯定,后来还拿了奖;喜欢粘贴画时,羽毛画、贝壳画都尝试过,最后用吹塑纸作画达到顶峰,不仅入选第一届民间艺术作品展,也拿了奖;喜欢集邮的时候,一上来就手绘纪念封,不仅参加了天津市的集邮展,还成为一个时期天津地方发行首日封的主要设计者。我的原则是,无论爱好什么,都不能耽误本职工作,都不能影响政治上的进步,所以弄得我在工人圈里像搞政治的,在干部圈里像搞艺术的。以后迷上了摄影,这一次终于在多年的寻觅中找到了目标,于是把以往的艺术感知全部融入其中,使我在这条路上越走越远。

夜幕下的西于庄静谧而深沉

有人说,会画画的人学摄影特别快,我深有同感,不是有句老话:艺术都是相通的嘛!摄影与绘画的重叠之处就在于,都讲求构图、色调、质感、意境,不同的是一个用笔,一个用镜头。正因为我受绘画艺术的熏陶,在从事摄影后才缺乏忧患意识,眼睛里总是充满了美感,拍什么都力图有种画意在其中。这次拍摄西于庄棚户区,同样怀着这样的心境,在确保客观记录的同时,尽可能拍的比实际见到的要好,而实现这一点不仅勤于思考、做好准备,还需听候老天爷的安排。

2014年2月7日,西于庄迎来了新年的第一场雪,整个老区变得简洁而寂寥,似乎要褪掉嘈杂与陈旧,于是我冒雪抢拍了雪霁中水墨的西于庄。

2014年3月10日,西于庄上空刮起一阵风,卷走了多日不散的雾霾,天湛蓝而清澈,我伴着凛冽的寒风,苦苦等到天黑的那一刻,抢拍了夜幕下静谧的西于庄。

2014年5月20日,西于庄被绵绵细雨滋润了二十多个小时,仿佛连空气都淋湿了。绿色把这里的一切都渲染得葱茏而富有生机,于是我抢拍了春雨里馨香的西于庄。

或许这就叫"天道酬勤"吧!呈现画意的诸多元素都交给了我,"我用信念当支架,用对生活释解的密码去调光,用心灵感应来构图,拍出了我之所见,我之所想……"(摘自1995年《恬静的时空——张建摄影作品选》)。画意西于庄,应该说是我对这一老区的回馈,在我采访西于庄的几个月里,得到诸多百姓的理解和支持,那种和善、那种真诚、那种淳朴,必将化作美好布满整个像素。

挖掘与寻找

比起早先采访过的西沽、堤头、南市、铃铛阁,西于庄不仅历史积淀有限,而且没留下任何有分量的文物古迹,就连像点样的青砖四合院都少得可怜,在寻访有资历的老人时,他们讲述的西于庄历史,大多从20世纪40年代起始,并且第一句话先告诉你,"以前这里嘛都没有,全是水坑和稻田。"这就意味着,西于庄形成于二三百年前,但它发展相对缓慢,特别是有钱的、有权的、有影响力的豪门贵族都集中在老城里及周边一带,或者与西于庄一街之隔的老西沽,唯独没有选定这块所谓的"蛮荒之地"。用西于庄人自己的话说,在这落脚的,除了宰猪的、拉车的,就是"打小空儿"的,一般人都不愿往这扎。

到底西于庄还有没有值得挖掘的历史遗迹呢?从红桥区文物部门了解到,整个西于庄没有几件正式列入文物保护名录的项目。按理说,这倒省心了,用不着再费劲把火地深究渊源与背景,或者没完没了地拍个不停。可是,在采访了第20个老西于庄人之后,我忽然对这个区域有了新的认识,也就是在访谈过程中,逐渐凸显出西于庄的个性,我觉得任何个性的背后都存在着自然形成的社会基础,其中就包括带有标志性的实体与建筑。于是,促使我把挖掘和寻找西于庄的遗迹遗址当作抢救"最后的西于庄"中的一部分。

根据大量知情人提供的线索,我罗列了30多个点位,最后经过考察、比对,决定把界线划在20世纪50年代之前对西于庄人曾产生过一定影响的遗迹、遗址。其中有的能查到文献记载,有的完全靠田野调查来复原当时的情景。比如,让西于庄人津津乐道的柳二爷庙,既没有丁点的痕迹,也没有丝毫的记录,要寻找它的准确位置,只能靠残存的老街巷来做参照。之所以将其列入历史遗址,就因为它曾经是西于庄文化生活的中心,每年都举办盛大的出巡活动,周边各路民间花会在此献艺,它对西于庄民风的形成起到至关重要的作用。再比如,西于庄人家喻户晓的屠宰场,应该说是西于庄人加速聚集的诱因之一,很多西于庄人的祖辈都曾经在屠宰场或与之相关的行业谋事由,这种技术含量低,靠着一把子力气养家糊口的就业方式,吸引了大批河北省及津郊农民来此谋生,进而安家立户。与之相类似的还有西于庄的渔民和农民,这三部分人的相融,构成了西于庄的主体。由此说,寻找和确认他们的发祥之地，应该具有一定的意义。

总而言之，我所考证和收录的这些所谓的遗迹、遗址，即便不被权威部门承认，也没什么大不了的，我只是尊重它的真实存在，为此我乐此不疲，这就足够了。

最下功夫的一次

如果要从1995年拍摄老城胡同算起，至今已经20年了。这期间，我拍过的胡同数不胜数，而2014年我在拍摄天津最后一片较大规模的棚户区——西于庄的老街旧巷时，却发现它是我所拍过的胡同中最杂乱的一次，然而又是我最下功夫的一次。为什么说西于庄的胡同比较杂乱呢？这就得从西于庄的地域构成来分析，它南靠子牙河，堤岸平缓，难敌水患，多为菜地；西面和北面均为广袤

沧桑的西于庄被雪覆盖显得异常简练

农田,中部布满沟壑、坑塘,唯有东部尤其是东北角一带相对平整,成为人们安家落户的首选。不仅如此,这一带与西沽难解难分,虽有一路之隔,但人声鼎沸的驴市和香火旺盛的龙王庙,都给西于庄带去了经久不衰的人气,尤其是西沽的盐店街与西于庄的当铺西街相对应,更是深受豪门富贾的熏陶。从资料记载来看,这一隅最早形成的胡同距今约300年,可见西于庄无疑起源于此。然而也正是因为地形地貌的限制,这种局部的缓慢的繁华竟然延续了上百年,直到20世纪40年代,特别是解放以后,西于庄的城防大堤以东,西于庄大街以南才开始大规模的填埋、筑巢,而选择在此生根的,又多为靠打零工、卖苦力维持生计的穷苦大众,他们从住窝棚开始,后搭建土坯房,再后来随着日子的一天天好转,逐步翻建成砖瓦房。但是,几十年来由于人口的剧增,本来就缺乏规划的居住区,更加速了私搭乱盖的进度,胡同和街巷七绕八拐,走进去就如同步入迷宫,有的胡同甚至仅能容纳一人通行。

  为什么说这次拍摄西于庄胡同最下功夫呢?还不单单因为西于庄胡同的杂乱,主要归结于这种不灭的胡同情结。2011年底,多家媒体刊发了西于庄将要拆迁的消息,也许人们都在忙着过年,似乎并未引起广泛的注意,而我却坐不住了,2012年春节一过,就单枪匹马地穿梭在西于庄的大街小巷,大约用时一周,便把西于庄(新红路以南)的78条胡同全都走了一遍,心想,爱拆拆去吧,反正都在我镜头里了。然而,一年过去了,西于庄依然如故。2013年,又是年底,媒体再次把西于庄拆迁改造的消息放在了头条,所不同的是当年12月27日,国务院总理李克强到西于庄视察,给这里的居民带来福音,一时间西于庄棚户区改造成了热门话题,并定为红桥区委、区政府的"一号工程"。各路媒体和摄影爱好者纷至沓来,搅得我又坐不住了，甚至好几宿没睡好觉，于是从2014年1月13日起，我用新的感知，再次返回西于庄的老街旧巷，不仅补齐了新红路以东其他遗漏的区域，还完成了"雪中西于庄""雨中西于庄"和"夜幕下的西于庄"等延伸的专题。特别是我结合相关资料对西于庄的82条老街巷的历史和现状进行了考察与核实，并整理出简要的说明，相比以往有了明显的改进。

定格那么一种状态

近年来，我在已经动拆或计划动迁的老区里，累计采访了150多个家庭、200多位原住民，拍摄了大量图片，整理和撰写了几十万字的口述史资料。也就是说，始终围绕着老家、老院、老胡同做文章。

可是，面对西于庄这个将要消失的棚户区，我首先萌生的想法，依然是下力量再拍摄一组"老家庭"。不是一直没离开过老家庭嘛，难道还要重复过去吗？这次跟以往涉及和展现的老家庭不一样，它将是系统的、简约的，带有标记性和图解式的，或者说是用摄影语言来诠释生活内涵的。经过反复思忖，最终决定这组"家庭"将用"内""外"两个视点来表达，以相对静止的手法，实现对生存环境最大限度的浓缩，从而取名《老家·老院》。

一开始气魄挺大，准备拍摄100个家庭，可真正实施起来，才知道难度有多大，于是把目标砍掉一半。假如你坐在屋里凭空想象这件事，并不觉着有多复杂。一名主流媒体的记者，主动登门为那些即将迁离的老住户留个影，不仅分文不花，还送给大照片，这等好事还能拒绝吗？问题是在表像里还夹杂了隐秘的思路：第一，所

《老家·老院》100 例之桥北大街关桥胡同 7 号廖鸿祺家

拍摄的家庭尽可能分布广泛，照顾到"面"；第二，被摄者要配合我托举带有自家门牌号的写字板；第三，还需拍摄一张室内的陈设并接受简要采访。这三方面，环环相扣，缺一不可，尤其我还要求每个画面里都要有春节的元素，也就是说《老家·老院》必须在正月里拍摄完成。

　　把自己的主观意识，转换成双方的互动，需要讲多少道理才能得到理解如此天真的想法被现实击得粉碎。老百姓根本听不懂大一堆"绕口令"，他们不关心你要干什么，只考虑自己别失去什么，在经过多次碰壁之后，我忽然把拍摄理由进行了一个逆转，并精炼成两个字："帮我"。由开始的我愿为你做事，变成请您帮我做个事。

当"主仆"颠倒之后,心结一下子被打开,最顺利时,一个下午连采访再拍摄可以完成10个家庭。

西于庄的老百姓特别朴实,或者说这是大杂院的共同特点,他们直来直去很少隐讳,诙谐自嘲其乐无比。就说我那块让他们托着的写字板吧,很多人自然联想到"文革"挨批斗时的情景,大家插科打诨,消除了尴尬。

《老家·老院》是我自己给自己设定的课题,是把"创作"与记录相结合的探索。2014年春节期间完成了80户,本以为再没有机会了。谁知,2015年春节,西于庄并没有按计划搬迁,让我补齐了最后的20户,实现了既定目标。可以说,它囊括了原住民的真实状态,"老家"和"老院"互为补充,构成了一个家庭的整体,而门牌号又是每个家庭的代码。在《老家·老院》里,似乎强调的主体并不是家庭的主人,而是这个家庭赖以生存的环境,无论一砖一瓦,还是一盆一罐,都浸透了几代人繁衍生息、拼搏进取的美好愿望,这个预留的空间是让人们慢慢填充故事的……

门,好似书的封面

春节期间,大规模地把镜头对准老区旧宅的大门,这已经是第三次了。头两次侧重于西沽,每次起码拍摄100扇贴着对联、吊钱、门神、福字的,布满年俗文化的,火红耀眼的家门,我曾给这个专题起名为《门上的春节》和《百乐门》。

2014年,宣布西于庄棚户区改造的消息,正值春节前夕,特别是李克强总理在视察西于庄时,向当地老百姓郑重承诺,力争让这里的居民能在新房里过下一个春节。这就意味着,2014年的春节，很可能是西于庄人在老地方过的最后一个春节。正因如此，很多人都把这个春节当作辞旧迎新的"特别仪式"，所以当春节来临时，西于庄的家家户户都张灯结彩，喜气洋洋，似乎比哪一年都更显火爆，而花费心思最多、年味最浓、最集中的，莫过于那扇薄厚不均、轻重不一、新旧不同，且自成一体的家门。

过年贴春联依然是西于庄人的风俗之一

起初，并没想重复以往再拍一组"门上的春节"，当时全部心思都放在了《老家·老院》上，从腊月二十八到正月十五，只要有空就一头扎进西于庄的老街旧巷，苦苦地寻觅着采访对象，为的是让《老家·老院》中的每一个画面都留有"年"的痕迹。在孤独寂寞甚至煎熬的寻访过程中，为了填充精神的"空白"，我走一路，拍一路，尤其胡同两侧那一扇扇充满喜悦、欢快的门户，无法让我与之擦肩，正应了小贩经常吆喝的那句话：走过、路过，不能错过。于是，就这么拍来拍去形成了规模,进而想,何不再拍它100扇门呢!

  于是,我在保证《老家·老院》和《老街旧巷》正常推进的同时,见缝插针开始了"百门"的拍摄。这次拍摄比以往更加严格,不但每扇门要完整、清晰,有独立的门牌,还必须限定在西于庄老区范围内,其目的就是强化史实性,避免张冠李戴。也许有人会说,门牌号也算个问题吗?的确如此,自然流失除外,还有不少"门牌爱好者",经常是房子还没拆,就把门牌先"请"走了。所以,拍100扇门,至少在500扇门里挑选,最后确定的这100扇门,至少要拍出120扇门做备份。另一个难点是,许多胡同宽不足两米,眼看着门上的精彩,却打不开镜头,也就是说,任何一件看似简单的事情,在实施过程中总会有其不简单的一面。

  100扇门,被静静地"截取"下来,有些花枝招展,别管门扇多旧、多破、多么的不起眼,一旦"中国红"浮在上面,就好似飘来一抹祥云,你会因此而激动。门,关上它立刻把世界切割到最小,而打开它,又瞬间成为世界的全部;门,其实就是一道槛,迈出去才知道外面有多大,走进来才知道家有多温暖;门是一道屏障,关上它挡住了一切外来的喧嚣,打开它呈现出不一样的风景;门,是书的封面,每天开开合合在不断续写着平淡无奇却又感人至深的故事。

复原记忆碎片

  在采访、拍摄、探究西于庄的日子里,当地百姓在大量的口述追忆中,均以居住地为中心划界,然后围绕一个重要参照物来展开,这也算是口述历史的一个特点在"视觉范围"内说事。比如,在大新街一带访问,别管从哪个话题切入,最后总要提到"忠善堂",

俗称"柳二爷庙"和"大车店"。又如,到屠前大街一带走访,屠宰场和猪栈是永远躲不开的话题。再如去郭家菜园跟百姓聊天,那自然就是"渔民"和"码头"了。有意思的是,住在大新街附近的居民对屠宰场一知半解,住在屠前大街附近的居民,也说不清"柳二爷庙"是怎么回事,其实两地就相隔一二百米。

没接触西于庄前,对其一点也不了解,随着步步深入,我感觉这个区域很特别,它与我采访过的西沽、堤头、铃铛阁都不一样,单从居民组成来说,恐怕再没有之其相比拟的了。据我了解,西于庄由三部分人组成,即:农民、渔民和市民。农民隶属于西于庄农业大队,渔民隶属于西于庄渔业社,市民则隶属于各自所在单位或居委会。这种格局一直延续到20世纪90年代,针对这三部分人的相关政策也是五花八门:渔民第一代身份证的家庭住址,均为自家的"渔船编号",他们生产作业由水上派出所管理,粮油及其他票证配给由街道负责;再看农民,用他们自己的话说,手里拿的都是"黑户口"(市民叫"红户口"),他们挣工分,靠天吃饭,不过,子女用不着上山下乡,他们不但有宅基地,还可以种菜、养猪;而作为邻居的市民连鸡都不让养,在农民和渔民眼里,市民的待遇和身价远远高于他们,市民不但有固定工资,而且拥有各种福利,从结婚生子到上学就业,都有相关的政策保障,所以"黑户口"变身"红户口"是渔民和农民梦寐以求的。

这些散落的记忆碎片,都植根于他们各自的生活圈,独特的生存环境造就了西于庄人细微的差异,其中包括生活品位、风俗习惯、文化信仰等等。遗憾的是,有关西于庄的史料记载,特别是影像资料实在少之又少,而老百姓提供的线索又呈现碎片化和不确定性,进而让我联想到,能不能通过见证人的多方位指认和细节描

根据众多口述者描述和实地考察,绘制了一批复原示意图

述,借助画笔将带有标记意味的建筑、场景、物件加以"复原",以佐证口述历史的真实性和可信度。这个思路形成以后,时不时在我脑海里萦回,进而触发了我的创作欲望。此前,我不清楚有没有人用过这种方法,也没找到相关的参考,因此,涉足这个领域,对我来说也是个不小的挑战。虽然我很喜欢画画,但基本功薄弱、驾驭能力不足,并且几十年没动过画笔,能不能达到预期效果心里没底。

探索,是我从事口述史多年来贯穿的一条主线。正因如此,我始终处在想怎么干就怎么干的状态中,没有任何条条框框,满脑子就仨字:"留下来"。至于用什么方式更贴切,完全在探索中尝试和辨析,所以,练就了敢想敢干的处事风格。

"复原记忆"的第一幅作品是从"柳二爷庙"开始的。这座庙宇虽然早已消失，但在部分西于庄人的心目中仍然至高无上，为了较为准确地绘制出"柳二爷庙"的布局、建筑模式及外貌特征，先后走访了若干见证者，细致到门窗什么样、砖瓦什么样，尤其院落中的那棵老树，有的说是"歪脖树"，曾吊打过"犯人"，有的说，高大无比直冲云天。后经多方核实，该树就是普通的老槐树。动笔之前我思考再三，最后确定采用钢笔素描技法，其特点简洁清晰，便于营造气氛和表现质感，只是难度较大，在行笔过程中不允许有任何的涂改，线条的排列及轻重均需一气呵成。

"柳二爷庙"复原图在经过多次"论证"后出炉，并得到当地百姓的认可。之后，又根据原住民的口述，复原了"西于庄天主教堂""大同门炮楼""乐善里""内河局码头""小鬼庄""城防大堤""大红桥"等。特别在复原西于庄重点产业"猪栈""屠宰场""大车店"时，为再现昔日繁盛的景象，不仅要求建筑形态逼真，就连人物衣着、使用工具、劳作程序、周边环境等等，都尽可能表现出当时特有的氛围。比如屠宰场大院儿内主厂房、库房、水井及其他设施的朝向、位置、外观等，被访者经常说法不一或含含糊糊，我只能一边听，一边在本子上用画笔，把零碎的语言转化成图形来启发和提示受访者逐渐恢复记忆。确认一点，保留一点，之后再把一堆"散件"组合、拼接出可供"纸上谈兵"的草图。一方面可以带到实地加以考察；另一方面可以接受群众的品头论足。"复原记忆"的举动也感动了不少当地百姓，有的老人几宿睡不好觉帮我回忆甚至勾勒草图，有的老人为证实一个说法，主动寻访知情者或推荐访谈对象。虽然我笔下的每张图都属于"情景再现"，但还是力求严谨、写实，绝不凭空臆造。有的复原图在落笔时有意将现存的历史参照物与消失的场景叠加在一起，尽可能体现出"实地、实景"效果，使其具有一定的参考价值。

从事口述史这么多年,还是头一次把绘画用上,既感到意外又觉得欣慰。意外的是,不知触动了哪根神经,忽然打开了我的另一扇窗,为我的口述史收集、整理、研究增添了别样之处。欣慰的是,一直荒废的绘画爱好竟然循着历史的足迹起死回生,寻找到最合适、最有意义的用途。假如在口述史领域,能把撰文、摄影、绘画融为一体,且娴熟运用,真可谓"三驾马车"齐头并进了。

完于 2016 年 8 月 4 日上午

目 录

001 **序言**：西于庄·口述史料·公众史学 / 张利民
005 **述论**：于庄·东于庄·西于庄 / 尹树鹏
009 **自白**：让我沉迷的西于庄 / 张建

上　口述编

001 **王景生**
　　　附：王崧《我的一生》
043 **朱凤桐**
063 **胡成才**
069 **王国才**
077 **张淑珍**
083 **倪凤起**

- 091　武清义
- 097　马增合
- 103　赵大萍
- 107　王改弟
- 111　王起才
- 117　曹家中
- 125　李震华
- 135　邓淑玉
- 141　陈德沛
- 147　刘景岗
- 153　朱淑兰
- 159　赵富荣
- 165　张连珍
- 171　张克敏
- 177　卢炳慧
- 183　王景龙
- 191　郭宝奎
- 197　胡德芝
- 207　李忠义
- 213　崔桂琴
- 219　韩静轩
- 225　王景召
- 235　丁文明
- 245　李学成

257 朱广祺

265 韩庆富

275 李宝增

281 樊宝珍

287 周学珍

295 白桂珍

下 日记编

301 引子

303 2014年1月

337 2014年2月

393 2014年3月

449 2014年4月

461 2014年5月

475 2014年6月

485 2014年7月

501 2014年8月

527 2014年9月

569 2014年10月

613 2014年11月

619 2014年12月

639 2015年1月

651 2015年2月

691　2015 年 3 月
703　2015 年 5 月
713　2015 年 6 月
723　尾声

724　后记 / 张建

王景生

采访对象：王景生（1952 年生）
采访时间：2014 年 1 月 13 日（星期一）
采访地点：屠前大街 52 号增 2 号

我祖父要活着得一百二十多岁了，祖籍是蓟县，最早在村里教私塾，后来学做买卖到了天津。我祖父字写得好，跟华士奎是同时代的，但他学的是"张体"，张裕钊①，也叫张廉卿。"张体"在咱们国家不太推崇，他曾国藩的幕僚，写过的奏折或信札，有不少都是反对捻军的，所以受到一些影响。其实他的字造诣极深，独创了"内圆外方"的张氏书体，可是学这种体的人不是很多，我祖父特别喜欢他的字，七十七岁的时候，自己用小楷写了一本书叫《我的一生》②；八十多岁的时候，给我们十几个孙子、孙女每人抄录了一本《毛主席诗词》。解放以后，他在东北角给人家写牌匾、写锦旗，老爷子形象也好，八十八岁时满口牙还都好好的。大红桥照相馆一见这老爷子，非要给他拍张照片，结果放在橱窗里陈列。另外，我祖父算盘打得好，他可以两手同时打，最厉害时在"宜彰工厂"③任总账房。他合账没有反复的，一遍就准，所以到年根儿底下净有商家请

---

①张裕钊（1823—1894），近代散文家、书法家。字廉卿，号濂亭，生于鄂州市梁子湖畔东沟镇龙塘村的一书香世家。16岁考取秀才，第二年中举人。20多岁考取国子监学政，官授内阁中书。主试官曾国藩赏识其才，亲自召见，收入门徒。张裕钊与黎庶昌、薛福成、吴汝纶等被人合称为"曾门四学士"。张裕钊书法艺术造诣极深，其源于魏晋，突越唐人。济刚柔俊逸于毫端，创造出一种内圆外方、疏密相间的独特书法。具有劲拔雄奇、气骨兼备的特色。张氏在运笔、转指、用墨、用水等技巧方面，皆有其独到而突出的方法。
②《我的一生》为王景生的祖父王玉含，在1964年77岁之际，用手书记述坎坷经历的自传体读本。2013年其孙王景艺复制数本留给后人传承。
③根据王玉含先生《我的一生》中记载，宜彰工厂为私营帆布厂，总经理李政庵，大股东冯梅臣，股东中还有詹天佑、周学熙、曲同丰、魏信臣等。

他。我祖父的记忆力特别强,也跟他勤学好问有关,每天必须看报,只要报上写了天津又建了什么项目,别管多远也走到跟前看看,他的长寿秘诀就是"走",每天吃完早点,一走就好几个钟头。

我祖父在他写的《我的一生》中,很详细地记载了自己的坎坷经历,其中有那么一段"千里寻父"的故事:曾祖父小的时候,我高祖总是看了不上

旧宅内部

旧宅外观

他,那滋味能好受嘛,既然如此,就谁也不靠,自己闯荡去,按现在的说法,就是离家出走了。开始还有个音信,时间一长就彻底失去了联系。当时我祖父已经十六岁了,人长得也壮实,就跟他爷爷说,要出去找父亲,毕竟他也多年没见自己的儿子,高祖一听就答应了。于是,我祖父背着个小包裹,先到了北京,然后根据好心人提供的线索,一步步就来到了山西洪洞县,结果历尽千辛万苦终于找着了!"千里寻父"的事在当地一下子轰动了,有个当官的看上我了祖父,悦着把闺女许配给他,还专门吃了顿饭,男女双方也都见了面,

王景生父亲王家驹与母亲张月琴合影(摄于1947年)

我祖父说,这事得回去跟爷爷、奶奶和妈妈说,他们同意就再回来。可是,在返家途中遇上劫道儿的了。所以回家一说,这么乱,干脆别去了,这门亲事也就没成。后来找的宝坻县城一大户人家的大小姐,生了一个闺女、俩小子。我这个姑姑,又能说,又能干,乡里四邻有嘛事都找她,可是命不好,产后风死了,就剩下我父亲和我伯伯。说起我伯伯,他的贡献在哪呢?他是天津快板的创始人,叫王家骏①,跟董湘昆、李润杰、崔文和、谢连科是一伐儿的,到北京演出还拿过奖呢!

我祖父一来天津住在西头,后来搬到哈尔滨道,当时都是租的房,再往后碰见了高二奶奶,他一听我们家的状况,就说乐善里有我的房,你们住那吧!这么着,我祖父就拉家带口来到了西于庄。虽然有了落脚的地方,可乐善里的房子实在太小。有一天我祖父跟朋友肖碧元聊起这事,他一听就说,那还不如住我那去。肖碧元是胜芳的财主,在西于庄有自己的猪栈,他和我祖父经常去居士林,一来二去俩人走得挺近,特别是肖碧元喜欢我祖父的字,这么着,我

---

① 王家骏(1926—1984),天津人,天津恒源纺织厂、天津工业用呢厂职工;天津快板创始人、演员;中国曲艺家协会天津分会分员。代表作《火烧望海楼》《夜战海河》《肯尼迪惊梦》等。

们就来到了乐善里斜对面的肖碧元猪栈。当时这院子老大的,开始我们住靠北的两间房,后来有人要租房,我们就搬到边上的两间小矮房。那会儿正赶我爸爸去包头支援三线,待了一年,把挣回来的那点钱就用在了房子"长高"上。记得周伯伯、崔伯伯都过来帮忙,我爸爸挑水,那时多盖几间根本没问题。这院儿能装下十辆马车,赶车的人把马卸下来,晚上就睡在大车底下。我哥哥练武术、我弟弟学自行车,都在大院里,我们周围根本没有房子,出门只能看见乐善里,现在的国庆里原先是大臭坑。

再说我祖父不是在东北角写字嘛,五几年合营时,他主动放弃了。为嘛呢?进了单位拿月钱,还不如就这么自由自在,写几个字拿几个字的钱,倒挣得多,后来岁数大了就不干了。

我爸爸呢,解放前在"新新"学裁缝,出师以后几个人合伙开了间裁缝铺。我伯伯就跟我祖父说,干裁缝能赚几个钱?还不如跟我干橡胶呢!因为我伯伯这人聪明,又是高中生,我祖父特别信任他,于是哥俩在西头就开了个橡胶厂。要说是挺不错的,可解放战争一打响,东北老客把货都拉走了。这边没法去,那边也没法来,这么着赔了不少钱,加上厂里的锅炉还爆炸过一次,就彻底死了心。解放以后,我父亲在市政干了两年,然后不就去包头了

王景生1969年入伍时留影

王家驹(前排中)与四个盟兄弟合影(摄于1944年)

嘛,待了一年来的,辞了工作回到天津,起初在天钢,铸锻件厂一成立后,又调到那边,就是后来的天津重型机械厂,他在炼钢车间负责配料。以后厂子招家属,我哥哥当时还没毕业呢,就把年龄多报了一岁,进了"天重";我姐姐呢,考的"天重"技校,半工半读,当然留在了"天重";我四弟七九年顶替我父亲接着去了"天重",我们家跟"天重"有缘啊!

我们家七个孩子没一个下乡的。我六八届,当兵走了,我妹妹七零届,正赶全留,后边闹着返城也就没人再去。我爸爸叫王硕昶,他原名叫王家驹,总觉得不好听,自己查字典重起的。

我母亲是个非常要强的人,我爷爷、我姥姥,加上七个孩子,一共十一口人,最困难的时候偷着卖血,你想我们小时候多能吃啊!在小淀(今北辰区小淀镇)劳动时,我一顿能吃七个大馒头。我爷爷为此给我编了个顺口溜:王景生瞪大眼,天天吃饭抢大腕,盛又盛满又满,别人一说还翻脸。哈哈哈哈……就这样嘛,我爷爷跟我姥姥都活到九十多。节粮度荒时,我母亲宁可饿着,也得省下来让给老人。其实,我母亲家境不错,我姥爷他们哥几个都是大夫,家里开着药铺。就是一闹日本情况就变了,他们说宁可关门也不给日本人看病。那会儿我母亲还在上学呢,家里觉得这样不安全,还是赶紧给找个人家儿吧,结果是我表姑出面给介绍的,说姓王的这家也是蓟县人,又识文断字,那年我母亲才十七岁。

一开始我母亲搞街道,后来食品三厂在西于庄招了几十个人,可是谁也弄不了,就让我母亲带队,没干多久,节粮度荒一裁人又都回来了,就没再找正式工作。以后就打零工,在北仓三义村给人喂过马,到杨柳青摘过棉花,别看这么远都是走着去走着回,现在说起来都没法想象。"文革"时街道成立"五七公社"①,在那儿给恒源毛纺厂择"毛粒",天天拿着小镊子低着头,在灯底下找线头儿。回到家,接着给我们和街坊邻居裁衣裳、做活,她学嘛像嘛,手巧极了。

我当兵在海南岛待了六年,是部队的放映员,七五年复员分到了群众电影院,开始也不太乐意去,当时工厂的条件多好?可咱没有人啊,那就干呗!从放映组副组长,干到正组长、秘书、副经理、经理。八七年正好中国电影公司在武汉搞了个培训中心,培养一批管理人才,文化局就推荐我去,全国报了三百多人,天津市有十几个,最后经过考试,取前五十名,我考了个第十!在那又上了两年学,回来调到东风影院当经理,那时电影正走下坡路,要么改造,要么改行。我是第一个把影院改成批发市场的,把椅子拆了,地填平了,里边又起了两层半,没多久就跟"天一坊"合并了,我调

---

① 1966年5月7日,毛泽东给林彪写了一封信,这封信后来被称为"五七指示"。在这个指示中,毛泽东要求全国各行各业都要办成一个大学校,学政治、学军事、学文化,又能从事农副业生产、又能办一些中小工厂,生产自己需要的若干产品和与国家等价交换的产品,同时也要批判资产阶级。因此走"五·七"道路成了一种时尚,争相办起了"五·七工厂""五·七农场""五·七干校""五·七医院"等等,街道办的小工厂,被称为"五七公社"。

到红桥文化官当主任，退休之前我是文化馆、"群众"（影院）"东风"（影院）的法人代表。

王景玲（王景生姐姐）补述：

有个牧师到朋友家串门，见墙上挂着一幅治家格言写得特别好，就问是谁写的，说是王崧，哪的人？渔阳，经过引荐就认识了。没想到俩人相见恨晚，特别投机，当时正赶我妈妈快要生我哥哥了，牧师说，大少奶奶要临盆了，别在家生，快上医院吧！我爷爷面露难色，他接着说，没事，我给你开张条儿，分文不花。哪呢？教堂后身的教会医院，不但生孩子没花钱，连住院期间的伙食费都没要。别提了，我妈在生我这个哥哥前，一个男孩、一个女孩都给糟践了，那年月都在家生孩子，接生婆拿头发沾香油擦身子，孩子刚生下来还出声儿呢，越擦越没音儿，不科学！

生我的时候，正赶上解放前夕，

王景玲在乐善里老宅前

我爷爷一想,要是把城市包围了,没吃没喝可就完了,干脆回老家生去吧,我妈和我爸回到蓟县的娘家。旧社会有老例儿,不许闺女回娘家生孩子。结果借了间房,赶都完事了,天津这边也差不多平息了,才返回到西头的家。当时周围被炸得乱七八糟的,根本没法落脚,我父亲的一个盟兄弟在哈尔滨道住在他院儿里腾了间房,我们就挪过去了。我爷爷呢,就住在买卖人家,有一天

王景玲的母亲张月琴18岁时留影

碰见了高老爷子(高乐元),一提家里的现状,他就说:"我乐善里有房,要不嫌弃就住那吧!"当时乐善里没有几户,房子都空着,我们就占了一间,实际上还是住不开,我爷爷就在大车店住旅店。说来也巧,乐善里对面大车店的东家肖碧元也是我爷爷的朋友,他说不如住我那,连给我看房子,这么着,我爷爷自己在乐善里,我父母连同我哥和我就搬到这边来住在两间简易房里,前院有几间好房后来租给在屠宰场干活的工友,我们有点不落忍,肖碧元就说,嗨,叫你们住,你们就住,别提钱。你们还给我看房呢!我爸不是在包头干了一年嘛,挣回来的钱,买了一台缝纫机,剩下的全搁在房子上了。两间房都落地重起的,还长了高,地面用白灰、炉灰、黄土扎的,表面撒点洋灰面儿,一抹,还挺亮!后来,我哥在乐善里结的婚,我爷爷在这院儿又搭了一间。据说肖碧元是宜兴埠的破落

地主,身边又没儿女,所以到晚年,他没有能力雇人修房,不得已自己熬臭油补漏,每次都是我父亲跟着忙活。还有段时间,他在这院儿拿猪血料加工纸桶,好么,堆得到处都是,那个味儿啊!不瞒你说,一揭屋里的墙纸,顺着缝儿爬蛆,所以租房户都不交房钱,末了儿老头儿也不来了。房子愿意自己修就自己修,不愿修就交公,我们这两间房就交了,每月只花点房租,其他的都由房管站负责,地震以后全给翻盖了。

说起乐善里,当年就算是好房子了。对脸儿两排,形成胡同,左首每个院四间房,右首每个院六间房,都八九平米,加一块六个院儿、三十间房,倒是挺格局的。这两遛房子建在了高土台上,下多大的雨也淹不着,胡同口有两扇大木门,还有门堆儿、门坎儿,上边是拱形的券,镶着三个立体字:乐善里。印象最深的是,拱的两边各有一个拿白灰抹出来的圆球,远看跟俩灯似的。还一个,头排房子不是临街嘛,这几家的门都开在了马路上,现在私搭乱盖一点老模样都没有了!说白了,这条胡同的人比较杂,干嘛的都有。不过,有三个人值得一提,一个是唐先生,一个是魏先生,还一个是我爷爷,那俩都是益世小学的老师,他们走得特别近,经常没事坐在屋里一块喝茶吟诗,自我陶醉。

你发现我爷爷写的那本书缺了几页嘛,怎么回事呢?"文革"期间,有个邻居举报我爷爷参加过反动会道门,警察就把我爷爷叫派(出)所去了。我爷爷说:"我信的是佛教,倒是老去居士林,另外有个朋友是牧师,可我并没信天主教。说我参加会道门,谁能作证?"这事也就不了了之了,但给他气得够呛,书写到最后,就把这段也记了下来,归其我爸爸看见了,就说将来要是传出去,怕影响邻里关系,这么着就给撤下来。爷爷活着时老跟我们说:"你们能吃饱就

《乐善里历史原貌示意图》，绘于 2014 年 6 月 10 日。此图根据王景玲、王起才、张淑珍等原住民的描述绘制而成，为 20 世纪 40 年代情景

已经很不错了，知道我这辈子怎么过的吗？爱吃，多吃点，不爱吃，少吃点，决不能说不好吃！"从那时起，就打算把自己这一生写出来，大概用了一个多月，既没打草稿，也没看出有多费劲，一本书就这么写出来啦！是他自己拿锥子钻眼儿、穿上绳子装订成册的，还做了封面。我爷爷这人才细致呢，就连手纸都裁得方方正正的，衣服叠得整整齐齐。可是我奶奶嘛也不会干，娘家是宝坻县的，有名的王家大小姐，她一辈子吃素，锅盆碗灶自己有一套，嘴叨极了，菜板子切过葱再给她做吃的，都受不了。我爷爷说过一个笑话："你奶奶结完婚，该合房了，跑啦！怎么呢？他说我不跟老爷们一屋睡觉！"哈哈……

屠宰场搬走了，那院儿里开始宰兔子，五八年我老娘还在那干过一段,最后合到食品三厂制药车间,在韩柳墅,工作条件特别不好,上班得穿棉裤棉袄,阴冷阴冷的。每礼拜一,抱着老兄弟,跟大伙坐着卡车去上班,顶到礼拜六晚上才回来。后来为嘛不干了呢?家里一堆孩子,就我姥姥一个人看着,忙不过来,六三年就辞了。可是到了转年,家里实在太困难了,不得已又开始到处打杂,那会儿一有用人的就找街道,她在三义村给人喂过马,在新村四段给建筑队当过小工子,"文革"时,街道成立"五七公社",她又去跟着摘"毛粒",在这儿干得时间最长。一匹布俩人,拿镊子摘上面的小疙瘩、小线头儿嘛的,主要因为离家近,夏天吹着电风扇,冬天点着炉子,每月能拿二十多块钱,那就觉得挺不错了!要是全勤能拿到二十九块钱。

附：我的一生

玉含王崧自述自书于 1964 年 6 月 77 岁

前言

　　农历癸巳年春（公元 2013 年）我在景生二哥家处偶见祖父王玉含自书《我的一生》，一口气从头读到尾。时而激情亢奋，时而热泪盈眶。以当今物质文明发展现状，揣摩过去的年代（公元 1888 年至 1979 年）很多事情是不可想象的。比如今天从天津至山西太原坐飞机不过两小时。而当年祖父为寻父竟然从蓟县步行至山西洪洞县，历行将近一年，实在令人钦佩。

　　作为晚辈应该把自家的演变发展历程传承下去，让后人充分了解自己的身世。我觉得这是一份责任，也是我这一代人应尽的一份义务。故，将祖父亲笔手书重新编纂成册，弘扬传颂。

　　原书 147 页，不看内容，仅看文字洋洋洒洒就是一种艺术享受，后来我增加了祖父照片和全家福。全书增至 150 页。供吾辈传承、学习。

王景艺　2013 年 9 月

——你们看这书时该注意 别撕破 擦脏 弄坏 要爱惜先人的笔墨 传留后代 保存作纪念

童年时代

我姓王名崧字玉含,刚起大名时叫王崐,古文上有山蕴玉而含辉,故号玉含,后因想起已故的爷爷名叫王昆,虽然崐山之崐,与昆弟之昆不同,而音声无异,又不愿重复长辈的名字,故改崧字了。

我生于苏州城南(解放后州都改县了)六十里白龙港河东,也名桥头庄,生我的那年是光绪十四年六月二十四日午后(一千八百八十八年戊子)。常听我母亲说,那天我祖父睡晌觉,正梦见两棵大树枝繁叶茂,老人将醒我就降生了,故给我起了奶名叫双树。

那天河正涨水,父亲以纲得鱼甚多,鱼汤催奶,故得奶食丰富,举家欢欣,上边两位姐姐,我男孩初来,真是掌上明珠。后来我有三个小弟弟全未活,只落得孤介(子)一身,靡(没)有帮手了。我祖父是读书人,重义气,常以孝悌忠言、三纲五常为操守,不善理财,常有这事,教书钱下来做一件里面三新的大棉袄,穿不上三两回,用钱花,当了赎不起,每年打利,打着打着,连利钱也打不起了,当死了。当铺的规矩是值三卖俩当一个,每月是三分利钱,三年不赎

王玉含

则当死,变物作本了,真是穷人吃亏。我父亲也无弟兄,只有一个姐姐、两个妹妹,大姐姐是七里峰黄,读书人,这亲是我祖父去通州考秀才时与黄亲家言投意合,遂以儿女定亲;二妹妹是大马庄子李,是商人;三妹妹是南马营阁,也是商人。我父亲学而未成,在家种地,不得我祖父的欢心,又不得他老的两位亲叔的喜爱,他老的两位叔叔常常在田野里追着打,并说吾打死你给你偿命,二叔如此,三叔也这样,此事不叫我祖父知道还好,要知道了,仍得挨打。我祖父常以吾不指望你,吾还指望发头呢(这些话说我父亲)。发头是我二爷的儿子,我爷的亲侄子,后来这亲伯父也未指望上。

  凡财黑的人不讲义气,只视财如命,骨肉不如外人,我爷老说不指着的这话,日子常(长)了,父亲就起了离乡之念,起初去口外、八沟、热河,作(做)些小买卖,所得蝇头微利赖以为生。口外离家近,凡去口外的人多见面,连我爷也去找过,因此又想出远门。先是我舅姥爷凌某(宝坻县城内人),跟史官曹国很好很阔,介绍我舅舅王石庵也跟官(跟官就是给官当仆从服劳役)在山西省,吾父亲就找他老的内弟去了。这是光绪二十年(一八九四年甲午)我七岁去的,那年正月底,我父亲背着小包袱,跑冰过河去了。我们一家人都送他老,我也跟着,后来年限多了,不回家不记得爸爸的面容,光记得向前走的背影了。出门的一、二年内,不断有平安信寄家,我祖父写回信竟骂,无好言语,言说你捎钱再寄信,靡(没)有钱的信,来不来是怎么的,这家里有你只当靡(没)你。所以后来我父亲就不给家寄信了。吾父亲手里也真是靡(没)钱,我大舅王石庵挺阔的事,我大舅母的腿坍(瘫)了,他不给我父亲荐事,留吾父亲在他家作(做)饭、看家、看孩子。大舅有一个闺女叫兰子,比我大一岁,据我舅说,愿将他(她)许我为妻,所以我父亲信以为真,竟伺候起坍(瘫)子、

王玉含全家福。左起前排：王景艺、王景和、王玉含、王景平、王景申；中排：孙世珍（次子媳）、王家俊（次子）、王景玉、王景生、王家驹（长子）、张月琴（长子媳）；后排：王景丽、王景玲、王景卉、王景龙、王景民、王景召

小孩子来了。光阴似箭，一晃就是七八年，吾大舅也不替吾们家想想，久不捎钱，何以为生。我父亲憋着一肚子气，老想着有个机会离开你，则不搭理你了。八九年之后，真是这样，我父亲找到了洪洞县税务局的事，离开吾舅，遂不通音信了。家里不知这些情形，又不给家来信，再说家里在我曾祖父那时，家算中农成分，有着七八十亩田园，我祖父弟兄三人，三股一分（份），每股分上二十多亩地，我祖父读书人，遇事只知讲面子，不计划钱财、讲孝顺、讲义气，对于我曾祖父母之供养向来不攀着两个弟弟，直至寿终衣衾棺椁出殡等等，也是竭力独力（立）担承，并不攀等我两位叔祖父，所以遇事出地，地既有限，出之出之则靡有了。吾父亲在外边不向家捎钱，家中地又出光了，只指着吾祖父教书度日，每年束修争（挣）上二三百吊

钱,籴吃买烧,人情看往,可真不好办。我祖父属鼠,我也属鼠,祖孙差一个甲子,同是戊子年生人,我年幼小,我祖父年老,穷念书的人,受了老来贫,真是可怜,每日吃一顿饭是常事。在旧社会时代的人情是巴结财主、捧势利,真是穷居闹市无人问,富住深山有远亲。既然靡(没)饭吃,别说添棉花、添布作(做)衣裳了,破了缝缝补补,冬不能穿棉,穿也单薄,真正受了几年好罪。

我的慈祖母是贤慧孝顺、最是讲妇德的老太太,衣裳补丁罗(摞)补丁,可是什么时候你看,也穿着的是干干净净的衣裳,有棱有角。他(她)老早早脱了头发,丁(顶)我记事的时候,我祖母已是光亮的头顶,靡(没)有一点头发了。可是向来靡(没)有泥垢,总是洗的手脸干干净净,每天在屋里掐草帽辫子补助生活。我妈妈、我大姐也是跟着每日操作不闲,吾总未见过我祖母和谁抬杠生气骂街,时时见到他(她)老,老是和颜悦色,我祖母告诉我们,别说这东西那东西、好吃不好吃、爱吃不爱吃,好吃爱吃则多吃一口,不顺口不好吃则不必动筷,掉到桌子上、炕上的饽饽渣子,都要拾着吃了。言说:锄禾日当午,汗滴禾下土,谁知盘中餐,粒粒皆辛苦。

回想我奶奶所处的环境,丈夫耿直暴躁,穷苦日子,爱子一个,远离身边,一个小孙,啼饥号寒,有什么可喜欢的,真能贫而乐,安分守贫,向来不串门子,教育孙男女皆以好言诱导,向靡(没)听过恶言和咒骂,这真是值得后辈子子孙孙永远学习的。一个饽饽渣都要拾着吃了,既到嘴头上的东西,何必糟蹋呢?说话别带脏字,凡事能忍的则忍,不要打架,不要糟蹋东西,像你爸爸似的,一个玻璃的玩物"不不等"都要玩三年等等。我直到老年仍不忘我奶奶的这些话,真是嘉言懿行,永世长新。

我九岁那年,我奶奶六十八岁(一八九六年丙申)四月寿终,是

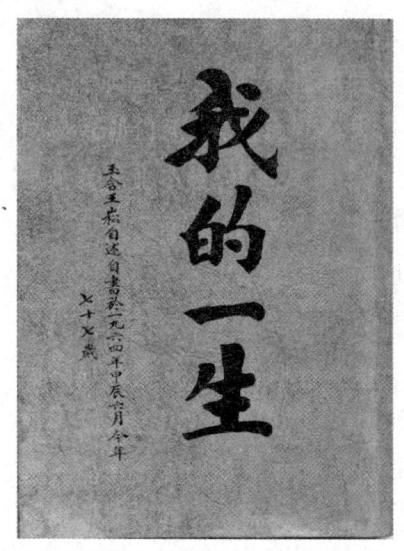

2013年家人编印的《我的一生》封面

搭背疮死的,想我父亲想的满炕上摸,一个儿子,又靡气过他(她)老,怎么不想呢?三个闺女都出了阁,都不住家,皆因家穷,家里靡(没)吃的,住家鼎(顶)多来不上三两天,我祖母的娘家人也不少,是杨各庄西头老霍家,我太外祖父霍二爷是渠口烧锅的大掌柜的,在乡下是有名的商人,我有三个舅爷后人很多,皆因我久在外乡,这些年不往来了,刻下家道如何不得而知。我的慈母系宝坻县东门外大口巷生人,我外祖父王公和轩也是皇门秀才,教了一辈子专馆。我有三个舅舅一个姨,姨是大角甸东华门杨家,姨父抽大烟倾家荡产。我大舅王石庵因他舅凌二爷的介绍在山西跟官,在汾阳城内落户了。二舅靡(没)成绩,不知所终。三舅依他哥哥做些小事。我父亲久外不归,也不捎钱,我母亲上事(侍)公婆,下抚我和两个姐姐,过这穷日子真是不易。常常端着簸箕借满庄,借粮食财主家倒不借给,穷人家能借多少?今天这家借三升,明天在那家借来二升,借来粮食之后,赶紧拿碾棍去到碾子上轧碎,回来贴饼子或搽粥,就的是咸白菜帮或盐水,实在借不着的时候,举家喝些凉水忍了,凉水也得我和我妈上河里抬去,我妈让我一大节(截)扁担,直像他(她)老自己提着一样。今天借、明天借,等我祖父争(挣)来学钱,买了粮食再还,所以有时钱下来,也不见花,买了一、两石粮食,应当吃些日子,可是一还了人家,则所剩又不多了,寻常掐辫子争(挣)点,麦大二秋拾点,各亲戚家借点,借钱、借粮、借当,好不容易度了多年。我母亲常常冬天白天穿单裤褂,两膝盖、两肩膀,缝上两块棉花套,夜间靡(没)棉被。

我九岁那年正月,我大姐十八岁出阁了,我妈跟我二姐我们娘三(仨)个人盖一个破绒毡睡觉,皆因靡(没)柴禾。白天作(做)饭少,晚上也不烧炕,冰凉的炕,肚子又无食,这苦就无法说了,写至此不禁泪如雨下了。

我母亲对公婆孝顺,靡(没)叫我祖母生过气,对于我祖父过这穷日子,借来一点粮食,贴饼子也是两样,我祖父是净面,我母亲吃的是连皮带骨的,过年过节,吃点啥,都是吃上顿、留下顿,就算寻常吃点咸菜也是两碟,我祖父那碟有香油,我母亲上孝老、下疼小,守着活寡,过这穷日子,一点点希望就寄托在我的身上,我道(倒)是不叫我妈生气,我妈也靡(没)杵过我一手指头,也舍不得咒我一声死。我有时小孩子不顺着老人的意思,我妈就说,你那们(么)着,你就那们(么)着,不管你了。我一听就害怕了,赶紧对妈妈说,妈妈我不了,你老说怎么着就怎么着吧,我妈也就笑了。过这吃上顿靡(没)下顿的日子,庄里好多人对我妈说,提着兰(篮)子、拉着棍子要饭去吧!不愚蠢,我母亲就说,我公公是个老秀才,我家下爹也是个老秀才,守穷挨饿在家里,不愿意登门上户,出头露面的,给两位老人丢脸,在家饿着吧。在旧社会礼教甚严,讲究男女有别,授受不亲,你看唱戏那出牧羊圈,朱春登的妻子要饭,两个差官端出饭来给他(她),他(她)却不接并说放在地下,这就是守男女不亲授的意思。我祖父能钓鱼,所钓都是鲇鱼,钓来多则熬着,钓一、两条则剁剁打辣子酱,有一年我祖父钓的鱼太多了,吃不了,就把他(它)晒起来,晒成大鱼干,存了两麻袋,到下仓赶集卖了。每逢钓鱼时常我跟着,给我祖父拿着烟袋、烟盒(荷)包、鱼食小蛤蟆、鱼串穿鱼的绳子,我祖父将鱼甩上来,我就将鱼串到鱼绳上,等我爷钓一会歇歇,抽烟的时候就考考我的书和字,加以讲解。祖孙在河边很有乐趣,我五六岁就认单字,那叫字号,九岁上整日学,靡(没)跟别人念过书,在小的时候,我爷舍不得打我,等到念书时,恨铁不成钢竟打我,拿铜烟袋锅子敲头顶,打的常常不能梳辫子。我奶奶见我挨打就劝说慢慢教他吧,不要打,我祖父说不打他打你,光光(咣咣)打我奶奶光头顶几下子,我奶奶也不嚷闹也不躲,只是掉眼泪,所以奶奶死了,我就哭了。奶奶呀,谁还替我挨打呀。我爷爷跟我背了累,每年成馆时说老师带孙子常常不妥,不好教专馆,专馆是财主家请老师专教几个学生供老师饮馔,束修也比较丰富,专馆不妥,只好教散馆吧。在本庄和河西教多年矣!有一年我九岁,我爷又在河西义和店内成了馆了,书房正对河东前街口,在河不涨水的时候,河水不深,小孩子是可以汤(蹚)过来、汤(蹚)过去的,在书房到家取送些零星东西,

你们看这书时该注意
别撕破 擦脏 弄坏
要爱惜先人的笔墨
传留后代保存作纪念

王玉舍在扉页留言

常常汤（蹚）河，因为桥在庄南半里地，汤（趟）河比过桥去近一大块。近来河水涨了，我爷怕我汤（蹚）水，早晚多是带着我过桥，这天午饭后，祖孙又过桥了，桥头上有人同我爷谈起话来，我爷叫我头走吧，我快走到书房了，河东那边在水里有几个小孩喊我说，来呀，洗个澡吧！我就随声答应洗个就洗个，脱了裤褂下了水，实指望过河同小孩们玩一玩，不想水一涨河当中就够不着底了，凫了两、三下就害怕起来，赶紧喊人说，快救我呀！说着一喘气喝了一口水，再一喘气，又喝了一口水，好呛的慌，第三口水就不知觉了，顺水一冒一冒的向下流流去了。

这时我的五大伯叫守信的，正蹲在河堤上与人闲谈纳凉呢，有人嚷说双树掉河里要淹死了，他说不是，那是玩水呢，这时大桥上、大道上，要过大军官叫宋庆的，宋大帅八抬大轿，全庄上的人都来看过大官的，有好多人说，那是谁们小孩淹死了，一冒一冒的，有人提我的小名，这时我希圣二叔正来后街水道口与牲口投草喂牲口，听说是我被淹，将草筛扔下，跋多深的泥，跑到下流，都快流到桥那去了，将我从水中拖上来。找来一口大锅，叫我头朝下、脚朝上，仰卧在锅上，呆了许久，我猛一睁眼，只见眼前一片大水，心想我怎么跑到河边睡觉来了？又听见有人说，活了活了，这时我的老娘在埝上已哭成泪人了。呆会大伙将我弄到家里，从此七天，吐水拉水尿水，全是河里的水色，十天半月才复原过来，几乎坑死全家了。我九岁我大姐十八岁出阁，娶亲的日子，先有口信靡下正式帖，是两个日子，一个是正月一个是三月。我祖父遇事好脸，打算借钱也要给孙女弄四付台，那（哪）么空箱子呢也鼓着肚子要作（做）脸。到了正月二十还靡有信，我祖父疑于必是三月再娶了，正想着等着，正月二十五日天将亮，高家套就来娶亲了，我祖父不叫他娶，叫他空车

```
我的一生
　童年時代

我姓王名崧字玉含開起大名時叫王崐　古文上
有　山蕰玉而含輝　故号玉含　後因想起已故
的爺爺名叫王崐　雖然崐山之崐　与崐弟之崐
不同　而音聲無異　又不願重複長輩的名字
故改崧字了　我生於薊州城南六十里白龍港河
東　也名橋头庄　生我的那年是光緒十四年六
月二十四日午后　常听我　母親说那天我
祖父瞇眬覺　正夢見兩棵大樹　枝繁葉茂　老
人將醒　我就降生了　故給我起奶名叫双樹
那天河正漲水我　父親以網得魚甚多　魚湯催
```

《我的一生》书影之一

回去。后来娶亲的人央求和庄里的人说和着,言说他已经经(惊)动了亲友办喜事了,不叫他娶去,将来再娶一次不好等等,好说歹说,我祖父才叫他娶去空人一个。因亲家缺礼,未先下贴,他也不挑,只是我大姐炕上地下全行,受点小气也能忍,就是这个穷妈家,还吃得了香吗?我姻伯高香圃是商人,我姐丈高元瑞种地,有两个闺女,大闺女是芦各庄张增字静波,他的儿子叫高头。二闺女大吴庄子何官儒,他的儿子何臣。我大姐靡(没)儿,过子高鑫。我二姐比我大四岁比大姐小五岁,我十三岁,二姐十七岁出阁了。是丁庄子乔润清,也是家人,夫妻同岁。二姐在儿时耳内灌进水去后来有时聋,未出阁时因家穷,拾柴挑菜,挨饿忍饥,苦不堪言。既至出阁倒有四付台,炕上地下也都丁(顶)去了,只因穷妈家陪亲不到,甚(什)么瞧冷看热咧等等,又兼耳聋,很受公婆点气,总之是嫌贫爱富,挨了姐夫多少毒打。我父亲不在家,母亲忠厚能忍事,我年岁小,爷爷上年级(纪),有事常不敢禀告爷知,真是受了一辈子窝囊气。好在老天有眼,叫他生了一个孝顺儿子乔凤鸣,也是买卖人,对于他母亲是百依百随,饮食起居,都顺从娘意,这可是人所共知的。对待姨娘、舅舅,也是很好很好,百不挑一。对待庄众与其他亲友,也是人人称赞,是个好孩子。给我二姐姐争气了,作(做)脸了。我念书有空也拾柴禾,已备做饭烧炕用,由九岁常年上学。我十三岁那年是庚子年兵荒马乱,我爷揽不成馆,他老已经七十三岁了,庚子闹义和团,庄里小孩子们三一群、五一伙面向东南,口念一匹好马神人骑,老祖八卦来得急,估登(咕蹬)倒在地上,一会的工夫起来,要枪要刀,自报名是某某,我则上不上,大家说你属耗子,顶不起神来,到后来一想,不是顶不神来,是我不会玩罢了。我念了五六年书,念完了四书五经,古文诗词歌赋等等,能作八韵诗,将学作破题文,将要学举子业。虽然家穷,我祖父仍想使子孙继续诗书门第,戴上金顶子,好光宗耀祖。可是我十四岁那年(一九○一)国家裁了考场,令全国学生都入学校读书。我祖父对于学校前途未明真相,也无力供给,遂托高家套高姻伯找一学买卖的地方,做个商人吧。我十五岁那年(一九○二)八月底,我大姐夫高元瑞,用小驴驼(驮)着我到邦均镇,万成布店浮住学徒,转年正月底,随着新集裕元当的掌柜的,蒋四爷的小轿车来到新集。他是去盘山下营坊张东家那交红单来着,张东家外号叫老烟袋釉子,张子贞作(做)县长。

成年时代

我十六岁那年(一九○三)正月底跨辕坐小车子,跟着当铺蒋四掌柜的,来到宝坻县城北四十里的新集镇东头路南裕元当。一柜有三十多人,学买卖的就有七八个,都是十六七岁,学写当字,写当帐当票,学抽号卷号等等。当铺饮食好,寻常总是鱼肉,大米白面,到年底送我十吊钱。秋季打当的时候,买了一床半新深蓝色的厚棉被,在今年冬天我母亲才盖上棉被了,老太太的欢喜,则难以形容了。我祖父读书人不会打珠算,要算账,拿口算,我的珠算归除乘法,是在本庄有位杨鸿宾学的,我管他叫大叔,他是学而未成,也教书。我在当铺学了一年,转年我十七岁(一九〇四年甲辰)此当铺正月底止当候赎,人员裁减了十之八九,我也在被裁之数。现在我祖父仍然教书,仍然贫困,我父亲仍然无信,我已经长大成人了。闲着哪行?遂到处托人找事。闲了半年,一天一天好不容易,直等到秋天,丁庄子乔姻伯才将我荐到下仓华昌号学买卖。

华昌号是油盐糖碱纸张糕点等等杂货号,掌柜的是丁庄子阮香兰,后来我三弟王岚之女与他孙子德义结亲,这是后来的事。香兰掌柜的,他每年的薪水全年三百吊下仓钱,我就老想三百吊给我也不够养家的,何况什么年头才能熬上掌柜的呢?在旧社会穷人找事没有门路那(哪)行,除非是至亲厚友有来有往,过点什么才行呢。吃人的年头,穷人就是该死。先是我一年一年的大了,心中老想祖父年级(纪)过高,家境如此贫困,有什么法子成家立业呢?好奉养祖父和母亲,在前二年来每逢见着大姐时,大姐姐总是鼓励我争气作(做)脸,好好的想法子孝养年迈有德的祖父,咱那贤慧(惠)孝心的母亲,可怜守活寡多年,忍穷受困挨饿忍饥的,上养老下养小的老娘,在早年有小唱书本,是丁郎寻父,丁郎才九岁是山东人,要饭吃来到北京找他的父亲,归齐找到了,成功了。难道我的兄弟就不能去山西寻找咱的爸爸去吗?一次、两次,常说我也就有些志气。这年下定决心要去山西找爸爸,请他老回来孝养八十来岁的爷爷。我来找事争(挣)钱养家,于是将这话跟妈妈一说,妈妈初闻不愿意,怕的是跟你爸爸似的,一去要不回来该怎么办呢?我好说歹说,作保证准回来等等,累次三番说得我母亲允许了。爷爷怎么去说,恐怕叫爷爷伤心，你父亲扔下家不管，你长大了又要走你爸爸这个路子，爷爷要气死怎么办？我十七八岁这两年，我爷正在南洼老张庄子教书，带着王岱二弟，想来想去，想出法子来了，先央求我五爷说明此事，言说我找父亲回来，我在外找事等等，请他老去。老张庄子跟我爷爷说了，我爷爷允许我去，也靡（没）生气，于是我十八岁那年（一九〇五年）二月底，脱了棉衣裳，辞了华昌号的事，将小铺盖被褥当了，买（卖）了三块洋钱，又有婶子大妈听说我要去山西找爸爸去，这位一吊，那位八百的给我凑盘川（缠），又一共凑有五六吊钱。我妈给我蒸了一锅馒头，缝了一个小布袋，装了一个咸菜疙疸（瘩），我背起小包袱，辞别老娘，彼此洒泪而别。

别看我今年十八岁并未走出过远门，连七十里地的七里峰亲姑家那都靡（没）有去过，也不知道山西在那块，就想先到北京打听打听，在向前进。头一天走了四十里地，到新集老柜上，裕元当当铺，现在当家的胖掌柜是玉田县人，学问也挺好，他很喜爱我，问明原因，频频叹息，说你这么大小孩，就有此雄心壮志，要走两三千里的途程，寻找老爹真是难得，留我在柜上住了两宿，又给我两吊钱，我就向北京前进了。走到了燕郊夏甸，天将日没了，该住店了。我靡（没）出过门，这可怎么住店呀，进了店门又该说些什么，胆怯也靡有办法，硬着头皮走吧。勉强进了小店住了一宿，看人家怎么叫饭给钱，我也照样。

次日过通州到北京，我有目的到北京前门外，大栅栏同德福洋广杂货店，找咀头丁联勋表叔，就手托他们给打听打听。山西丰镇厅向怎么走，给开一个路程单，打算是这样打算的，等到了北京可就麻了眼了，这应了老俗话。京东的佉白帽子，总不上京，上京就赶集上了。在通州上了火车，头一次坐火车，到前门外车站，一下车就不知东南西北了。问人家借光你老,大栅栏在那块?人家说往南走走,再往西,我就向东走去了。人家又指给我路,躲人躲车,几步一问。好不容易找到了大栅栏同德福,人家说丁掌柜在天津办货去了,问我什么关系,怎么回事,我说明了,人家留我住下。赶上下雨,住了两宿,给我问来路,开了路程单,言说丰镇是山西省的北口外,由北京出德胜门,过居庸关、八达岭,路过宣化府,奔大同府,就离不远了。次日称谢人家,辞行前进。

走过德胜门到了沙河,路上走着走着也觉着饿了,从包袱里取出来我母亲给我带的馒头,用牙一咬,喝,好硬哪,原来五六天了,浮皮有咸菜沾的挺咸,用手捧点道沟里的清水,用力吃了两个,接着再向前走吧。走着走着,就看见高山峻岭出在眼前是居庸关了。爬山过岭,跋涉艰难,志在寻亲,绰有余力。那年正修京张铁路,在山上打眼,放火炮,炸隧道,离老远就喊,行人止步。沿路上多有脚驴出雇,我也舍不得花钱,我除了买吃食、住店得花钱之外,总是一文不花。背起小包走走累了歇歇再走,每天也能走百八十里地。走了这几天,也会住店了,行路也有经验了,走得脚上起了泡,晚上到店里要个针挑了,明天再走。路过怀来县、柴沟堡、下花园、宣化府等,据传说,宣化府在唐朝是沙陀国,陈敬思搬兵李存勖的地方。初次出门,等到这地方问道的时候,言语就听不真了,不记得几天了。走到宣化西门外,向阳高县走去,人家说这里离丰镇还有一百八十里地,搭一个大车,一天半就到了。

我上丰镇是找我大舅王石安的,我父亲已经七八年靡(没)有家信了,找着舅舅,再找爸爸。我大舅呢,也是二十多年靡(没)回家了,他老去年有信是在丰镇厅的。丰镇厅是二府的官缺,官是姓李,名叫李庆芬,是武清县崔黄口人。我大舅在他这里当门上,就是承上启下等公文,皆经我舅父的手收发,收入不小,带着家眷。我舅舅二十余年未回家,我才十八岁既靡(没)见过面,只通过信,舅舅知道有我这么一个名叫王崧的外甥。时光正在二月底,我就在阳高花了一两银子,搭了一辆骡子车,我们两个人坐,那个人是商人,我们半道上住了一宿,转天到了丰镇。在店里洗了脸,进衙门找到了舅父。先求别人指引,作揖问好,舅父说你就是王崧吗?我说正是,前来寻父的,先看望看望舅舅。我舅说你父亲二三年来也靡(没)给我通信了,我也不知道他在那(哪)里,你先住下,咱们慢慢地找他吧。随着,叫差人将我送到舅家住所,见了舅母。这位舅母是后续的,三十多岁,汾阳县人。先那坍(瘫)舅母死了,表姐兰子也出阁了,现在两个表弟,大的才七岁,叫我王大哥,说认不得,这是山西口音,我就住在舅家。先给家写了家信,报告平安,舅母给做的两身单裤褂被褥等。后来我舅父在(再)给各个朋友去信,询问父亲的住址。

两月之后得悉,父亲现在洪洞县税务局。我父亲也靡(没)给我来信,在别人的信中说,他能到他舅舅那里去,就能到我这里来。洪洞离丰镇正南正北,约有一千五百里地。这就到五月初了,五月一个月六月一个月,有省城泒(派)来口外买马的委员路过丰镇,沿途逢州府县要官车走路的,我舅舅求了委员,将我带到省城,不花车钱路费。我的小包袱加重了,除了原来衣鞋外,舅母给作(做)的裤褂等,另外又给我十两银子,又拿着我舅舅的信。到了省城太原府剪子巷,找聚丰成洋杂货庄的白掌柜也是直隶省深县人,他和我舅舅相好,住他柜上,托他代找官车,带着我到洪洞。白掌柜真够朋友,很照应,他就找到了洪洞县进省办公的官车回去之便,带着我走了,我也靡(没)花路费,就到了洪洞。仍然先进店洗脸毕,打听税务局在那(哪)里,就去税务局找我爸爸。我老盘算,我七岁的那年正月底,光记得爸爸穿着黑衣裳,向前走的背影,我不记得爸爸什么样,怎么个找法呢? 不记得爸爸的面庞,可是我爸爸也必不认得我,他老离家时我是小孩,而今成了大人了,焉能认识? 仍得将情形告知他人,求他人指引谁是他老,又费了许多周折,这才找到了。

原来我父亲又不在税务局了,他老在洪洞城内北大街,一间门面内并当了一个垣泰增字号的(商店雇员)烟土局子,系零星收买农民们一碗一碗的烟土,再打成大包,卖给外省的客人。柜上三四个人,我在税务局的人领到了垣泰增,那人便喊王大爷,你的大少爷找你来了。我赶紧向前一步,抱住爸爸,连叫爸爸、爸爸,你老好哇! 父子二人相抱大哭。待了好久,这才洗脸吃饭,慢慢将家中困苦情景一一告知爸爸。我说,我祖父近几年来也想你老了,我奶奶也去世几年了,言说我找你老,请你老回家,奉养祖父,我找事争(挣)钱养家等等。就这一来,几千里寻亲轰动了洪洞县城内,所有父亲的朋友和认识的,街邻相识的人等,多来道喜,言说你们今天父子会,是一件大喜事,更是一件天伦乐事。多夸奖我一个十八岁的孩子,就有这等志气,将来是很了不起的。请我们父子吃饭的更多更多,足足忙碌了一个多月。

其中还有一件喜事,是我父亲的朋友姓郭,是保定府人五十多岁,他也带着家眷宦游山西,他有一个闺女两个儿子,都在政界作(做)事。那天请我们父子在他家里吃饭,饭间特意的将他闺女叫出来给我引见引见,作为相互认识,我见他(她)姿容也颇秀丽,比我小一岁,说几句话就走了。后来郭老夫妻愿将他女儿许我为妻,因我系寻亲来的,家有祖父、母亲,我父亲一人也不愿专主,后来这样决定,容我回乡一次,再回山西时,再作(做)决定结婚等等。

我是七月初间到的洪洞,住了一个多月,过了八月十五,屡次催劝爸爸回家，我父亲也应允了回家。可是这买卖呢，也得收拾了辞退人家罢，於是我父亲说，要不你先回去吧，我等明年春天，收拾收拾，一定回去。就这样，我父亲又给我找伴进省城的。仍然来到省城，又住在白掌柜的聚丰成，省得住旅店呀，我带的小包袱比原来沉重点了，有二十来两银子，我留出零花的二三两来，下余的我使白布作裤腰带，将这滴珠锭银子捲在里面，向腰里一围，小包袱里面有两三吊钱，有二三两银子，有鞋袜单衣大褂等等，一个小包一背又起程了。

　　出省城的东门，奔石家庄，距离石家庄五六百里的路程，路过太行山，四大天门山，有南天门、北天门、东天门、西天门，过寿阳县、阳泉县等等的路线。太原城东八十里地什贴镇，是行路的一个途程，而我呢在聚丰成起来晚了点，向什贴的路上走，又是太行山脉的上坡道，所以走着觉着挺累，路上在午前午后这时候，出现随我同行的有个五十来岁的男子，手提着半截木棍，搭闲话，他问我上那(哪)里，我说去什贴，他说你怎不雇骡子，我说麽(没)钱哪，问他时，他说他是赶骡子的。也不常在一起，一前一后，不断碰上。就这样走到了龙别屯，太阳还有一竿子高，此处离什贴还有十五里地，已经走累了，就应当住下了。而龙别屯也有店，我呢贪赶路程，想着必须住到什贴，於是努力争札(挣扎)前进。约么走了八、九里，太阳落了，离什贴尚有五六里路的地方，孤身一人，正背着小包前进时，忽听从后面风也似的，一人手持木棍向腿部打来，险些打倒了，我一看就知是那白天跟我的人，我将小包一扔，咀(嘴)里说，朋友你劫东西给你，你打人干啥。跟着我就跑开了，逃命式的跑。麽(没)走过的道路，又已经黑天，深一脚浅一脚，山坡地，走车道的大道沟就有二三尺深，咕咚摔倒了，爬起来再跑。约么跑有三四里路，眼前出现打铁的火光，心想这必是什贴了。好在劫路的人并未追上我，慢点跑吧，跑到打铁处一问，果是什贴，我问此处有靡（没）有巡警局，人告诉我有，我找了局子报案，他问我会写字不，我说会，他给我纸笔，叫我写了失单，写完了他说你先住店吧，我们到龙别屯给你查查店去，于是我就在局子前边小店住下。到半夜时，局子人找我说，我们查过了龙别屯的店，有的有人带着单衣，也不尽与你写的一样，你是向前赶路呢还是住在这里，等着我们明天再查查，有相似的人你与他打官司呢？我一想，我腰里的银子靡丢，所丢的值上个七两八两的，我也回家心切，这官司也不准打好，于是我就说，几位老总多辛苦了，我不等着了，我赶路了。就这样丢了一个小包袱。

在靡（没）挨劫以前，因为八月底日落的时候有点凉，有个小棉袄穿在了身上，蓝布手巾包着头，跑的时候就这样，转天给了店钱，向店主人寻了一个大棍子，言说路上抵防狼，次日又前进了。我十八岁的时候，身体已经长成，走道晒得皮肤又黑又红，一个手拿着木棍，挑着小棉袄，蓝布手巾包着头，走在大路上，人们皆以我为歹人目之。到了晚上住店时，靡（没）有行李，店里不留住，只说靡（没）地方了，我得说好话、说原由，留我住下照样给店钱，开店三年会相面，你看我是歹人么？好说歹说的住下。一天一天的好不容易到了石家庄，住了店，次日到枕头车站，买了北京的车票，距北京七百里，走了一天，住北京次日仍就由通州燕郊夏甸等，回到家了。

见到爷爷、母亲叙说经过，爷爷欢喜，母亲更是欢喜，真的我儿子像丁郎寻父一样似的回来了。母亲感到好儿不用多，一个丁（顶）十个。这是九月到家，正赶上七里峰黄亲家爷出殡，我去了，行人情，告诉我姑母，言说去山西找父亲的经过，很受大家的欢迎。姑母有三个闺女,大表姐是马伸桥镇东头北边紧连着的张庄,表姐丈张子玉,在北京朝阳门里东李猪店做事,今日相会,甚是投机。二表姐丈是塘坊王茂德老师,秀才教书,也很爱我。三表妹丈是孟家楼蒋瑞云,也是念书人,他祖父是老秀才,他父亲经营家务,家很可过,是中农。回来又见着自己的二位胞姐,这个欢喜,就无法形容了。一恍一冬过去了,我仍得找事,好赚钱养家。也想着跟官,不想做买卖了,我母亲不愿我再去洪洞,因路上被劫的事,说这保定姑娘的命也不多好,不愿与他(她)结亲,后来母子商量商量,再去丰镇找舅舅找事。转年十九岁(一九〇六)二月脱了棉衣裳,预备了盘川(缠),背起小包袱,照去年的方式,旧路重游了。又走了一蹚(趟)京北,八达岭、居庸关、宣化府等地。

等到了丰镇之后,我舅父不给荐事,言不爱这个生活行道,干啥伤啥,不愿叫外甥再干这个跟官的行道。在我这里住下来,教你两个表弟念书吧,你自己也可以用功温习旧书,咱再想别的营干,我每年给你家捎四十两银子等语。既找舅舅去了,就得听舅舅的话,于是暂时就安顿下来。两个表弟既娇养又小孩,能学得几个字,是我自己,在这时候可真知道书是好的了,苦苦的用开功了。书房有词源、字典、所读过的书诗古文。都从(重)新温习起来。读熟了书,又习字,每日吃饭非鱼则肉,独自在书房里一住,我舅母有个丫环叫莺儿支使着,他(她)也给我端汤倒水,由二月底来丰镇住到九月中旬,李官卸任了,舅舅无事了。舅舅就问我,你是跟我回到汾阳家去住呢,还是回你的直隶老家呢?我一想,跟到汾阳去住仍然靡(没)事,不如先回老家,再作打算。于是在九月底的天气又回到老家了。我父亲已在今年春天回到家来,我祖父见我回来就说,这孩子,逛来逛荡如何得了,将来在那一界立足呢。就主张仍叫我归商界，遂托李四王庄的曹璞卿表姑丈，在北京找学买卖的事，表姑丈是我垞各庄老姑奶奶的大姑爷，他是北京前门外布巷子德元祥洋广货庄的副经理，久住天津办货，住天津河北关下，馀升栈有一大间房，常年租赁，表姑丈偶尔回京，久住天津，就将我荐到了北马路福晋隆学买卖来了。

天津时代

我二十岁（一九〇七）正月接到曹表姑丈的信，叫来津就事，说北京生意的薪水普偏小，天津的工价大，王崧等赚钱养家，还是天津好。我是正月底背小包，又走来天津找到表姑丈的，这就将我荐到福晋隆。福晋隆是山西字号，掌柜的李全恭是山西人，柜上共有二十多人，只有一半本地人。我呢二十岁，身个挺高，自己又觉着能写会算，学这买卖很不带劲，人家也不愿意支使这大个的学买卖的。每见我看报纸等，则说闲话，冤人损人，我很觉难堪。经理李全恭挺喜欢我，常常把我叫到经理室给他写家信等等。干到了年终，一年的时间，馈送我四块洋钱，表姑丈又给想法子，荐我到卫生衣公司帮帐，每月薪水两元。卫生衣有限公司总经理刘新桥跟表姑丈是朋友，在二十一岁（一九〇八）六月辞了福晋隆去的。二十二岁（一九〇九）那年北京实业部八旗工厂成立卫生衣科，调天津的会计去了主办一切，天津帐桌的事归吾了，管正帐每月六元，跟副经理徐瑞轩很相好。二十三岁（一九一〇）二十四岁（一九一一）十月娶妻。

在旧社会，普遍是势力年头，穷富阶级天地悬。穷人靡（没）产业房子、地等等，就靡（没）有人将闺女嫁给你，我这个妻子是个老亲,我岳母姓凌,和我母亲是叔伯的姑表姐妹,知道吾的根底,言说外甥王崧有出息,靡(没)产业也不怕把闺女饿死,遂定婚。迎娶之夕,入洞房,谁也未言语。他(她)一宵(宿)靡(没)睡觉,竟古倒(净鼓捣)她的鞋脚衣服等等。第二天娘家来人随礼,连接我们,那叫两日带回,在岳家住了一宿,次日送回。夜晚睡觉时,他(她)仍不睡,我催他(她)睡时,他(她)也不言语,我又起身催他(她),他(她)竟夺门而出跑了,到前屋找我母亲去了,这时闹得合家不乐。后来问他(她)因为什么跑,他(她)竟说不懂得男女居室的道理。其实我才(猜)他(她)的心理仍然是嫌我穷。那个年月是父母来主婚,他(她)母亲虽然作(做)了这门亲,他(她)靡(没)早抗于前,却反抗于已经迎娶之后,这就是个糊涂人了。说傻不傻,说呆不呆,半傻不呆,这就是我的贤妻了。作(做)饭不会现学,针线活道是会作(做),就是太慢,一件小褂必须七天方能作(做)好。他(她)也不敢忤逆公婆,这时我的家道因我赚钱少仍不富裕,接接巴巴过吧。

我二十七岁(一九一四)七月二十八日同徐瑞轩一起来小西关,宜彰工厂接帐,徐瑞轩职务是经理,我是司帐每月十元,宜彰先是三万元资本的私营帆布工厂,这时打算明年扩充,招集股本十万元为公司,总经理李政庵,他弟弟李雅泉,大股东冯梅臣,股东中有名人物为詹天佑、周学熙、曲同丰、魏信臣等等。到了腊月二十二日王庸三哥持父信来找,言说,祖父于二十一日无病而终。他老今年八十七岁,叫我带钱奔丧,我托徐经理向总经理李政庵说说,借点钱回家办白事等等。徐经理回来告我说,李政庵的回言,告假不准,借钱也不行,不干则可。这可怎么办呢?后来徐瑞轩领头在同人堆里,这位十元、那位八元,凑了五十多元,叫王庸三哥拿回家去交父亲殡葬祖父吧。转年正月宜彰大加改革,工作间添机器、添工人、建筑楼房,管理用三个账房。一是出纳材料,一是出纳成品,一是庶务火(伙)食。三个账房上边是总帐房的机构,我是总账房会计,负责账簿、股票、银行往来等等。每月工资又涨了十元钱,每月二十元了。天津商界普通规矩是一薪一酬,每年工资二百四十元,到年终再酬劳二百四十元。从今年起,我的家则不为难了。那个年月洋钱顶事,一块钱能买两头,就是买一顶便帽还能买一双鞋。面粉每袋重四十斤,分绿红兰(蓝)三种,头等绿牌的每袋一元七角五分,二等红牌的一元六角五分,兰(蓝)牌三等粉块半钱一袋。可是年年打仗,直奉战,直皖战,捐款拉夫,民不聊生。

  我三十岁那年正月二十六日生了头生大闺女,起名家英。三十一岁(一九一八),奶奶看着家英,爱如掌上明珠。在六月间我母亲先是闹肚子,贴了暖脐膏,小孩过两天也拉肚子,奶奶将膏药揭下来给孙女贴上了,一边说你别看不见你爸爸呀。因此,老娘倒反了寒,上吐下泻,霍乱病,靡救过来,于七月十一日舍我而寿终了。这年,老娘六十四岁。这次我奔丧发引,在宝坻城内办了个挺阔气,接官点主,主官是王汝阙,四位相官皆是顶戴辉煌。出殡共花了三百多元,亲友多称赞。先是我祖父去世以后,家就迁来宝坻城内,串城河子赁房住了。三十二岁那年(一九一九)正月在宜彰公司被辞退,旧社会耍人的,作(做)一份事真不容易。那年月讲的是人情势利在,宜彰的大股东冯梅臣荐他的亲戚刘虞臣,在公司不负责任白拿工资,他还结群营私、搬弄是非,排挤这排挤那。他看我每年有五百多元的收入,我又不附和他,就想法子欺负我,我与他抬过两次杠,他在大股东那里说了我许多次坏话,终于将事散了。在我的心里也不甚服气,凭我这点写算和作(做)事的能力,还会闲的着嘛?

  在三十一岁那年冬天,又生下了二闺女名妍村,活到四岁死了。三十二岁闲了一年,三十三岁去山西孝义县煤矿管账去了。正月去的,言明暂无薪水,等大开办之后再定卒金,现在每月先给零花十元,此矿正在用土法开采,我去也盼望他扩大起来,大招股东用机器开采,咱的希望不就实现了吗。而山西督军阎锡山用排外手段,最小的局长都要用山西本省人。我看这种情形矿的大干仍得将来,他这又排斥外省人,我等着也不准有益,于是住了一年,转年又回来赋闲了。

三十五岁(一九二二年壬戌)十一月十五日生了大儿家驹,我呢又在北京养蜂,挂笔单卖字,又在天福旅馆帮忙,又在天津太和帆布公司管账等等。这几年,颠颠倒倒干一年闲半年。我吃亏的地方,我虽身在商界而性好读书习字,对于那(哪)里买、那(哪)里卖、各种货物行市、价格我多不注意,我所注意的是文学和碑贴字,学甚(什)么颜柳欧褚,苏黄米蔡和近代大书法家等等,所以在三十几岁就常给人家写匾额,落款渔阳王崧。渔阳是蓟州的古地名,在天津也挂笔单卖字,所以虽说是买卖人吧,竟不懂怎么经营各种货物,这是我的缺点。性情亦孤介,不善巴结附和,所以时常赋闲。到了三十九岁(一九二六)又生了二儿家骏,在这年腊月初九日,老岳母故去了。四十一岁(一九二八)那年我父亲于十月十六日又舍我而逝了,他老这年七十一岁。噫我父在少年时代吐过血,后来出远门登山涉水,好不容易,直到晚年,正好含饴弄孙,优游岁月,不料好景不常,竟辞我而去了。

老年时代

我四十二岁(一九二九)赋闲,拟去大连谋事。到了大连找到了

> **我的一生**
>
> 老年时代
>
> 我四十二岁赋闲，拟去大连谋事，到了大连我友人姓朱的，也靡(没)谋到事。回到了唐山于汉臣表妹丈处住下，家眷在宝坻也无养廉，遂将家具寄存岳家，有凤鸣外甥将他舅母一个表妹、两个表弟用轿车一辆送到唐山住在于表妹家。后来我妻有病，唐山亦靡事。又坐火车回到天津，有张庆甫和其他朋友帮助度过闲年。穷要人的，要靡事可真不好办。后来又有好友巩健堂他会数学，在南市开明鉴堂卦馆，山东惠民县人，一子名巩德三。

《我的一生》书影之二

送到唐山住在于表妹家。后来我妻有病，唐山亦靡（没）事，又坐火车回到天津，有张庆甫和其他朋友帮助度过闲年。穷要人的，要靡（没）事可真不好办，后来又有好友巩健堂他会数学，在南市开明鉴堂卦馆，山东惠民县人，一子名巩德三，健堂大哥教我算卦等等，我也不惯弄这些。后来有个徐冈甫邀我到他那芦纲公所看门，以待公所恢复，每月从盐商李善人家，名叫李赞臣的那里领来津贴二百元，徐冈甫要一百二十元，给我四十元，留那四十元作我们二人火（伙）食费。四十三岁（一九〇三）那年去的，每日无事，仍是写字与读书。后来将火（伙）食裁了，他拿一百二十元下余八十元全给我了。我又兼管李政安干的隆茂商行的账，每月四十元，这又大好起来了。

这时大儿家驹该学手艺，将他荐到新新公司学缝纫，他不愿学，又兼多病，逛来逛荡。二儿家骏上小学，后又中学。五十三岁（一九四〇）这年为大儿娶妇张月琴，大儿十九岁月琴十七岁。七月间由家来津就亲。月琴是芦各庄张增的族妹,也是他的媒人,我的亲家叫张广馀,有二子,长名张恒,次名张廷。我五十八岁(一九四六)二月底家英出嫁,是唐山人在津做工,巩德三的媒人,转年正月生头胎孩子,产后风病死了,小小子也靡(没)活。后来姑爷王在庭回老家续娶了也不在津工作了。老妻今年五十七岁在七月十四日因老病死了,寄埋程林庄公墓。我五十九岁(一九四八)三月为二儿娶妇孙世珍,是宝坻城内孙福垣之小女,福垣有三子,大世强,二世中,三世英。是家骏的舅母们给介绍的。这时我又赋闲,好在两个儿子都大了,孩子们很有帮助,后来大孙子景龙降生了,大菊孙女亦降生了,我六十一岁正值一九四九年,全国大解放了。我又闲了二年,后来有个叫齐耀先的,他是大中华锦旗庄的掌柜的,他邀我到他庄写锦旗,不论旗子大小和字之多少,包件写每个旗子两角钱,均起来算,你看这一个旗子两角,要是数月多了也还不错。将一写是在大中华事少他留我,每日吃两顿饭,后来最时新、鼎和、长春丰四家锦旗庄合并到一处,旗子也卖得多了,后来他们合营了。咱始终未能加入算柜上人,仍写包件,写了十来年,直写到一九六〇年一月份,他们门市部裁撤了,咱也靡(没)字可写了。我也七十三岁了,至此又赋闲起来。我自己住一间屋,跟着大儿子吃饭,二儿子每月供给零花钱八元。

综合记述

我这一辈子就叫苦哪,生在旧社会的时代,吃人的年头,又生长在穷家里,你想想所受的苦还用一一的笔述吗。那旧社会上

1969年王玉含留给孙子王景生的手迹

王玉含手书《毛主席诗词》

的风气、风俗、习尚，是恨人有笑人无，欺软怕硬，讲究势利门子，巴结有钱的、有势利的。其实有钱有势利的人也并不白白的给他这给他那，而大多数人都是这样。可是天地正气，什么时候也不能尽为泯灭，主持正义的如文天祥、杨椒山、史可法等人，什么时候也都有。我的祖父是一位读书的人，一举一动都要遵循着四书理，而性情又耿直，遇事就主持正义，能当面责人过，不怕伤人。乡里有时有些小小纠纷，经我祖父一出头劝解，无不力（立）即化为无事。他老靡（没）出过远门，就在我们那周围二三十里的地方，老庄亲们提起王老师来，真是人人赞赏，人人景仰，可就是受了老来贫。虽然贫穷也是行端坐正，竭力安贫乐道，守贫度日，不轻易求人乞物，所以更受人的尊敬。我父亲因受家庭环境叔父的欺凌而愤然远游，这日子更不好过了。我小孩子念书肚子饿了，又靡（没）有零花钱，时常饿了喝口凉水，要不呢忍着睡一小觉，先是有祖母活着，大姐未出阁一家六口人，将地卖光了，就指望祖父教书度日。后来大姐出阁了，祖母又去世了，家里仅有我二姐、我、母亲和爷爷我们四口人，过这穷苦的日子，因为顾脸面也不肯将我二姐姐送去作（做）童养媳。好容易熬到我十三岁，二姐姐十七岁也出阁了，我十五岁的下半年，又浮住学买卖去了，我祖父常在外村教书，家中只有我母亲一个人孤苦零丁，穷苦度日，该多可怜哪。我十六岁在当铺正式学买卖去了，本打算在一个地方呆一辈子，靡（没）想到，在十七岁的那年正月底当铺止当候赎，被裁下来了。这年秋天又到了下仓华昌号，我干不下去了。十八岁的二月底，背起小包袱，步行上山西，千里寻亲去了。秋天回来了，转年十九岁因想谋事，又去了一蹚（趟）山西。到了二十岁的正月底来到天津，仍算学买卖，年龄已大一人多高，人既不愿支使，我干着也不带劲。二十一岁到了卫生衣公司帮帐，二十二岁管正帐，指着每月几元钱养家也是不易。而我身居商界，而性又好读书，对于经商的意义甚么囤积居奇咧、哪里买那里卖咧多不留意，甚至心中鄙之，我老觉着诗书中有真味，把字要是写成了，是万古不磨的事业。可是写了一辈子也靡（没）写到好处，这正是我心中可以惭愧的地方。在十三岁的那年，正是光绪二十六年庚子，闹义和团、红灯照等等，皇上和西太后都跑咧，跑到陕西又回来咧。到了我二十一岁那年，西太后死了，光绪皇上也死了，穿国孝，换宣统。到了二十四岁这年，宣统退位，大清帝国告终。换了中华民国，北洋军阀头子袁世凯当总统。后来他又想作（做）皇上，弄个洪宪帝国，不到三个月，就被军阀给推倒了，他也死了。弄得年年打仗，到处拉夫抢掠，民不聊生。我这指（只）身养家的小买卖人，家贫亲老，更不敢望（往）舍身救国的道路上走咧。等到民国三年就上了宜彰公司的事，才算够养家的了，可是我这性情天生耿介，不善逢迎附和，总想凡事自有真理，干了五年，终被人家排挤下来。从此颠颠倒到，干一年闲二年，有十来年的光景，这才就上了芦纲公所看门的事，算是又干了十来年。就仗着能写字，卖字写牌匾字画，又卖小字，给刻字店写戳子字，老来又写锦旗，这一辈子真不容易。又回忆起我妻他（她）的命是，上靠亲娘下靠亲女，所以他（她）操家无能，就不妨事了。我的岳母真是女中魁元，咀（嘴）一份，手一份，炕上地下都好，后来他（她）将这本领传给了他（她）外孙女，所以我闺女跟他（她）姥姥一样，也是能谈能作（做）。我们岳母皆因能谈能讲道理，所以娘家凌宅有大小事，赶紧请二姑奶奶，只要二姑奶奶一到，是男是女，是老是少，无不唯唯听劝天下太平了。那年腊月初一我二儿降生了，他姥姥就有伤寒小病渐渐的重起来，一个多礼拜的光景，竟与世长辞了。因为小孩乳汁的关系，未敢叫我妻知道，等到转年正月初六，他（她）三哥才将他（她）接到娘家，他（她）可撒泼打滚的哭吧。我岳母真疼闺女，给闺女预备了九条棉裤存於柜内，姥姥的柜不许别人动，等姥姥死了，大嫂二嫂将棉裤各穿一条，下余的七条给了我妻。先是接三出殡等等，皆不叫他（她）知，都是我闺女替他（她）妈哭祭完了。我岳父也是老秀才教书，在他女靡（没）出阁的前一年去世了。有四个内兄第名王质臣、俊臣、伯恒、谨齐，又有五个内侄，王桂芳（二子）、桂馨（一子）、桂茹（四个儿）、桂平、桂茹二儿维成。

内侄孙们更多了,乳名都是利字,大利、二利、长利、得利、福利等等。有内侄女五人,只有四侄女一人在天津,我们夫妻拿侄女当闺女了。侄婿徐叔贤大学毕业在教育界工作,有二子二女,大外孙名杰,次名檀,大女宝珍,次女宝慧。

又回忆在芦纲公所时,因有闲时……①社会主义服务,当一块砖,作(做)一片瓦,作(做)一个小小的罗(螺)丝丁(钉)。甘当革命牛等等的精神。则我死后,亦当含笑于九泉了。

公元一九六四年岁次甲辰夏历六月二十四日我77岁
玉含王崧自述自书　你们留着往下传一代一代的看吧　千万不要忘记

后人起名中间字诗一首可以传二十八代矣
　　　　景仰锡文继子孙
　　　　民强国富广昌新
　　　　传昭伟业繁祥瑞
　　　　全世辉煌胜古今
　　　　　　　　　玉含作

自从我小的时候,就听说过我爸爸,去山西找我爷爷的故事和家庭贫困的情形,但不很详细。今读了我爸爸的自述《我的一生》这

---

①此处原有200余字,记述本书作者在"文化大革命"期间,被邻居诬告参加了会道门而被审查的经过,家人看后担心传出去会影响邻里关系,便将这两页销毁。

本书，这才详细的知道了老人的困苦艰难。为上养老下养小的苦心，真不容易的一生，感动的我竟掉下泪来，以及我曾祖父母的嘉言懿行，和我父亲嘱咐我们，听党的话听毛主席的话，要当革命牛等等。我只得牢牢的记住，并且教育儿女们亦要牢牢的记住，照所嘱咐的话实行起来。

此记

大儿硕昶敬题
一九六四年七月五日公休日读后记

按：文中凡加括号处，均为整理者按照当今阅读习惯和叙写方式所做的更正。

朱凤桐

采访对象:朱凤桐(1933 年生)
采访时间:2014 年 1 月 14 日(星期二)
采访地点:大国庆里 7 号

我父亲十八岁从河北荣城来到西沽，今年要活着一百一十四岁。当年靠扛河坝为生，以后又拉帮套，因为这一带净是河，有河就有码头嘛！我出生在西沽桥口，七八岁搬到这来，先在八十号大院里住，从我们家一出小后门就是个大坑，屠宰场放出的血水就往坑里流。嗨，别提了，臭气熏天，那里边的死猫、死狗，一到夏天都"发"起来。我们小时候上那吊"麻拉"（一种昆虫），爬的那蛆都带尾巴。八十号大院对面，是德胜兴猪栈；五十一粮店原是利源昌猪栈；毛线厂那院儿原是三义永猪栈下院，周周围围就乐善里像个孤岛似

旧宅内部

的,我琢磨它那高土台就是挖这个坑垫的。再说国庆里前身,这个臭坑是怎么填上的呢?大概五六年的时候,我母亲不是第一任街道代表嘛,她让清洁队把收来的脏土全倒在大坑里,加上造胰公司的废渣,这么着一点点才填平的。然后我们和胡庆云两家买了这块地,我们家这块是一亩七分一厘七。按现在说,就是起我们这个房边,往北到第三个院,那边到乐善里犄角儿,加上学校球场的一部分。起初,这就住着三家,我们家是开粉坊的,姓王的宰驴,还有姓韩的一家。粉坊是干嘛的呢?就是做粉条、做团粉,原先在西沽桥口那干,搬到这边在八十号院儿干,干到五○年。后来西站那要建群众电影院,就把于家大院的居民安置到这地界儿,我们这地就稀里糊涂给征走了。因为这事,我们到土地局嘛的也找了好多次,不为别的,就想给我们家里的(夫人)和二弟妹找个工作,那时她俩都在西于庄农业社,结果也没给解决。五六年,我三弟参加了建国以后的第一批义务兵,在北京,因为他有点文化,长的又有"条儿",后来就给首长当警卫员。好像是转年七月底天津发大水,西于庄农业社的地都淹了,"八一"慰问军属时,问我们有什么困难,我老娘说,俩儿媳妇都在农业社,地淹了没饭吃了。归其还真给找了工作,我们家里的(夫人)分到大新街张记理发所;二弟妹分到东马路东风楼饭馆。这块地的事呢,免了儿跟教育局打官司,给了四百八十块钱。我母亲说,哪么给一分钱,咱也认了!她过去还是第一任的调解委员,主要为了争这个理儿。她叫朱桂珍,我父母都姓朱,我老伴也姓朱。

西于庄因为有这屠宰场,围绕着它净是猪栈,刚不说了几个,现在的中医医院,原来是天龙猪栈,再往那边走是益丰厚猪栈,桥口南街有条胡同,口上是瑞兴成猪栈,钢板二厂前身是德记猪栈,屠宰场大街和城防里大街拐角那,是万和店,干嘛呢?拉猪啊,拉粮

朱凤桐旧宅院门

食啊,拉树杈子啊,我小时候常去那买点树杈拿回家劈成小劈柴,晾干了担着小筐到城里去卖。

猪栈是猪栈,屠宰场是屠宰场,猪栈不能宰猪。比方说,你是利源昌猪栈的,老客赶着猪来了,问,明天宰几个?先宰十个吧!伙友就赶十个猪到屠宰场宰去,这屠宰场打日本时期就有,那前儿是日本人管理,日本投降以后国民党接收,全天津市就这一处,为嘛都得到这儿宰猪呢?因为屠宰场有检疫局,没有他们盖戳猪肉不能卖!

每天早晨六点多就开始赶猪,进了屠宰场的猪圈以后,放出一个,捆一个,等都捆完了,伙友开始吃早点。煎饼果子、老豆腐,这门口卖嘛的都有,吃饱喝足才开始宰猪,宰完了褪毛、吹气、开膛、卸猪头、卸爪子……顶到十二点就差不多了。吃完饭挨个过秤,"一百六十七——"有人专门计数,过完秤先挂在架子上,紧接着脚行的地排子车就来了,把当天的猪肉全拉到肉市。肉市有一溜这么高的洋灰台子,一家猪栈卸一堆,所有开肉铺子的、开饭馆的都来挑选,猪栈都有个"卖头"（销售人员），专门负责跟买主讨价还价，不零售，最少卖一个猪。再说脚行，你用我的车拉猪，给脚钱，你不用我的车拉来了东西，除了给拉车人脚钱外，还得给脚行"过肩儿"（管理费）钱，地盘都是各家脚行争来的。说白了，过去买卖家也不易，像过节了，方方面面都得打点。就说我们家吧，二月二快到了，熬的焖子，像派所啦、交通警啦、地痞啦、接生婆啦，都得想到了。

我父亲这辈哥儿仨，我父亲先背着小铺盖落在了猪栈，就住在人家放猪毛的屋子睡觉，我三伯开始也在猪栈，后来又回家种地去了，我二伯一直在老家。以后屠宰场归到土产公司管，伙友们成立了职工会，宰一头猪给十二斤小米。我呢，直接进了土产公司了，算国营，五三年张贵庄建立食品公司，给我调到那边参与建厂。以后土产公司改为食品公司，食品公司下属四个厂，食品一厂在小刘庄摆渡口，也叫"打蛋厂"；食品二厂专门经营猪；食品三厂专门经营牛羊；食品四厂就杂了，骡马呀、鸡鸭啊，在李七庄。西于庄的老屠宰场就成了"再制厂"，也是食品公司管，相当于二厂的一个车间，专门生产"四季香"酱货。好啊，可火了！西于庄人净是干酱货的，那时，你趸二十斤，三天之后还剩二斤，可以退回厂里，有的改做四喜丸子，有的按比例添加到新料里，它这种做法也毁了自己。这里还有个嘛岔头呢，食品二厂组建后不久，国家支援"小三线"①，不少职工调到兰州。

---

① 三线建设，是指1964年开始，在中国中西部地区的13个省、自治区进行的一场以战备为指导思想的大规模国防、科技、工业和交通基本设施建设。所谓三线，一般是指当时经济相对发达且处于国防前线的沿边沿海地区向内地收缩划分的三道线。其中西南的川、贵、云和西北的陕、甘、宁、青俗称为"大三线"，一、二线地区的腹地俗称为"小三线"。

《西于庄屠宰场历史原貌示意图》,绘于 2014 年 9 月 28 日。此图根据朱凤桐、朱广祺及周边原住民的描述、考证绘制而成,为 20 世纪 40 年代情景

  我十六岁结婚,之后就学买卖去了,不是传统的门脸,那时叫"内局"。桌上摆着四部电话,假如你是"卖头":张经理我这有十包碱面,多少多少钱。好,你先等着。他把话筒一按,再拨另一部电话,喂——李经理,我这有十包"红三角",一百度的,多少多少钱……其实,一倒手已经加价了,这叫"买空卖空"。我在那干嘛呢?在门口站着,有人来,推开门,递上烟点上,做成了,叫我到哪哪哪、嘛字号拿单子去,然后我把这十包碱面送到谁谁铺子里。那时,我学买卖不给钱,吃喝还得自己掏。我妈就说了,你一分钱不挣,我还给你养个媳妇,得啦,回来吧!回来以后,就在屠宰场拿猪"下水",那前儿有赶"大洋"和赶"二洋"之说,嘛是"大洋"呢?你直接从屠宰场拿来"下水",叫"大洋",起你手拿来叫"二洋"。我每天从厂子拿十个猪头,我二兄弟跟我家里的(夫人)得楞,完了,我劈,上午下了锅,一点多钟提出来,把骨头剔了,再闷到三点,然后摆大筐里,骑着车到

南市的东兴市场——老"三不管",送给几家卖头肉、卖杂样的酱货摊。你要几扇儿?来三扇儿吧!一称,十斤,记在小本子上,等都出手了,我把车往东兴市场一搁,到里边听书啊、听相声啊,顶到晚上九点多,再到各家去敛钱。有的当时就给了,有的还得该着。怎么不干了呢?五二年"三反五反"①,我记得正是抗美援朝期间,你像三条石做的铁锹不合格啦,给斗得够呛,我呢,成了小资本家,天天学习、写检查,跟你说,这关不这么好过,都是一群宰猪的,啪!站那去——说!你交代清了嘛!对也不对,不对也不对,去他的,我不干了。打那在家做点粉皮、熬焖子,夏天做凉粉,等到一九五二年的九月一号,就参加"土产"(食品公司前身)了。也是经人介绍,加上宰猪也不外行,不是我吹乎,你扫听百八十岁的老人,提起宰猪,没有不认识我的,基本都是河北容城那几个村的。还哪的人多?白洋淀的人多,他们是民国二十八年(一九三七)闹大水逃荒过来的,都集中在新建里一带,拿点竹劈子一围,铺上几层席就住下来了。那时,除了大坑就是野地,记得现在的八十中学、老钢板二厂、咸鱼厂、蔬菜公司这一大片,是日本的大安农场,养鸡养鸭、淹咸鱼、淹咸菜,日本投降时,都上那抢鱼、抢鸭,城防大堤的大枪队还在那放枪镇唬呢!

  我哥儿五个、一个妹子,哥们儿都在这院儿住。我这老兄弟比小辈儿才大七个月,跟你说他都吃过我们家里(夫人)的"肉"(乳)。为嘛呢?五〇年,我老娘当街道代表,一天到晚瞎跑,家里这么一大摊子,都拽给我们家里的(夫人),她顾噜着我们几个孩子,还得照顾老兄弟。有时老娘到三条石对面的粉汤刘胡同开会(区所在地)

---

① "三反""五反"运动是1951年底到1952年10月,我国在党政机关工作人员中,开展的"反贪污、反浪费、反官僚主义"和在私营工商业者中,开展的"反行贿、反偷税漏税、反盗骗国家财产、反偷工减料、反盗窃国家经济情报"的斗争的统称。

中午回不来,我们家里的(夫人)喂完了自个儿的,不得给老兄弟再嘟罗嘟罗?那时的媳妇不但受累还得受气,哪像现在啊!

我们这个国庆里,起先没有名字,是派(出)所给起的,过去这一片都叫屠宰场后身或屠宰场大坑。

朱凤桐补述1(2014年12月10日):

屠前大街八十号大院,原来是"茂顺永"掌柜王俊和的,"茂顺永"的后门跟八十号大院通着,他是国民党员,不是四九年底就是五〇年初,派(出)所把他叫走了就没回来,最后在"习艺所"待了十五六年。这院儿除了王俊和的房子,他哥哥王俊林、外号"瘸王四"也在这儿住,给"瘸王四"拉胶皮的张二、当过保长的王建章和我们家也都在这院儿住。王建章他们家宰鱼,我们家开粉坊,东边还有五个猪圈,养着二三百头猪。从大院儿后门出来,就是大坑,造胰公

《屠宰场后大坑历史原貌示意图》,绘于2015年1月31日。此图主要根据朱凤桐等多位原住民的描述绘制而成,为20世纪50年代情景

司的废渣、生活垃圾、拆房的砖头瓦块都往里倒,好长时间才填平,填上以后的这块地,我们家买了一半,胡庆云家买了一半,他也是开粉坊的,我们家主要做高粱粉,给堤头啊、辛庄啊、城里啊,做锅巴菜的打卤用,也做粉皮,白的、红的,五个一沓。胡庆云家主要做粉条,拿到现在的四十四中那边晒去,张树环、胡家风、韩兆恩,还有个姓彭的,都是这一片开粉坊的。

  这块地花多钱买的不知道,一共是一亩七分一厘七,我见过地契,最早就放在小柜儿里头。那会儿我四弟在西于庄小学上学,听老师说要给他们建新学校,也不知这么着,他就背着家大人把地契给拿出去了,究竟交给谁了也不知道。嗨!过去对这玩意儿没当回事,可是后来这地界儿稀里糊涂归教育局了,我们就剩下了这个院。

  咱还是说猪的事吧。过去,一车皮能装八十头猪,老客们赶来十头的、二十头,就得往一个车皮里凑,可猪长得都差不多,怎么办?告你吧,一点都错不了。上车前,你的猪在屁股蛋子上剪出两道杠,他的猪剪三道,或者剪十叉,到了猪栈按符号再分。宰的时候也这样,"一道"的,捆好了放一堆,"两道"的、"三道"的、"十叉"的,都找自己的地界儿,等褪完毛不是看不见记号了嘛,吹猪的就喊下家:"齐啦——两道!"落猪头、落蹄的就手拿红笔在屁股上画两道。也有剪尾巴的,齐尾的、半齐尾的,谁的猪,到最后还是谁的猪。屠宰场找猪栈收税,猪栈找老客收手续费。另外,老客们所有猪的猪鬃、猪毛都归猪栈,哎——猪鬃、猪毛也能卖点钱了!过去,周围的大孩子们,没事就跑到猪圈偷着薅猪毛,他们拿八号铅丝,前面煨个圈儿,有一簋来长,专门冲着脖颈子上的鬃毛下手,掌柜的要是看见了,不干啊!每天收工时把褪下的鬃毛带回去,伙友们就在院子里,把鬃和毛分开,摊在一个一个竹浅子里单独晾。

屠宰场跟老客说不上话,它对各猪栈,老客把猪交给你,后边嘛也不管,等猪宰完了,肉卖出去了,开张清单一结账,完事!有心细的老客,根据行市决定转天宰几头猪,剩下的猪,让伙友抬着大筐去桥口那家烧锅店买点酒糟,弄回来喂喂,也为了保膘。老客没嘛事就在屋里打牌,顶到下午才问"卖头"(搞销售的):"今儿行市怎么样?""行市不错,后手都抢了!""告诉掌柜的,明儿都宰喽!""好嘞——"为嘛我这么清楚呢?过去我父亲经常去"德盛兴",跟老客们特别熟,有时遇上几天行市不好怎么办?朱老板,把猪赶你那去吧!要不我们家有好几个猪圈呢,主要因为我们家粉坊下来的粉浆子能喂猪,等养几天行市起来啦,一宰,挣钱了,就赏给我父亲一份。

整个屠宰场就检疫局和烧开水的由财政局发工资。在烧水的里边,一个姓朱的、一个姓鲍的烧得最好,为嘛呢?给猪褪毛的时候,开水跟不上溜儿就崴了,我们有行话,水好不好,拿手一试,问:"来了吗?""来了。"就是冷热正好,然后把猪下去逛悠,"没来!"就赶紧拿汤盆蹦水,一看掉毛了——"来了!"才开始褪毛,水不行肯定窝工。

我还记得,看大门的姓门,每天伙友们把水都挑满了,大概下午五点钟,他就把门锁上了,转天早晨六点再开,他家在乐善里住。你要说这里边有没有"行规",我确实没见过吃拿卡要的。倒是收猪下水的比较特别。在西于庄,要想包一两个猪栈的"下水",那就得凭胳膊根儿,现在说叫地痞,谁都不敢惹,这人平时不露面,可是你要想直接找猪栈收"下水",没门!这道号的,在行里叫"大洋",凡是到点儿来取货的,都是"二洋",也就是二道贩子,"大洋"坐在家里

《猪栈历史原貌示意图》,绘于2014年10月12日。此图主要根据朱凤桐的描述绘制而成,为20世纪40年代情景

拿钱。"二洋"有可能再倒手,下家就叫"三洋",最后才到煮锅的手里,做成酱货,到官银号嘛的卖去。

单独给你说说猪头加工:猪头买回家,先一劈两半,这叫"两扇儿",技术在哪了呢?会劈的煮熟了以后,眼珠子、牙床子都挂在架子上,这里有个小诀窍,就是劈开前,先在眼眶上拿斧子一边来一下。猪脑子和口条都得单独弄出来,因为嘛呢?主要是火候不一样,要是跟猪头一块煮,脑子化了、口条老了。另外还一个规矩,就是所有从屠宰场出去的猪,全都得归张二的脚行来拉,西于庄有一批赶骡马大车的,车是自己的,可活儿得听张二安排。每天中午12点一过,根据当天宰猪多少来派车,一辆接着一辆,把得楞好的猪肉全拉到大胡同附近的鸟市,也叫肉市,那有一溜洋灰台子,一个猪栈占一块地界儿,然后开饭馆的、开肉铺子的就来了,现场谈价,成了,专门有小地排子车给送到户里去。肉的好坏还有个环节挺重要,就是卸猪头、猪下水的师傅得会"挑膘","挑"好了,膘肥肉嫩,卖个好价钱。再一个,屠宰场每天敛的"水油",一般情况下,就你五斤、他十斤地分给伙友了,像吹猪的给点"水油"抵工钱啦!特别勤谨的,掌柜的该喊了:"二子,一会儿到柜上吃去!"猪栈的伙食好极了,滋油饼啊、花卷啊、炖猪头啊,伙友们都管吃管住,单例儿有大师傅做饭。过去大师傅早晨买菜、买副食调料,都有固定的杂货铺,有的去杂货铺前找先生要钱,有的拿完了东西,杂货铺记账,最后到柜上支去。这附近,一个赵五杂货铺、一个大老汪杂货铺专供猪栈。等到解放,按小米算工钱,宰一头猪折合多少小米,时间不长就合营了。

我是五二年九月正式参加工作的,最初叫"土产",以后改成食品公司,开始让我跟着跑站,只要西货场来电话,我就跟着三轮、带着网子去站上,我负责办手续、要车。一般都是夜里赶猪,道上清净。跟你说,夜深人静时,赶猪的鞭子声,从东浮桥能传到这儿来!啪,啪——响极了。赶一车猪得五六个人,前边有个领道的,"嘞,嘞,嘞嘞——"一左一右各俩人,手里拿着钩子,最后才是拿鞭子的,算是"头儿"吧。好么,那鞭子抽的,真叫指哪打哪!要不七八十头猪,怎么能顺顺当当赶到猪栈?

提到赶猪,这活儿可辛苦了!小时候,听我父亲说,起老家开(赶猪叫"开猪")着猪到天津得走好几天。三四个人,开二三十头猪,累了就半道打个盘(暂歇叫"打盘"),再走几十里再打个盘,一路上边走还得边放(临时喂猪叫"放"),像冬天就往山芋地里放,实在没吃的就买些菜帮子嘛的,凡开猪的,后边都得跟着个小推车,为嘛呢？要是猪崴了脚,实在走不动了,就得拉着。你像从山区开猪就更不易了,猪走山路,时候一长,蹄子都磨出血来了,怎么办？老客就给猪穿上"鞋",是那种拿粗布缝的小兜桶,要不到市里全趴下不可！那时候要宰的猪,也就二百来斤,有时喂不起了,拿我们老家的话说,没这么大的腰劲儿了,就得赶快卖。

顶到食品公司成立就改用汽车了,一看单子：八十头。长帮的要俩车,短帮的要仨车,一般一辆车能装三十来头猪,车一来先把网子挂好了,然后车屁股对准火车皮的大铁门,一边站着个人撩网子,车皮里的人往外赶,顶到够数了,拿网子一截,车帮一上,齐啦！到厂里呢,这边有大跳板,一吆喝,猪就你挤我、我挤你地往下走。

朱凤桐补述2（2014年12月18日）：

先跟你说说大车店。一到冬天,农民没嘛事干了,就把山芋啊、树幌子嘛的,放在大车店里卖。一般山芋都放在席篓子里,大篓套小篓,中间衬上七八层牛皮纸,防止山芋上冻,都是哪些人买山芋呢？一是烤山芋的,一是煮山芋的。过去烤山芋都是自己拿砖头垒个大泥胎,然后把山芋吊在炉膛里,烤一会儿就拿手捏捏。这大灶烧嘛呢？听说过煤茧儿嘛,专烧那个！那时候,小孩们没事就到水铺啊、工厂的锅炉房啊、垃圾堆啊,去拾煤茧儿,装满一小篮就卖给烤山芋的,煤茧不冒烟,火比较软。那时,烤山芋可以切着卖,论斤约,可香了！这是一个,另外树幌子也都是西于庄的穷人去买,干嘛呢？弄回去锯成一段一段的,然后再劈成一条一条的,晾干,码在小筐里,一挑儿四个筐,加一块有四十来斤,挑着去老城里。早起那有个市场,劈柴呀、稻草呀、扎头儿呀,都上那卖去,过去不都烧大炕嘛,阔主儿就支使老妈子出来,要多少谈好了,都给送家去。卖劈柴的也看人儿来,像生人、老实人、大大咧咧的,他就对你"吃秤",也就是玩手彩儿,坑人!一个是筐底下拴根绳子,过秤时脚一踩,秤杆就扬起来了。还一种,在秤钩子那夹一个小木头楔子,约秤时拿手指头往里一推,秤杆子就挑起来了。早市卖不完,再走街串巷,也得喊:"卖劈柴——干劈柴——"但不管卖嘛,货都得从大车店趸,都得经过大车店给约秤,他从中收取手续费,也有把货直接倒给大车店嘛也不管的。其他的,住店要店钱,那得单例儿算。就我所知,大车店的房子全是通铺,铺底下放自己的草料、麻绳、工具嘛的,好点的大车店,自己备些棉被,谁用谁花钱,有时来的人多了,棉被不够了就到周围住户赁几床,连猪栈的老客也这样,大车店的人都知道谁们家的棉被干净,谁们家的棉被脏,那前儿润厚里一带净干这个的。

西于庄吃猪行儿的可不少,食品二成立以后,得有好几百人

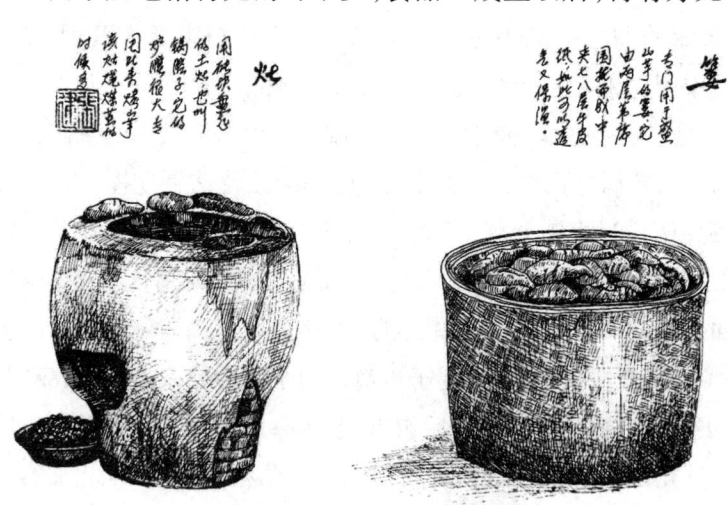

《山芋篓》和《烤山芋灶》,均根据朱凤桐描述绘制,绘于2015年2月9日

进了这个厂。其实这是两部分人,一部分是各猪栈宰猪的,其中包括掌柜的、先生(会计)、"卖头"(搞销售的)嘛的,还有一部分叫"外职工",都是些干嘛的呢?肠子、肚子卸下来以后他们接走,把里边的粪扒出来,只留上边挂着的那点油,然后把粪卖给粪场子,那时每个猪栈都有几个包这活儿的,最后他们也都进了食品二厂。上次不说了吗,一开始我跑站,后来就到了卸运组,好么,一车八九十头猪,一来就是十几车,千十来头,一车一点数,眼神儿、脑子,都得跟上,猪是活的,乱窜啊,三个、五个、十个……一点儿不带错的,我们比赛过,赶来一百头猪,看谁数的快、数的准。另外,给猪估分量,过完秤,写上号,管理把我们都叫去,每人发给一支笔、一张纸,拿眼看,一号一百五、二号一百三……等完了,一对,上下不能超过多少,我还拿过奖状呢!再一个,估出肉率,也是全凭眼力,看头、蹄、肚子大小,这个要难得多。难在哪呢?到八九十年代,就有造假的了,有些个体养猪户拉到李七庄,卸下来给猪灌水,这遭儿是想增加猪的水分,以后改灌食了,跟填鸭似的,拿机器往里打,肚子滚圆滚圆的,再后来,粮食不还得花钱吗,又改灌沙土啦!最严重时,厂子要是宰两千头猪,抠出来的沙土就得拉一车!怎么造成的呢?说起来话就多了,原来食品公司发"猪票",比方说,食品二厂这月是十万头的任务,月初经理们都来领"猪票",你是文安的给你两千头,你是容城的给你两万头……完成了,一头猪国家给补六十六块钱,有的完不成就从个体那儿凑数,个体不走食品公司卖不出去猪,等于两头坑国家。后来我到验质组,专门给猪定级,正常情况下,一百斤出七十斤肉算一等,六十七斤算二等,三斤一个等级。我们四个老人儿,一人盯二十四小时,歇七十二小时。怎么考核我呢?一天一宿卸一百多车猪,定完等级后总的出肉率，跟我定的上下得差不多。

那当然啦，一看灌沙子、灌石头末儿的肯定降级。能看出来，灌东西的猪走路费劲，肚子坠得乱晃，有时我们拿脚一顶，脚豆儿都疼。还有嘛情况呢，收来的母猪混在一等里，查出一头奖三十块钱，还有一种叫"改敲"猪，查出来也有奖励。我们吃的猪都是"敲"过的，就是在小猪仔时，起后腿拉个口把"猪房子"（子宫）给挑了，"敲"过的猪肉嫩也好吃。像那些经常出问题的，"猪票"就控制了。

朱凤桐补述 3（2014 年 12 月 25 日）：

你看我跟你念叨这些，听人家说的都少，全是自己经历过的。今儿说嘛呢？检疫不合格的猪有哪几种，怎么把它处理了。一种叫"黄膘猪"，这猪不能吃，这种猪非得宰完了才能看出来，肥膘本来是白的，它是黄的。还有一种叫"米芯猪"，也叫"豆儿猪"，不能吃。"米芯猪"也分好几种情况，一刀下去，肉里就发现几"粒儿"，那就在屁股蛋子上打上"煮"字，嘛意思呢？就是把这种猪放进煮锅里消毒；要是"粒儿"再多，就把"膘"单例儿舔下来，送炼油房炼油，瘦肉下煮锅煮。还有更厉害的，一拉顺着屁股掉"粒儿"，这个全都炼油，二三百度的高温，炼出来的油属于工业用的，给造胰公司嘛的。那时候，"米芯猪"哪比较多呢？保定地区、定县、正定、望都、深泽一带，我们管它叫"下道"，而容城、徐水、易县、高碑店这边也有，少。现在说，养猪的方法有问题，他们都用"连茅圈"，就是猪圈跟茅房连在一块，猪下了坡就能吃到人粪，肯定带进去了一种病菌。再有一类猪叫"丹毒"，身上有一块一快像癣似的，这种猪也都炼油或"煮字儿"。除这以外，猪受了外伤，卧在脏水里身上烂个大窟窿,用行话说,这叫"开窗",怎么办?拽过来把烂东西掏出来,洗干净了,拿白灰给它烧干了,没几天就好了。过去,屠宰场验肉的叫技师,身后跟着个力巴儿,手里拿着小铁罐,上面有几个戳,技师不说话就盖"合格",遇上"豆儿猪"就盖"煮"字。甩下来的病猪交给谁呢?屠宰场旁边有个叫傻三儿的,他在城防外垒了个大灶专门炼油。

我再给你说个嘛呢?猪配种。过去嘛,西于庄专门有养配种用的公猪,打一次"圈"(交配)给五块或十块钱。知道烧气焊那家嘛,他爷爷就干过这个,家里养个"炮懒子",这是内行人的叫法。出来"打圈"时,"炮懒子"得拿大顶铁链子拴着,要不到处乱窜,骚扰得圈里的猪不得吃不得歇的。说来哏儿去了,"炮懒子"会闻味,呼哧呼哧几下就知道哪有母猪。再说母猪,就我所知,十八天闹一回圈,能看出来,一个是"水门子"(生殖器)肿,一个是老往别的猪身上蹭,这个时候你还别着急,配早了,受精少,配晚了,过了,顶到第二、三天最好。比方说,一看猪发情啦,提前到"炮懒子"家"预约",告诉他,明天别应人啦!够时候就来了,你可能没见过,就跟牵着狗似的,铁链子磨的脖子都掉毛了、皮老厚的,有的还戴上夹板儿,走一路踅摸一路,急得嘴吐白沫。等来到圈跟前,把发情的母猪弄出来,母猪主动往公猪身边腻乎,不会儿公猪就上去了。猪的小便是螺旋的,有一尺多长,手指头这么顶,"打"上以后得二十分钟到半小时,俩猪就这么趴着一动不动。有的为了挣钱,让"炮懒子""打"两次,要是赶上后一次,效果就差着了。怀上没怀上,得看十八天以后还闹不闹圈,要是还发情,就证明没打上,接着再来。要是老实了,那就开始算日子,等下小猪,大概一百一十五天,提前、错后都超不过一两天。快下猪时,

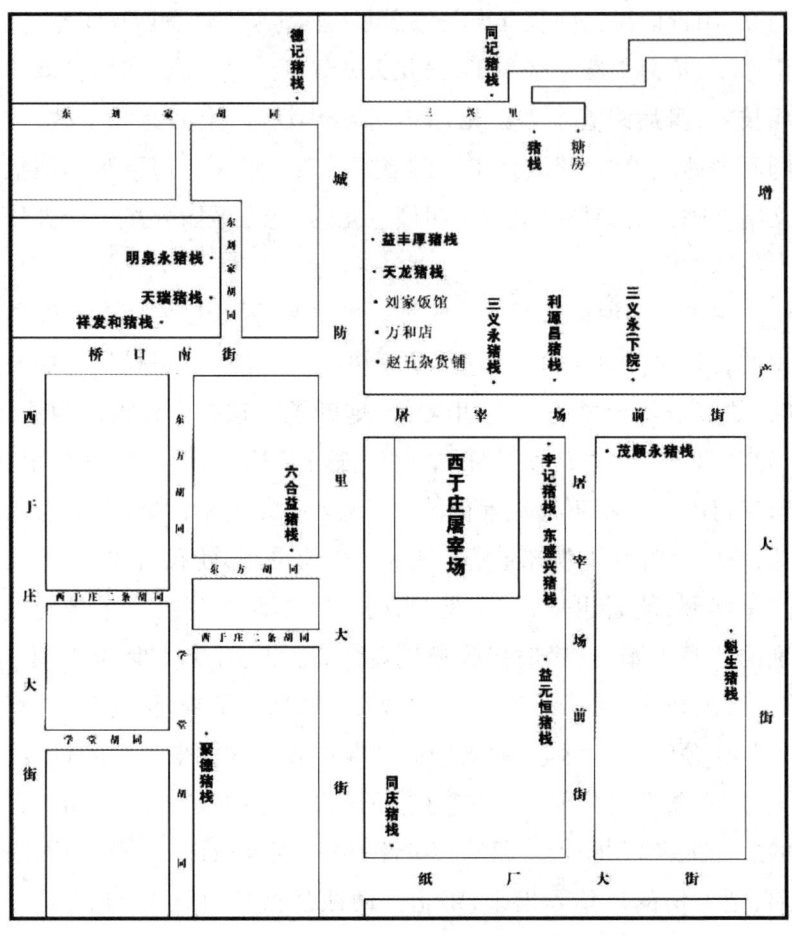

《西于庄猪栈分布示意图》,此图主要根据朱凤桐口述和指认绘制而成,反映了20世纪40年代情景,为便于阅读部分街道名称取自现状

母猪不停地往窝里叼破席呀、树枝子、树杈子呀,我们就赶紧给它铺花秸、稻草嘛的,得折腾一两天。

过去,我老娘就坐在猪跟前盯着下猪,把刚生的小猪接过来,衣包儿挑破了,然后放在"妈头儿"(乳头)那,要是冬天,生下来的小猪撂在筐里背屋去,在炉子边烤着,最倒霉的是,有时母猪一翻身,弄不好压死几个,小猪超过一个礼拜才会藏、会躲。

　　选"炮懒子"也挺严格,起小就能看出这头猪不一般,不仅体壮,还得周正、欢实,看着就那么招人喜欢。所以干这行的,提前就到猪圈里"预定",特意给留着。你像我们家养猪,一群小猪仔里,得挑出几头秧子好的,提了起来看"妈头儿",有的十四个,有的十六个,不都是双数,也出单儿。为嘛得看这个呢?将来下小猪了,不得跟"妈头儿"对上数吗,如果小猪下多了,"妈头儿"少,就得饿死几个。

　　"炮懒子"不能老换,怎么也得养个两三年,可是老了也不行,排精少了养猪户不愿意。这种猪其实也能吃,但很少有人吃,骚气!大多交给"卖头",他们都有去向。

　　小猪仔才有意思呢,一生下来,头一回吃的哪个"妈头儿",以后就是哪个,从来不乱,就是它后赶过来,挤进去也找那个"妈头儿"。听说过奶"惊"了嘛?不是说小猪一嘬就有奶,嘬着嘬着不定嘛时候,奶就"惊"了,再看小猪都不动欢了,瞪着眼不顾一切地往嘴里灌,母猪自己也知道,不停地喘着粗气"哼——哼——"就三五分钟,那劲儿一过,大猪就爬起来了。

　　秧子好的猪,有时也拿出去卖,稍微贵点,或者在门口或者驮到杨村、王庆坨赶集。一般的养猪户,也就留一头母猪,公猪不留,你想想,公猪、母猪一闹腾,掉膘啊!所以,养个二十来天,就得请人来"敲"。

　　这又说到一个行当。"敲"猪的平时骑着自行车满世转,西头啦,刘家房子啦,西于庄啦,他随身带着个小皮兜,里面插着几把刀,刀头儿跟小桃似的。基本都是熟主儿,他算好日子就来了,手儿快极了。你像公猪,在后边拉个小口儿,把俩蛋子儿一抻就完了,要是"敲"晚了,就得拿麻绳缝上几针。母猪呢,在后腿窝拉一口儿,把"房子"扽出来,可要是扽不净,它还接着闹圈,一闹圈,三四天的食就白喂了,像这种猪就得赶紧处理了。按我们那会儿说,一天得长七八两、一斤来肉呢,不长膘光吃食,不赔了?!

胡成才(右)与老伴

采访对象：胡成才（1935 年生）
采访时间：2014 年 1 月 16 日（星期四）
采访地点：西于庄屠宰场前街 52 号

我们家原先在西南角住,十几岁的时候,正赶天津解放。打仗都能看得见,奔南马路去的电车道边上就有大炮楼。以后我参加工作跟着建筑公司去北京、东北,一直顶到五七年。你想一年到头在外地哪行啊!所以就把户口从北京迁了回来,落在了红桥区建筑公司,那时我父亲已经没了,亲属们又都回老家种地去了,就我自个儿留了下来,在这儿买的房、成的家。我老伴是河北省雄县的,她两个舅舅出来得早,大舅跟我表哥在一个单位,是他们给说成的这门亲事。我老伴十五六岁跟父母来的天津,后来他们陆续回家种地,她就在这当了好几十年的"黑户",凡是要本、要票的一律没她事,顶到七几年才把户口办下来。我们俩就在这屋结的婚,快六十年了没动地界儿。

我干了一辈子建筑,愣没捞到一间楼房住。我是瓦工,你看原来河北大街两边的楼房了嘛,都是我们盖的,一修大桥全拆了,就最后盖的那栋还留着。现在的洪湖里那一片、还有大板楼,也都是我们盖的。过去盖房子比现在慢,一栋楼,一个班组三十多个人干一年。瓦工、电工、木工、水暖工嘛的,都配齐了,那前儿没有民工,全是市里人。八几年的时候我拿到五级工,顶头儿了,一个月能关七十多块钱。本来挺好的,就干河北大街那年出了工伤,把腿给摔了,单位不让往上报,怕影响大伙全年的奖金,结果按内部算工伤,工资百分之百,看病百分之百,嘛待遇都有,那时咱也不懂,要按现在说,就属于瞒报。可是谁想到啦?没多少年整个单位都黄了,归其

旧宅内部

给四万块钱一脚踢,可腿呢,落残了!

老伴没有正式工作,早先在"五七公社",就是"家属连"。嘛都干,包刷子、打夹子、做锁……沥沥拉拉也干二十多年。别提了,一批老婆儿到处拉着小车拾砖头,然后盖厂房,不小,有七八间呢!那会儿四个孩子,不干养活得了嘛,她们实行计件,反正一个月能添个三十来块钱。吃了不少苦,最后呢,嘛也不算!现在?车间都改成住家了,就在小学校对过、纸厂大街上。原来我们家跟前这条路,也叫纸厂大街,房契、地契还都是老地址,后来改叫屠宰场前街。这块地界儿太洼了,房子没翻盖时,下场雨,水得上炕!就现在要是不赶紧抽,也得有半米深。一到雨天这边家家淌水,纸厂街那边家家进水,掏都掏不过来,从地缝往外冒,厕所的粑粑漂的哪都是,赶水下去了,家家从屋里拿自来水冲臭泥。有一年,我买了六百块蜂窝煤,

《"篱笆灯"历史原貌示意图》,绘于2014年9月13日。此图根据胡成才、武清义、王改弟等诸多原住民描述绘制而成,为20世纪40年代情景。

就放在对过的小屋里,还特意拿凳子架起来,结果一场大雨,全瘫了!然后你看吧,家家晒煤灰,这一堆,那一堆,敛起来再送回煤场,交点加工费重新压成蜂窝煤。

五七年买这房时,旁边还都是空地,花了三百块钱,哪是正式房子?苇把子,小孩冲墙呲尿能进屋来,哈哈……冬天,生完炉子没烟了赶紧端进来做饭取暖,那阵儿哪有烟筒?所以,睡觉前再端出去。那床铺就是破木板子架的,上面铺上稻草,一到夏天,臭虫啊,滚个儿!半夜得起好几回,墙上捻的都是血绺子,一个眼儿能扎出一串儿。有一次,老伴回老家了,夜里睡不着就爬起来逮臭虫,我拿个小瓶,逮了得有半瓶儿。各家各户,拿开水烫的,拿"六六粉"熏的,噼里啪啦在地上摔床板的,热闹去了!

旧宅外观

这房子折腾过好几次,由"篱笆灯"①改成砖房一次,结果七六年地震,房盖儿拧个儿了,又从单位买点旧砖头翻盖了一次,那时用不起洋灰,都是孩子们打造纸厂拉炉灰,再加上点黄土、白灰,俗称"三合土",你说能结实嘛!所以后来又盖过两回。反正盖一次就垫高一次,我这屋子地底下起码有三层洋灰地。哈哈哈……

我是仨小子、一个闺女,全家就这么一间房,睡觉时横七竖八,每天晚上都得临时搭床,赶夏天就直接铺上塑料布躺地上。那时最低生活费八块,够八块了,孩子们两块的钱学杂费就得交。吃补助的家庭也不好受,大伙都盯着,你敢吃根儿果子,下月就给掐了!现

---

①所谓"篱笆灯",就是用木棍当支撑,四周用草把子围起来,内外抹上薄泥,屋顶铺上稻草或加一层泥的简易住房。因四处透风、露光,老百姓戏称"篱笆灯",或为"篱笆登"。

在吃低保的,都千十块钱,逢年过节,又是油、又是菜的送到家里,还是党的政策好!

过去孩子们也都听话,每天给三分"老豆腐"钱,舍不得花,干嘛呢?买冰棍!后来大小子、二小子参加工作,一个月给八块钱零花,这哥俩就这么攒着,早点干啃窝头,最后买了台日本录音机。他们穿的、戴的都自己解决,不狠行嘛,娶儿媳妇怎么办?大儿子结婚时给了七百;二儿子结婚给了一千;三儿子给了一千五。大的就在这屋结的婚,我们都搬出去在单位的仓库借了两间房,接着又挤出一间给二儿子结婚,那间也就十平米,报纸糊的顶子,简单刷刷浆。后来单位分给我间房,又操持着给三儿子结婚,等他们都有孩子了,又全送我这来了,逼得我经常上单位睡去。

我来时,胡同已经有了,再往北都是庄稼地,孩子们每天上学去,先嘱咐嘱咐:别摘人家火柿子,别踩人家庄稼。现在的西于庄后大道,原先是大土堤,有四五米高,不远一个炮楼,不远一个炮楼,都住着人,我们单位就有住炮楼的,西沽公园对过高压线底下就一溜炮楼,都是砖垒的,为嘛叫城防里呢!大堤后来就给刨没了,那的土特别好,谁们家盖房啦,上那取土去,谁们家垫地啦,上那取土去,就连种花也上那挖去,听说还死过一个小孩呢!你想挖的到处是洞,孩子们都上那玩藏蒙个儿,一下子塌了!

口述津沽
民间语境下的西于庄·口述编 069

王国才

采访对象:王国才(1936年生)
采访时间:2014年1月17日(星期五)
采访地点:纸厂大街66号

我们都是河北省永清县的人,跟我老伴家就隔着一里地。日本降服那年我来的天津,为嘛出来呢?村里实在待不了啦!二三百人的小村,一到晚上,偷的、抢的成群结队,谁敢惹?永清离天津一百一十多里,那时没别的办法,就坐着铁轴车慢慢悠悠地走。见过铁轴车吗?光轴是铁的,其他全是木头的,半人多高的大轮子,由马拉着,到天津整整走一天。

我母亲的叔伯哥哥在桥口住,他在大新街上开了家大车店,有一亩多地,老客们拉来了山芋啊、棒子啊,就放在店里卖,不是所有大车店都有马棚,住个三五天的预备个棚,大部分明儿就走了,所以就在车后引儿拌拌草、填点料,把马喂了。喂马主要是稻草,用铡刀铡成一寸多长,掺进麸子、黑豆、棒子粒儿,买一麻袋草够吃几天的,大车店院里都有大水缸或压把井,饮马啊、人喝啊都用井水。大车店其实就相当于现在的旅店,少的有十几间房,多的有几十间房,谁住进去给谁把小钥匙,一屋能住三四个人。有的屋里有灶,冬天掖把柴禾烧烧炕,有的能点炉子,那往儿连车带人住一天也就块儿钱,三分钱一个烧饼,要是五分钱买炸虾米、炸小螃蟹得这么捧着,大饼才一毛钱一斤,买一大碗鸡子儿汤,虾米、木耳加一个鸡子儿才一毛钱,那往儿的钱值钱。过去,这一带净是大车店,光大同门附近就有四家,我来天津先在表舅的大车店打杂,我父亲买了一匹骡子,帮他拉点这个、拉点那个,不出车了就下地打草喂牲口,吃不了就拿出去卖,一挑儿草能卖几毛钱。到以后给造纸厂轧苇子,造

旧宅内部

纸厂老板姓韩,可主事的是他伯伯,我见过这人。造纸用的苇子,都打船上来,好么,大槽子船一船接一船,西边来的多,胜芳唻,文安唻,码头堆得跟山似的。它厂子就守着子牙河,有多大呢?我看得有几十亩地,到以后连郭家菜园都给占了。我在那轧苇子,怎么轧呢?把苇子铺在地上,骡子拉着个石碾子,来回在上面转圈,也就是把苇子轧劈了,然后拿铡刀铡成一段一段的,投到大铁球里,再放上火碱、白灰,也不还有嘛原料一块蒸,蒸到像面条那么软,再放到机器里"打"。反正我在厂那会儿,一共有三个大铁球,六七口铡刀,轧一天的苇子都得"吃"进去。以后又轧樟树皮儿和棉花柴,干嘛呢?做牛皮纸。再后来拿棒子、麦秸做纸,不行,太脆!造纸厂一个月给三袋面,它自己有食堂。进的面多,到月头儿就给面,有时也给相当于三袋面的钱,国民党时期没有准儿,能买十斤面的钱,出去一看变八斤了、六斤啦!为嘛现在识举呢,不管嘛样,回家有饭吃,心里边踏实。

在这厂干了两三年,然后给面铺子拉脚,出去一百多里赶集,主家买棒子也好、麦子也好,还是买豆子,反正拉回来一百五十斤给十斤当工钱,这么着又干了二三年,那会儿还是国民党呢,出了大同门,顶天黑才回来。大同门确实有门!砖垒的大垛子,两扇铁栅栏,城防,城防嘛!北面有个大炮楼,俩国民党兵把着,最多五六个,出来进去检查。按现在说,早上七点开门,顶到晚上五六点钟关门,来晚了?来晚了不让进,想进去你得提个熟人,在西于庄有点名气的,比方说认识张二,行,进去吧!要不,嘛玩儿?!弄不好还得挨顿踢。我平均三天拉两趟,起早走了,到那装上车,就赶不回来了,那往儿哪有好路啊!再加上铁轴车死沉死沉的,赶以后,我父亲的一个好朋友——张伯,他说他那有俩胶皮轱辘,抱走吧,再买两条带换上,么么着才好点,气儿的啦!

我父亲和张伯都是搞地下的,那往儿我小,嘛也不懂,后来才知道的。一解放,我父亲是街道主任,没有固定办公地点,后来在桥口的关帝庙成立了街办事处。记得五四年发大水,我父亲带着人到北洋桥筑防洪堤,那不是过去的老城防嘛,通北河,一下子塌了,他用大绳子绑身上,多少人一块拽木桩、堵口子,不知是绳子断了还是怎么的,他的一个同事被大水冲跑了,最后从地沟找到的。打不闹水了,城防也就扒了,就剩几个红炮楼子,现在嘛都没有了。那几次闹水,地全泡了,城防堤倒是把西于庄、西沽给救了,大堤比咱们房子高一倍,上面能走车,底下还有城防沟子。五五年成立初级社、五六年成立高级社,五八年成立了人民公社,这时候我父亲就调到西于庄农业社当书记,我父亲叫王万顺。一开始是互助组,你有地、他有地,以组为单位互相帮着种,然后几十个组合成一个社,当时西于庄成立了三个社,任田一个社;沈玉琨一个社,我父亲一个社,最后都归到了天穆公社,我们退休按五六年算。初级社、高级社还都是自己吃自己的,到了人民公社就吃大锅饭了。五八年成立了六个食堂,到时候上那领饭去,有的提个小蓝儿拿回家吃去,有的就在那吃,都是社里的房子,我老伴还在食堂做过饭呢!大白馒头?哪弄去,都是杂粮,有的还牙碜,没法吃!两掺面儿的饽饽就算改善生活了,每人一个月二两油,百分之四十细粮,百分之六十粗粮,就拿清酱炝锅,坚持了两三年。那时,地里立着个旗杆子,旗子一升上去就回来吃饭了,吃完饭接着下地。在农业社,我一天干十个工,才挣九毛钱,一个月二十七块钱,还养着五六口,有一样好,那前儿孩子们上学不交学费,在大队开个证明就完了。再有,别人家净是上山下乡的,我们没有,够年龄的都入社了,这叫自给自足。等到年根儿底下,刨去交公的和大队留的,每个人还能分八十块钱。收成好就多分点。有一年丰收了,我们小队里余下不少超产粮,就分了,有人看不惯往上反映,那没办法,国家规定的。比方说,计划收一万斤,你收了一万五千斤,那五千斤社员就分了。粮食富余也不卖,那会

旧宅外观

儿人们都饿怕了,再加上肚里没油水,饭量都比较大,一顿就吃下好几个大馇馇,现在行吗?有二两就足够了。

　　成立天穆公社时,大约有三百多户,有三千七百多亩地,有十几个大队。我们西于庄生产队,下设十三个小队,后来园田、旱田合并成七个小队。刚不说了嘛,我父亲是西于庄生产队的第一任书记,顶到"文化大革命"就给打成当权派了,免后儿公社再叫他去,他就没再去,岁数也大了。我父亲做工作那几年,跟西于庄派所交往比较多,第一任所长叫张廷彬,最早派所在大新街上,后来迁到柳二爷庙,西于庄大队部就在柳二爷庙对过的老水会里,几间小破房。再说大队这帮人,来自九个省、八十八个县,干嘛的都有,打小空的、劈劈柴的、做小买卖的、地主兼资本家的、干大商的……穷人落脚落在这,一介绍就入社了,资本家呢,还趁点地,

王国才与另几位农户的"自留地"

王国才仍然耕种的菜地

五二年"打老虎"①时就上缴了,得啦,入社吧!还有大商业家,卖布呀、卖衣裳啦,跑大船呀,还有给日本当翻译官的,还有俘虏过来的国民党兵。有一个在西于庄大街丁家胡同住的,当兵走了,成了国民党的炮兵营营长,后来当了俘虏下放回来,在我这院子住了一年多,我父亲一看,抛家舍业的干脆进农业社吧!就说当时大队有多乱乎。

我们来时,哪有几间房?全是地,西边是孟庆春的菜园子,得有五十多亩,八十中学那片是老任家的旱地,也有个几十亩,那时大部分种棒子、高粱、黑豆、黄豆,麦子也种,种的少,租人家地,种一点留着自己吃,舍不得!为嘛?种棒子不是能赶两茬嘛!

---

①1951年12月底,全国开展"三反"运动,而"打老虎"是其中的一个重要阶段。在1952年1月19日召开的中央直属机关总党委扩大会议上,首先宣布"三反"运动进入"打老虎"阶段,当时"老虎"指较大的贪污分子。随后,各地党委统一领导指挥"打虎"行动,研究"打虎"战术,掀起了轰轰烈烈的"打虎"运动,一些大贪污犯被严肃惩处。

王国才居住的纸厂大街

我们刚来西于庄没有房子,就住在张二的大车店,有半年来的,我舅姥爷在教堂胡同那有五六个门,我们赁了一间。就那个时候我们买了这块空地,一亩三分零四厘,哥四个一人分一块,我落了二分六。后边是我大哥,那边是老四,这边是三兄弟,六几年他们都搬走了,我没走。现在大哥们没了,老四在西边盖的房,老三在市里住,他们都转成城市户口了,就我还是农业户。现在都行了,当时怎么盖的房?就拿秫秸绑上把儿立在地上再插几棵棍儿,赶以后才拾点砖头一点点垒的。嗨,我父亲这人,一分钱打家往外拿行,旁边的老沙家吃不上饭了,我们少吃点,也得给他拿个十斤二十斤棒面送去,从没有打外边上家拿过,我们嘛光也没沾上。到现在我还种着地呢!大队一年就给三千块钱,其他的嘛也没有,我种地也不是为了吃饭,闲不住!是大队允许的,有两亩多地。现在地里有开春的菠菜,还有点大葱,过了年才正式播种,你看我院里挂着的棒子,都是自己种的,好么,棒子面比白面还贵呢!

西于庄除了我们还有一家是农业户。我一个闺女、四个儿子也全是农业户,后来有俩选调的。其他的农业户要么拆迁、要么占用,全搬走了。

张淑珍

采访对象:张淑珍(1935 年生)
采访时间:2014 年 1 月 21 日(星期二)
采访地点:屠前大街 60 号

我来时，四十四中那都是小河沟子和庄稼地，这边一个八十号大院、一个乐善里，其余都是坑。我们对面原来是"李瞎抓"的粪场子，这人是开血料厂的，不知哪弄来的大粪在这晒。人家说乐善里原打算开妓院，都是九平米、十平米的小屋，一解放没干成。我们这房原先是门脸，紧里边那间才是老房子，都是单砖的，地震以后又包上一圈，屋子更小了。早先我们是乐善里二号院，重新排号改成了屠前大街六十号，外边这些都是后接出来的，就说原来有多少空地吧！屠宰场后门离我们家不远。

　　再往后大道走，更是开洼了，那有个麻绳社，后来"四锁"（第四

旧宅内部

旧宅外观

制锁厂)迁过来就合并了,"二九一"①那都是烂葬岗子,我妈妈就埋在那。

我们家最早在旱桥的公利胡同住,我是姐儿四个。九岁时我妈妈死的,房东姓孙,据说在谦祥益做事,好几个院子都是他的,这人特别好,我娘死时连点灯的钱都没有,人家给开的门灯。没钱给房租,就不要,我们搬走前还给了我爸几块钱,让他卖炭当本儿。我爸过去卖炭,都是赊账,先拿走炭,等卖完了,再把钱还上。这炭场子就在大同门铸锅厂那儿,每天挑个挑儿,转悠到城里。有时我在后面跟着,卖点钱回来买豆饼。从公利胡同搬出来就去了润厚里,当时我大姑也在润厚里住,润厚里一共四条胡同,也都是这么小的房子,我们在二条胡同住。以后我父亲他们接着在那住,

---

① "二九一"学校即为现今的天津无线电机械学校,始建于1953年,隶属中国电子工业部,1987年下放天津市。1994年经国家教委审核批准,再次命名为国家级重点普通中等专业学校。

地震时前脸给掀了,打那儿才盖的楼房,分给我们一个"独厨"(两家一个单元)。

我十九岁时,在这屋结的婚,老伴姓王,早先在跟前的屠宰场杀猪,后来都归到食品二厂迁到张贵庄,也是两千多号人呢!他在厂里当过书记、当过主任,忙极了。天天早晨五点多坐班车,晚上十点才回来,那真是顶着星星来,顶着星星走。他死的早,走了二十八年了,要是活着今年整七十八。

五八年我参加工作,在大同门附近的煤场,正守着城防大堤。我在里面卖煤球,那会住家都十斤二十斤的买煤,我整天拿个大叉子,后来干到基层店负责人,都五十三岁了才退休。我去时就已经

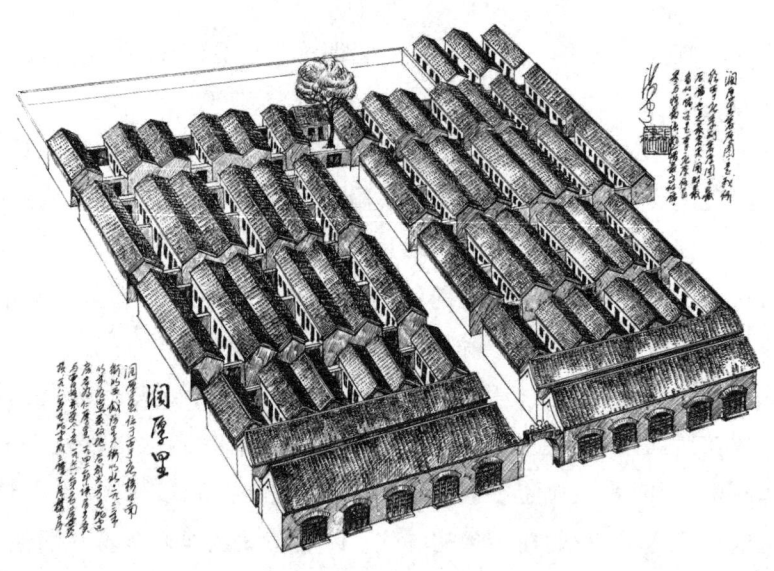

《润厚里历史原貌示意图》,绘于2014年10月24日。此图根据张淑珍、朱广祺及多位润厚里的还迁户,反复描述、修订而成,为20世纪40年代末情景

有机器压煤了，机球二厂、四厂到时候给送。我在大同门、大新街煤店都干过，一个月对着两三千户，累啊！以后调到桥南就好多了。过去煤场特忙，除了煤球，还卖煤块、劈柴，往后又卖蜂窝煤、代柴砖、耐火土。推广蜂窝煤时，我们都下片主动给居民套炉子，老百姓都不愿意烧，一个嫌慢，不暖和，再一个嫌麻烦，炉子都得改造，最后还是点煤球的多。煤球，人工的一块二，一百斤；机器的一块四，一百斤，每到礼拜日，我们能卖到两千来块钱呢，你就说累不累吧！那时都有定量，八口以上的，一个月四百斤，以下的又分两档。劈柴，一个月十五斤，十月份就开始往户里送煤了，因为煤场地方有限，省得到冷了都抢，尤其双职工，哪有时间。就这样嘛，差不多都得等煤火费下来才有钱买。早先在天津开煤场的都是河北省定襄的，一合营就收过来了，开始招的都是小青年，别看活儿不好，那可是国营啊！对——国营、大集体、小集体、街办工厂，待遇都不一样，谁都愿意要"国营"这块牌子。

我四个孩子，大小子下乡回来让他爸爸带进食品二厂，大闺女、二小子都分配本市了，老儿子当兵。在这住了六十多年，快给我们盖楼房吧，要不等不上啦！

小辛街

倪凤起

采访对象:倪凤起(1944年生)
采访时间:2014年1月21日
采访地点:郭家菜园9号

说不好听的,我是光着屁股在船上长大的,过去这一带哪来的砖房?每年封河的时候,用秫秸架起来抹点薄泥,就凑合了。哎,提起我们受的罪啊,太不容易了!

我的老家说是山东,你问我爷爷的爷爷,他也说不上来山东哪地方的,就说多少辈儿了吧!都是打水路过来的,这么说吧,我的老祖宗打出来就没再回去过。究竟起那条河来的,你算把我问住了。恐怕我爸爸活着也说不上来,大清河、子牙河、北运河都连着,你说从哪来的!

我爷爷、我爸爸他们,都是一辈子打鱼,到我这儿打到三十多岁才上岸。刚不说了嘛,我们打鱼就在子牙河、北运河、南运河、大清河、海河,后来也出过海,我在海上待了两年多。当时渔业队有几

炮楼内部即倪凤起的家,坚固却阴暗潮湿

旧宅院门

十户在塘沽打鱼,等到三十多岁的时候我就跟着"下放"(疏散人口)了。"下放"到内蒙,我们是拖家走的,有待一年多的,有待两年多的,陆续又都回来了。咱哪会种地啊!人家让我下地择苗,我一下全给拔光了,头儿一看就急了,我说,你不让我择大的吗?哈哈哈……渔民怎么能懂农民的事啊!

　　河里有嘛鱼我们打嘛鱼,像白鲢啊,武昌啊,厚子啊,鲫鱼啊,黄瓜鱼啊,挺杂的。我们一出去,差不多就是一年。可不,始终在水上,不仅锅碗瓢盆全带着,全家老少也都跟着,一条船就是一个家庭,多晚儿没粮食了才赶回来借粮,顺便再买点要本的、要票的,小不然的一般在离岸近的村里就能解决,然后又不定飘到嘛时候才回来。尤其入冬以后,河面结了冰碴儿,我们在船里待着,就隔着一层小薄板儿,有个不冷嘛?没办法,祖祖辈辈就吃这碗饭的!我们哪有准地界儿?一年一搭窝棚,开春了,该上船了,就都砸了它,转年再找地界儿,都是借人家农业社的地,始终固定不下来,形成一种

倪凤起手扶被遗落的标牌

风俗了。直到七十年代,成立渔业队才开始在郭家菜园脱坯盖房子,那时单靠打鱼已经不行了,有的就通过招工进了工厂,还有一部分"下放"的,从那起无家可归才算结束。

一开始我们的户口归西沽管,后来划到西于庄,现在也都是城市户口。天津市一共俩渔业队,河北区有一个,在小王庄附近,红桥区就是我们。人家河北区渔业队的人早就搬到宜白路住楼房了,我们?别提了,大队部卖了,大队干部死了,也不知上级是谁。

我们打鱼的船,比现在河里的船大得多,大的有二十多米,小的也得十几米,基本都使帆,当然顶风顶流就得靠人拉。对啦?不拉能走嘛!成立大队前,我们打鱼全都自己卖,鱼少的时候就提个篮子到岸上吆喝去,赶上鱼多的时候就交给鱼贩子,省得臭在手里。我们最远出去三四百公里,一般也得二百来公里,你像我们经常去白洋淀,倒是没有地区限制,相比水上挺安全的,反正我干的年头不算多,从没遇上过打劫的、偷盗的,谁都知道我们穷。另外内河的水流不这么猛,就是遇上刮风下雨,一靠岸、一抛锚就没事了。

怎么说呢,反正都挺苦,相比人口少的还好一些。就跟你们有了钱买房一样,渔民有点钱就置船、置网,船没有现成的,不像买车似的随便挑,置船都得现排,那是专门一个行当。其实这一年挣的钱,刨去吃喝,大部分都花在了修船、织网上,假如再不会算计,弄不好还得借钱过冬。我们每个家庭都三四个孩子,这还是少的,五六个都不算多,你像我母亲生了七个,别管年龄大小都在船上,要不上哪去? 掉不下去,都习惯了,天天守着水,就跟你们在陆地上走一样,顶到七八岁自然就会水了。平时打鱼各走各的,不一定合伙。就是到天冷时,拉那种抻杆网必须得几十户一块去。一年当中,也得根据节气变化换合适的网,究竟为嘛? 我也说不太清,到嘛时候

《子牙河历史原貌示意图》,绘于 2014 年 10 月 5 日。此图根据倪凤起、胡德芝、刘景岗等原住民的描述绘制而成,为 20 世纪四五十年代情景

西于庄渔业大队原大队部遗址

用嘛网,祖辈就这么传下来的。

我们好像是六几年合营的,船网折价,成立了渔业队,当时有二三百号人,当然得算家属啦!有一口算一口,合进去的船大概有几十条。再打鱼就不能私自卖了,每天上交"水产"(集体),不是拉回来,赶上夏天那不就臭了嘛!河道就有"水产"(集体),打完鱼交给他们过数,没有定量,鱼多鱼少谁能控制?你找我要一百斤鱼,就打了二十斤,那八十斤找谁要去?收入是固定的,跟上班一样,一个月挣二十八块钱,比以前稳定多了。六九年动员我们"下放",全家都走了,那时我爷爷、我爸爸、我伯伯都还在呢,加一块十多口人。其实渔业队没有"下放"的任务,可是队里偏有愿意去的,一户两户怎么去?所以就一个劲宣传内蒙怎么怎么好,我们就动心了呗!连河北区渔业队一共去了二十多户。到那以后,被分在杭锦后旗、二道桥、"太阳升大队"、八小队。一下车,先集中吃了顿饭,然后按家庭把行李放在一堆等着拉走。我们"下放",给人家也增加不少负担,干农活,咱不会;人家说话,咱又听不懂,受了洋罪啦!所以大伙都反映适应不了,七一年拖家带口又都返回来。那时就已经没有人再上船了,上班的上班,分配的分配,队里也办了工厂,陆续都给安排了,虽然还是渔业队,可跟鱼一点关系没有,船没了,网没了,光剩人啦!哈哈哈哈……

"下放"(疏散人口)前我们不是住窝棚嘛,赶回来连地界儿都没了,怎么办呢?先在别人家借住些日子,我一看这炮楼空着,就搬进来啦!这炮楼始终有人住,我来之前,住了好几拨了,到我这儿是最长的一户,住了四十多年。别看这炮楼不咋的,中间还打了隔断,那边还住着一户呢!刚搬过来时,里边实在太黑了,俩枪眼还给堵上了,就仗着一个小窗口进点光,这不憋屈死嘛,干脆把窗户再凿大点,拿着榔头、錾子就开始干。好么,根本没料到这炮楼这么结实,錾子敲上去直冒火星,就那么个小窗口,整凿了一个礼拜,俩手磨了好几个泡。

别人不知道,这里边太潮啦!冬天比哪都冷,就夏天好,别管外面多热,在这里睡觉得盖被。炮楼哪来的房本?反我没见过,像我这种情况,据说天津市还就这么一个。原先河边那的洋灰垛子跟前还有一个炮楼,不知多往儿滚到河里去了。咳!万不得已谁住这玩意?!

北槐树胡同

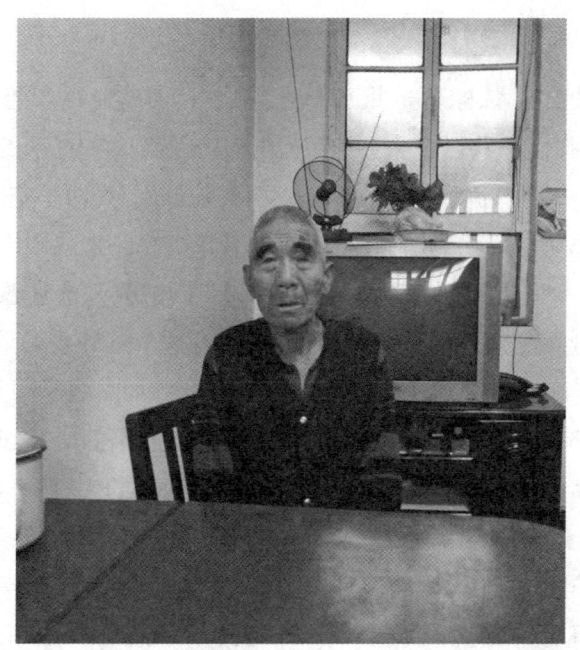

武清义

采访对象:武清义(1929年生)
采访时间:2014年1月24日(星期五)
采访地点:屠前大街20号

俺是山东人,家里哥儿五个。十几岁的时候俺跟着老乡到天津"混穷",我们一共八个人,每个人花八块钱坐火车过来的,俺不怕寒碜,人家都背着行李卷,俺嘛也没有,是打原身(两手空空)来的。俺记得那是七月份,正赶闹水,活儿不好找。一来就跟老四(王景召)家住一院儿,他在南房,俺远房爷爷在北房,那会还没老四呢!有他哥哥大龙,反正他们家人口不少。俺这个爷爷来得早,在西于庄赶着驴车给住户送水,我刚来时也先跟着送水。哪干过啊,根本不会用那个塞儿,到冬天更有意思,往水筲放水的时候,得把那个塞儿搁嘴里捂着,要不就冻了。最早都吃河里的水,西于庄这一带有两处上水的地方,一处在三角花园;一处在纸厂后门,每天涨潮时去,水也干净,说来挺怪,北河的水就混,西河的水就清,两河汇合处看得明显极了。我这个爷爷一天送十几车水,一车水十六七挑,一挑二分钱,刨去给伙友和喂牲口的开销,也还可以,坏就坏在他寻了个老伴太好打牌,攒点钱全给糟践了,老头儿一天福没享。后来他给俺找了个活,在学堂胡同的煤场子里摇煤球,掌柜的姓赵,答应干一个月给俺三百斤煤球,别管煤涨钱还是落钱,三百斤不变,那时一百斤煤球相当于一块钱,也就是说干一天合一毛钱。

煤场多大?嗨!就一间破屋子,连门都没有,冬天挂个草帘子,掌柜的搭个小铺让我在那儿睡觉,连给他看着煤球,整个煤场就雇俺一个人干活。属于小买卖,这掌柜的就几块钱的本儿。条件好的人家,一次进几吨煤。他是多玩儿卖完了,多玩儿进煤,一天挣个几

旧宅内部

块钱够吃饭的。那会儿都穷,也不是家家都点得起煤球,赶上下雪了,人们才端着盆、提着小蓝来排队,一户最多花一毛钱买十斤,哪像现在一买就是几百斤。大多数家庭都烧大锅,为的是把炕也弄暖和了,人口多的,大锅盖上盖儿,灶台上也得睡个人。学堂胡同住的都是做小买卖的,卖劈柴的、卖柴禾的、卖炸鱼的、卖乌豆的,按现在说,全是小摊贩。

在煤场干了三年,"肉类"(屠宰场)的一个人问俺,在煤场挣多钱?俺说三块,他说那就上我这来吧,一个月给你六块,这么着就去了"肉类"(屠宰场)。不怕你笑话,在"肉类"(屠宰场)专门给屠宰场清理猪的粪便。那时"肉类"(屠宰场)院儿里就几间平房,弄几口大锅,各猪栈起河边接了猪,赶到这里一块宰。猪栈也是老换人,不是谁都能挣钱。你想,猪头七分钱一斤,一个猪头得几毛钱,就这价有多少吃得起的?那时能赚一两块钱就好家伙了。这一片差不多全是空地,俺来时,就润厚里、昌和里、乐善里是正式房子。俺不在乐善里住过嘛?那前儿房租才八毛钱,就这样也敛不上来,解放以后,主家一看,房租也不好敛,哪天别在给没收了,就一点点卖给住户了。乐善里的房子,据说是百货公司一个有钱的,给大、小婆盖的,东边一个院住四户,西边住六户,俺还真见过大婆、二婆,她们不在这住,就是过来看看。

　　俺在乐善里成的家,老伴也是乡下的。谁给介绍的呢,俺叫她婶,她呢,叫她姑奶奶,给牵的线儿。要不是解放了,这门亲事成不了,为嘛?女方条件好,人家有买卖,她行二,十六岁之前没出过大门,一听俺在大城市有工作才答应的,她哪知道俺就是个扫大街的。俺俩之前没见过面,就寄了我的一张照片。结婚时他父亲和姑姑把她送过来,俺的父母没过来,就来了几个老乡,在家凑合吃顿饭,很简单。头二十多年俺没回过老家,但她的父母和俺兄弟老过

旧宅外观

来看看,以后到是回过几次。那时俺已经归到南开环卫局啦!一个月四十三块四,还算事业单位,一年发一套工作服和一双鞋,五年发一件棉猴,那就觉得很不错了。俺在北马路老城里干活,一开始算红桥区,后来以北马路为界,把俺划到了南开环卫局。都是走着上下班,一百个人里也有不了十辆

口述人所提及的八十号大院旧址

自行车。原先收垃圾还赶马车呢,又脏又累,尤其冬天下完雪,地面跟玻璃似的,过去又不洒盐水,全凭洋镐一点点剁。一个队管老大片,根本干不完,尤其领导要来检查,天天加班加点,那时加一个班给半斤粮票。家家粮食不够吃的,有时粮票比钱还重要。俺四个孩子,怎么办? 偷偷按两毛五一斤粮票买人家的,或者拿五斤细粮换人家五斤粗粮,每月二十五号借粮,二十号就把本敛走了,省得打

破脑袋。

后来从乐善里搬出来,买了现在这地界儿,那时房子刚盖好,一共花六十块钱,也是管人家借的。嗨,那叫嘛房子？"篱笆灯"！俺们家紧贴着"肉类"（屠宰场）的后墙,它那地基高,一下雨俺这儿就淹,光垫土就垫了好几次。这么跟你说吧,原来一个人拉车进乐善里上不去,现在乐善里跟我们一平,你说垫了多少吧！

俺来时八十号院已经有了,那一片都是王家的,不过,一解放那老头就进去了,老婆儿就把房子都卖了,从那到乐善里,中间是个大坑,每天下午,屠宰场的血水就往里边放,你想打这过去,就得踩着砖头,根本没有正式的街道。

俺这老伴可好了,别看俺跟垃圾打了一辈子交道,她却特别爱干净,胡同的人都知道。老伴干了一辈子街道,也是为了照顾四个孩子,结果刚吃上两年退休金就死了。得的尿毒症,撑了五年,一个月做十二次透析,都是俺守着她,跟你说,俺就是再伺候她五年也乐意,老伴没了,俺连脸都不愿洗了,心里撂不下,俺恨不跟她一块走。这辈子,俺总觉得对不起她,为了在经济上不让她操心,俺退了休又收了二十五年废品,主要在河北大街,粮食局、邮电局、银行、土产,都是俺的老主顾。要不这样,怎么帮孩子们成家,帮孩子买房？每天回来,老伴在门口等着呢,全洗干净了、换利索了才让俺上炕。所以孩子们再好,也替代不了老伴。那天,在梦里告诉俺：我走了,就不回来了！归其正好是她的"一百天",这能说是迷信吗？

马增合

采访对象：马增合（1930年生）
采访时间：2014年1月25日（星期六）
采访地点：屠前大街二条9号

我搬来时西边嘛也没有，净是大臭坑，我们五九年搬来的，原来住在北吴家胡同十三号。我老家是河北省东光的，我老伴是胜芳的。十五岁到天津来找哥哥，他在大红桥边上的香干儿房学徒，就把我也介绍过来。我们老家人多地少，再赶上灾荒，哥们弟兄都跑天津来了，后来城里要粮票，一看呆不下去了，就都去了东北，我们家哥儿五个、姐俩。

旧宅内部

香干儿房？从咱这边说，冲着大红桥靠右首的河边，先是派所，跟着就是三家香干儿房。这三家，一个姓李，叫李春成；一个姓刘，叫刘景春，一个姓陈，叫陈若彤，

旧宅院门

都有字号,我待的那家字号叫"永兴成",掌柜的一共雇了四个伙友。开始我在里面给买菜做饭,后来也是嘛都干。五六年公私合营时,我把老伴带了进来,专门切花干儿。做香干儿跟做豆腐不太一样,所以做香干儿的从来不卖豆腐,再早都是靠手工。第一道工序是磨豆子、出浆子,然后点卤做成豆腐;第二道工序,拿碱水"抄白",制成"白干子",再放上料包上锅煮;第三道工序拿白布一块一块包起来,架上隔板儿搁闸上压,连人带石头一起上,那才叫力气活!

香干儿进锅前还得抹上化学色,像糖稀似的黏黏糊糊。好么,锅可大了,一锅能放几千块,一天起码煮十锅!哪有地方晾?都把香干放在河堤的苇箔上,一百块一堆!还别不告你,做香干儿的水,都

《内河局客运码头历史原貌示意图》,绘于2014年10月7日。此图根据马增和夫妇及码头附近居民描述绘制而成,为20世纪50年代情景

打河里挑的。为嘛香干儿房都守着河边,也有这方面的原因。

天津人就爱吃香干儿,每年春节前可把我们忙坏了。大年三十晚上的素饺子得有香干儿吧?正月初二的打卤面也得有香干儿吧?再喝个小酒嘛的,都离不开香干儿,可谁知道做香干儿这么苦?浆子开了先拿溜子蒯到大缸里,然后再一下一下放进大包,就这么摇啊摇,压闸时往上搬石碾子,整年累月泡在水里,冬天冻得手拔裂儿,夏天风扇吹得关节疼。

公私合营以后,有几家香干儿房归到孟家酱坊,最后合到粉丝厂,我哥就跟了过去。我呢,一解放就改行了,我老伴还留在那家香干儿房,五七年合到了海河食品厂。大概六几年,从河边迁到小稍直口的新厂区,属于红桥区饮食公司,厂子挺大,有香干儿车间、面筋车间、淀粉车间,条件当然好多了,可这一趟多远啊!我老伴带着孩子走大堤,三九天西北风呼呼地刮。

我呢,从香干儿房出来就拉小拉车,那时我六个孩子,俩老的儿,她老舅也在这吃,老家还经常来人,我不多挣点行嘛?老伴在厂里一个月才拿四十多块钱,我在三轮四社能挣到七十多块,要不怎么能养这么一大家子!当时三轮社有好多点儿呢,三条石口上有一个,一下红桥有一个,桥口那有一个,一个点儿是一个队,上百号人,整个三轮四社有两千来人呢!都是苦大力,赶上嘛拉嘛,一车就是两千斤。嘛玩儿?就一个人!赶上爬坡就得等着好心人给帮一把。后来合并到红卫运输厂,我也拉不了了,就在那看夜。刚退休时拿五十多,一点点涨,现在拿到两千多,想想过去,我挺识举。

我们俩在北吴家胡同结的婚,九平米,也是赁的房,五五年挪到这来,原先是南北房,中间是个大院,一共住着十一家。有一个阶段,不知为嘛,这院儿里天天打罗圈儿架,七一年改造时,大黄鼠狼带一窝小黄鼠狼在这打转，给看夜的老头儿吓得够呛，等房子翻盖完了，一个院儿变成了俩院儿才平静下来。

西于庄净是打河北省来的，对，胜芳的也不少，因为来去方便。过去回老家都坐"小火轮"，我老伴的弟弟在船上，还是个当头的，所以她回家连票都不用买，起先四毛钱一张票，后来涨到一块二，回趟家得半天儿。用拐子拽，你想能快的了嘛！没见过？咳——就是嘛呢，乘客坐的船，上下两层，有二十多米

内河局红桥客运站旧址

长，最多能容纳二百来人，可是它自身没有动力，全靠两艘小火轮在前面用钢丝绳交叉牵引。这一路也有好几站，像杨柳青算是比较大的码头，船一停，"小帮摇儿"（小木船）就靠过来了，吃的喝的，卖嘛的都有。

哎呀，这辈子嘛都经历啦！解放天津时，吓得大人都躲在香干儿房铺底下不敢出来，我觉得小孩不碍事。好么，那院儿打伤一个国民党兵，他们过来非叫我给抬伤兵，我说我是小孩，一瞪眼，嘛小孩！结果把门板落下来，抬到了西于庄大枪队。

别提啦，都过去了，现在挺好！

昌和里

赵大萍(中)与两个儿子在家中

采访对象：赵大萍(1924年生)
采访时间：2014年2月1日(星期六)
采访地点：增产大街24号

娘家是河北新安县的,十五岁跟着父母到天津,我父亲在河里打鱼,我给地主拔草、摘棉花。那时没有地方住,干活时就睡在地里,哪有正式房子?就搭个窝棚。以后成了家,我老伴在西于庄掏茅房,我生七个孩子,五个小子俩闺女。老大原先是天津二建的,整个迁到山西,支援三线建设,在那待了二十多年;老二去了黑龙江建设兵团;大闺女也去了山西她哥哥的单位;老四在大港油田;老五顶替我;二闺女和老儿子留在了天津。

这辈子受的罪……哎,说起来又要流泪了。那真叫吃了上顿儿没下顿儿啊!就得感谢毛主席,让我们月月能拿到工资。现在,我坐在家里,国家还给我两千多块钱的退休金,做梦都想不到哇!

我成正式工人也挺巧的,那会儿街道帮着给咸鱼厂(水产加工厂)招临时工,我就去了,一开始在韩柳墅上班,我抱着老儿子,人家看着可怜,就给了我一床棉被和褥子。在厂里加工带鱼、螃蟹、对虾嘛的,还做虾酱,都是出口的,有时收一点人家不要的螃蟹爪拿回家给孩子们吃。可是你不知道我们干活有多苦,所有水产都用"小火轮"运过来,船一来我们就得挑着大筐去接货,俩人一组,踩着跳板往上走,哪筐都得一百多斤,有回没走好,一下翻了下去,脑袋扎河里了。好多人坚持不了都回去了,老头也不让我干,可不干吃嘛呢?你看我这手,关节都变形了,怎么弄的?那鱼都打冰库里拿出来,我们就光着手干活,脚底下穿着胶皮靴子,在水池里站着,一天两天行啊,常年累月身体不就垮了?说水产加工,全是拿手干,就

旧宅内部

做虾酱使机器,哎,那个脏啊,身上的工作服臭的要命,一下班赶紧脱下来仍在地上。这么多年,我一天班没歇过,就为了多挣俩钱。家里的孩子都是我们奶奶和大闺女照看,年轻时不觉得嘛,到老了关节总抽筋。别管怎么着,干下来了,挣了份劳保,像我这么大岁数的没有几个,我挺知足。

我十七岁结婚,在昌和里住窝棚,我婆婆嘛也不给买,太穷了!老伴免了在红桥环卫退的休,起初才挣二十多块钱,他也是苦了一辈子,没享几天福,死了二十多年了。老儿子还顶替不了他爸爸,因为他算残疾人,街道给找的活,就在周围给住家收脏土,也干了快三十年,这不又回家待着了,现在吃低保。

我们在这儿住了有一百多年了,打小孩的爷爷就在这,我都九十了!一开始是篱笆灯,后来翻盖一次,地震过后,又盖过一回,起码垫了有半米高,就这样还老进水呢!家里的柜子没一个好的,全泡坏了。

旧宅外观

大小子十二三岁就出去拾破烂，背着个大筐，天天等孩子们都下学了，他才回来，怕人笑话。十四五时给资本家打工，每天早晨管一碗老豆腐，干一天给一块五，嘛活呢？在丁字沽那边下到坑里筛铜渣子。原先那一带净是冶炼厂，炉灰全倒在附近的臭坑里，他们就用那里的水一点点洗炉灰，择出铜渣子交给资本家。那一年，都十一月份了，他还在水里泡着呢，有个警察看了特别心疼，就找他爸爸来了，问，你孩子一月挣多钱？四十五。你知道这么冷的天他还在水里泡着吗？结果，这位好心的警察给他找了个活，不到一个礼拜就来信了，让他到二建机械站学徒，可是三年刚出师就迁厂去了山西。我记得是六六年，一走就是二十五年。为了这个家，他从山西调到廊坊，在那又干了两年，他技术好，没有干不了的活，回家以后也一天不闲着，他开的这间修理铺也都二十年了。

王改弟

采访对象：王改弟（1935年生）
采访时间：2014年2月9日（星期日）
采访地点：屠前大街二条胡同5号

我二十岁打农村来到天津,一来就住进秫秸搭的"篱笆灯",伸手能够着房顶子,下雨顺着墙根往屋里灌水,后来房山倒了,换的后山,地震以后垒了一层单砖,到九〇年才翻盖成正式的房子,地面垫起了一米来高。过去年年掏水,到马路自行车光露个车把,孩子们就坐在大木盆里划船玩,家家门口搭垫。我们来时没这么多房子,国庆里那儿还是大坑呢,当时一〇五厂附近要盖电影院,拆房子的废土就都垫到这来,以后陆续盖成房子。到纸厂大街那儿,净是农业队的,养的猪啊、鸡啊,就在当街走来走去的,我们也是打农村来的,说心里话,就没拿这当个家,也没想盖房子置家业,我来时花几十块钱就能买块地,可心里总是惶惶着,不知哪天就走了,尤

旧宅内部

其没有户口整天揪着心,街道曾经动员过,凡是没有固定工作的,独自一个人的,都必须回老家。我们隔壁有个木匠,也花一百二十块买了间房,连窗户门儿都打好了,归其还是给哄走了。我倒是挺顺利,来了二十多天就上了个临时户口,再后来就严了。

我这房子怎么来的呢?你知道东面的中医医院吗?当年那是大车店,建医院不是占了人家地界儿了嘛,就给他划了这块地,这家人就盖了几间简易房,就为了往外租。我们东借西借,花了一百二十块钱买的这间,当时连正式窗户门儿都没有。说实话,我在家都没住过这么破的房子,没想到生生住了六十多年。可是那医院却干出名来了,连郊区的人都往这看病来,由当年的街卫生院,变成了二级甲等医院,有个老中医今年都七十二了,他到这医院时大学刚毕业,那时我们就经常找他看病,没想到小伙子变成老头了。

我五八年上班才赚十八块钱,弄着仨孩子,大儿子死得早,要活着快六十了,老头子地震那年死的。我老家是河北省河间市、米各庄镇、南王庄的,我跟老头儿家隔个三里五里,他那村叫北留路村,我们俩经媒人介绍,在农村结的婚,那年我十八岁。老头儿叫石洪泽,他十六七就来天津学徒,说是他的一个远当家的在天津开买卖,就投奔过来了,其实也是八竿子打不着。一开始在西马路的"春信"铁工厂,嗨,一个院儿四间小房,主家也在那住,五六年合营以后挪到河北区天纬路的第六五金制品厂。我五五年过来时真受不了,屋子又矮又潮,终年见不到阳光,我们老家的柴禾棚子都比这儿的房子大。

五八年正赶上街道招工,我当时在胡同哄孩子玩呢,街道代表拉着我的手说:"来来,给你找个活干!"我一听就去了,没想到还得考试,要求认识二百个字的才能上班,我还真考上了,被分到增产

旧宅院门

道的大合作社买菜,刚试工一个月,家里就不让去了,为嘛呢?在那上班没点儿,根本顾不了家。说来也巧,我老伴厂子也正招人,就悄悄去了五金制品厂,连菜市场八月十五发给我的十块钱都没敢去领。

在这个厂可以顺便把孩子带到厂幼儿园,我每天从家出去,过辛庄摆渡,沿着堤头奔西窑洼,从"恒源"门口穿过去,快步走四十多分钟就到厂了,她们有的得走一个半钟头。每天五点下班,还得义务劳动一个小时,到家七点再生炉子做饭,等都收拾完了八九点钟,赶紧洗洗睡觉,转天早晨六点半又得走人,一年到头歇不了几天班,孩子该缝该洗的衣服,都得靠着晚上那点时间,整天赶喽得叽里咕噜。你看我这手,握榔头握的都变形了,来回走了将近二十年。七六年第六金属制品厂迁到西于庄后大道,上班近多了。

王起才(左)与老伴

采访对象：王起才（1940年生）
采访时间：2014年2月10日（星期一）
采访地点：乐善里2号

老家是北郊双街乡、庞嘴村的,我们两家前后院住着,从小就认识,所以长大就成亲了。我们都是在本村上的小学,小学毕业就没再上。我哥儿四个、一个妹妹,生活比较困难,十几岁时由我父亲带着来到天津,当时天津刚解放,大同门还有解放军站岗呢,出来进去都得排着长队搜身。我们一看太慢了,就找了一条背静的小路,偷偷绕进来,这条小路也是人们踩出来的,要不也不敢走,据说周边埋着地雷。进城以后,家家户户的玻璃上都贴着"米"字形的纸条,时不时地拉响防空警报,尤其到了晚上,一响警报赶紧把洋蜡灭了,或者把灯罩拉下来,整天担惊受怕的。

从农村来,又没嘛手艺,我父亲就带着我在大新街上给"四合顺"拉货,我拉小套儿。拉小套儿就是在地排子车上栓一根长绳,尽头有个绳套儿,斜挎在身上,随着驾辕的一块拉车。那时拉一趟五六毛钱,不管远近,我记得最远拉到下瓦房。哪都去,没法挑挑拣拣,你不拉,有人拉。在"四合顺"拉木头的时候多,都是柳树,截成一段一段的,听说是旋轴儿用的。每个大车店拉的东西都不太一样,像"明祥"店,专门拉炭、拉山芋,还有的专门拉粮食、拉稻草。

我老伴先在村里下地挣工分,干了几年后也跟了过来,大概"文革"初期进了街办工厂,叫"永红麻绳社",一开始就三十几个人,后来发展起来改名叫"兴无制绳厂",有二百多人,麻绳也改成了尼龙绳。再后来改成制锁九厂,变成了"大集体",没过多久,河北区的制锁四厂迁到我们这,合并在一起,就变成了国营企业,最后

旧宅内部

在那退的休。

  大新街上有好几家大车店，像徐家老店、志达店、刘傻子店……多去了，大小都差不多，"四合顺"的院儿里能放二三十辆大车，四周一溜房子，阳面住人，阴面是牲口棚，一间房子大的几十平米，搭着通铺，能住二三十口子，小点的能住十几口，也有类似现在的"单间"，标准不一样，房租也不一样。我们每天就守在大门口排队等活，一般情况下，远的拉一趟，近的拉两趟。就这样干了好几年，等到我二十几岁的时候，就出去另找活了，到哪呢？李七庄那边的邓店，给窑地挖土方，俩人一档儿，一开始抬大筐，按土方算钱，后来改推轱辘马，就跟煤矿似的，有小铁道，但是手头得快，要不，一放进来就是二十几辆轱辘马，你磨磨蹭蹭，没等锄满人家就给你掀了，只能下趟接着再锄，前面等于白干了。一天赶喽死人，我们都用那种指盖儿掀，一掀下去就是几十斤，拉一趟给个牌儿，到时拿牌儿换钱。那时我们都住工棚，席子围的，顶子铺着油毡，一个工棚睡五六十口子,吃大食堂,米饭、馒头、窝头都有,菜买不起,自己在家炸点虾酱带着,半个月回趟家,有时还长,恨不多挣点嘛!在那又干了四五年。五八年招工去的橡胶制品三厂,过去叫津沽橡胶厂,我在那烧锅炉,过去都是"手烧",火车头改的锅炉,清火、续煤、拉煤全是人工,算重体力,每月粮食定量四十多斤,一直干到退休。

以后我父母、弟弟、妹妹也全在天津落了户。父亲不拉车了,就到针市街给成衣铺扎衣服,什么旗袍马褂呀,可是一改新式服装就不会做了,起那就在家呆着,有时上开洼打点草,在大车店门口卖给喂牲口的。过去我们在大新街住,好像是一百零八号,就在铸锅厂与注射器厂之间,我这仨孩子都是在那生的。记得那前儿铸锅厂跟前经常有拉铁刨花的车,都是机加工的下脚料,用它烧化了铸铁锅,我们有时就去抻上面的油棉纱,然后去后边的大坑洗干净卖钱。以后注射器厂要扩建,就把我们那一小片儿房子收购了,我们拿着钱在乐善里买了两间,在昌和里买了两间,我父亲他们去了昌

旧宅院门

和里,我们搬到这儿。在西于庄,乐善里和润厚里是比较早的正规青砖房,可是你发现没有,院子、房子都特别小,每间也就九平米,而且都一边大,据说这是当年盖的妓院,只是还没来得及干

乐善里依旧笔直而狭窄

就解放了。听老人儿说,这是有钱人家分给大小婆的房子,东面这排每个院四间房;西边每个院六间房,从前胡同口还有个拱形门,上面有砖雕"乐善里"仨字,我们买这两间属于大婆儿的,当初要是有钱多买几间就好了。现在昌和里的房,我哥们儿还在那住。

你刚提的这八十号大院,原来也是猪栈,后来拿木头板子搭房子往外租,你看那院儿多深,根本就不像正经胡同,不知人们为嘛都喊八十号大院,打没有门牌号时就这么叫。

西于庄人对屠宰场是再熟悉不过了,过去没事就到这边玩来,要么看宰猪的,要么趁人不注意,在猪脊梁背儿上薅些长猪毛,然后绑个把儿卖几毛钱,人家拿去做刷子。

新建里

曹家中

采访对象:曹家中(1938年生)
采访时间:2014年2月22日(星期六)
采访地点:西于庄桥口一条胡同6号

这院子原来都是一家人,有个主事的,各家每月按人头交生活费,当时最低生活费标准是八块钱,我们交十块。那会儿我老头儿李金祥在冶金局材料研究所上班,一个月挣三十多块钱。我呢,高中快毕业时,国家正搞"大炼钢铁"①,后来马庄铸锻厂大批招人,我就去了。干了大约半年来的,就把我调出来学医,起那进了车间的保健站,平时打个针啊、开个药嘛的,有时也跟夜班,谁头疼脑热地帮着处理处理。

这厂子挺大的,有八九个车间,一个车间上百人,三班倒,你说得有多工人?当时把我们集中在一间大屋子培训,后来又到二中心实习,结业以后这四十来人分到各车间。因为我害怕铁水,就给分到轧钢车间。

我在家最小,上边仁哥哥、俩姐姐,我是最受宠爱的一个,爹妈呀,哥哥、嫂子呀,对我都特好。下班回家就吃饭,然后洗洗涮涮,完事就带上织的或者钩的嘛的,跟人凑一堆儿玩去啦!那前儿大闺女都兴干这个,你钩个包,她钩个垫,我屋里那大床罩钩了得有一年!当时买线要本儿,为了钩大件,就得串乎着,谁钩得快就把本先借给谁。我玩心重,可我妈从来不管我。

提起我的老爹,他早先是个教书匠,究竟干了多少年不知道,

---

① 1958 年 8 月 17 日,中共中央在北戴河召开政治局扩大会议,通过《全党全民为生产1070 万吨钢而奋斗》的决议,从此掀起轰轰烈烈的全民大炼钢铁运动。

1936年9月19日天津市市长张自忠(前左六)及社会名流出席中国大戏院开业仪式留影

后来就改行了,有句老话:"家有二斗粮,不当孩子王"。他买了好多医书,自学医术,每天晚上因为煤油灯老矫情,你想我娘要做活,我爹要看书,就这么点亮儿,一来就抬杠拌嘴。可是他真下功夫啊!后来经一白胡子老头点拨,掌握了几招绝技,于是就上天津来了。我老爹叫曹恩同。

中国大戏院知道吗?孟少臣[①]知道吗?一来二去,我爹就跟孟少臣搭咯上了。孟少臣说既然咱俩是老乡,我帮帮你。这么着,你到惠中饭店坐堂,每月管你吃喝住,另发你固定工资,可有一样,你不能给外人看病。原来,孟少臣好多朋友经常住在惠中饭店,你像在大戏院演出的名角,有身份、有地位的名票,还有其他有钱有势的富

[①]孟少臣(1883—1945) 名继安,号少臣,天津人。青年时期做过小生意,当过挖煤工、店员等。清宣统二年(1910)在石家庄开晋阳客栈,1915年回津在东车站开设群贤旅馆。1931年与周振东、康振甫集资,从李魁元手接办惠中饭店。1933年与周振东联络租界内的富绅巨贾和著名京剧演员以集股方式酿资40万元,兴建中国大戏院,1936年落成,孟任经理。同年9月19日举行开幕典礼,邀请天津市市长张自忠、名伶马连良等出席,社会上轰动一时。

旧宅内部

人。我爹呢,最拿手的一个是妇科,一个是专治"砍头疮",你说怎么着,他还就待住了,而且小有名气。听他自己念叨,曾经给马连良呀、叶盛兰呀都看过病。那会儿我也就四五岁,每礼拜都有扎着红绸子、带着铜铃铛的包厢大马车,到家里接我妈妈和我们一家子去大戏院看戏,然后就住在"惠中",有时茶房问我吃点嘛零食——瓜子、崩豆!农村孩子哪懂得嘛,我妈妈就说了,傻孩子,你真是个老乡,赶明儿再问你要嘛,你就说要栗子、青萝卜或者鲜货。那几年我真享了福,一到"惠中"我就乱跑乱蹿,只要不出大楼谁都不管我。

可"文化大革命"一来就惨了,给我爸爸斗的就别提了,说他有手枪啦,有元宝啦,有金戒指啦,我们家一共九间房,造反派把地板全给撬了,而且挖地三尺查找罪证。有一天,我爹就说了,这么折腾,我恐怕坚持不下来,不行我就想别的道儿了。我们一听,吓坏了,这不要自杀嘛!我二哥说,爹,这可不行,千万不能走绝路。挨斗说挨斗的,回来好吃好喝供着你,必须得坚持,早晚得等来平反的那一天,你不能含冤而死!我爹说,不是我想死,好人也得脱成皮,何况我五十多岁,瘦小枯干,就这么一掐,受的了吗?我们就轮班地劝他、开导他,挺的了得挺,挺不了也得挺。当时我们屋对面,房上房下都站着民兵,二十四小时监视我们的动静,你想出去,得有"保镖"跟着,操他妈的,把我们全划成了"黑五类"!

话说回来了,好么眼儿的为嘛挨斗呢?其实就因为一件事。当年我们家从天穆回到南仓住,我爹平时给村里人看病,谁要是叫来了就出诊。有一天附近住的邻居跑过来找我爹,说谁谁谁的小孩住院了,要抽脊髓,家人害怕,想让你给看看。我爹一听病人还在医院住着呢,就跟他说,第一我没有十足的把握;第二我不可能到医院给病人号脉。回了人家吧,对不起了!结果转天,病人的父母又来

旧宅院门

了,一进门"扑通"就跪下了,就说无论如何救救我孩子。我爹把那套又说一遍,来人说已经把孩子接出来了,这下我爹心软了,那就看看吧,有一样,好不了可别怨我。

孩子也就七八岁,我爹摸了脉,开了方子,告诉家人赶紧抓药,熬完了分两次喝,有一样,别管多晚,得有大便,多少我不管,必须拿给我看。家人说,要是半夜呢?那就砸门!好吧,一切都按事先说的进行,还真不错,大便也下来了,我爹一看,高兴地说:孩子有救了!我再给你开个方子。正说着,二中心医院的人找来了,敢情孩子家长是偷着把病人接出来的,这下还了得,所有的罪责都指向了我爹,什么非法行医啊,跟国家对着干啊,破坏医疗秩序啊,鼓动村民搞批斗。怎么说呢,我们家生活一直比别人强,遭不少人嫉恨,"文革"一来正好借机会出出气。

以后给关在北仓党校劳动改造,整天编草帘子。出来?就是家里死人了也没门!这期间遇上个嘛事呢?我大嫂子要生孩子,生了两天没生下来,接生婆也没招儿了,就眼巴巴地瞅着。过去我爹在时都是他拿主意,全家人急得要命,我推门进去了,冲着他们就喊:还等嘛,要救护车赶紧上医院,有事算我的!末了儿救护车来了,送到医院直接就进产房了。大夫还说呢,怎么来这么晚!我心说,都农村人,他们懂嘛!那前儿我还是大闺女呢,我妈根本不让我看,要不我这性格,大人、孩子早完了。

我在铸锻厂待了五六年,因为头些年盲目招工,厂子里的人太多了,就动员"还乡",从哪来回哪去,我就回娘家了,正要去小队报到,我爹说,咱不干那个,爹养活的了你。我心想别管多少也得干点,仨嫂子都看着我呢!我妈说,农业活你干不了啊,我说六分是满分,我干三分行嘛!我就扛着大锄头跟着耪地去,结果我前脚耪,后脚的苗都没了,社员急了,快给她喊回来,队长说喊回来有嘛用,苗也没了！起那儿,队长就手把手地教我,嗨,末了儿还是半途而废,撂挑子啦！

我们这个房产是小孩爷爷的,以后就分了,我老头儿行三。过去家里管守大极了,记得我刚有大小子时,白天忙了一天,缝缝补补只能夜里干,那会儿家里都点"泄力",跟鬼火似的,就这样,让我们爷爷看见了都不行,"关了吧,天快亮啦！",怎么办？我只能让老头儿买洋蜡。我大小子是在摇篮里长大的,爷爷不发话根本不敢看孩子,手里不停地干活,实在没撤了,还买俩猪蹄让你择毛呢！多晚儿看孩子哭得不行了,才说是不是饿了,去看看。你才敢去,属于旧社会那种老传统。

刚才可能没说清,我们祖籍在南仓,后来分家,我们这支就去了天穆,落脚在天津庙附近,赶以后又折回南仓。我爹活着的时候,一天说不了十句话,我妈就更别提了,实际上我也不怎么爱说话,怎么练的呢？八几年的时候,通过熟人介绍,我到劝业场附近的存车处看自行车,你想那是嘛活儿,一天到晚跟人打交道,你不厉害点,净受欺负,可有一样,得讲理。有理,我打出天去也不怕！

当铺西街

李震华(左)与老伴

采访对象：李震华(1940年生)
采访时间：2014年2月23日(星期日)
采访地点：鲍家胡同23号

我赶上私塾了，就在我们家北边，原来老盛家胡同把角儿的赵炳恒家，自己独门独院，上课这间屋有二十多平米，能容纳三十来个孩子，每天都到常关胡同的洋井打几梢水，放在院子里给孩子们喝。他们家胡同斜对着柳二爷庙，我们哥仨都在那上过学，我上了两年，然后正式到西于庄小学，在哪呢？天主教堂知道嘛，就在它的前院有几间房，上了不到一年就合到了育贞小学，就现在的红桥小学。头二年我还看见过魏老师呢，他在昌和里住，当时有九十多岁了，那个院儿还住着个唐老师，现在不知道还在不在。

　　到了上中学，一开始在老西开教堂附近的私立中学，初二的时候考插班生又回到西于庄，哪呢？增产大街上的四十四中学。毕业时，正好赶上"一〇五"招工，我就去了，一进厂先参加"根治海河"①，大约俩来月才分到车间。像个头儿高的，身体棒的都学大修工，那会儿年轻，我也喜欢干，别人学徒三年，我十七个月就出师了。后来厂里派我到北京航空学院学修理专业，回厂以后当了几年工长，以后参与选煤机的研发，然后到东北的山里去试机，我们厂派了三个钳工、一个电工，另外有高级工程师跟着，最后成功了！好么，这下热闹了，国家能源部的、天津市的，方方面面的领导

---

①历史上，海河流域洪涝灾害频发。从 1368 年到 1948 年的 580 年间，海河流域发生过 387 次严重水灾。1963 年海河再次爆发特大洪水，受灾市县百余个，受灾人口达 2200 余万。1963 年 11 月 17 日，毛主席在观看了河北省抗洪斗争展览以后，挥笔写下"一定要根治海河"，从此吹响了根治海河的战斗号角。

旧宅内部

都去了。

过去,我们这厂有保密性质,工作证也比较特殊,红色塑料皮上,有三个金字"通行证",打开里边写着"零一单位一零五部——某某某",贴着照片,盖着钢印,别的嘛都没有。这厂最鼎盛时有四千多人,现在旧厂区还留着几间老厂房,改成商业了,"一零五"整个迁走了,对外叫"天津市航空机电有限公司",新厂占地一百二十多亩,一千来人,比过去先进多啦!

我们家祖籍是杨柳青的,那地界儿叫李楼,据说今年也要拆迁。说起在西于庄落脚,是打我父亲这辈儿开始的,他是老三条石的,在瑞大货栈当账房先生,整天身穿长袍马褂,因为货栈大进大出,经常得出去敛钱,老板还专门给我父亲雇了包月儿,货栈主要搞干鲜果品和油料批发,有一段买卖挺好。就这么着,打解放前一直干到五几年,货栈就黄了,他不精通干鲜果品嘛,就在旱桥跟前卖枣儿,赶以后岁数大了也就嘛都不干了。打他那辈算起,我们家

旧宅外观

在西于庄住了四辈儿!

刚不提到柳二爷庙①嘛,每年的阴历四月十七,是柳二爷生日,这天可热闹了,大新街上做小买卖的,烧香拜佛的,残疾人、要饭的,杂耍卖艺的都满了,人流儿一直顶到黑塔寺。解放以后,柳二爷庙改成了派出所。说起派出所,它的前身——老派(出)所,在注射器厂跟前,门开在大新街上,进院儿得下三级台阶,一溜房子,院儿是长条的,那是国民党时期最早的西于庄派(出)所,我还记得,他们在西于庄大街和老河口附近,设过治安岗亭,西于庄大街这个,

---

① 在北方地区有五大家仙之俗,意指:"狐仙【狐狸】、黄仙【黄鼠狼】、白仙【刺猬】、柳仙【蛇】、灰仙【老鼠】",简称为"狐、黄、白、柳、灰"五大家族。所谓"柳二爷"即是蛇的化身。西于庄老百姓尤为信奉柳二爷,在黑塔寺附近就有柳二爷庙,而大多西于庄人所指的"柳二爷庙",则是位于大新街西北面的忠善堂公所,因为公所内的三间正房,立有柳二爷塑像,每年阴历四月十七这一天,人们都要为柳二爷过生日,香火十分旺盛。

就倚在教堂正面的墙犄角上,是木头做的,尖顶子,三面有小窗户,平时就一个警察坐在里面,迎面的窗口下沿,架着块活动木板用来登记嘛的。共产党接管以后派(出)所还在原地,岗亭就站着解放军了,夜里巡逻,见到生人就喊:"口令!""老百姓!"哈哈……到五几年老派(出)所才迁到柳二爷庙,后来侧面又加了个院儿,所长、教导员在那办公,大殿内部打了几间隔断,其他房子改动比较大,就大殿和院儿里的老槐树一点没动。拆迁时我们都去了,放了不少炮!庙的后身儿原先是臭坑,这块儿一共有三个坑,一个在清河里,一个在铸锅厂,还一个在清河沿大街以南,铸锅厂那坑是清水,俗称"王八盖子",周围是沙子地,小时候我们总上那玩去,有时水退下去了,沙地上净是一个个的"眼儿",里边藏着一种虫子,因为虫子身上有俩疙瘩,小孩们管它叫"骆驼",怎么弄出来呢?拿着笤帚苗儿,伸进"眼儿"里,然后拍打沙地,一震就蹦出来了。那沙滩干净极了,有的人在"王八盖儿"捞完鱼虫子就放在那儿晾,好么,坑里又有鱼,又有螃蟹,以后就完了,盖的教育局宿舍。再说这螃蟹,不是讲究"七上八下"嘛!"七上"是吃胜芳、白洋淀的,顶到"八下"是吃天津的,俗称"河刀子",超过现在的大闸蟹,你看那个头儿,那肥,蒸完以后盖儿都翘起来,黄子在外露着,这种蟹就子牙河有,过去好些人到河边"挑花篮儿"去,现在绝种了。再说冬天,子牙河封冻以后,有打白洋淀撑过来的冰排子,运白菜、运草席、运粮食嘛的。

  解放初期,臭坑不让再倒脏水了,又没有地沟,怎么办呢?有专门收脏水的大槽子车,马拉着,一来先敲梆子,各家各户就提着泔水筲倒在大木槽子里,早晚各一趟。

  最早,西于庄就两条主要马路,一条西于庄大街,一条大新街,以后才有了屠宰场前街、纸厂大街、小辛庄大街。知道小火轮公司

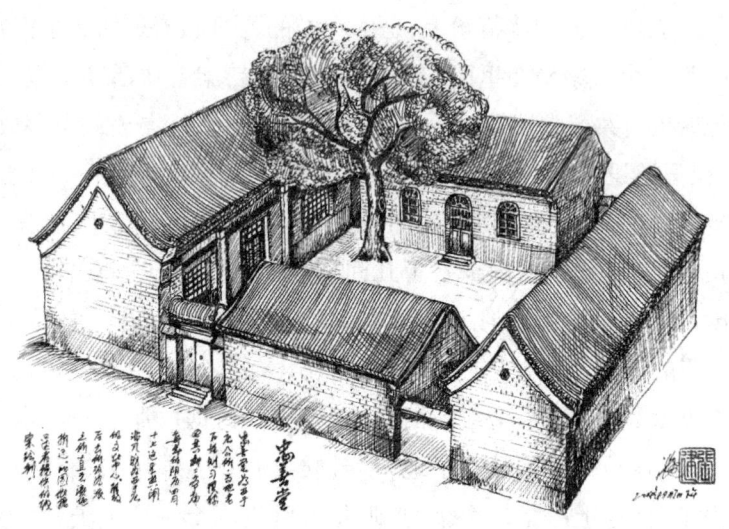

《忠善堂历史原貌示意图》,绘于 2014 年 9 月 7 日。此图根据李震华、李学成、张克勤及周边原住民的描述绘制而成,为 20 世纪 40 年代情景

吗?它对面是下坡,连着一片坟地,好多穷人没处去就在那儿搭窝棚,一来二去大伙就管那叫"小鬼庄",你想,晚上乱葬岗子闪着烛光和人影,害怕不害怕?这坟地"文化大革命"以后才迁走,多少年棺材板子就那么支楞着,现在都盖成房子了,起了好听的名字——小辛街。

五二年"打狗"听说过吗?支援抗美援朝,狗皮不暖和嘛,所以天津也成立了"打狗队",这"打狗队"就在咱西于庄增产大街与纸厂大街交口附近,借用王大肚儿的地界儿。王大肚儿是开驴肉锅的,他那院子比较豁亮,每天三套马车,一车三个笼子,到市内几个区收"无证狗",然后都集中在西于庄。在这儿只养三天,假如没人认领就开宰。宰狗时好多老百姓在跟前等着要狗肉,随便拿,要哪给哪,剩下的就埋在红卫桥附近,狗皮上缴。过去,西于庄这一带狗就是多,屠宰场臭坑边上,一堆一堆地狗在那吃猪苦胆,等打完狗,连个狗毛儿都没了!哈哈哈哈……原先王大肚儿就在自己院子宰牲口,后来不行了,必须牵到屠宰场,擅自宰杀属于犯法,所以经常看见穿白大褂的在大街上遛牲口,一旦还能干活,就在屁股上打上火印,表明不允许宰。

我大哥李震宇原来在西于庄卖猪头下水,从屠宰场趸来推着小车走街串巷,公私合营以后就进了红桥区副食品公司,在西于庄合作社总社当经理,节粮度荒那年,他从蓟县弄来点兔头儿,好家伙,疯抢啊!打那以后,兔头儿成了西于庄人的特色食品。那时,家境都不怎么好,兔子下脚料、罐头下脚料都特别受欢迎,主要是便宜。兔头儿是代称,除脑袋外还包括兔架子和肠子、肚子、心肝肺,就是没有肉,一毛钱能买一铁锹,尤其家里人口多的,就指着兔头儿解馋呢!一开始就西于庄人认,到后来周围老百姓都上这买来,这么说吧,天津市做兔头儿、兔架子最正宗的,就属西于庄。

在这我插一句,说说我哥这

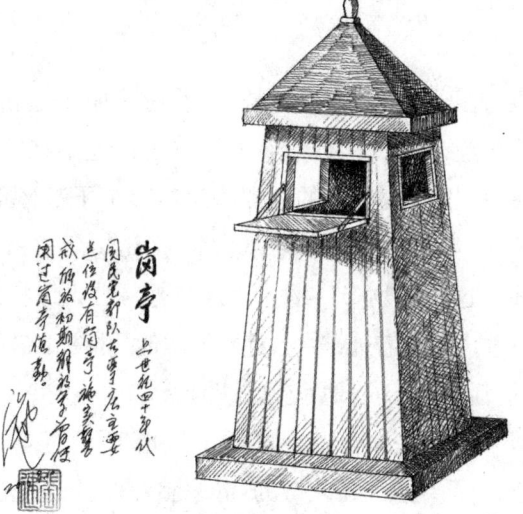

《木制岗亭示意图》,绘于2016年9月10日。根据李振华、韩庆富等居民回忆描绘而成

《"小鬼庄"历史原貌示意图》,绘于 2014 年 10 月 2 日。此图主要根据李震华的描述绘制而成,为 20 世纪 50 年代情景

人,他不是那种诈诈唬唬的,看着总那么温和,可是不知为嘛,越是流里流气的,跟他越有面子。刚说他不在桥口街副食店当过头儿嘛,店里调皮捣蛋的和那些流球嘎杂子都怵他,有时连派(出)所没招了,都找我哥哥,别管多浑的,几句话过来,规规矩矩地承认,怨我!这叫一物降一物。我哥在这一带人缘特别好,"文革"批斗他时,好些人都护着他,斗行,绝不能碰他一指头!最后在红桥区饮食公司退的,活到七十八,他家就在清河沿大街。

回过头接着说小吃。"苦肠儿"听说过吗? 也是咱西于庄的最地道。是用猪小肠儿做的,弄来猪小肠儿先把表皮和粘液退下来,扔进下好料儿的大锅里煮,这些东西一见热有的化了,有的凝固了,接着把凝固的捞出来、过水,攥成肉朵朵,再拿洗净的猪小肠儿一圈一圈地缠上,也还是籴籴形状,最后放进另一口有咸淡味的锅里再煮一遍,出锅以后还得抹上食色,晾几个小时就出来卖了。要是买一毛钱的,他当时就给切成片儿,吃在嘴里有点微苦,可越嚼越香,越吃越上瘾,现在绝迹了。还有一种米饼子也见不着了,大小跟炸糕差不多,黏米包豆馅,先蒸熟了,顶到下午三点多,推着小车出来卖——"粘饼子,煎热——喔!"谁买,就给谁现煎,两面都是黄痂,又甜又脆又香。另外还有种小吃,虽然不是西于庄本土的,但西于庄人都非常留恋,每到傍晚就该叫喊了——"胗根儿啊——翅膀儿——啊!"是宜兴阜人到这儿卖来,为嘛呢?过去宜兴阜一带净是野鸭子,他卖的胗根儿、翅膀儿不是鸡的,而是野鸭子的,味道很独特,如今也消失了。

就因为西于庄人守着屠宰场,以后改成食品二厂,好多住户都会自己灌肠子、炖猪头、酱肝儿,影响很深。过去"二厂"的酱货多抢手啊,谁打着"二厂"的旗号都能挣钱。西于庄子有一样好,没有要饭的,别看穷,为嘛呢?互相帮,看谁没辙了,给点东西卖去,赚了算你的,赔了算我的,多晚儿行了,再把本儿还回来,所以好歹也能混口饭吃。

再跟你说个嘛事呢?听说过《新儿女英雄传》[①]嘛,雁翎队队长

[①]《新儿女英雄传》为袁静、孔厥的长篇小说。故事梗概:抗日战争初期,冀中白洋淀地区中共党员黑老蔡,发动农民组织抗日自卫队,青年农民牛大水积极参加。黑老蔡的小姨杨小梅不堪丈夫张金龙的虐待,逃至姐夫处投身革命,被安排在县训练班,与同在一起学习的牛大水相处甚好。张金龙在小梅争取下,先是勉强顺从抗日,而后旧习不改,投奔汉奸何世雄,小梅因此与张脱离关系。在反"扫荡"战斗中,牛大水与杨小梅被俘,小梅带伤逃脱。牛大水为救护民兵高屯儿,被何世雄、张金龙百般折磨,高屯儿脱险后因俘获何世雄之子,便将其作人质换回牛大水,后来牛大水带领抗日自卫队活捉了汉奸何世雄和张金龙。作品后被改编成电影搬上银幕。

牛大水的原型，跟我一个单位，他的真实姓名叫郑绍臣，在我们厂当行政科长，他老婆叫杨晓梅在西北角幼儿园。他在厂里做过报告，讲的好多内容都是小说里的情节。还有更巧的呢，我跟朱德的孙子曾在一个工段，当时有七个人关系特别好，都是修理工，跟我在一块的是朱德的长孙，叫朱援朝，我们都喊他"朱少"。七一年十月三号，惹了祸啦，一下逮走六个。怎么回事呢？"朱少"从北京回来带了一条绝密消息，他就约我们几个铁哥们到厂后边的小饭馆聊天，最后透露了林彪叛逃的事，说完不就完了呗，不知谁嘴不严，一下给捅出去了，结果第一个抓的就是"朱少"，该抓我时天已经大亮，厂大门口站俩保卫科的正等我呢，带进保卫科一看还坐着俩警察。警察问："知道找你干嘛吗？"我说："知道。不过你想听，我也不告诉你，要拘留就跟你走，咱也别耽误时间，通知家属一声就行了。"他们一听也有点犹豫，"我们研究研究吧！"几个人出去商量去了，不会儿车间书记进来把我领回去了，到办公室进了里屋，他问："嘛事？你跟我说说。"我说："不行，说完你要透露出去，书记可就完啦！""没事，我不说。"我就把来龙去脉说了一遍。归其，那几个当天晚上也都放了。没过多久，在二九一礼堂向全体党员做了传达。

邓淑玉

采访对象:邓淑玉(1935年生)
采访时间:2014年2月25日(星期二)
采访地点:西于庄桥口一条胡同12号

我干了几十年的街道,算是解放以后第一拨"区代表",过去这一带属于"桥北片",后来合并到大新街。一开始居委会在龙王庙对过的水会里,只要开会都去龙王庙,那会儿龙王庙已经改成了派(出)所,记得后院有几间房子供着佛像,我才十几岁,心里害怕,不敢靠前。第一次人口普查、第一次普选,什么宣传新《婚姻法》,什么"除四害"①都赶上了。那时搞街道多难?大多数是文盲,有好些人连名字都没有,我们整天就织着毛活走家串户,晚上还得糊洋火盒,没办法,丁点收入没有啊!刚开始时,谁们家孩子病了,我们都得管,帮着到派(出)所开"三联单",这二十来年可吃了不少苦,当时跟我们接触最多的一个警察叫张华涛。后来新调个所长叫张友贞,他带着闺女,也不知是哪的人,说话特别侉,还是我们老头儿给他借了孟广惠的两间房才临时住下来,这所长在这儿干的年头不短。

我父亲年轻时在针市街一家货栈学买卖,解放以后不干了,就买了赵家临胡同的一间房子干起了杂货铺。这间房有十五平米左右,主要卖糖啊、豆啊、水萝卜、西瓜嘛的,公私合营就给他安排到河北大街的红旗旅馆,岁数大了以后就让他到家门口的驴市大车店,好像在大新街那家也待过。记得度荒时,我父亲把喂马掉在地上的草料,扫起来,带回家晾干了,择高粱粒儿、玉米粒儿当粮食

---

① 1958年2月12日,中共中央、国务院发出《关于除四害讲卫生的指示》,在全国范围内掀起了剿灭麻雀的高潮。

旧宅内部

吃，剩下的草根子烧炕。他干了一辈子会计，不管嘛事都精打细算。我母亲去世的早，家里全指着他。我就一个兄弟，但实话实说，是我姑姑过继的，因为我姑父死的时候，她还年轻，就把孩子抱给了我父亲。

我娘家在北吴家胡同，我在那出生的，结了婚才进的赵家院。这一块好几家姓赵的，"一条"尽头儿那院儿据说是赵十二奶奶的，她有个儿子叫赵国华，我小时候老见到他，那可是个有钱人家，大门楼子、高台阶，正房五间，东西厢房各三间，南房三间，特别整齐，最早是两道院，就是"文革"挖防空洞给破坏了。我们这个赵家院，原先全是"篱笆灯"，横七竖八的，没几间像样的房子，打我们住进来才陆续翻盖成砖房，可能也因为赵家人多，街坊邻居一提这院，就说赵家院，大伙都管我们老头叫"赵老大"。院子原来倒是有两扇大门，地震时拆下来搭临建去了。

我老伴叫赵金生，祖籍是北仓赵庄子的，一来天津先在西沽大

旧宅院落

十字街落脚，几年以后才在这边买的房。我婆婆家，八个儿子、俩闺女，当时全在这院。我老头儿行大，现在还有老二、老五和老伯在这院住。我公公是三条石"三合成"铝品厂的，算是投资者之一，也好家伙的。公私合营以后去了照相机厂，可能是搞销售，反正经常出差。老赵家靠嘛起家呢？我听说，老太爷在赵庄子是看阴阳宅的，他叫赵继典，那时农村都信这个，找他的人也多，说是分文不收，可哪家请了不给点儿，手头有点钱不就置地嘛，至于趁多少地我也不知道。可是"文革"一来，给我们公公赵玉铭划成了"地主兼资本家"，家抄了不说，东西也都搬走了，没过几年又退的退、赔的赔。说起来哏儿极了，单位不是退赔嘛，我们公公没要钱，要的砖头、砂子、灰儿，在这院儿又盖起两间房。

我跟老头儿是搞街道"搞"上的，又都在一门口住，知根知底，五三年结的婚。他在街道干了几年以后,去了打包三社,再后来又去了红卫运输厂。我呢,"文革"后期在街道办的"五七公社"攒自行车,叫"为民加工厂",又干了二十多年。主要离家近,就面铺子对过那院儿,嚯,不小!三个车间,六七十号人,那时多火啊!"红旗""飞鸽",还有"斯普瑞克",有多少要多少,就这样还得凭票买。那时我在仓库,还负责到这几家厂子换件,可最后愣没捞个正式工,后来厂子不行了,全都一脚踢,一年给一个月工资,我拿了不到一千块钱就回家了。

告你吧,我九个闺女!热闹,大年初二凑齐了三十来人。有一样,他们特别团结,从来没有鸡吵鹅斗,全都一块忙和做饭,要是自己烤羊肉串,得买九斤羊肉,穿三百串……

邓淑玉出生地——北吴家胡同

新兴胡同

陈德沛(右)与老伴

采访对象:陈德沛(1939年生)
采访时间:2014年2月25日(星期二)
采访地点:西于庄当铺二条胡同10号

旧社会，西于庄这一带大部分是做小买卖的、打杂的、扛活的，人员复杂。为嘛呢？大红桥以西有码头、有货栈、有瓜行，东边有屠宰场，这些个行业，都不是一般人能干得了的。俗话说，得靠胳膊根儿，老实人待不住。它不像西沽盐店街似的，净是大买卖人家，出来进去有模有样，而西于庄比较贫穷，文化水平也不太高。解放以后虽然生活安定了，有正经工作了，可过去留下来的旧风气多少还有影子。

再一个，西于庄还有一部分靠打鱼为生的，据我了解他们好些人都是打河北献县过来的，原先那地界十年九不收，不是洪灾就是旱灾，生活非常困难，为了逃命就顺着子牙河打鱼捞虾，漂泊到天津，一到冬底下他们就在红卫桥与大红桥之间的空地上落脚，过去那一带全是农田，主要种棒子、种菜，几乎没有人家。就连我们家后身都是大坑，西于庄这一带就是水多，你像现在的清河里，那过去是大清河的河道，我小时候还在上面撑冰排子玩呢！你说桥口街怎么来的？这个"桥口"是指大清河上的一座小木桥，并不是指大红桥，好多人都不清楚。你像五中、西沽公园，原先也都是庄稼地。打解放以后，人陆续多起来，有些进城干部带着家属嘛的，安置在这块儿。

刚说那些渔民向来没有户口，大概是五十年代末，大兴人民公社那会儿，把他们组织起来成立了渔业大队，据说塘沽还有他们一部分人。那时，河面也宽，河水也活，加上这几条河互相都通着，繁

旧宅内部

忙极了。他们渔民常年在河里作业，相对独立，所以老西于庄人对他们了解的并不多。

原先我们这边也算西沽，后来随着街办事处的划分，以驴市大街为界，东边叫西沽，西边就归到西于庄了。我们这条胡同，为嘛叫当铺胡同呢？胡同口对面是家当铺，好像是座四合院，青砖房，挺高的，我见过，但年纪太小，老早就拆了，我们都上那刨砖去，说有金条嘛的，瞎鬼！

西沽、西于庄的风水不错，得济这几条河，为嘛这块儿庙多？有人气，香火就旺！你看，大新街这边有柳二爷庙，驴市街这边又有龙王庙，再往北运河那边还有三官庙、药王庙。据说修龙王庙是因为有人在海里遇险，许的愿。那两根旗杆各有二十多米长，多粗呢，两个人抱不过来，以后改成了大枪队，大概五几年的时候，在修建红桥北大街时给拆了。

我的祖籍是北郊霍嘴，我父亲叫陈世英，他一来天津是喝破烂

旧宅院落

的,以后干大了就倒腾废五金,他跟好多洋行都有联系,主要收他们的电器件、汽车零件嘛的。我母亲好像是西沽人,老娘这辈子生了三男二女,我行二,老大没有了。听说我是在后院生的,后来我父亲花了一千现大洋买了这个院,整一亩地,有十几间房,院子豁亮极了。现在?就我妹妹还有间房,其他的早就卖了。

听我父亲说,有个"地工"叫王金臣,靠拉鲜货作掩护给部队送药,有一回突然降温,拉的一车梨全冻了,这下可崴泥了,但是大车店老板不管那一套,死活逼他拿钱,俩人就呛起来了,正赶上我父亲去那打电话,他们一看三爷来啦,干脆让三爷给了这个事。我父亲问嘛事,就说这车梨都烂了,交不起车钱,王少普(大车店老板)不依不饶。哦,这样吧,(指王金臣)你去河北那边,到银号取点钱先给他,事也就给平了。解放以后,王金臣当上了大营门派(出)所第一任所长。再有,这院曾经藏过共产党,局子里来人找我父亲,问有这回事嘛,我父亲说,这院儿全是良民,你要不信就把我抓走,其实都心照不宣。

我父亲没有文化,大字不识,可就是爱管闲事,也许因为这个,就让他当了甲长,可倒霉也倒在这上面了。解放初在镇压反革命时给他判了四年,五花大绑,还剃了光头,因为他老跟外国人做买卖,就认定他是间谍,再加上干过甲长,欺压群众,脾气又不好,得罪不少人。他这一生,稀里糊涂分不出对错,做了一些傻事。

我在桥北小学上的学,后来家境不行了就没再上中学,通过补习考上了湖北重型技校,学的钳工。临毕业时我跑回来了,走了弯路。为嘛呢,要不户口就落那了,正是节粮度荒那年,没拿到毕业证,内部给了处分,户口还压了一年。我在南开运输厂、打包三厂、红卫运输厂都干过,主要干起重,最后落在南开运输厂。我学医是因为父亲有病,那时请大夫出诊五毛钱,可人家不愿来。我一生气,自己学!就这么着,买了好多医书,现在铺底下都是。要说比较拿手的,还是骨科、神经科,我自己配中药,义务的时候多。

东丁家胡同

刘景岗(左)与老伴

采访对象:刘景岗(1933年生)
采访时间:2014年3月2日
采访地点:东丁家胡同71号

原来我就在对面的航运局上班,后来从这调走了,现在我退休的单位在西康路七十号,归到远洋公司了,名字挺好听,其实干了一辈子装卸工。

我的老家没出河北省,按这条河说,就在岸边上,坐着船就能回家了。详细跟你说,就叫河北省、邯郸专区、宁晋县、北官庄。我父亲这辈哥儿三个,都靠卖菜为生,每天推着小独轮车赶到集市上,周围那些村,一提买菜的刘家,没有不认识的。

我一共哥儿八个,我行三,四八年投奔远房的表哥,他在石家庄开了间馒头房,我推着独轮车卖馒头,干了大约一年,一看不行,又去了河北省远水县在城南的香油坊帮工,后来跟着王玉田干,他

旧宅内部

旧宅外观

外号叫"王拐子",在当地租了几间房磨香油,靠嘛抵房租呢?就拿磨香油剩下的渣子,那是最好的肥料嘛!一直干到五四年。为嘛不干了呢?税务局查得太紧了,经常晚上抽查,做香油跟做别的不一样,迎着风就能闻见香味,你说你没干,蒙的了谁?当时是按销量上税,结果王掌柜被狠狠地罚了一笔,算了,不干了。我就回老家卖菜去了,那一年正赶闹洪灾,村里的人都派去守大堤,我要了个滑躲起来了,等到水退了才回来,村里一看,你别走了,就罚你看工地吧!千里堤那段。

年底,接到天津老乡的一封信,就到航运局来了。那是五六年的三月一号。头一天上船干活,就在三角花园的北河口,原先那是开滦矿务局,隔着一道墙是恒大面粉厂。哎,今天是三月二号吧?正好是五十八年前的昨天,装了一船开滦煤走西河运往沙河桥,卸完了煤,又在当地装了一船废铁走南河运到泊镇,男男女女卸了两三天,接着又到桑园装了一船酸菜坛子走东河,送到哪呢?这一说可

仅存的老码头旧址

远了——芦台!走这一趟根本不知道嘛时候才能回来,最长几个月回不了家。你像老的儿死了,航运局接到电报,他都没处找人去,说白了,他们也不知道船到哪了,那会没有联络方式,等赶回来,早就出完殡、过完一期了!为嘛航运局的家属没工作的多?指不上,老人、孩子谁管?后来不错啦,两个礼拜才让歇一天。

过去,没这么多汽车,不管运嘛,要么马车、要么人力车,要么槽子船,因为天津这些河都是通着的,所以水路比陆路还繁华,几乎没有不运的东西。比方说吧,第一趟从南站往大丰桥的复兴面粉厂卸麦子;第二趟就到芥园水厂那装一船大粪去小站,哈哈哈……然后到南郊大梁子装上一船盐卸到台儿庄码头,从那再装上麦子运到南运河的复兴面粉厂,整转了一大圈。别看这么辛苦,头一年一个月才拿三十四块四毛七,转年三十八块三,第三年四十六。

我来时,大槽子船还拉纤呢,赶上啦——以后才有拖轮。我在船上整干了一年,转年让我上岸,在码头上装船、卸船,我还当了六、七年的装卸队队长,那时候可忙了。经常是该下班了,通知你到大队部开会,告诉你一会儿有一百吨的山芋靠岸,赶紧组织人卸船。从前哪有机械,全指着人拉肩扛。有一回,航运局的领导跟我开玩笑,说我比他拿的工资还高,我心说,我们这钱是拿命换来的。这么说吧,在码头上扛粮食是最轻松的,因为它软乎,扛个几百斤不在话下,你扛个伊拉克蜜枣试试,尤其冬天,一个大坨子二百斤,死沉死沉的,关键是你抓不住啊!再说扛咱们国家出口的绸子布,四四方方的大木箱子,二八八的干不了。再跟你说个新鲜的,在红桥胜芳码头,也叫邵家园子,那不有个瓜行嘛,西瓜下来了,都拿竹筐把瓜倒上来,一个筐能装六七个"大沙白",一挑就是十二三个,怎么着?当队长就得先上船,你拿不起来,谁听你的,所以不论装嘛、卸嘛都是我打头。挑一挑儿给个"筹",见过吗?一个大方盒子,最后拿"筹"算账。

现在那块还有一点码头的痕迹,那还是我七二年带队修的,就为修那个平台,我的一个同事叫陈小奎,在打桩时掉下去,摔折了三根肋骨。最早码头都是坡道的,北竹林那有个盐店,我们起船上扛着二百斤盐包登上码头,然后不歇肩过磅,就这么扛着穿过马路、进盐店,接着再上三级大跳,码的跟座山似的。河封冻前,天津市吃的盐都起这上岸。后来码头改成了直上直下的,因为用上了翘翘车。等到七零年我也就干不了了,怎么回事呢?从垛上掉下来腰摔伤了,加上脉管炎也挺厉害的,单位就给我调到后勤。你看我这手,跟鹰爪子似的,都是抠盐包、抠粮包抠的,我都退休二十多年了,也没恢复过来。七七年又让我去管理站当头儿,那时一个码头设一个管理站。八零年前后,我就负责整个红桥了,码头也好、货场也好、仓库也好都归我管。时间不长,因为北开装卸队亏损,又把我调回北开。

哦——这点我没说清楚!是这么回事,我一来天津吧,先在河

《胜芳码头历史原貌示意图》，绘于2014年10月15日。此图主要根据刘景岗描述绘制而成，为20世纪50年代情景

北省内河航运局干，当时天津属于河北省管辖，顶到六八年实行大联合时，天津市又独立出来成为直辖市，所以航运局就重新分家，我就调到了天津市港务处。分家时有个说法，凡是陆地的（码头），归天津市，船上的，一律归河北省。因为我在码头，自然留在天津，虽然干的活是一样的，但是单位变了。我这辈子，离不开河边，离不开码头，离不开活水，离不开港口。港务处对我不错，两次分给我房子，都因为交不起房租给退回去了，我仨孩子，老伴没工作，还得月月给老家寄钱，实在困难。先前在昌河里住过八年，孩子们都是在那生的，七一年不是疏散人口嘛，我们花七十五块钱买的这间房，一直住到现在。

朱淑兰

采访对象：朱淑兰（1931 年生）
采访时间：2014 年 3 月 4 日（星期二）
采访地点：西于庄大街 40 号

我们俩都是河北蛟河的，我们家是上古庄，他们家是莘庄，我们离着七里地。我老伴二十三岁来的天津，我五六年九月份过来的，当时大闺女都一岁生日多了，从那就没回去过，除非长辈有灾有病啊，故去啊，到家看看，现在跟老家也没联系了。

　　为嘛上天津来呢？我们老爷子，也就是我老头儿的爸爸，在西沽东安街和西于庄大街开了两间面铺子，他那辈儿老哥儿五个，我公爹行四，是他们几个合伙干的。西沽面铺子叫"永达"，西于庄面铺子叫"永记"，等我老头儿来了以后，我公爹舍不得家里的那几亩地就又回老家了。可是面铺子没干多长时间就赶上公私合营了，原来在西于庄面铺子的二大爷和我老头儿去了新村粮店；在西沽面铺子的大大爷和五伯伯都去了河北大街粮店，三大爷在五中学校对过的九十七粮店，我们家这个面铺子就交公了，最后只留下三间房。过去里外两道院，修新红路时里院给扒了，光那个院就住着八家。嗨，过去谁拿房子当回事，自己够住就完了！后来地契也没了，更稀里糊涂了。

　　我们家现在住的房子就是老面铺子的一部分，听说是我公爹他们在四几年时买的，干面铺子之前，听说是杂货铺，叫"德丰泰"，整个这一溜大小十二间房，改成面铺子以后，卸米、卸面就在我那屋的墙根儿，都是人拉肩扛，大米二百斤一包，白面五十斤一袋，我老头一个肩膀能扛三四袋。解放前，面铺子都是自己进粮食，然后送到加工点加工，末了儿再运到面铺子来卖。过去买粮食，吃多少

室内陈设

买多少,都拿个小笸箩,没有拿面口袋的。说句不好听的,挣来就有吃的,挣不来就没吃的,不像现在一买就是几十斤、上百斤。解放以后面铺子都改成代销点了,国家把现成的粮食按比例批给面铺子,省了好些事。再后来就凭本、凭粮票了,每月的二十五号是"借粮日",得有上百人来排队,可是粮食价格始终不变:白面一毛八分五;富强面两毛;老米一毛四分七;稻米两毛零五;粳米一毛五;籼米一毛四分七;棒子面九分,挂面三毛一把儿(一斤),现在想想多便宜啊!再有,每年的秋季和春节,粮店更忙,除了正常卖米卖面,还得卖山芋,天天挑灯夜战。快到春节时,又是排大队卖大赢果、转莲籽儿、芝麻嘛的。我们家老爷子,七几年在新村粮店当经理,一到过年忙的不进家,九二年退的休,就那年得的脑栓塞,以后的二十四年养得倍儿好,动不了劲也才三年,犯一次厉害一次,节前还能说话呢!你看我们家了嘛,还就我们老姑母俩岁数大,哥几个就剩他一个了。今年八十三,比我小一岁,他属猴,我属羊。

旧宅院门

我来时,东面把角是韩家小铺,对面是豆腐房,这家姓康。以后韩家小铺一合营就归公了,打那就成了住家,豆腐房改成"大众"副食店。韩家小铺旁边,原来是天主教堂①,早八点、晚六点有神父打钟。后院是西于庄小学二分校,六六年"文化大革命"一来,教堂让红卫兵给砸了,把神父拉出来在大院里批斗。以后街办事处搬了进来,礼拜堂改成了礼堂,二分校和土地庙的一分校,都合到了纸厂大街上的二十七小学。

我来时,西于庄大街豁亮极了,能走大马车,西头有间小酒馆和一间杂货铺,东头也有几家买卖,最热闹就是教堂附近这点地

---

①西于庄天主教堂,位于西于庄大街以东,始建于1914年,由望海楼教堂的本堂神父包士杰和雷鸣远在该地传教而建。后于1920年,由天主教遣使会在院内设立益世小学,校长张博雅。

界儿。

五六年我到天津没有正式工作,一开始给副食店打杂,跟着和泥呀、递砖呀、打水呀,当小工子。干了四年以后,正好赶上上级有个"文",加上自个儿干得也不错,就把我们几个家属留在了新村副食店,算正式国营职工了!你看我们这片儿了嘛,有一半在街道加工自来火,就在东方胡同那,有两个小院,干几十年最后也嘛都不算。

我们一号路副食店,是个大店,卖肉、卖糖果、卖糕点、卖蔬菜、卖水产、卖油炸货、卖土产,管一大片呢!因为我没文化,算账太复杂了怕盯不了,就安排我卖菜。一年最忙最累就是冬季卖大白菜,好家伙,每家不得买个几百斤,地磅上放着个大竹筐,一天下来得倒腾上万斤大白菜,累得腰都直不起来,晚上还得开会,一开开到九、十点钟,转天还不能迟到。

我没上过学,大老粗,那会儿识字班到家来教课,我一边看孩子,一边跟着学了那么几个字,反正这辈子没给公家算错过账。

桥口街

赵富荣

采访对象：赵富荣（1924年生）
采访时间：2014年3月5日（星期三）
采访地点：城防里大街6号

我们祖宅在鲍家胡同十四号,现在那一段早拆了,已经变成新红路了,我在那出生的。当年我父亲他们哥俩,打山东来到天津,干嘛呢?一开始给馒头铺当伙友,后来都拉胶皮。哎,这哥俩都没有了,我伯伯先走的,我父亲八八年去世的。记得他们在西于庄车行租车,掌柜的姓李,他们每天去领车,跑一整天再交回去,就这么干到解放以后,等胶皮取消了,就归到了三轮四社,还是接着拉人力车。一天去一趟大直沽仓库拉土产,全是脚跟脚推着空车走到大直沽,然后装上货再拉回来,我还跟着去过呢!我父亲这辈子始终就拉车,还没赶上开车就退休了。

到我这儿也是哥俩,我哥哥在西沽的丹华火柴厂上班,一个月一袋面。那前儿我还小,就在家拾柴禾、拾煤茧儿、打小空儿,拾柴禾一般到黑塔寺和刘家房子那头儿,拾煤茧儿就在西于庄瞎转悠,没办法,为了生计嘛!说到日子穷,有时多一口人都难养活。日本时期,我母亲实在忍不下去了,就背着家人独自去了大连,在那又寻了人家。以后她来信问我舅舅,家里那几口还活着吗?归其我舅舅又把她给接了回来,整走了十二年。她有喘病,回来不多日子就死了,那年才四十四岁。

我十四岁到猪栈给人当伙友,在屠宰场"吹猪"。那怎么办?小也得干啊!猪褪完毛,在后腿上拉一小口,然后插进一根铁棍往里杵,一下一下的,得把猪身子都杵过来,让它皮肉分离,然后对着猪腿上那个小口儿吹气,吹到猪的四条腿都张开了,肚子滚圆滚圆的

旧宅内部

了,然后赶紧把那口儿系上,为的是好搭、好开膛。

没听过宰猪?哦,它是嘛程序呢,猪来了先进圈,到了该宰的时候,一头一头往外拨,拨出来先撂躺下,把腿一别拿绳子捆上,接下来一棒子楞死,搭到架子上用刀往脖子上一通、血一放,完事把猪立起来往车间里背。到了车间,俩人一个提脑袋,一个提后尾巴,往大木槽子一扔,放上开水晃荡,然后拿铁刨子刮毛。这道工序完事以后,就接上我刚说的了,把吹气的猪往木盆一坐,开膛、卸腿、卸脑袋,完事后屁股冲上,拿钩子往横杠上一挂,再用棍儿支起来,开始掏膛。开膛的专管开膛,那算大伙友,我们吹气的是小伙友,后边还有负责分类的,捯肠子的、捋油的,都各干各的。后来成立了屠宰行业公会,我们都成了会员。

我去的这家猪栈叫"六合顺",六个人合伙干的,一个姓张、一个姓桂、一个姓于、一个姓刘、一个姓李,还有个姓赵。就一个大院儿,两个猪圈,老客儿把猪送过来,有的捆好了,有的没捆,只要进了猪栈就在猪身上做个记号儿。各猪栈之间也有竞争,你对我好,我上你这来,不好,我上别处去。过去,这一带有十多家猪栈呢!但不管哪个猪栈,都得把猪赶到屠宰场宰去,你说我自己直接宰了不就完了吗?不行!一般情况下,今天过来的猪,转天就宰完了。在屠宰车间,一个猪栈占一块地界儿,伙友都给自己的猪栈干活,有两三个的、有四五个的,每天吃完早点,就开始跟猪摔顿跤,哈哈哈……逮猪还得有窍门呢,要不摔不倒啊!猪有顺劲儿,没有横劲儿,你拿脚蹬它浅窝这儿,一下就起不来了,然后把腿一拢就绑上了。

屠宰场一天平均宰一百多头猪,到年节得宰二三百。我们这家猪栈每天的宰猪数不固定,也许宰几头,也许宰十几头,得看老客儿送过来多少。宰完的猪晾在库里,然后过磅,身上写上多少斤,另外还分出"等"来,"厚"的一等,略薄点二等,再差点三等。再有,还

旧宅外观

原食品二厂生产车间

得过检疫局这关,他得看有没有"米芯",合格的盖上印。中午十二点一过,大马车就来了,集中拉到大胡同附近的肉市,全市所有的肉铺子都去那趸肉。每个猪栈都跟着个先生,卖回来的钱刨去猪栈留的,全交给老客儿。杂碎单独算账,猪头多钱一斤、猪蹄多钱一斤、肝多钱一斤、肠子多钱一斤,都有牌价。

　　猪打哪来的都有,市郊的、县里的、河北的、山东的、河南的,近道的用小轮车拉来,远道的用大马车,再远的拿火车往这运。"茂顺永""顺心永""裕源恒"还有"李记"都是比较大的猪栈。"茂顺永"名气最大,是西沽的王瘸子开的,他还雇伙友养了一群羊呢!其他猪栈都差不多大。屠宰场呢,就是个大院子,里面有几间平房,还有三口井,宰猪用的水全指着这几口井,排出去的血水和粑粑、尿都流到后面的大坑里,打有屠宰场就这种状况,直到政府接收以后,才

曾经热闹非凡的老屠宰场大院如今显得异常静默

彻底翻身。

一九五三年十二月八号正式接收开市，我们全都迁到张贵庄新厂址，更名为天津市食品二厂。从老屠宰场过去了三百来人，都是原来的伙友，一进厂就变成国营企业职工了。新厂子是苏联帮着建的，实现了宰猪自动化，再也用不着跟猪摔跤了。这边的老厂区呢，专门集中那些有病的、快死的猪，宰完了炼油，再以后也都迁走了。大概七几年的时候，食品二厂在那重新盖了大楼，成立了肉类食品加工厂，主要生产香肠、腊肠、火腿肠。五八年，为了照顾我父亲，就跟领导申请，从张贵庄调回到西于庄。九四年在这儿退的休，起那，这厂也就不行了。

口述津沽
民间语境下的西于庄·口述编 165

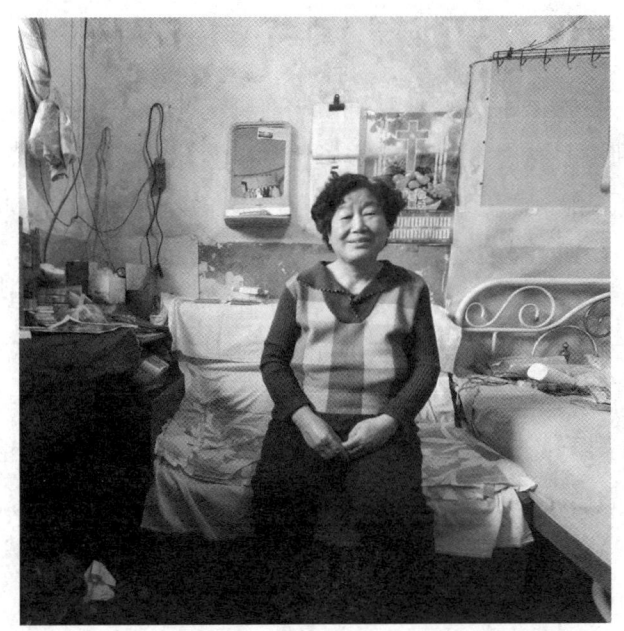

张连珍

采访对象:张连珍(1951年生)
采访时间:2014年3月5日(星期三)
采访地点:桥口三条胡同6号

我四岁在西沽基督教堂里读学前班，孩子不多，也就十五六个，顶到快七岁时，这些人全去了桥北小学，上到三年级，我又挪到老丹华子弟小学直到毕业。五十年代末，教堂停办，后来改成小工厂，二〇〇四年才复堂，今年整十年。我为嘛在桥北小学上学呢？过去我们家在西沽李家房子的田家大院住，那院好多户，最早是私人开办的木箱厂，公私合营时并到了"一木箱"。解放初我们家从西沽搬到西于庄，现在这个院儿其实正在大清河的河床上，原先都是水，有个姓刘的，天天拿大筐一筐一筐地垫，就垫出了这块地界儿。我父亲看上了这块地，可能就买了下来，然后盖了几间房，搭了个棚子，雇了几个人，干起了木箱厂，就成了小业主。主要提供给五金厂，另外过去盛鸡蛋也都用木箱子，销路特别好。

我父亲这辈儿就哥俩，有个哑巴兄弟，嘛也不干。合营以后先在教堂前胡同的木箱厂干了两三年，然后去了八一面粉厂对过的"一木箱"。我父亲六〇年就死了，才四十几岁，现在要活着得九十多了。他有历史问题，究竟嘛问题到现在我也不知道。"文革"时，我从西沽老宅门口路过，大字报都贴满了，上边净是我爸爸的名字，其实他早就死了五六年了，为嘛又捯起老账来了？田家大院住着个街办事处主任叫宋玉珍，她是个老地下党，我爸爸从河南到天津，开始在南市住过一段，后来又在南竹林住过，都觉得不适合，就往开出走，不知怎么就跑西沽来了，宋玉珍觉得我爸爸这人不错就帮着给找的房子，结果就成邻居了，两家关系特别好。"文革"一来，想斗宋玉珍没别的理由，就给扣上个"包庇反革命分子"的帽子。我看了以后特别害怕，回来就跟我妈妈说，怎么给我爸爸贴大字报呢？她赶紧把我爸爸的相片和开厂子留下的牌匾嘛的全烧了，原来厂子有字号，叫"聚"什么"丰"，我忘了！"文革"我们家倒没嘛事，我妈贫下中农出身，一个人带着四个孩子，家里嘛值钱的没有，就是抄家也抄不出嘛。

据说我父亲十四岁就离开天津，以后参加了嘛组织就不知道了，反正他和我妈从西安回来，天天有个警察在我们家坐着，乐呵呵的，也不说话，就跟给我们看家似的，好像在天津市公安局都挂号了。其实，我父亲跟政府该坦白的都坦白了，以为没事了。结果有个人要入党，在写履历时涉及到给我爸爸当过通讯员，就到天津找来了，这下可坏了，等于隐瞒历史，没彻底交代，我爸爸说这小孩跟我几个月，早就忘了，根本没当个事。没想到那年夏天，来车就把我爸爸带走了，弄到了河南新乡一个厂子。六〇年我妈妈带着我们去

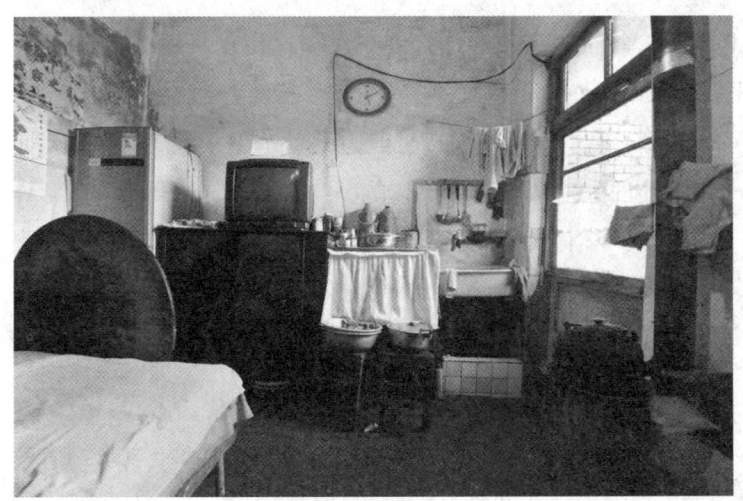

旧宅内部

看他,那边的人告诉我妈,说我爸爸身体不好,肝有毛病,尽量别跟他说家里边的伤心事。可是我爸一直惦记着我奶奶啊!就问怎么样了,我妈也没瞒他,说:"咱娘没了。"这下我爸爸就崩溃了,转年再给他写信,人家回信说,这人自杀了!呜……他特别孝顺我奶奶,我记得清清楚楚,我奶奶临死前连喊了七天,她太想自己的儿子了!可渗人啦,街坊邻居吓得要命。乌涂抹黑,人就没了,呜……

原来这院子搭着大天棚,不有的是木头嘛!我爸爸一走,房子陆续都卖了,现在还有三间。我小时候记得一开大门就是坑,后来才有了地名,我们这半边叫王家胡同,那边叫清河里,不知多晚儿又改叫"三条胡同"。

我们这块儿,比较热闹的就属桥口大街了,北面一个副食店,南面一个副食店,又是面铺子、又是卖羊肉的,又是卖菜的、还有个大肉铺,再往关帝庙那边走小酒馆啊、邮局啊,现在嘛都没有了。我们应该算是老西于庄子,就这一带还有点像样的房子,但有钱的大户不多。

我是姐五个,底下三个弟弟、一个妹妹。我六八届的,那届"全锅端",一个不留,加上出身又不好,不下乡行嘛!我在学校还是班委呢。"八一八"毛主席第一次接见红卫兵就选上了我,我们在紧前面,金水桥旁边,毛主席、刘少奇、林彪……都看见了。等回来,就不行了,分三六九等,有锅儿的就靠边站了。当时我在邵公庄中学上学,那是刘少奇推行半工半读①的试点校,考那学校时要得分儿挺高呢,可刘少奇一揪出来,半工半读也废除了,照样下乡。六九年我

---

① 1964—1965 年,按照刘少奇"两种教育制度、两种劳动制度"教育方针,教育部批准国家各部委在其直属大型厂矿企业设立的半工半读学校。

旧宅院门

第一个报名去兵团,一政审,不合格!只能去插队。五月八号,离开天津,到内蒙古锡林格勒盟,在那待了七年半。七六年选调到东北电力局,亏了"四人帮"打到了,要不还走不了。过去选调,谁表现好先选谁,下乡的第二年,赶上了第一批选调,去哪呢?赤峰肉联厂,我们四个村选三个,其中就有我,可是一政审就退回来了。一共八次选调,每次都有我,说嘛就走不了。七六年东北电力局到我们那招工,一听说还有天津知青,人家都纳闷,知青主任说,就因为他爸爸的问题。劳资科长一听,说:"别提那个,他爸爸就是蒋介石我们也要!"那阵儿我都过了二十五周岁了,应该不接收了,所以人家跟我说,你命真好,别看晚走一年,三百多知青,你的单位最好。我在东北电力局第一建筑公司干到八三年,为嘛呢?这公司后来改为部队编制,规定四年内不允许调动,可我那时已经结婚了。八七年二月登记，五月回天津办喜事，在北开豆腐房摆了三桌，给了我二百块钱聘礼，也没有婚房，结完婚，我回东北，他回沧县。七〇年我们家被遣送农村，我母亲改嫁，就我一个人还姓张，不划清界限，入不了党。我对象最早在吴桥插队，七三年办到沧县，我想把他调到我们单位，可人家不要。没办法，八三年回天津探亲就没再回去，正赶我那单位又军转民，一九八四年的一月一号，我单调到沧县轧钢厂，你想我要从内蒙古往天津调有多难，到了沧县离天津就近了。紧接着，天津一百五十三号文件下来了，规定知青大龄未婚的、丧偶的、离婚的、两地分居的可以返城，我一看哪条我都不在，怎么办呢？就琢磨对调，结果还挺顺利，四月份我对象就调到天津六建，这一来，我们不就成两地分居了嘛！那天，我领着孩子回邵公庄中学开证明，走到那都下午四点半了，教务处有个人正要锁门，问我干嘛，我说，我是六八届的学生想调回来，他说，这都多晚儿了？文件都要收回了，你才办！他推开门，拉开抽屉对我说，看见了吗，就剩一张表啦！多悬啊！差点就错过机会了。

  这不办回来了嘛，可到那上班去呢？我对象的建筑公司又不要女的，没辙了，就问我公公，西站饭馆要不要人？他是那儿的会计。这么说吧，他从来没为个人的事张过嘴，所以一听就龇牙花子，我说我这档案就在手攥着没地方落，您就张回嘴吧！结果八月六号，就到西站饭馆上班了！

  八四年的西站饭店，别提效益多好了，工资四十多块，奖金能拿到一百五，把我从小吃得苦都补偿回来了！没想到就好了几年，个体饭馆铺天盖地，把生意都抢走了，到九〇年我们全回家了，从四十三岁一直待到现在，伺候走了三位老人。

张克敏

采访对象:张克敏(1920年生)
采访时间:2014年3月7日(星期五)
采访地点:大新街庆阳里

我祖辈都是治鱼的,您了!要不这块怎么叫"鱼庄子"呢?最早有三十几户在这治鱼,以后又来了好些做小买卖的,才改叫"西于庄"。我们这些治鱼的,主要集中在西小庄子,有这么几大户,张家算一大户、范家也算一大户,再有韩家、丁家、李家,我们跟郭家菜园那边打鱼的没关系,他们是外地人,各是各的马。

　　我十岁就没有母亲了,跟着父亲和哥哥治鱼。我行二,还有个兄弟。在哪治鱼?哪都去,您了!西河、北河、海河、杨村、东堤头、塘沽,哪都去!全是河鱼,白鲢啊、刀鱼啊、鲫鱼啊,打完鱼弄上岸,交给"行货",就是专门接鱼的鱼铺,他们再批给挑八股绳的,那前儿的鱼,随便弄,不论分量,你挑一挑十块钱,挑十挑也十块钱,能弄得走就行,鱼多的时候不值钱!我们不管分类,都混在一块,鱼贩子再分堆儿,价钱不一样。有种嵌板子刀鱼,现在已经绝种了,出水就死,那前儿就几毛钱一斤,穷人吃不起。一天能打多少鱼?没准,按节气说,六七月比较好。我们治鱼一走就十天半月,船上带着锅腔子做饭,走到哪吃哪,舍不得买菜就天天熬鱼,穷啊!连双鞋都买不起,好么您了!不知多晚儿回来一次,把船都停在老河口,我们全从那上岸。哪有人偷,船有的是!我们使的船顶头了也就三丈长,没有太大的,也用不上帆。河一上凌,船就该拽上来了,扣在岸上拿麻刀、油灰补漏,然后再罩遍桐油,另外还得织网,挑费也不少。冬天这几个月家人吃饭怎么办?我们都得去凿凌"穿杆子"。嘛叫"穿杆子"?竹竿一头带着绳子,从这个凌眼下去,再从另一个凌眼出来,

旧宅内部

然后再下去,一个凌眼一个凌眼走,等距离够了,起这儿下网,然后桥口那边出网去,治鱼的日子太苦了,别提了,逮不着鱼就挨饿!说句不干嘛的,这一带十家得有八家受穷!可有一样,没人敢欺负西于庄子的,听我父亲说,当年有个李四爷,好么您了,关上关下没有不怕他的。嘛玩儿,谁跟西于庄人打起来了,不找李四爷了事,完得了嘛!这一带都知道。你像韩家,有人敢惹吗?这大家族,除了治鱼,还趁买卖、趁地,好么您了。我再说一个,张二,敢惹吗?家里俩大车店,又是脚行头儿,还是"看青"(看守大田的人)的头儿,最后也没得好死。

　　真正日子富裕的,一个是在北开干鸡子儿行的,另一个是在宰杀厂干猪栈的,好么您了!我们这些治鱼的,没等到合营就零七八碎地不干了,老人儿动不了,年轻的都改行了。我去了公交一厂,在那干了十六年,老儿子顶替我,后来闺女也带进去了。我五个儿子、俩闺女,都是老伴照顾家,我是"三不管",她七十八走的。

旧宅院门

我住这房算老宅了，自个儿盖的，我父亲在时就有这房，怎么不得一百多年？一共三间，后来跟我哥哥各分了一间半。过去我们家房子的后沿就是大清河，往西一直能通到保定，往东进入北运河，那可是三河汇合，好么您了！为嘛叫"桥口"？原先那有桥！我没见过桥，但见过架桥的大木桩子，不信你现在挖，木桩子还在呢！姜桥？不是一码事，它在尽头了，也是个小木桥。在桥口和关帝庙跟前，有好多拉胶皮的，像西沽、西于庄的人想去城里，都得打那过，要车方便。怎么说呢，大清河没淤时，我们可以从自己家的房后头上船，周围全是水，唯独跟西沽谁也不挨谁。

对对，柳二爷庙后边是有个大蒸锅，干嘛呢？新渔网得先拿猪血泡，泡完了搁锅里蒸，我们逮鱼一般用排网、耙子网。知道柳二爷庙吗？一出胡同就能看见大门，现在盖成楼房了。好么您了，原先热闹去了，阴历四月十七，起我们家门口顶到桥口大街，搭三个大席棚，一个大席棚摆一锅绿豆汤，上尖儿的白糖，随便吃、随便喝，好么您了。高跷、花鼓、秧歌全来了,整整热闹一天,来烧香的,海去了,起哪来的都有,手里拿着整把儿的香,光着脚系着红头绳,三步一磕头,大队人马一直走到黑塔寺。你说吧,卖嘛的都有,吃的、喝的、玩的,加上这条街平时就热闹,两边不是买卖家,就是大车店,好么您了!后来柳二爷庙当了大枪队,国民党兵在里住着,顶到解放才改成了派出所。

大同门就在路口那,那遛楼房就是原来的城防大堤,炮楼子跟前有站岗的,出来进去搜身,晚上关上门,好么您了。闹反时,我们全躲到教堂院里,一家搭个席棚子,怎么不害怕?韩家墅那就是营盘,谁知多玩飞个枪子儿。出了大同门就是开洼,你一个人不敢走,为嘛?劫道的!大白天就抢,没人管。

庆阳里入口处的居委会也有着悠久的历史

北范家胡同

卢炳慧

采访对象：卢炳慧（1947年生）
采访时间：2014年3月8日（星期六）
采访地点：桥口街6号

我是在北大关、南运河边上的赵家场出生的,两岁多点儿搬到当铺西街十八号。我爷爷年轻时当过巡捕,究竟在哪我也说不清,因为岁数不大他就死了。我爸呢,没干过嘛,说白了游手好闲,解放以后也上过班,在造纸机械厂,打刘少奇提出"三自一包"①以后,他辞了工作去做小买卖,结果赔了个精光。以后就在家待着吃闺女儿,他现在要是活着得一百多岁。你想我大哥十六岁进的搪瓷厂,当时还签卖身契呢! 那年我刚出生,他一辈子没离开过那厂,退休没多年就死了,我大姐也没了,我们家姊妹六个,我最小。

　　因为嘛来西于庄呢? 赵家场的房子又潮又小,而且伯伯、姑奶奶都住在一块挺挤的,听说房子要借我大姐出门子,我们家才搬出来的。

　　我爸这辈儿应该是哥仨,我二伯十九岁去外面闯荡就没回来,那前儿还以为去台湾呢,等啊等啊,等到最后也没消息。

　　其实这边的房子也不大,我们自己又盖了一小间,以后都各自成家走了,我又下乡十年,结了婚就跟我对象在和平区多伦道住。因为我公公原先是火柴厂的老财务科长,所以我们住的是火柴厂宿舍,在那儿住了不到二十年,九八年那一带大规模拆迁,买房买哪呢? 当时我爸都九十多岁了,他一直跟着我,选房时就提了一个要求:不住楼房。那就满足老爷子的愿望吧,没想到,转了一圈又回

---

①"三自一包":自负盈亏、自由市场、自留地和包产到户。

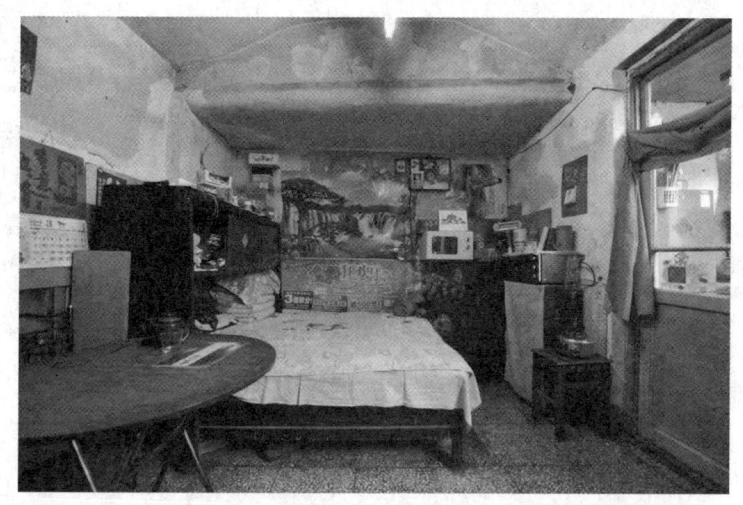

旧宅内部

娘家来了。买这儿的房也是考虑我哥、我姐都在附近住,到时老爷子想外甥啦,想白眼子啦方便。九八年十二月份我搬这屋来的,九九年老爷子就没了,岁数大了经不住折腾。

原来拆迁不像现在这么乱,我们那儿贴完条儿,十天之内叽里咕噜都走了,我买这两间花了六万六,当时买单元都够了,那时拆迁给的钱买房富余,所以大伙的积极性都特高。

我老头儿这人厚道,我爸跟着我他一点怨言没有,他是老高中毕业,学习特别好,本应该上大学的。听我们奶奶说,爷爷家是满族,祖辈还有在朝廷做官的,原先是旗人的姓氏,后来嫌麻烦就给改了。"文革"一来,因为站错队,就给打成了走资派,关进牛棚,你想他儿子能不受牵连吗,结果给悠内蒙古去了。我们不在一块,原先也不认识,他回来的比我早,说了好多对象都不行,那年我户口刚上没完两天半,经过他嫂子、我外甥媳妇和另一个人,"组团"一提就成了,这不缘分嘛!可是,结婚时我们已经三十四五了,生闺女时我三十六,时间不等人啊!

我中学上到初一就不上了,跟着一快跑街道,要不跟龚先生挺熟呢,经常抱着一卷子纸到龚先生家,让他抄大字报、大标语嘛的。那时我才十几岁,嘛也不懂,就喜欢跑腿,街道主任写好了词儿,就交给龚先生,我在一旁帮着裁纸,写完的大标语,拿出去放在地上一张一张地晾干,龚先生有求必应,"文革"那会儿,他不答应也不行啊!谁知哪天给拉出去斗一排。因为他的院儿比较大,街道一开会,一学习就集中在那儿,我负责挨家告信儿,然后给大伙读报。六九年一下乡,我就再没进过那院儿。哎,在河北省青县待了十年。

再说李子玉这段儿,那天你不看了吗,那院儿原先全是他的。听我爸说,最早李子玉在一家客栈当伙计。有一回,来了个老头儿在这住店,不知嘛原因就病了,李子玉就为这老头煎汤熬药、送饭

旧宅外观

送水，百般照顾，老头儿好了以后就对李子玉说，我没儿没女，你要愿意呢，就跟我学医吧！归其就拜了师，一来二去就把祖传秘方传给了他。因为行医挣了些钱，才买了这个院，看病嘛的就在家里了，他那秘方专治大肚脾，过去到他家看病的人好像净是这种病。记得"文

口述人所提及的李子玉旧宅

革"前李子玉娶儿媳妇，好家伙，那排场真是头一次见。看他们家那高台阶了嘛，全铺着红地毯，一直沿到马路上，再看那花轿，绣满了花啊凤啊，来看热闹的人海去了！

七八年我回到天津，街道帮我安排的工作。说来特哏儿，这么多知青呢，谁不想快点找工作，他们就根据家庭情况一条一条地排队，赶上谁是谁。去一商的，发给一张在工业券反面印着的"通知书"；去二商的，是在肉票反面印着的"通知书"，排到我是"肉票"，所以就分到了"桥口糕点"，也算"白大褂"之一，每月三十多块钱，现在能拿个两千来块钱的退休金，凑合吧！

学堂胡同

王景龙

采访对象:王景龙(1946年生)
采访时间:2014年3月10日(星期一)
采访地点:屠前大街52号增2号

你怎么看出我会武术？是嘛，我没觉得走道跟别人有嘛不一样。既然想了解这块儿，我就简单说说。

论门派，我们这叫"乌鸡门"，又叫"八卦乌鸡门"。先说怎么传到的天津，有个叫冯殿章的，跟着部队来到韩柳墅，后来投奔他一个亲戚，这亲戚是剃头的，收入很微薄，他觉得不能久留，不知通过嘛关系就找到我们刘贵生刘老师，当时他在河北大经路教场子，剃头的亲戚一再说冯殿章也会点武术，刘老师就答应把他留下来。刘老师教的是长拳门，冯殿章呆了几天就看不下去了，对刘贵生说，你这不是糊弄小孩嘛！那会儿刘老师才二十多岁，冯殿章已经快六

王景龙 18 岁在外地留影

十了,刘贵生一听这话,沉不住气了,不行咱俩先比划比划!冯殿章说,我就用一个胳膊、一条腿,要是用了这面儿就算我输。说着就上手了,叭叭叭几下子,就给刘老师降住了,你想刘老师从八岁开始习武,没点真玩

20 世纪 70 年代王景龙在自家门前打家具

意敢较量嘛,他一看遇上高人了,就想拜师,可冯殿章不教。他就天天伺候着吃喝,大概有半年多,冯殿章发话了,看你这人的确不错,我就教你几招。打那起刘贵生跟着冯殿章练了七年,就把"乌鸡门"全给拿下来了。那么,冯殿章又是怎么得到的真传呢?

　　这就得说到明末了,有两位大名鼎鼎的"剑仙",一个"云魔道人",一个"长山道人",他们告别武林,隐居在深山幽谷当中,平日除了修道、炼丹、下棋以外,就研究八卦掌,而且达到了一定的境界。有一天老哥俩一边切磋,一边游走,忽然看见远处有两个黑影在翻飞,走近一瞧,是两只乌鸡鸟在搏斗,左扑又闪,要么扇,要么抽,要么蹬,要么啄,好家伙,太绝了!说来也怪,只要一到这个时辰,这两只鸡就掐架,"云魔道人"和"长山道人"也准时来观战,越看越

入迷,就突发奇想,要是把乌鸡鸟的绝技,用在武术里岂不妙哉!因为我们传统拳术很大程度上,都是从动物身上汲取的精华,所以才统称相形拳种。这两位剑仙兴致极高,他们把乌鸡鸟动作分解、提炼、演化成拳术,融合在八卦之中,又经过长时间的磨练,就形成了独门绝技——乌鸡掌和乌鸡拳。为了让新创编的这套掌法、拳法得到传承,清朝初年,两位道人分别更名,"云魔"就叫尚道明,"长山"就叫何道远,然后下山各自收徒,尚道明就选上了一个叫童林的,何道远访来访去就看上了一个叫牛二的,接着两位道人用了数年,将这门独创的掌法、拳法分别传授给了两个徒弟,后来他们两个也都修炼成剑客,特别是童林按照师父的意愿和自身的人品,与牛二共同创立了新的武术门派——"乌鸡门",算是开门鼻祖。以后传给了号称铁掌的刘恒,刘恒又传给了"海底闹龙"的于东海,于东海就传给了飞腿李成,由他传到冯殿章,冯殿章才传到刘贵生。也就是说,刘贵生成为"乌鸡门"的第六代传人。

再说刘贵生这个人,他是河北省胜芳人,家境比较好,八岁时就拜武术名家蔡长青为师,他不但有天分,而且勤学好问,只要听说哪有武术高手,都想法登门求教,或者请到家里学上几

刘贵生习武情景

招。为有朝一日闯荡江湖，他用三年专门学习江湖唇点和武林行规。刘贵生的父亲觉得这么一来不就荒废了嘛，以后怎么生存？于是就教他做鞋、修鞋，还把一间鞋铺交给他经营，可是刘贵生哪有心思做买卖，挣了点钱全都花在请师父上，父亲把他骂了一顿，刘贵生一赌气就离家出走了，在外靠撂地卖艺养活自己，而且还带

旧宅内部

旧宅外观

着钱回了家，他父亲也就改变了原来的看法。大概二十岁左右，刘贵生就在当地小有名气，在拜胜芳武术名家赵万生之后，与师父赵万生、师兄赵忠兴共同创办了"公乐会"会馆，顶到二十三岁时，应邀来到天津河北大经路中山公园附近传授少林武功，这期间结识了冯殿章，就有了前面说的那段。

那么，"乌鸡门"怎么又跟西沽、西于庄有关系呢？解放初期，刘贵生在丹华火柴厂成立国术馆，西沽、西于庄一带的武术爱好者都

到那儿学习少林武功,因为"丹华"离西沽公园特别近,所以刘贵生也经常在公园习武和传授,五六年丹华火柴厂公私合营后,国术馆解散,但他还天天去西沽公园。这么多年,他练"乌鸡门"都在凌晨,从来对外界不露。有一次,我们一个大师兄起的早了点,见公园里这是谁呀,打一套从没见过的拳术,好么,是师父!就说您这套拳多好,为嘛不教呢?他一看有人知道了,才开始公开展示。"乌鸡门"的最大特点,就是"单传",要不几百年才传了这么几代。

我最早跟史老师练八极拳,当时他都七十多岁了,学了一段时间,因为年岁大了,腿脚不方便就停了下来,六三年我参加工作,大概两年后认识的刘贵生刘老师,从那就一直跟着学,最鼎盛时,西沽公园得有个几十号人,你看"文化大革命"嘛都不允许,练武术倒没人管,也就是那个时候,刘老师亲传了我们几个"乌鸡门"。七五年徒弟们根据刘老师口述,把"乌鸡门"一直口传心授的东西整理成文字,编了一本小册子叫《八卦乌鸡门打法》,其中概括了八卦乌鸡门的历史沿革,各种掌法、拳法的名称,兵器的用法、练功口诀和各类打法几

王景龙打乌鸡拳

百招。到八二年,刘老师从西于庄的福亨里,搬到河北区建昌道的女儿家居住,才远离了我们,八九年刘老师去世。也许刘老师看到了这一步,要是再坚持"单传",恐怕"乌鸡门"就该"关门"了,所以,按现在的话说,他还是挺与时俱进的,用一种开放的心态,推广"乌鸡门",所以第七代传人就不只一个了,我是会长,跟着他二十多年,还有几个人练得不错。第八代传人叫李国兴。

要讲乌鸡拳种的特点,我体会就是"拳脚速度快,招法变化奇。"又叫做"三盘齐发整体攻防",突出一个快字!别的拳能打几分钟,我们这拳几十秒就结束了,可体能消耗相当大。说白了,这种拳实战性强,观赏性差,加上传播范围有限,所以影响就小,现在"乌鸡

乌鸡门第六代传人李贵生

乌鸡门徽记

门"就天津有,会的就这么点儿人,年轻的又不肯吃苦,往下传确实是个问题。今年的五月十八日,我们准备搞一次"纪念乌鸡门第六代掌门人刘贵生诞辰一百周年"活动,另外"申遗"也在争取,不能在我们手里把祖传的绝技给断了。

  西于庄虽然穷人多,但穷人有穷人的娱乐方式,过去练摔跤的、练举墩子的、练武术的挺多的,也形成了一种风气,从小都恨不得有点功夫,省得叫人家欺负。你看光我们家,除我之外,老二景生、大妹妹景玲,老弟弟景申,都跟着练过。刘老师当年在西沽公园体育馆任馆长,加上他又住在西于庄,所以带动了不少人。他生前留下了一些资料,还专门给他拍过一组习武的照片,如果需要我们可以提供。

郭宝奎

采访对象:郭宝奎(1953年生)
采访时间:2014年3月11日(星期二)
采访地点:西于庄桥口二条胡同4号

我老娘今年整九十岁。对,耳朵有点背,主要是腿不行了,基本下不了地,平时我来的时候多,解解腻味,做做饭。其实,我也是残疾人,看不出来?好么,嘛活儿也干不了,我一撩裤腿你就知道了,哎——假腿!头里都黑了,一来还流水儿呢,怎么不疼,忍着呗!

听说了?对,军烈属。大门口挂的那块牌子就是我们家的,咳,都是过去的事了……

我们祖籍是河北省霸县,我母亲是文安的,两处距离十五里地,他们在老家结的婚。四六年我父亲在当地入伍,部队在北京,五二年参加抗美援朝,父亲走时,老娘刚怀上我。可是,这一走就没回来,今年我都六十了不知道父亲长得嘛样!他是炮兵探照灯部队的,连级干部,事迹我也说不上来,反正不立功也升不了官,究竟在

旧宅内部

朝鲜怎么牺牲的,谁也说不清。我问过老娘,她也不愿多说,我也怕勾她心思,几十年来只知道是烈士,也没拿它当个什么事,烈属证始终在包袱里裹着,都快忘了,直到八九年,民政局来人把老证收走换了新证。

我这有张复印件,可以给你看看……

郭宝奎的母亲

印的不太清楚,还是两张纸接的,看上去挺普通的:革命烈士证明书"郭凤林同志在抗美援朝战争中壮烈牺牲,经批准为革命烈士。特发此证,以资褒奖。 中华人民共和国民政部 一九八三年七月二十三日"侧面还有简单的记载:"郭凤林,男,一九二〇年,河北省霸县,志愿军炮兵六十四师探照灯营副连长。一九四六年参加革命,入党时间不详,一九五三年三月在抗美援朝战争中牺牲。 中国人民志愿军司令部政治部 郭宝奎(子)桥口街王家胡同四号"我对父亲的了解就是这张纸,遗体留在了朝鲜,奖章见过,也不知哪去了。

我和姐姐都是在老家出生的,姐姐在农村上的小学,她十五岁来的天津,起先在四十四中上学,后来考上了财政学院,六二年上

旧宅院门

班。一开始在桥口街糕点部当经理,"文革"时说她是国民党的狗崽子,一气之下把"烈属证"拿出来,都傻眼了,最后在区妇联退的休。为嘛要来天津呢,生活实在太困难了,家里就我老娘一个人下地干活,根本养活不了我们,抚恤金大队掌握着,高兴了给,不高兴不给,加上那时经常闹灾荒,没辙了,就投靠在天津的我姨家。我姨对我妈说:"你才三十多岁,别守寡了,为了孩子,找个好人家吧!",大伙也都劝,实际上是"烈士家属"这个头衔给她压得够呛,来天津那年我才五岁。思前想后,我母亲就提了一个要求,前夫留下的两个孩子不再改姓。就这么着,我们在北竹林又重新组成了家庭,婚后给我生了两个妹妹,一家人相处的特别好。

我在西于庄上的小学,五年级时挪到增产里小学,中学在丁字沽三号路上的,毕业去了天津铁厂,记得我们这届分成好几拨,其中百分之十几分在了"六九八五"(涉县铁厂),我们年级连男带女二十多个。几年以后有个新政策,家里一个孩子的、生活困难的,可以找军代表申请回津,这时候我才想起那张"烈属证",结果还真管事了!

回到天津去了塘沽外运,我选择在船上,因为工资比陆地高百分之二十,我一去就能拿五十多块,还有补贴,太不错了!每天走大连码头,我们都是那种铁驳船,主要装卸出口货物,那时我正年富力强,心气也高,两年以后干到了副甲长。七七年的四月二十号,因为那天人手少,加上操作失误,船在经过海河闸时,一下子把我腿给碾了,赶紧送到塘沽医院,你想那是嘛时候,地震刚过不到一年,到处都是临建、地震棚,医院条件根本不行,结果抢救三天之后转到了反帝医院(天津医院)。我这辈子都忘不了,一九七七年的四月二十五号,把腿给截了!前前后后这些事都是我姐给跑的,当时她正怀着我外甥女,没等我出院,孩子就生了。

唉,人的命运确实很难预料,一个好端端的棒小伙,转眼就成了残疾人,怎么不痛苦?没想到的是,我娶了个好媳妇。也是天津人,在小官住,七九年我们结的婚,婚后不久生了个大胖小子,一家人和和美美,过着普通人的日子,不知不觉孩子都上三年级了。八九年学校放暑假的第三天,我们满心高兴地带孩子到公园

革命烈士证书附件

革命烈士证书复印件

里玩玩，孩子非要打水滑梯，那就打呗，可谁也想不到就这么倒霉，孩子从水滑梯下来，一口水给呛死了！真是天打五雷轰啊！快把我们坑死了，搁谁受得了？可又能怎么办，还得活下去呀！可能连老天爷都看着不公，转年媳妇又怀上了，还是个男孩！结婚三十五年，她对我太好了，男人活、女人活都干，今年五十九周岁，还出去做家政。婆媳关系非常好，八九年被评为全国五好家庭。再说我，自打出了工伤以后就没再上班，给我定的四级伤残，工资百分之百，二〇〇〇年办的退休，单位对我不错，我遇上了贵人。

胡德芝

采访对象：胡德芝（1949年生）
采访时间：2014年3月18日（星期二）
采访地点：西于庄小辛庄大街110号

你看那水泥垛子了嘛，就日本留下的那几个桥墩子，对，那是我们的停泊区，炮楼以外根本没人。一到冬天，我们就在岸边买点秫秸搭窝棚，几十口人住在一块，等来年开春了，把铺盖卷和锅盆碗灶往船上一搁，再把秫秸踩巴踩巴留着当柴禾烧，这就走人啦！上冻之前我们接着在老地界儿重搭窝棚，年复一年就这么过来的。对，绝大部分时间都在船上，走到哪算哪，每月就有一天必须回到西于庄上岸，哪天呢？二十三号！你们不是二十五号借粮嘛，政府照顾我们，提前两天到粮店排队去。

停泊区打桥墩子一直沿到造纸厂后身，鼎盛时得有一百多条船，四百多号人。完了，老人儿都不在了，最年长的一个，倪老头儿他爸爸，零八年也去世了！过去，我们都是"水上户口"，嘛叫"水上户口"？就是有专门的水上派出所管我们。还不明白……对了，我儿子的老身份证还有呢，那上面写得很清楚。

看见了嘛："天津市红桥区小辛庄大街水上279号"，就留下这么一张，我们的老身份证派（出）所都收走了。"279"是船号，因为我们的家，就是这条船！过去这一带都叫邵家园子，以后给我们来个"郭家菜园九号"，上百户就这么一个"号"，几年前又重新排号，改叫小辛庄大街。

究竟我们在船上飘了几辈了，谁也说不好，都不知有多少代啦！你问我哪的人，我就是天津人，你问我父亲、我爷爷哪的人，我也说天津人，为嘛呢？根本不知道祖籍在哪。听老辈儿人说，打山东过来的多,那前儿不是有运粮船嘛!尤其天津属于九河下梢,水路四通八达,现在讲话,渔民成本比较低,弄条船就能养活一家人,我们都是"水上漂",再早没有户口,不知道有嘛区别,有了户口才知道,我们根本不算城市人。比方说,孩子上学,拿着"水上户口"去了,人家不要,受歧视!后来大伙一闹腾,才给我们办成"红页"户口,以前叫"黑页"户

旧宅内部

旧宅外观

口,摸样都一样,就是里边写着"渔民"俩字。告你吧,好多事弄得我们抬不起头来!你想我打二十来岁一结婚就没上船,可身份还是渔民,我们这些人既没退休费,又没养老保险,大队稀里糊涂也撤了,谁是我们的上级?不知道。

当初国家也给我们想了些办法,五六年成立"永利社",有不少人"下放"到工厂,可是祖祖辈辈靠打鱼为生的这些人,生活都比较困难,一家子人单靠两个大人挣工资,根本不够吃的,所以到五八年又都主动"转业"回到船上。就拿我们家说吧,我爸进工厂了,一

个月拿四十多块钱,可家里七个孩子,加上我妈,我爷爷、奶奶,老老少少十一口,活得了吗?!有条船,好赖都能干活,最起码吃鱼、喝水不花钱吧!六九年的时候,又搞了一次"下放",一部分人被忽悠到了内蒙,归其受不了那个苦又都跑回来了。紧接着号召大伙,"不在城市吃闲饭",来个"拖家走"!七〇年,我们连大人带孩子全去了南郊,在那待了七年,加上办户口等了一年多,总共是八年零俩月。回来以后可惨了,没我们落脚的地界儿啊,只能选在边边沿沿盖房子,要不住得这么偏?不过"下放"也沾了点光,二〇〇三年有了新政策,凡是"拖家"的,可以参加养老统筹,我补交了一万多块钱,就可以享受退休待遇了,在渔业队没走的那些人,到现在嘛也不算。

记得七八年,北郊区派来个干部,帮着组建了渔业队,由农林局代管,我们都改吃公分,男的二十八块五;女的二十一,到月头儿去大队领钱,以后办工厂、搞副业,原来那些船卖的卖,报废的报废,人们也都上岸建房,别管好坏吧,起码有个像样的家了,打那才彻底告别了渔民生活,但户口还在西沽水上派(出)所,直到八零年才把我们划到西于庄这片固定下来,工资也涨到七八十块钱。改革开放初期,队里办的加工厂好了几年,管事的说,咱得把"渔业队"仨字"抠"下去,太难听,所以就改成"红桥五金加工厂",我们的户口本上都写着这个单位,其实早黄了!再后来,北郊区出资兴办奶场,末了儿还是没弄起来,没文化,又缺乏经营之道,就我所知,整个大队连个党员都没有,能成得了事吗?!

一般人不了解渔民的生活,还以为天天在水上飘着,自由自在的挺美。其实我们才辛苦呢!一出船至少走一个月,柴米油盐都得备上一个月的,大人孩子全跟着走,船就是家,家就是船。你像倪老大他们家,哥五个、姐俩,加老两口子,还有爷爷奶奶、老伯老婶,他

渔民村落现状

这一船十三个人,赶上客船啦!哈哈哈……一旦成家了,才分出去另外买条船。我们全在船上长大的,没有上过学的,大人去哪孩子跟哪,没有固定地界儿。六三年闹洪水,我们开了张介绍信,取完全国粮票就去衡水了,在那一待一冬天。上学?怎么上!所以我们起祖辈儿就没文化,等到我们自己有孩子了,不上船了才让他们上学。

就指着每天打那点鱼卖钱,像我爸、我妈会过的,到冬天能勉强将就过去,像个别三天打鱼两天晒网的,冬天还得借粮吃饭。记得我才十几岁的时候,就跟大哥一班,在"垛子"那下线,拉着纤一直得走到韩家墅,然后换纤,我爸爸一个人再拉到杨柳青,六点走船,八点过杨柳青闸。过去,河都是活流的,往上游走都得拉纤,哪像现在有机器了,一开就走。要是起这儿拉到衡水得七八天,全凭

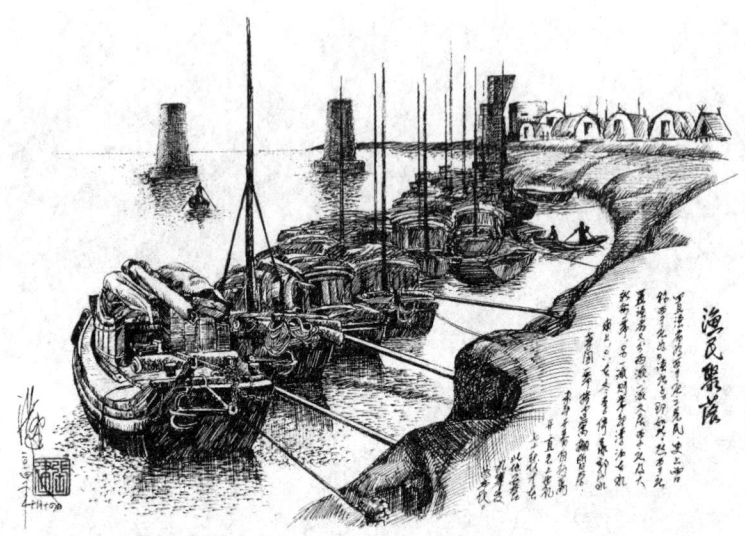

《渔民村落历史原貌示意图》,绘于2014年10月14日。此图根据胡德芝夫妇和倪凤起等原渔业队渔民描述绘成,为20世纪五六十年代情景

这两条腿,夏天就光着脚,没穿过一件好衣裳。

对,最远去衡水,为嘛?还不为了多挣点钱。怎么回事呢?到了冬天,只有衡水那块儿水大流急不封冻,我们就合伙集中那么十几条船一块走,船少了不行,比方说河面十米宽,能排四条船就排四条,能排五条就排五条,用六七尺长的拉杆网,年轻的就顺着流拉地网,一天拉二三十里地,就这么走走停停,等到了子牙河,也快开春了。

渔民的孩子,七八岁就干活了,等十几岁就当壮劳力了,拉纤不说,等打鱼时都得跟着倒网呢!那前儿鱼不值钱,像现在,嘎鱼、鲶鱼都成好东西了!过去,有个头疼脑热的就在船上忍着,实在不行才靠岸,到村里找个大夫给瞧瞧,像女人要生孩子了,把接生婆叫到船上救急,那前儿也没剖腹产,人也都皮实,我妈生了七个孩子,最后活到九十三。记得我妈生我老兄弟时,都四十多岁了,坐月子吃嘛?就弄点白面做点杂杂

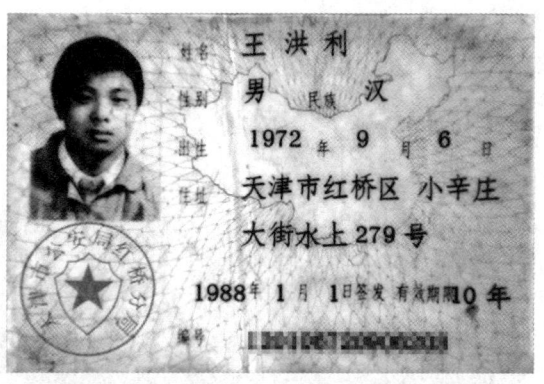

住址为船号的第一代身份证

儿,搁现在行嘛!我们这些渔民跟塘沽渔民不一样,人家有家,打鱼回来能享受老婆孩子热炕头,我们就死磕这条船。国家有嘛大事,岸上有嘛消息,一概不知道。我们就信"全神"①,每条船上都有香案,都带着家谱和各路神仙,遇年节或嘛事,就拜一拜,我们家现在还有老画像呢,是我婆婆传下来的。一年供两次,一次是腊月二十三,转天就得收起来;再一次是大年三十,等到初一下午两三点钟收起来,摆供、烧纸,原来船上那一套,又都挪到了岸上。

结婚?我倒是见过,简单极了,男方、女方两条船,屁股对屁股,新郎把新娘拽到自己这条船上来,就算成了!船都是晃悠的,也有不了太复杂的仪式,中午顶多摆两桌。

再说一个,你肯定不知道,我们这片儿的渔民分三大户:王家、胡家、齐家,得占百分之九十以上,我们都有自家祖坟。好么,一到清明热闹极了,得租大轿子扫墓,在哪呢,子牙的刘庄,属于静海,

---

① "全神"即天地全神:包括天神、地神、人神、鬼神,儒、释、道三教等民间诸神,大凡民间信奉祀者应有尽有,结成一个群体,各得其位,共享人间香火。因为大小开张不同,神位多少不等,又有"大全神""小全神"之称。

西于庄渔民居住地沿子牙河全景

离这一百里地,那是当年老辈儿们花钱买的地,到现在早出五服了,光王家就有六十多户。过去,有突发疾病死了,前不着村后不着店,怎么办?就这么在船上停着。有一回在衡水,有个老人死了,在当地买口棺材,入完殓以后只能放在船板上跟着往回走,整走了一冬。

咱接着说这段,归了渔业队以后,打上来的鱼就不能私自卖了,必须如数交给"水产"(集体)。那阵儿上游没嘛水了,都在海河打鱼,河里有专门接鱼的船,他们每天来回转,最后把敛来的鱼都集中到金刚桥边上的鱼市过磅。听老辈儿说,挑出好的、活的,嘴里塞上沾酒的棉花球,然后用蒲包裹上送北京。没有产量限制,鱼是

活物儿，谁主的了？规定每四条船为一组，互相监督着，后来还置了小火轮跟着收鱼。

我们这儿以炮楼为界，炮楼以东叫城防里，以西叫城防外，现在我们家算城防外，以前没有在城防外搭窝棚的，都是大开洼。五八年以前，这片一直叫邵园子，大红桥那叫西河北沿儿，原来造纸厂没这么大，后来占了菜地又扩建。河沿不是现在这样，全是慢坡，你想冬天家家都得在岸上捻船、织网嘛的！船也分好赖，一般的一二百，好点的五六百，家里趁钱的找木匠排一条，没嘛钱的就得买"二手"，就跟现在买房似的，"独单"住不下了，换个"偏单"，人口太多了或者单立门户了，就买条船走人！

怎么说呢,一年到头不可能老打鱼,再说哪有那么多鱼。我们对河儿(指对岸)是水上派所,再往下走是瓜行,这面又有航业局的大槽子船,我们这些小船就临时给倒倒货,运点小堆儿的。顶到夏天,打上来的鱼要是卖不了不就臭了嘛,我们都去给瓜行运瓜,出去百十里地,瓜农们把瓜果梨桃码在岸边等着,然后一挑挑往船上运,那前儿的瓜又大又甜,三白啦、黑轮啦……等装完了顺着水流回到瓜行。提起西瓜想起我父亲,那年得了尿毒症,就想吃西瓜,没处弄去,归其烦人在冷库弄个冷冻西瓜,现在还有这事吗!

我们这行可苦了,为了生计嘛都得干。记得有一回,邵园子对河儿有个病危的老头,人家提出来,给三百块钱送到老家石榴弯,这一趟还得带着棺材和家属,家人说了,假如半道咽气了,就帮着给装进棺材。我爸跟我们一说,我和我哥都不愿意,可是眼睁着给钱多啊!没办法,去吧。好么,我们哥俩黑白儿不停地在岸上拉纤,歇人不歇船,整走了一天一宿,你猜怎么,老头没死!

李忠义

采访对象:李忠义(1936年生)
采访时间:2014年3月20日(星期四)
采访地点:西于庄大街24号

我口音不是天津的，老家在河北衡水枣强县，是"平原枪声"的地方。我跟老伴不是一个村的，但离得不远，他也是经人介绍来的天津，在西关街那块儿给人家织布，以后公私合营成了正式工人，最后在色织二厂退的休。我在习艺所①后身的"色十二"干过，记得那会儿每六小时为一班，有时就赶上半夜上下班，在那干的时间不长。因为孩子刚两三岁，开始我母亲从北京过来给照看一段，毕竟不太方便，所以还是我回家比较好，那时我老伴一个月挣三十多块钱，我二十一块钱，我一回家，等于就剩老伴一个人挣钱，日子紧紧巴巴的，一个月存上两块都难！等孩子大了点儿，我又出去了，在街办工厂上班。在哪？知道旱桥嘛，过了旱桥往左一拐就是，专做打火机。其中有段时间在西于庄大街口儿炸果子、卖大饼，其实我根本不适合干那活儿，气管炎，油烟子一呛能好受吗？有一年吐血差点没死了，吓得孩子直哭，那时组织安排咱就得遵守。加一块干了有二十多年，每月就给二十七八块钱，可最后什么也不算，一分退休费没有，现在总算能吃低保啦！我这人没嘛能耐，但比较要强，九几年的时候，孩子们的单位就有不行的了，我一看，出去卖点东西吧。

---

①1902年时任直隶总督、北洋大臣袁世凯，为整饬津埠社会治安，配合清政府推行"新政"，开始了一系列改良试验，创办习艺所来替代府县旧监狱就是其中一项。1903年5月12日天津习艺所动工兴建，次年6月竣工，主要收押天津、河间等四个府的罪犯。1913年，时任中华民国临时大总统的袁世凯，下令全国的习艺所一律改为监狱，同年8月，小西关习艺所改称天津监狱。1917年和1928年先后两次更名。1949年天津解放后，军管会接管了该监狱，现原址已改建为人民医院。

桥口有个早市，我每天天不亮就得到那去占地界儿，乒点面筋、香干、豆腐丝卖，可是别人的地界儿都是固定的，你来得再早也没用，一会儿挪这儿，一会儿挪那儿，没个准地界儿，最后有个好心人对我说："我再干几天就走了，你就在我这儿，谁哄你也别动。"就说挣点钱有多难吧！

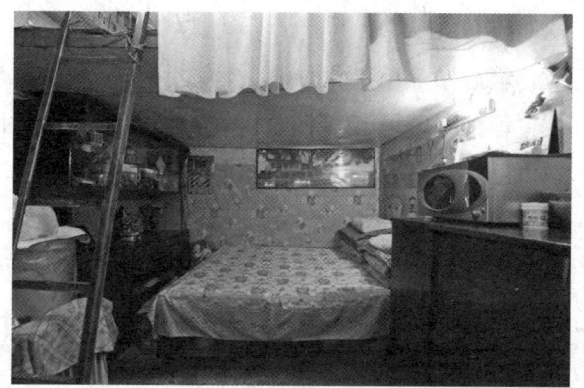
旧宅内部

旧宅外观

说起卖大饼，就想起七六年的大地震，我整看了个满眼儿。怎么说呢？我们每天凌晨三点就起来做准备。点炉子啊，架锅啊，和面啊，顶到五点来钟就该有人买早点了。七月二十八号，也是那个点儿，我们姐仨，一个烙大饼，我和另外一个炸果子，炉子点着了，油锅也坐上了，正要开始干活了，突然间，那个地呀，咕噜咕噜直响，哎呀，是不是要地震啊！我站的位置正看见东北方向滚出大火球，闪着刺眼的白光，紧接着就摇晃起来，它是左右上下一块颠，根本就站不住啊,我的围裙带都让她俩给拽断了,刚晃荡小一点,我们姐仨就赶紧端下油锅,拿湿煤灰封上炉子,脑瓜子首先想的是别着火!等都完事了,我们可就吓坏了,周围好些家的房檐都塌了。快,咱也回家看看吧!我离家最近,跑到门口挨着个喊孩子们的名字,我想推门进去,说嘛也进不去了,急得我呀!后来才知道,这一晃荡,屋里放着的自行车、桶子全倒了,把门顶的严严实实的,万幸的是,家里人都没事,就是房山往外闪了,前檐震下来了。平时,老头儿带俩小子在阁楼上睡,俩闺女跟我在下面睡,屋里满满当当的,哪来得及往外跑。听见屋里大人、孩子有答音儿,我也就放心了,然后又回早点铺干活去了。那时候的人就这么痴,我们仨该烙大饼的烙大饼,该炸果子的炸果子,天一亮,就排起了长队。接下来分好几个班,昼夜不停地烙大饼,几天以后才听说,市里倒了不少房子,死了不少人。

我们刚来天津住在华北剧院后身,也是一间小房,漆黑漆黑的,后来跟一个老头儿换的,就里边那间。从那儿就没离开过西于庄,后来老伴单位分给他一间房,在一号路丁字沽新村,当时正赶我们邻居要搬走,孩子他爸通过房管站,交了那间,要了这间,其实那间比这间大一倍,主要图方便。

"文革"那段?这个你也知道!咳,不愿提这些!

我有个老乡在大新街住,他媳妇也是我们村的,两家关系特别好,那天我到他家串门,老乡打外面回来告诉我说,你们家门口贴满了大字报。我回来一看,把门都给糊上了,说我爱打架,骂我"母老虎",你说都在一块住着,整天指桑骂槐,逼急了能不还嘴吗!他们给我剃了头,挂上大牌子游街,还在炸果子那地界儿,批斗了我一次。弄得我在这一片抬不起头,背后都喊我"母老虎",我整夜整

1976年7月28日凌晨李忠义见到地光闪过的位置

夜睡不着,只得偷着流泪。始终想不明白,我祖宗三辈没做过嘛缺德事啊!孩子们能不受影响吗?哎,别提啦!"文革"以后,街道给平了反,都过去的事了,咱还能说嘛呢!

我浑身是病,记性也不好,你看我跟你说的这些,自己都不知道说的是嘛,你要不问,什么也想不起来。有时自己胡思乱想,总寻思还能住上新房吗？可是,总理一来,我觉得有盼头了。

那天,街道组织一群人在我们周围做卫生,临近中午了,通知住户说下午有大领导来,虽然不知道是谁,可心里也是挺干嘛的,你想这破地方谁还愿意来？赶下午,我小闺女跑进屋来说:"总理来了,总理来了！"我根本不相信,正寻思着,好些人就进屋了。当时我就坐在这个位置,总理一见我就问:"您认识我吗？"我说认识。"您在哪里见过我？""我在电视见过你！"所有人都笑了。我激动的啊,心砰砰地快跳出嗓子眼,说着话他就去了里屋,黑灯瞎火的,根本装不下几个人,总理仰脸看看阁楼,然后挨着我坐在床上,总理说了好多话,紧张得我都记不起来了。现在提这事,脑子还发懵呢！那天夜里到凌晨三点了,还没睡着呢！真没想到,我都七十八了,还能看见总理。后来回忆半天,想起他说过这么一句:政府一定让你住上有暖气、有厨房、有厕所的新房！

你看,这是后来记者送给我的照片,总理坐的就是那张床……

崔桂琴

采访对象：崔桂琴（1936 年生）
采访时间：2014 年 3 月 29 日（星期六）
采访地点：西于庄小辛庄大街齐兴村 19 号

最早我们这儿不叫齐兴村,它是以城防大堤划分的,我们这片儿都叫城防外。

我老家是河北省文安县,十八岁在老家结的婚,转年来到天津。为嘛上天津来呢?过去我们两口子在老家给人家使船,就是那种槽子船,现在说叫搞运输,末了儿航道局到我们村儿要船,一共要了四条,其中就有我们这条,连人带船就一块过来了,还给我们上了户口,起初在子牙河码头搞装卸,那时大量的货物都走水路,河道里忙极了。六三年,天津发大水①,子牙河决堤,西于庄大队的农田全淹了,所以农业社就找航道局把我们和船要到这边来,为农业社运菜、运粮嘛的,在船上又待了一年多,然后才上岸开始种地。那年的水可太大了,你看日本留下的水泥垛子嘛,都平了!水汪汪的,抗洪的人都在大堤这盯着,救人的身上拴着气球,我守着孩子们眼都不敢眨。

刚到天津没有住处,一开始在孙家菜园买了间房,跟公公、婆婆住了一年多,赶后来归了农业社以后,他们给找的这块地界儿,自己一点点盖的房。

---

①1963 年 8 月初,天津的西部和南部都下了特大暴雨,且连降数日,平均雨量 500~800 毫米,个别区域 达 1000 毫米以上。海河上游洪水暴发,大清河、子牙河、南运河各河流域一次总雨量达 580 亿立方米,形成径流总量 302 亿立方米,形成 50 年一遇的洪水灾害。天津市百万群众奋起抗洪,在最危急时刻,炸开了南大港海挡,让洪水通过静海东部和大港地区漫流入海,保卫了天津市的安全和津浦线路的畅通。

旧宅内部

西于庄大队一共七个小队,我老伴在四队,我在五队,大儿子在二队,小儿子在七队。一个队百十号人,加上后勤、小工厂嘛的,得有一千多人。当时社员们住的比较分散,离这边最近的有两片儿,大同门算一片儿,铸锅厂算一片儿,我们这儿就七八户,八三年引滦入津①时,有四户碍事就给搬走了,整拆到我们家跟前。门口就是引滦的管道,我记得出来进去得走跳板,迁走的这些人家,"周转"完又都回来了,你像"水产楼""草原楼",都是当年的拆迁户。现在农业户还就我们三家,再早我们连房本都没有,据说房管站就有那么一张草图,后来大队出面分别办了房产证,这才踏实。过去,西于庄大队的地可多了,西头一直到刘家房子,北头到二号路,南头顶到子牙河,东到城防大堤。红桥区委、区政府、三防院、平津战役

---

① 引滦入津工程于1982年5月11日动工,1983年9月11日建成。整个工程由取水、输水、蓄水、净水、配水等组成。由大黑汀水库开始,通过输水干渠经迁西、遵化进入天津市蓟县于桥水库,再经宝坻区至宜兴埠泵站,全长234公里。

旧宅院门

纪念馆,全是西于庄的地,八二年以前,"水产楼""草原楼"那块,还种着西红柿、黄瓜呢!

我嘛都种过,大田,像稻子、麦子、高粱、棒子,看不到头!过去的稻米好吃极了,蒸出来都冒油儿,喷儿香,嘛也不就都行。那会儿我能干,一般女的也就拿个四、五分,我能拿到八分,是最高的了,男的顶头儿才拿到十分。工分都是队长和骨干给评,一个看你的活能不能达到标准;一个看你承担的工作量有多大,不服?不服就比试比试!八分一个月合三十二块钱,我们老两口加起来才关七十多块钱,养五个孩子,还有三个上学的。业了一辈子啊!你看我这腰,都成罗锅了,现在每天在家透析,还算不错,大队照顾,看病能报百分之五十五。我?我现在还是农业户口,孩子们都变过来了。别提了,那阵儿城市户口叫"红页儿",农村户口叫"黑页儿",户口皮儿不是黑的,芯里边有个"农"字!

崔桂琴口述中提到的"铁架子"

干农活也跟上班赛的,早晨按点出工,各小队都有马车,互相喊着一块堆儿走,赶到了十点来钟歇一刻钟、二十来分钟,喝水、解手、抽烟,要是在近处干活的中午就回家吃饭,要是太远了就带着干粮,有专门送水的。

见过城防大堤吗?就在我们家跟前,像土山似的,高有十来米,宽有二十多米,一头起河边大水泥垛子,原先那有俩炮楼,现在就剩老倪家那个,另一个滑溜到水里去了,大堤的另一头伸向大同门,里怀有条污水沟,上面架着一座木桥,能过一辆大马车的宽窄,大堤呢,给豁了开一块,直接就跟小辛庄大街连上了。

哦,那铁架子可有年头了,好像是我们来时转年立的,原先底下是个大水坑,铁架子就立在坑里的水泥台子上,是高压线,怎么也得六十年喽!那会儿红卫桥这儿还是个脏土台儿呢,从我们家一眼就看见纸厂和咸鱼厂了。说起咸鱼厂,我还在里头给他们做过被呢,老头儿捣过虾酱。那时冬天没活了,你不得弄点"外找儿"嘛,过去穷啊!

原先我们这周围全是菜园子,嘛都种,黄瓜、火柿子、辣子、豆角、茄子……我们跟前就是"一水泵",到红卫桥那是"二水泵",再往前走是"三水泵",都是大队装的,一共三间小屋,接上胶皮管子,那会儿浇地就用子牙河的水。哎——吃菜从来不花钱,想吃嘛,绕过后墙随便摘去,都是新鲜的。那时水是活流的,河里能走船,我一回老家就起这儿坐小火轮,那头坐到苏桥正好有一站,一百二十里,有半天就到了。

我老头儿也是在农业社退的,〇二年走的,七十三岁。他哥仨,老二在航运局,老的没过来,我跟老伴不是一个村的,他在缐庄,我在苏桥,隔十几里,都守着子牙河。

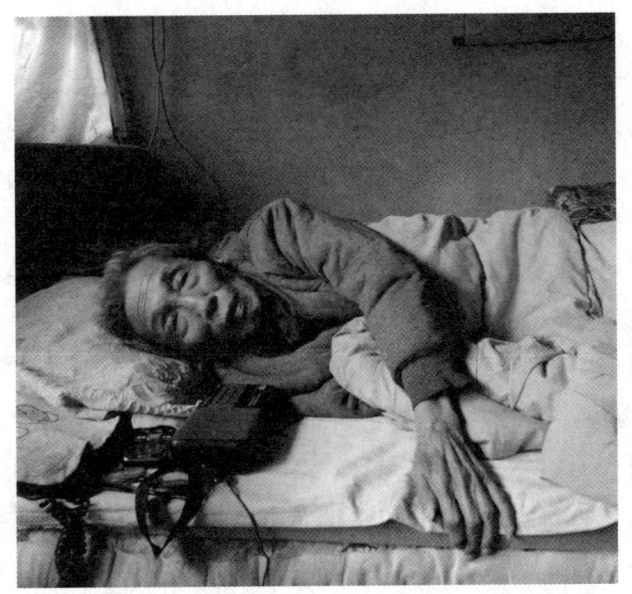

韩静轩

采访对象:韩静轩(1923 年生)
采访时间:2014 年 4 月 10 日(星期四)
采访地点:西沽庞家胡同 2 号

我四六年去的西于庄小学,当时还推荐了我的一个同学,他叫盛子良,这个人英语底子特别好,之前在法国中街的一家照相馆上班,他能跟外国人打交道,他家就在西于庄大新街一进口的盛家大院住。我们俩特别好,五二年他调到关上肉架子胡同的大寺小学,我去了河北大街上的工农师范学校,在那教历史,同时还在教师进修学院进修。

西于庄小学原先是土地庙,就在学堂胡同与西于庄大街把角上,是座小庙,改成学堂才六间房,为嘛要在那办学呢?那年正赶上蒋介石过六十大寿,要求全国开展"献校祝寿"活动①,一边是召集社会各界捐款,一边是把庙宇改做学堂,体现他对教育的重视。

为嘛我记得这么真呢?就在那年的暑假我跟老伴办的喜事。还说说这段吗?那就得打我五姐说起,先前她找了个主儿,可那主儿不好好混就散了,等于自己改嫁到北郊刘安庄,这户人家姓朱,叫朱茂盛,家境不错,还会点武功,就是年龄比我五姐大二十来岁,他几个儿子对我五姐都特好。当时我老伴家跟朱家共用一个场打粮食,五姐就问她老娘:"二闺女有朋友了嘛?""干嘛!?""我给说一个吧,这家人不错,也算大户,可是人口并不多……"就这么着,双方

---

① 1946年10月31日是蒋介石60岁生日。作为对蒋介石祝寿的贺礼,上海市参议会第一届大会上,孙东城等几位教育界人士提议的"献校祝寿办法"五条获得通过,此后,"献校祝寿"活动由上海扩展到全国,天津也纷纷响应,将部分庙宇改为学堂。

庞家胡同2号韩家旧宅

交换了相片,我长得精神,她长得漂亮,所以就成了。婚礼仪式在堂屋办的,地上铺着红毯,我穿着燕尾服、戴着白手套,老伴披着婚纱,照相馆来人给拍的大合影。那两个拉纱的小孩,其中一个是我的学生,叫王慧琴,以后这孩子考上女三中,毕业分在了侯家后小学。我父亲这人很有脑子,他说过,我有俩儿,大儿结婚西式;二儿结婚中式,结果我兄弟媳妇还真是拿花轿娶来的。

回头再说那学校,最早有七八十个学生,五六年级在小庙里,三四年级在门口,其中截出一间办公室,里边两间是一二年级,我教一二年级兼体育、音乐教员,加校长一共七个老师,校长不讲课,第一任校长叫张茂。在老师里,除了有我一个同学外,我表哥郑恩棠也在其中。我再给你说个插曲儿,郝运夫在北京成立个"师资训练所"召集一批人,赶回来他调到天津当教育局局长,就把这帮人带来了,实际上都是逃亡的"地富反坏右",分配到各个学校。西于庄小学之前还有个益世小学,是教会学校,校长是神父,叫张博雅,他请我吃过一顿饭,拿的是洋酒,我也不懂,举着大茶杯就抡起来了,喝完没多会儿就溜桌了,以后改成西于庄二分校。

我的姑父康辅德在西于庄办过一所学校,叫河北中学,就在大红桥下坡靠右首上,后来改为民德中学,借了他名字里的一个"德"字。这人非常正统,解放前夕他曾经当过一区区长兼万全道小学校长。

在西于庄小学教课期间,我有个学生叫王学明,住在驴市附近,家里特别穷,可学习非常用功,我就想帮他,怎么办呢?每天中午就让他帮我回家把饭拿来,我呢,在这喝点酒、吃点果仁也就不怎么饿了,比方说拿来四个花卷,我吃一个,那三个都归他,差不多天天如此。后来他考上了市立师范学校,我挺高兴,就跟盛子良说,要不咱俩给他添个褥子?行,你拿一半,我拿一半,归其花五块钱给他买了一床。毕业以后,他分在了丁字沽三号路小学,教了一辈子课,这孩子特别有心,当年那点好他总也不忘,每年的教师节、春节都来看我,别忘了他也快八十了!北朱家胡同的冯友珍,在塘沽中学当体育老师,还有个在西沽大街住的叫唐志和,六三年考上了医科大学,毕业后分在承德。有一天他叫我:"韩老师,韩老师!"我说你是谁呀?"你不认得我了?我叫唐——志——和!"那阵儿他岁数也不小了,我哪认得出来,原来他打外地调到红十字会医院,在那退的休。他们都是我在西于庄小学教过的学生。这当中,还有个插曲儿,解放前后,报纸上登着"三十五万大军渡江",我们学校有一个教语文的,把"渡"字改成了"垫"字,归其有人给汇报了,文教科科长就把他开除了。

我在西于庄小学干到五二年,说我不适合教小学,让我改成人教育，其他老师也走了好几个，我表哥去了工农夜校，当教导主任。

张二、张三在西于庄一带算是有点"号"，哥俩都开大车店，张二坏在哪了呢？他把人家娘

位于西于庄大街与学堂西胡同交口的土地庙遗址

们儿霸占了，还把人家赶跑了，末了儿小伙子回杨柳青当了八路，你想这仇能不报嘛！赶后来把张二骗到高粱地里把脑袋给切下来了。张二出殡时管三天饭，白吃，我吃了三天。九区区长步衡谊也吃了三天，他是民德中学毕业的，都是有头有脸的，我不是学校老师嘛！扒肉条啊、肘子啊、鱼啊，那阵儿就算是好东西了。张二的闺女有出息，一个唱京韵大鼓，叫张亚丽；一个唱梅花大鼓，叫张亚琴，她俩我都认识。

协康里

王景召

采访对象：王景召（1957 年生）

采访时间：2014 年 5 月 19 日（星期一）

采访地点：屠前大街 52 号增 2 号

西于庄人为嘛爱吃兔头儿、兔架子呢？跟屠宰场有直接关系，据说屠宰场可有历史了，小日本儿在的时候就有，它除了宰猪，也宰鸡宰鸭宰兔，还宰过骡马，全天津市就这么一处！解放以后，天津出口兔肉，甩下来的兔头儿、兔架子全集中到西于庄副食店，你说到别处买去，没有！这叫嘛呢，近水楼台先得月，我们天天守着这玩意，能躲得开嘛！另外，家家都不富裕，想吃点荤腥没条件，兔头儿、兔架子呢，非常便宜，怎么也能解解馋。我五六岁时，天不亮就得到大新街与桥口街交叉的副食店排队，实在太冷了，几个人敛点柴禾、破筐嘛的点着了烤火，然后等着发"号儿"，拿不到"号儿"谁也不敢动劲儿，就在外冻好几个小时，一直顶到早晨八点开门。买多买少没有限制，最多也就买五毛钱的，兔架子三分钱一斤；兔头儿五分钱一斤，你想五毛钱能买一大盆，买兔头儿的都拿面口袋子！不约，就拿大铁锨锄，五毛钱两锨，肯定比约的分量足，欻欻的，快极了，不到十点就卖光了。后来兔子在"食品三"宰，兔头儿、兔架子照样弄到这来，一年四季不断。不光西于庄的，西沽、丁字沽、北竹林、同义庄，河那边的堤头、小王庄都上这儿买来，也就说这一大片居民，从祖辈就吃，就认，别的区根本卖不动。

大伙都吃兔头儿还有个原因，上学的每月定量二十九斤半，家里有几个大小伙子，粮食不够吃的，如果一个月买两回兔头儿，就稍微好过点。所以，西于庄人不但吃兔头儿成了传统，而且做兔头儿最地道。这不是吹的，别管多好的大厨，要不是这儿的人，你让他

20世纪70年代初王景召在胡同里抱着一只大公鸡

做,做出来连狗都不愿吃。兔头儿、兔架子,大致有两种吃法,一是我卖这种,酱兔架子;还一种是熏。熏和酱的煮法不一样,要是酱,必须得搁面酱、得挂色儿。要是熏,那些调料都不能搁,煮熟以后拿糖熏。为嘛西于庄人做兔头儿好吃呢?你想家家炖,谁们家的味儿好,都相互交流,有时就用人家的老汤,一来二去,总结出一套方法,现在也有发展,就拿我说吧,除了传统配方外,料包里还加了中草药。过去兔头儿都带皮、带耳朵,买回家拿开水腿毛,胡子和眼睫毛拿剪子剪,如果在意的家庭,再把耳根子和嘴角子都豁了开,得剔净了。嗬!嘴巴子上那两块肉香极了,可是我爷爷、我爸爸他们都不愿意啃,我妈妈就把兔头儿劈开,舌头、耳朵都切了,拍点蒜、倒点儿醋、滴几滴香油一拌,好啊,这么一大碗全去!

旧宅院门

你提口音这事,我琢磨跟喝水有关,西沽喝北河的水,我们喝子牙的水,包括丁字沽、北竹林,说话的口音都不太一样,外人听不出来,我们一听就知道,究竟哪不一样,好像还不是一两个发音就能说的清。

你别看大红桥这么窄,过去通五路、十路公共汽车,上下班都走这边,正因为人太多,七几年的时候,在大红桥左右两侧,各修了一座战备桥,专走行人和自行车,等到新红桥建成以后,这边的辅桥就拆了,没用几年。现在那四个桥墩还在呢!下了桥那段原先一直挺热闹,最有代表性的要算小百货公司,西于庄人管市里的百货大楼叫大百货公司,我们这个叫小百货公司,就说它多重要吧!两层楼,楼下卖日用品,针头线脑、铅笔橡皮、书本日历、暖壶茶杯、牙粉头油……楼上卖毛料棉布、服装鞋帽,跟前还有小人儿书铺。

西于庄这片儿一共四所小学,西于庄、欢庆里、大同门、增产道。西于庄小学最老,六几年的时候,西于庄小学的同学给雷锋写了一封信,据说雷锋还真给回了,打那以后就被命名为"雷锋小学"①。小时候我们这块除了市里都喜欢玩的之外,摔跤、拳击、砸铁饼子应该比较独特,摔跤有跤场,都穿褡拉。拳击开始绑线手套,后来有了正规套子。砸铁饼子是怎么回事呢?机器冲下来的下脚料,那种圆形的厚钢板,孩子们拾来互相砸,谁离中心点近,谁就算赢,输的给赢的"毛号儿"。我们门口因为砸铁饼,俩人打起来了,其中一个拿铁饼照对方脸就砸,结果鼻梁骨折了。再有就是武术,"文革"一开始,学校都乱了,孩子们全在家疯跑,我爸担心时间长了会出事,就请了个师父在院儿里教大伙武术。师傅姓史,他的顶门大弟子姓田,也在西于庄住,后来我大哥就成了他的关门老弟子,练了一年多,史师傅突然去世,大哥就想跟田大哥学,田大哥说,咱俩是师兄关系,我教你不合适,结果找到了刘师傅,巧的是刘师傅在天津还没收过徒弟,我大哥就成了刘师傅的顶门大弟子,所以在他的带动下,好多人都跟着练,也算是形成了一股风气,每天我们这院儿热闹极了,当时西沽公园不下三十几家武术班子。

西于庄小学有四棵桑树,其中一棵吊着一口大铁钟,上下课就敲钟,我上学时还是平房呢。前后院,前院把角还有几间破房子,我们年级六个班,一个班六十多人,课间拉出来跑步,要么在大街上,要么去河堤、去地里(麦田)。说西于庄乱,其实乱在润厚里一带,听说老一辈有玩死签的,在油锅里捞秤砣。我小时候总听他们在一块

---

①1961年4月24日,西于庄小学六年级二班的曹进财等九名同学被雷锋的先进事迹打动,发自内心地给雷锋寄去一封信。同年6月4日,雷锋为他们亲笔回信还附带一张照片。此后的几十年,西于庄小学师生们始终与抚顺雷锋班建立联系,学习雷锋的活动一代一代地传承下来,为此被命名为"雷锋小学"。

聊天,谁跟谁打,最后怎么了的事。老婆子们净聊些窑子里的事,原先脚行那帮光棍儿,解放以后好多都跟妓女一块过了。老一伐儿的差不多都没有了,他们这帮人挺有意思的,你别看有的咋咋呼呼,等哪个老头儿一来,连数落再骂,就不敢言语了,后来才知道,过去都在一个脚行里,始终拿着他,等上岁数了还照样拿着。

怎么说呢,外边人害怕西于庄,我理解,一个是这块儿干屠宰的多、干脚行的多,另一个呢,这块儿心比较齐,讲义气。如果有外人在西于庄遭欠了,你想跑?门儿也没有,别看胡同口坐着个半身不遂的,他一拐棍就把你勾趴下,不挨一顿揍算怪呢!过去,孩子们也没嘛玩的,可不就胡打乱闹呗!你说我们跟北竹林有嘛过节?嘛也没有,一到冬天冻上冰,就隔着子牙河"开战",有时能喝腾几百

三号路中学二年五班全体同学合影,第四排右四为王景召,前排正中为韩老师

人,互相砍石头、扔玻璃瓶子,拿弹弓子射,放"两响"轰。那时我刚上中学,老惹祸,可是我们老师特别好。有一回,我用军褂裹着把斧子准备打架,不知谁告诉老师了,她从书箱一下掏出来就拿走了。按一般说就得交给教务处或者告派(出)所,可她把东西带家去了,托人传信,晚上让他们家长来一趟,结果我妈和我哥到老师家里把斧子和军褂取回来,一再嘱咐回去别打他,你说能不挨打吗?但挨打是挨打,我不恨她。初三我们分班,六十多人得有一半进过派(出)所,就说多乱吧!那阵儿不时兴批斗大会嘛,台上有十个,我们班就得占四个,有我,都挂上牌子,五花大绑,民兵握着枪,押上大卡车在西于庄转着圈游街,那阵儿不觉得难看。上课?谁也甭想讲,书箱里就放着砖头子,瞅眼不见就飞出去了,可是只要我们韩老师一来,没有一个敢说话的,就连咳嗽的都没有,为嘛呢?韩老师从来不歧视我们,而且还老护着我们。韩老师在丁字沽七段住,四周都是楼房,就他们那十几排平房,我们班同学隔几天去把水缸弄满了,要不就劈劈柴,要不就帮着买煤。她丈夫住院时,都是我们守着,直到去世。她婆婆陪公公打武汉来天津看病,公公还没好,婆婆先死了,没多日子公公也没了,料理后事都是她的学生。到现在我们都还有联系,经常用微信说话。

打架也得分会打不会打,会打的轻松自然,指哪打哪。十五六年前我打过一个比我又高又大又魁梧的二流子,这王八蛋一天到晚不是骂这个,就是骂那个,七个不含糊八个不在乎,谁也不敢惹他,我这火就一直憋着。那天我出车回来,他又来劲,我把车一别,下来就七咵咔嚓给他一通拍,他根本想不到我敢打他,这时队里的人都过来拉架,我不挣歪,一边缓劲儿去了,那家伙拼命挣歪,还一个劲儿喊:"你们拉我干嘛,我吃亏啦——"你不没完嘛,我过去朝着那群人一边敬礼,一边摆手:"哥儿几个闪闪,给个面,给个面……"这一闪,我又是一通打,人们上来又给拉住了,大伙让我走,我一看走吧,刚走了四五十米,后边就喊:"老王——他拿家伙追你啦,赶紧跑——"我心想,跑嘛,这次我再打你让你起不来。我假装小步往前跑,突然一扭头拿脑袋直接撞他下巴颏儿,"咣——"一下懵了,我俩手一抓他头发,玻璃盖"咚咚"几下就弄趴下了。等大伙跑过来,我打完了,一边抽烟去了。他晃晃悠悠起来还没完,我一扬手:"傻弟,刚才怨哥哥犯狗脾气……"他扑过来就打,我劲儿都不动。没几天,三个小不点找我去了,说我们大哥住院了,你拿点钱。我为嘛拿钱,越说越呛,啪,他们把剔羊刀拿出来了,我说,兄弟,把家伙收起来吧!不动劲儿是吧?好啊,哥哥身上都是刀功,你看哪合适上哪入,哥哥要是哎呦一声,这么多年就算白玩儿!正说着,外边开来摩托车,音儿都变了,刚一进院儿,"当——"朝天就是一火枪,紧接着摩托车就往这几个人身上撞,下来就是一通揣,"你知他是谁嘛?论玩他是我老哥哥!"吓得这几个直赔礼道歉。

  我第一次打架,是在三号路中学上初一,心里也哆嗦。那天因为逃课,学校门口有卖小鸡的,我们就蹲那看,一会红星中学的几个人过来就打我们,手里还拿着斧子,鼻子打留血了,衣服也给砍破了,我们仨就跑回来了。生气啊!说起来真是冤家路窄,转天我们两个正碰见其中一个走单儿,那还等嘛,操起整砖就拍,说打,哆嗦!可真打起来了,也不害怕了。定时间、定地点,还没打就发怵,可打着打着就习惯了。最后打服了,说和!起此以后,有点人前显贵的感觉,一帮人再捧捧,就找不着北了,谁一挨欺负就出门拔闯,对方一服,那个舒服啊!

  从小就皮,两次进"姥姥家"(劳教所),第一次是跟新村打群

位于纸厂大街的原西于庄小学

架。在哪呢？三防院对面的庄稼地，正打着，天津警备区一辆吉普打这路过，车上不知是哪位首长，让警卫员下车看看，他这一看不要紧，动了枪了，一下把红桥公安的便衣给打伤了，性质变了，定的是一九七五年"第十三号案件"，一边进去十多个，在团泊洼关了两年。第二回呢，纯粹瞎鬼，我出来以后在第三阀门厂劳动，一个月给二十四块钱。那天上中班，有个小兄弟告状，说关上的谁谁谁让人打了，叫你去一趟。我连工作服都没脱就去了。一到那，这小子就跟我哭，说拿棍子打了他。在哪住？领我去！哦，就这儿是吗？行，你走吧，别管啦！我一看准是屋里那厮，顺手把大砖头子就砍过去了，这厮撒腿就跑，我见院儿里正有个炉子，端起来就给扔屋里去了，正要出门，咣——大哑铃飞过来了，一下砸在墙上。说着，他们就要追上来了，有个小子递我把三角刮刀，我往后一躲，这傻逼直接就撞刮刀上了，幸亏没死，这么着又给我弄了二年。

现在想起来后怕！人家遭你惹你了？值当往死里打嘛！可我有一样好，等出来以后，别管哪的，说不联系都不联系了。

学堂胡同

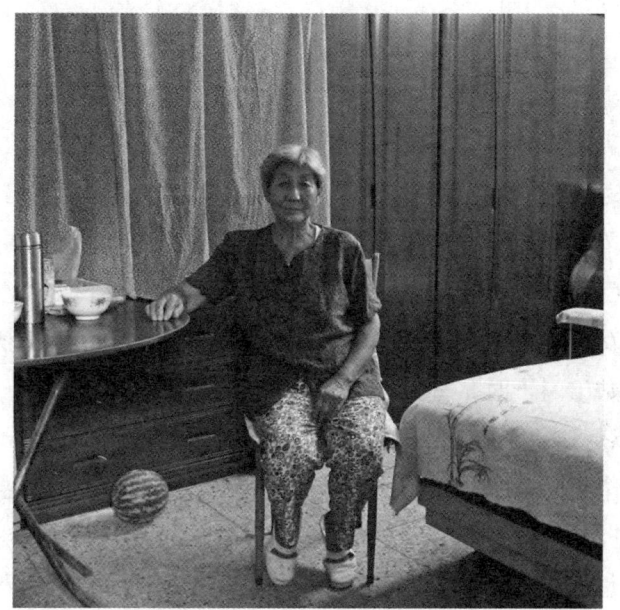

丁文明

采访对象：丁文明（1941 年生）
采访时间：2014 年 8 月 28 日（星期四）
采访地点：庆阳里 3 号

我出生时,鸡打鸣,落草,我大娘就说,叫"明"吧!代表"天亮啦",等我上学时,按家谱我们这辈都是"文"字,所以就叫"文明"。

小时听说,我爷爷带着几个兄弟一起打鱼摸虾,姑奶奶寻了娘娘宫的贾家,是个大夫。我爷爷这人有点头脑,所以后来在三条石弄了间门脸摆鱼盆。他主要给饭馆送鱼,挣点钱供我大爷上学,他有仨闺女、俩小子,我爸行老。后来饭馆倒闭了,鱼盆就不摆了,记得我大姑出门子时,喜桌都是饭馆抵的欠款。也正赶我爷爷闹寒腿,所以就改行了,在北开找了块地界儿,干起了鸡子儿行(经销鸡蛋),像个大仓库似的,守着河边,到时老客儿们给送货,他再往外批,进进出出,都是大胶皮轱辘。我爷爷这人特别讲信誉,本来年岁大了不想再干了,可老主顾舍不得,没办法,就把鸡子儿行挪家里

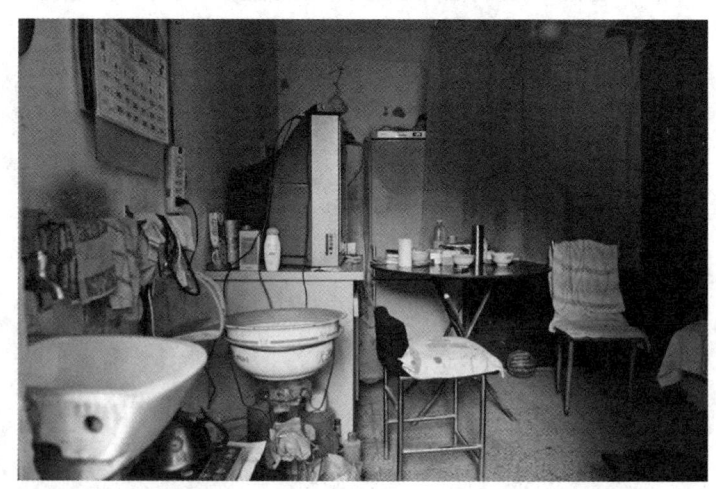

旧宅内部

来了。等爷爷没了以后,我爸接过来,还正式起了照,叫"华胜",因为我二姑始终没出门子,她也干了一家叫"玉兴"。为嘛呢?她上过学,能写会算,不愿在家吃闲饭。你看我爷爷挺能挣崴的是吧?我奶奶也特别要强,每天我爷爷挑挑儿回来了,饭都做熟了,而且尽量不花我爷爷的钱。有嘛招儿呢?我奶奶领着仨闺女在家糊洋火盒、锁洋袜子挣钱。几个姑姑手倍儿巧,领来的活没有返工的。这么攒了点钱,把房子重整置了一下,屋里屋外铺上大方砖,添了好多摆设嘛的。奶奶是西沽老公所的,姓庞,家里有混得好的,也有不好的,反都是普通家庭。

究竟多少辈儿在西于庄,我说不清,反正我爷爷在丁家胡同成的家,庆阳里还没盖好的时候,我们先搬到积善里。对,丁家胡同有我们一个院儿,老哥仨在那住,至于那条胡同是不是丁家盖的,还是因为丁家在那住才起了这么个名字,就不知道了。反正,丁家在西于庄算个大户。听我爸爸说,他四岁的时候,我叔伯大爷丁墨林开始盖这片庆阳里,为嘛盖好了还匀给我们俩院儿呢?当时盖房的钱不够了,就找我爷爷借钱来啦,说盖好了随便挑俩院儿。其实不是嘛好房,民国二十八年闹大水都给泡了,大伙就说,你看看,丁默林盖的破房,全篱笆灯!庆阳里等于是两条胡同,后边是个坑,原来的大清河。一到下午,家里的女的就拿着扁担抬着水筲倒脏水,解放以后才垫上的,然后盖的房子,顶到七几年,在那盖的房子陷下去了,地基软,又来个二茬!我这院儿算是"高级"的,方向朝西北,正房一明两暗,左右各两间。我们家人口少,所以派(出)所一开会就到这院来。

六号还有丁家一个院儿。四九年,我奶奶病危,我姑姑和我爸爸就叫来了我舅爷,门口的欧先生、王大爷、董大爷,一块作证分

旧宅院门

家,这院儿七间房,三间归我二姑,四间归我爸,后院儿(六号)归我老姑,由欧阳静武执笔,几个人都按了手印。因为守着河边,我老姑出门子以后,那院儿主要放东西,现在归他儿子了。

　　干鸡子儿行时,这院儿都堆满了,全是木箱子,一层鸡子儿,一层滑秸,老客儿把货送来以后,先验一下,看看等级,决定价钱,怎么说呢,即便这车货"老了",也不能让人家亏本,这是信誉问题,要不人家一个劲往你这送?过去交通不发达,赶上下雨嘛的,这车货可能好几天才到,加上起农户收的时候都不知攒多少日子了,遇上这种情况,就得"过货",家里预备好几个灯箱,用光照出好坏,像"铁皮"啊、"血头"啊都挑出来。"血头"就是里边都胧了,"铁皮"是"面里儿"了,还有哏儿的了,有的把咯窝蛋弄点纸粘上作假,这就得马上剔出去,要不,下蛆!我们周围净是挑八股绳的,都从这趸货,卖完再结账,不给人挑好的合适吗?够时候税务局还来查账,那个细啊!原来税务局就在大新街六十四号,一个小院,三间屋子,比路面矮三登台阶,穿着灰色工作服。

当年来送鸡蛋的,永清、霸县的多,近点的上河头、韩柳墅,大胶皮轱辘,都从大同门进来。解放天津时,老客儿们买的火柴、买的布都运不走了,东西都放在了我们南房靠大门那间,老客儿们都跑了。最紧张那些日子,人们都下地窨,我二姑说嘛不下,非给人家看这东西,为嘛呢?院子大门都卸下来了,拿出去搭地窨,地面上一个人没有,她怕有趁火打劫的。别提了,我们家这边不是洼嘛,地窨往里渗水,教堂胡同一个远房亲戚,把我们接到他们家的地窨,怎么也是阴啊,我奶奶胃口疼,我这俩姑姑就在家把砖烧热了往地窨里送,给我奶奶暖胃,头顶上就是炮弹飞的声音。

我母亲是武清县聂嘴儿的娘家,这门亲事怎么成的呢?我爸在徐家店玩牌,徐家店二掌柜的(武清人)跟我姥爷是盟兄弟,过去说

丁家胡同祖宅

《大清河残痕》，绘于 2015 年 2 月 5 日。此图根据丁文明、李学成、张克勤及多位原住民的描述绘制而成，为 20 世纪 40 年代情景

媳妇、聘闺女都得打几把牌，品人、品家庭，结果就看上了。我妈妈一个哥哥、仨兄弟，她是独女儿，这么着就给说到这来。办喜事时，我妈妈打武清过来，住在徐家店，再拿花轿抬过来，新房就南房的第二间。

五六年一敲锣打鼓就合营了，我们家嘛都没要，全归公了，连那点股息也没沾。我父亲和我二姑就安排到"和记"，我父亲一开始负责进货验收，后来管库，那年刘少奇鼓励个人单干，他就辞职又回来卖鸡蛋了。我二姑起初管财务，后来调到中央制药厂。我爸一个人得养活仨，而我姑姑一个人就养我一个，为嘛？我起小就跟着爷爷奶奶，等爷爷奶奶没了就跟姑姑，她始终没成家，你明白嘛！她这辈子可疼我了，一九八三年五月八号我姑姑去世，一提起她，我就心酸。

我小时候先在桃林上学前班,老师叫闫尔康,五二年到教堂上小学,老师叫肖玛丽,当时四十多岁,是天主教信徒,头发梳得很洋气,白褂子、深蓝裙子、白袜子、黑鞋,穿得很有派儿。一共四个班,上午俩班,下午俩班,原来教堂跟学校都通着,后来垒了一道墙,我们打教堂胡同进校。肖老师相当于班主任,讲数学,还有张老师、魏老师、唐老师,末后儿又来个姜老师教音乐、体育。

小学毕业到七十三上初中,三年之后报考的技校,上了一年多,在往外地调的时候,我没跟着去,然后归到劳动局,分到搪瓷厂,在那干了二十八年,八七年申请特岗提前退休。没在家待多长时间街道就找来了,干吧!一开始管计划生育,干了三年,后边又干了十三年的主任,还当了一届区人大代表,当时,三十四个居委会,就选俩代表,老区一个、新区一个。我二姑起小就教育我,明啊,不管干嘛,别老跟着人家后边跑,要有思维。当时我管这片是八百七十户,归到西沽街一千多户,片大、人多,困难户多、残疾人多,你就说工作有多难做吧!有时给人家解决了困难,比自己中了彩还高兴,这种心情别人体会不出来。一个居委会,配六个专职,一把手兼管民政,那几个人分管计生、卫生、治保,反正来了活儿大伙一块忙活。

新红路是九七年开始修的,为嘛记得这么真呢?修这条路时动员大伙集资,一户拿四千

丁文明与现任居委会主任合影

《照蛋箱》,根据丁文明描述绘制

块钱,你想西于庄这地界儿,哪这么好掏的,老百姓穷怕了,有点钱也不敢拿出来,所以挨家做工作,讲实惠、讲意义、讲保障,当时就有点像高息贷款。我记得,为促进各居委会的工作,街里还特意画了张图,随时能掌握集资的进度,整个西于庄就看我们和屠前居委会,两边较上劲了。困难户怎么办?我就让他们先借钱去,将来把本还给人家,利息自己留着。八百多户,差不多全参合了,也落好了,事后都说,要知这样多集点好了!修新红路时迁走了不少户,当时一平米给三千四百二的拆迁费,可是添点钱就能买个偏单。

等修完这条路,我们大新街居委会还剩两百九十多户,区领导跟我开玩笑:丁主任,你快成光杆司令了,你是回西于庄,还是到西沽街?我思考再三,还是觉得归到西沽比较好,二〇〇〇年,这一块就属西沽管了。可是,你问问老居民,他们始终还认为自己是西于庄的。

庆阳里是老名字,打建就没改过,我们跟前的大新街,原先叫公所街,为嘛?那不往前走点,有个公所嘛!对呀,柳二爷庙就是西于庄公所,真正的柳二爷庙在黑塔寺那,就因为公所也供着柳二爷,每年农历四月十七都上这许愿、还愿,所以人们就把它当成庙了。西于庄的老百姓特别信奉柳二爷,解放时,炮弹、枪子儿乱飞,西于庄却没落一个,都说是柳二爷保佑,天上有个大黑手罩着呢!顶到现在,西于庄老人儿,顶到阴历四月十七这天还吃捞面呢!你问问,都知道,临近了,互相都提醒。公所对面是水会,大红门脸,有两间屋,听我爸爸说,那水机子喷出的水柱真跟水龙似的。

再跟你说说西于庄的腰鼓队,五一年成立的,那年我十一岁,大部分都在这片儿住,也有润厚里的,少!一人两套衣服,一套是紫色底、黄云子边;另一套是粉底、紫云子边,白球鞋,二十五六个人,我是小排头,师傅是北竹林的,他在那边教男腰鼓队,每天晚上都去那边练习,一到"五一""十一"出会,我们这帮"童女"最受欢迎!一个比一个漂亮不说,眼睁着玩艺儿好嘛!我们一表演,好多店铺"截会",烟啊,点心啊,西瓜啊,摆好了不让我们走。有一回,文化局来人挑演员,我被选中了,就跟北竹林的师傅,在中国大戏院同台表演,都是各区挑的尖子,我还得了文化馆的奖,奖品是铅笔盒、书夹、一把铅笔、一支钢笔。腰鼓队的所有费用都是临街门脸出的,就火了那么几年,到五六年一公私合营,就没有出钱的了,加上我们上班的上班,结婚的结婚,最后坚持到五八年就散了。

增产大街

李学成

采访对象:李学成(1937 年生)
采访时间:2014 年 8 月 29 日(星期五)
采访地点:大新街 115 号

我爷爷叫李兆英,他们哥儿三个,大爷教私塾,二爷离家出走死活不知,我爷爷自个儿有网有船,在塘沽置渔。可是,闹义和团时,我们家的船就给扣下了,非说我爷爷运过"直眼儿"(外国人),归其把船全给烧了,没辙了,他就两手空空回到家,说嘛也不再干这行了。那时我们已经在西于庄落脚了,看我们这个院儿了嘛,至少有一百四十年,听我母亲说,当初买的是块庙地,包括我们家房后边一大片儿都是,刚不说了吗,我爷爷的大哥,瘸子,教私塾,日子相对紧巴,我爷爷就把一多半的地让给了他哥哥,以后仨儿子一分家,就都卖了,唯独我们这院儿没动。李家在西于庄算一大户,掌门在鲍家胡同,后代还有,可已经出五服了。为嘛我们这院儿辈儿

旧宅内部

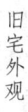

旧宅外观

大？老生子，我的老太爷打那个院子分过来行老，到我爷爷这辈，我爷爷行老；到我父亲，我父亲又行老，到我这辈，我还行老，这叫掌门出晚辈。爷爷？我没见过，奶奶死，我老娘还怀着我呢！我老娘要活着一百一，我老爹要活着一百一十七，他四十岁得我。我父亲叫李仲玉，十四岁跟我爷爷摆茶摊，就在我们家对过，有个看青的人，看我父亲不光机灵，还挺有头脑，就带他去北京十三牌楼的一家车行学徒，连学带干，三年就回来了，然后拿了驾照。听我父亲说，当时天津市就几十个驾驶证，这个行业比较吃香，所以一上来就给曹汝霖、曹公馆开车，接送小姐和少爷上下学，别人不拉！归其就干了几年，为嘛不干了呢？我父亲这人脾气不好，谁知因为嘛，跟少爷打起来了。事由儿丢了，他就开始跑长途，哪呢？山西大同。有一次因为山洪冲毁了路基，回不来了，就在山西待了一年多，等返回天津，又去了"文记"车行，在中国大戏院、老眼科医院把角儿，掌柜的叫齐文斌。齐掌柜这人相当好，特别本分，是他从家里头把我父亲接

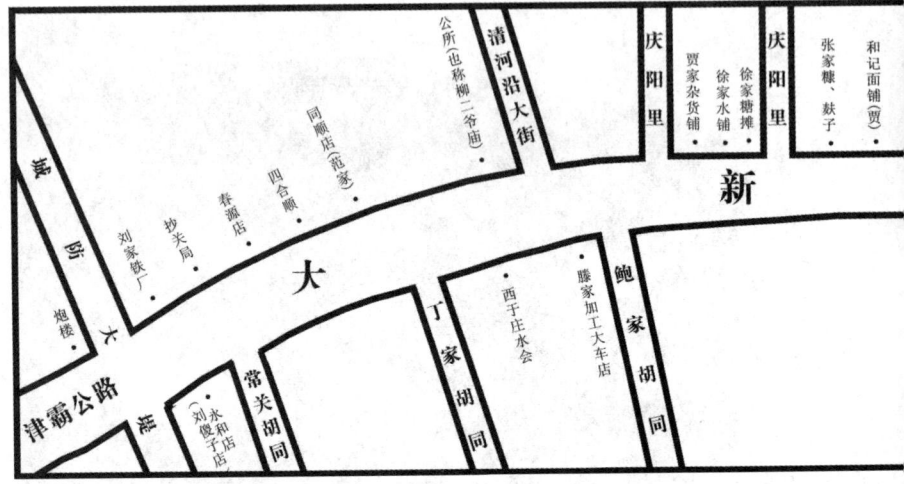

走的。当时"文记"有四十多部车,我父亲就在那儿,起日本到国民党,一直干到解放。归其掌柜的把还能开的汽车就处理了,两个人分给一辆愿意开就开,愿意卖就卖,卖了,钱也俩人分。公私合营以后,这些人有分配运输一厂的,有分配六厂的,还有去长途汽车公司的。过去所谓的车行,不是卖车,而是买了车往外租,那时没有国产车,都是美国的,福特啊、别克啊、雪弗兰啊,道奇啊,林肯也有,主要太费油,一般车行不买。能租得起车的,全是有钱人,就说春节吧,一般都得从大年三十,租到正月十五,像包月儿似的,净拉着"八大祥"①的老爷、太太们拜年、送礼。我父亲这人真是不怎么好说,日本时期抽了八年的白面儿,国民党来了又改抽大烟,那阵儿查白粉厉害极了,逮着就枪毙。抽这个? 不影响开车,越乏了越提神。他可是没少挣钱,

---

① 上世纪 20 年代,估衣街发展达到鼎盛时期,棉纱、呢绒、绸缎、皮毛、成衣等行业先后入驻,总计有 19 个行业,110 余家店铺。老北京著名的"八大祥"(瑞蚨祥、瑞生祥、瑞增祥、瑞林祥、益和祥、广盛祥、祥益号、谦祥益)绸缎庄也先后在这里扬名津门。

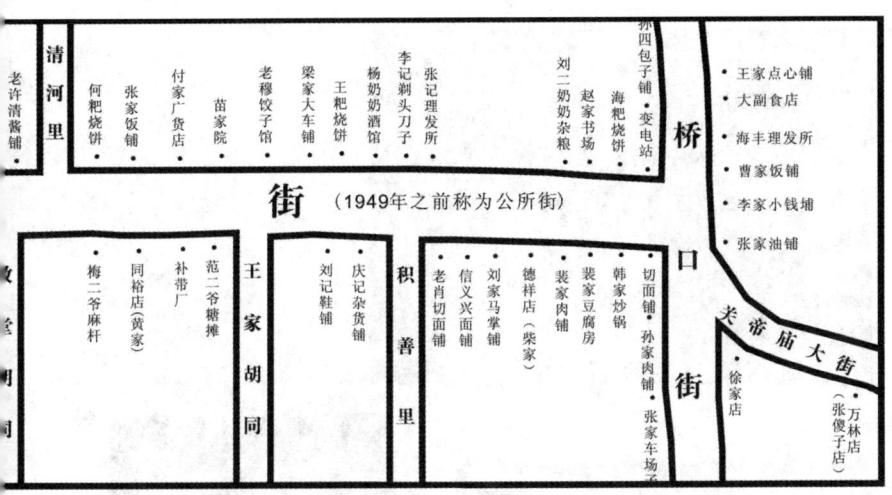

《大新街沿街店铺分布示意图》。此图主要根据李学成实地指认绘制而成,为20世纪四五十年代情景

差不多全糟践了,你想,两盒烟,四十根烟卷,根根带白粉儿,那前儿也不是不管,都偷着弄。先把烟卷头儿捻松了,然后拿镊子掏出点烟丝,这不就空了吗?跟着放白面儿,头里再把烟丝塞进去,最后拿小剪子一剪,外人嘛也看不出来。过去到"文记"车行要找李仲玉,没人认识,你要提"白面儿李",连法国巡捕都知道。

说到法国巡捕,到年节,车行都得打点,事先包好红包,到交通口儿,嚯,老张,买包茶吧!哦,谢谢,谢谢!每个红包都三块、五块现大洋。那前儿一块大洋买袋面还得找钱,你想想!他这辈子,吃过见过,租车的除了大买卖就是大官人。比方说,打塘沽拉到天津,俩小时、仨小时的,行啦,不用啦,回去吧,单例儿给一块酒钱。月钱不高,管吃管住,刚不说了嘛,"八大祥"从年三十到十五,我父亲天天跟着,那"小费"少的了嘛!

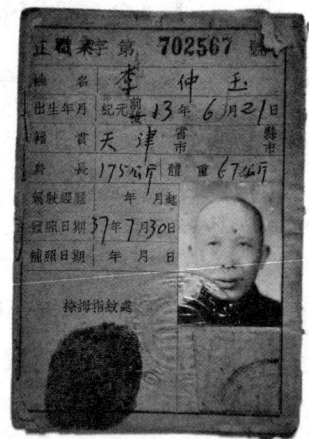
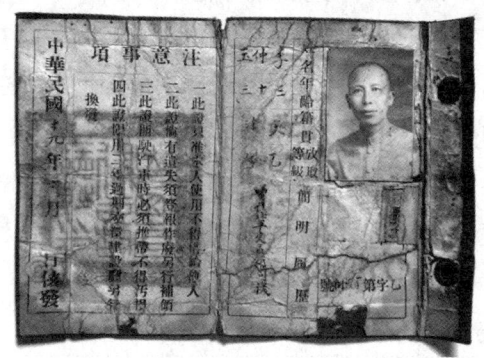

李仲玉老驾照

合营时,别看他才五十多岁,可身体不行了,所以就没进单位,在大红桥附近卖麸子、卖糠、卖粮食,后来还买过菜。

这段儿就算完了。

再说我自己,一个姐姐,比我大十二岁。开始在西沽桃林小学,校长闫午生,老师闫尔康,是他的闺女,到五六年级去的教会学校,五三年小学毕业,转年勘探队招人,老两口说嘛不让我走,舍不得,等到五六年汽车公司招卖票的我去了,我那趟线儿是七路,由塘口至何兴村,怎么走呢?你听我说,咱一站一站的:塘口、凤林村,也叫祥发大坑,接着李公楼、太东大街(胶管厂),然后过铁道小树林,拐过来娘娘庙、十字街、新货场、建国道,后来又加了个东站,过了海河是解放桥(青年宫)、中国大戏院,再到河北路、赤峰桥、教堂、东亚毛纺厂,最后何兴村到头儿。这条线儿不算长,当时最长的是十七路和十八路,十七路从东站到张贵庄;十八路从东北角到引河桥。知道十八路车站在哪吗?在东北角长途汽车站对面,往前走是大口消防队,再过去是鱼店。这鱼店在金刚桥和狮子林桥之间,也都是店铺,过去老客带来的都是活鱼舶子,嘛叫活鱼舶子?中间几个船舱的船帮上有眼儿,可以把河水引进来,干嘛?放活鱼。我有个亲戚是干"打舀子"的,手里拿个抄子往船舱里一杵,控完水倒篓子里,一过秤,该多钱给多钱,所以知道点内情。过去,西于庄治鱼的,那些卖不完的鱼就放在后面大坑的竹笼子里,这一带因为大清河断流,一个坑挨着一个坑,你看桥口那原来有桥,塌了以后垫的道。别看西于庄打鱼的多,无鳞鱼绝对不吃,像鲶鱼、鳝鱼、嘎鱼、泥鳅嘛的,勾老病,也脏!

卖了三年票儿,五九年汽车公司培养大客车司机,把我选上了,在东局子靶场练车,记得有个陈堂禄老师傅,给我们讲安全课,

《大车店历史原貌示意图》,绘于 2014 年 10 月 12 日。主要根据李学成的详细描述和实地考察绘制而成,为 20 世纪 40 年代情景

他有个顺口溜,到现在我忘不了。他说:汽油车——赶,柴油车——缓,瓦斯车——喘。汽油车是强制点火,操作得快;而柴油车是压缩点火,一点点启动;那么瓦斯车呢,哼、哼、哼,铁喘了。那种车你都没见过,后边背个大锅炉!这边一个粗滤清,那边一个细滤清,粗滤清是棕,细滤清是纱布,过滤后进汽缸就开始呼噜,然后挂档启动,跑起来也挺快,可到了站头儿一歇,又不行了,怎么办?你吃早点去,站员上车帮你"遛瓦斯",都没问题了,你再上车开走。这种车都是美国、日本原装的,人家来的时候是汽油车,因为咱国家油少,自己改装的,一开始烧木炭,后来改烧煤。还跟你说个更哏儿的,漂漂亮亮的帅小伙,一回家,老婆见了要么眼眉短一个,要么头发少一半,怎么话?这后边的大炉子,该续煤了不得把炉盖打开嘛,好么,要是不知道的,往里一捅,"砰——"就一大火球,胡子、眼眉、头发

全给燎了！我们汽车公司净被燎的，上班还漂亮之呢，下班娘们儿一看都卷边了。

学完车，我回到七路，开了没半年，我们原班人马就把原来的8路车队顶走了，那是六〇年。当时是怎么分的呢？红桥和南开算三厂区，和平、河西算二厂区，河东、河北算一厂区，我们三厂百分之九十开车的、卖票的在红桥、南开住。我早班上凌晨四点半，三点一刻起床，三点二十五老娘给我关大门，走到姜桥等交通车，三点三十五分准到，坐车到渤海大楼根儿底下的和平站，到那"会师"，专门有去一厂、二厂、三厂的车，你是哪厂的就倒换哪厂的车。三厂的车都集中在长江道，进厂的车不是没人管了，有轮胎班、临修班，轮胎班管嘛呢？比如说，有十三个车队，一到两人负责一个车队，前后轱辘得敲，这个瘪了，摸摸是嘴子问题呀，还是扎了？夜班就给你换了。临修班呢？通过调度下单子，一号车离合器有问题，二号车发电机有问题，这一宿就都解决了，不影响转天出车。如果我那车做保养去了，我就开"上两头儿"的车，早班上凌晨四点半下早晨八点半，晚班上下午四点下晚上八点。高峰时三四分钟一辆车，等过去了就八分钟一辆，假如有二十辆车，出十二辆，有八辆在站头儿候着，一旦有临修的车，立马顶上去。

出过事故的司机，一般安排在站头儿干勤杂，还有卖票的，也得看，有时特别需要人，本子吊销了怎么办？让他们重新培训、考试，先发白本见习，一年之后发红本。那时，卖票的分四级，一级六十二块钱；二级五十五；三级四十八；四级四十二，我拿了两年四十二。驾驶员分三级，一级八十七块九；二级七十四块一；三级六十二块八；学员五十，换了红本就是三级。我拿了一年的五十，然后就六十二块八，六三年晋级时，两榜都有我，就因为感冒歇假，给我抹去

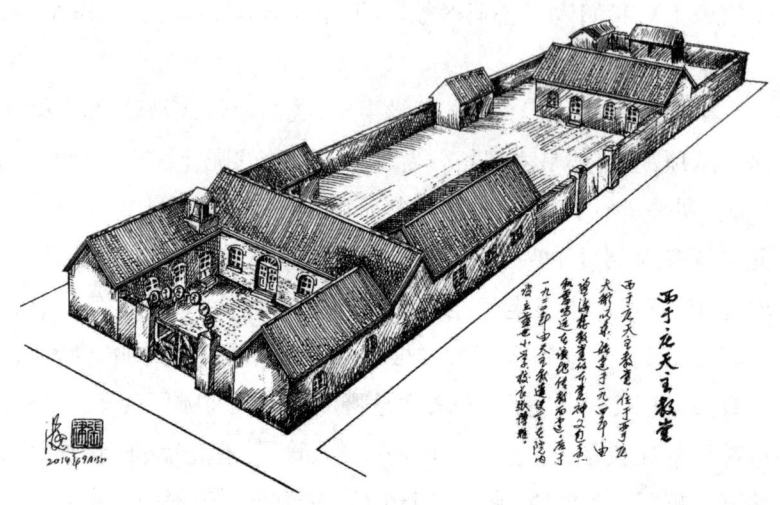

《西于庄天主教堂历史原貌示意图》,绘于2014年9月13日。此图根据李学成、李震华、朱广祺等原住民的描述绘制而成,为20世纪四五十年代情景

了,归其一找又给补上了,二级驾驶七十四块一,一直到八三年,才涨到八十七块九。我七五年去的二十四路,七九年又转到十路,因为照顾家里的老人,才离开的八路车队。八路出了好几个劳模,像李金英、王新巧、戴爱兰,又是多年的先进车队,这条线闭着眼都能背下来:从八里台起步,第一站七里台,天津大学、天津电台,第二站六里台,再上前走——新兴路,然后是总医院,过了桥是鞍山道,拐过来甘肃路,一起车,河北路、中医医院,下一站——百货大楼、胜利公园,再起车过胜利桥,然后有一站叫广场,沿着海河转安全岛最后到东站,全程八分钱。附近五经路口上,是五路终点站,打东站到丁字沽,身后是广播电台的干扰台,一根一根的大杆子,对吧?哈哈哈……我们家应该算是公交世家了,我父亲解放前开出租,接

着我又开了一辈子老公共,后来大女儿开三十八路,本来应该退休了,单位不让走,还在开"六四六",跟着我外孙子又接了她的班,在三厂开车。

下边给你说说大车店吧!咱理着关帝庙大街、大新街这么一趟下来,就全清楚了。打姜桥过来头一家叫"万林店",也叫张傻子店;如果往西于庄大街进口走,那有个"徐家店";如果拐到大新街这边,就是"德祥店",也叫柴秃子店;在王家胡同和教堂胡同之间是"同裕店",也叫黄家店;再往西走,过了公所,就是"同顺店",也叫范家店;接着就是"四合顺",也叫郭家店;再走是"春源店",也叫杨家店;它的对过是"永和店",也叫刘傻子店;往南到常关胡同,里边是"三兴店",也叫张三店,转到土地庙后边,是谁的店呢?张二的"明祥店",还有一个在屠宰场大街把角,叫"万合店",一共十一个。大车店主要经营农产品和土产,山芋啊、大白菜啊、胡萝卜啊,粮食啊,地里收嘛,大车店就有嘛,还有三齿儿、笼屉、笤帚、草绳、竹竿子嘛的倒给小贩们,老客儿来哪店就住哪店,有大通铺,也有几人间,都是小趴趴房。在"同顺店"和"四合顺"之间,还有个小脚行,都是拉地排子车的,平时就在大车店门口等活。

老西于庄一共八大户:丁、于、范、张、李、盛、韩、曹,也可以说是最早在西于庄落户的先辈。你看我们家这遛儿房了嘛,比大新街高出半米多,这过去是大清河的河堤,对面的庆阳里、清河里,全是大清河的河道,一直通到老河口。以后淤死了,形成好多大坑,三七年闹大水,凡老河床的房子都淹了,我们家没事。这院子有历史了,原来是公所街二十二号,解放以后改成大新街三十三号,现在是一百一十五号,就说增加了多少户吧!为嘛叫公所街呢?就因为西于庄公所在这条街上,学名叫"忠善堂",老百姓管它叫柳二爷庙,里

《瓦斯汽车》,根据李学成描述绘制

边供着柳二爷的泥像。见过,是白胡子老头,一左一右站着童男童女。柳二爷是狐、黄、白、柳、灰五大仙之一,每年的阴历四月十七是柳二爷的生日,当天拜香的人海去了,有三步一磕头的,有五步一磕头的,俩膝盖都是泥,后边跟着个抱香的,这些人有打老城里来的,有打娘娘庙来的,拜完了公所的柳二爷,再拜黑塔寺的柳二爷庙,整热闹一天。

公所街到头儿连着津霸公路,交界处就叫大同门。为嘛叫"大同门"?起这走一直通到山西大同。对,有个炮楼,是红砖垒的,平顶子,三米五到四米那么高,国民党时有当兵的站岗,路口两边不是城防大堤嘛!它是在日本没修完的铁路上,挖河加高的,我们小时候不敢往那去。解放以后,这炮楼一直住着人,后来街道在里干过副食,记得七六年炮楼还卖过大饼呢!好像是九七年修新红路时拆的。

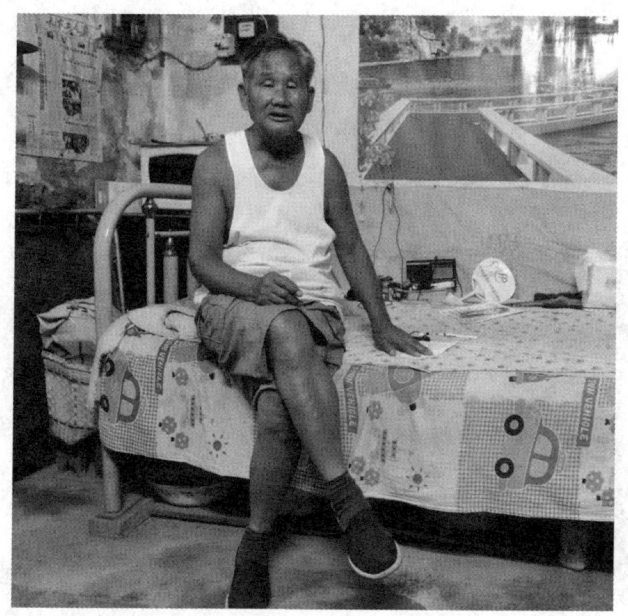

朱广祺

采访对象:朱广祺(1937 年生)
采访时间:2014 年 8 月 30 日(星期六)
采访地点:大新街 116 号

先说说"城防"吧！据我所知，城防大堤是四七年前后建的，护城河是从子牙河引的水，当时子牙河不是涨潮涝潮嘛，所以护城河的水也时多时少。这大堤从子牙河到北运河之间，一共有九座炮楼，起大同门这分，南边四座，北边四座，另一座在津霸公路上，离大同门也就三十米，另外还有一个"陷人坑"。

单说炮楼有俩最大，大同门路口这个和冲着西开洼那个，外皮包着红砖，其他都是水泥的。你看西于庄这块儿了嘛，解放前后挺热闹呢！国民党部队和解放军都打这经过，而且还都住过西于庄，反

旧宅内部

旧宅外观

正不管谁来,老百姓都得给腾房子,我们院儿就住过解放军,他们确实不一样,教小孩们唱歌啊,赶上煮肉时我们也跟着吃,走的时候,还告诉我们马上要南下啦,有机会再见啦!现在想起来,还挺怀念的。

四九年一月十五号天津解放这天,大新街上净是解放军,把缴械来的大枪堆在路边,我们都偷偷在屋里看。再说国民党这城防工事,他

准备的口述提纲

们一投降,周围的老百姓都上那拆东西去,可是谁也不知道,大堤附近埋了好多地雷,我们院儿的陈哑巴弄了一堆木头,他想拿东西捆一下,见地上有根铁丝,一抻不要紧,"轰"的一声,下半身都炸没了,死了以后,还是解放军前面带路才给埋的。知道辛庄摆渡口嘛?冬天一封冻,国民党守军埋了不少水雷,我舅舅在对过的恒源棉纺厂上班,不知因为嘛,他非得打冰上过河去找儿子,上岸以后到河边的草棚子解了个手,解完看见里边挂着一把铁丝,就贪便宜想拿走,这一拿不要紧,河里的水雷都响了,给他吓个半死!好些日子起不来炕。

接下来,再说说屠宰场的事。我父亲过去拉胶皮,母亲没工作,家里哥儿五个、姐儿仨,生活相当困难,所以我十一岁就到屠宰场"捞油"。屠宰场离不开水,只要一宰猪,厂房后边的排水口就往外流,我们就在那拿罩咧截水里飘过来的碎油渣,有时管得不紧就上

厂里捞去，捞完拿锅再炼。另外，就是捡猪鬃，那阵儿猪鬃分好几等，长的咱捡不着，专捡捆猪时挣歪下来的杂毛，然后回家整理，绑成把儿卖。到十三四，我就进了"同庆"猪栈了，帮着"吹猪"，嘛叫"吹猪"呢？猪，宰完、放完血，把捆腿的绳子解开，在后腿拉一个小口儿，然后拿根一米六七的钢梃子，顺着后腿的小口儿插进去，一直捅到腮帮子，第二下捅到前爪，第三下捅肚子，就这么都捅过来能"过气"了，再开始吹，就用嘴对着吹，一边吹，一边拍，如果刀口跑气，还得拿木头橛子堵上，吹完的猪都四仰八叉，圆鼓鼓的！得吹几十口气。咱这边的猪稍微好吹点，赶上东北猪，个儿大、皮厚，可费劲了。吹猪为的是好得楞。我们属于童工，干活不给钱，就分点油，一天一给，忙的时候也就给个十斤二十斤的，那也比"捞油"强多啦！平时的猪不是很多，最忙是三大节，五月节、八月节和春节，老客儿要求不管来多少猪，都得宰完变成品，人家抢在节里卖个好价钱。我们就没黑没白地干，太不易啦！

屠宰场的猪，大致来自两部分，一是从河北省拿大胶皮轮直接送到猪栈；一是从东北拿火车运到老站（东站），我们接猪时，一人拿把白蜡杆的钩子把猪赶回来，有时几十头，有时上百头，就在大街上走，最难办是天热的时候，猪一见水就往里跳，只要有俩进水了，所有的猪都跟着下去。咱再说宰猪的程序：先

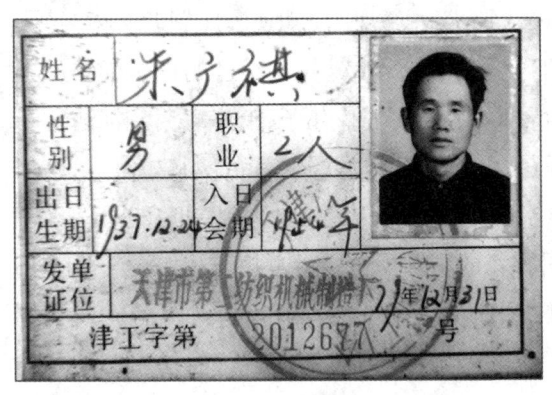

唯一一张年轻时照片

《屠宰场操作间历史复原示意图》，绘于 2014 年 10 月 4 日。此图主要根据朱广祺、朱凤桐、赵富荣的描述绘制而成，为 20 世纪 40 年代末时情景

捆绑，然后一刀下去捅到心脏，接着放血，水槽盛满热水，把猪抬进去褪毛，完后，吹气，卸脑袋、卸前爪，末了儿挂到杠子上开膛，先把肠子肚子心肝肺都卸了，最后卸后腿。整个过程，全是人背肩扛，不是有句老话嘛："杀一千到一万，撂下刀把儿就没饭。"

你看我画这图，角儿上这几间房是清肠粪的，所有猪的肚子、大肠，都拿到这儿来清理粪便，后边有个大池子，流到旁边的大坑。这个角儿是检疫局，它单独有个院，通着屠宰场，管理的相当严。检疫时，拿刀在猪屁股上拉一刀，看看有没有"米芯"，合格的才打戳子。屠宰场不光宰猪，还宰骡马驴，他们也负责检疫，有问题的就得深埋。哪有工作服，就穿着大胶皮靴子，扎着油布围裙，谁给福利啊！我这还画着三口井，主要用这两口，拿桶往上提了，我还管打水，得把几个大水槽子都灌满了。厂房里有俩大灶,烧四口大锅,供各猪栈使用开水,屠宰场的规矩是先来后到,各干各的,一个猪栈,一套人马,别看这么多家猪栈,一点也不乱。过去,屠宰场周围净是猪栈,我待的那家叫"同庆",还有"三义永""聚兴永""李记"不下十几个。

屠宰场养活了不少西于庄穷人,因为猪身上的东西都能卖钱,像干"煮锅"的,弡俩猪头就够买几斤棒子面的,什么卖猪血的、卖猪肝的、卖肥肠的……多去了!

因为我年纪小,五三年食品二厂招工时,人家没要我。没辙,就在"福兴成"给人家弹棉花,不是嘛好棉花,弹完了专给造纸厂,掌柜的姓张,后来着了把火,一家子都去青海了。五四年离开那去了造钉联营社,在三角花园那,接着又挪到北竹林,五六年和车距厂合并,五八年把那些岁数大的,都调到塘沽船舶制造厂,年轻的留下学技术,我就归到纺织零件厂,六三年调到纺织第二配件厂,后来又转到十配件,九七年在纺织机械第二制造厂退的休,整干了四十三年半。

我们家最早在西窑洼,三七年闹大水,搬到西于庄东方胡同我的姥爷家,五〇年在教堂胡同租了间房,六〇年我母亲在清河里盖了房子,转年我在教堂胡同结的婚,那时就把房子买下来了,房主也是教堂胡同的,他前后有十六间房,我们花八十块钱买了一间。

最后再说说大红桥[①]。大红桥,不是现在这样,南头少了好些东

[①] 大红桥位于子牙河下游,南街新河北大街,北通红桥北大街。该桥始建于1937年,是开启式铁桥,是红桥区区名的由来。大红桥横跨子牙河,为开启式铁桥。全长80.24米,桥宽12.66米,车行道宽5.5米,两侧非机动车道各宽1.58米,人行道各宽1米,载重10吨,全桥由三孔组成,南孔为11米开启跨,中孔为56.38米的钢性柔杆性拱,北孔为简支体系的引跨,桥最高8米,全部为钢结构。

《城防大堤历史原貌示意图》,绘于 2015 年 2 月 10 日。此图根据朱广祺、李宝增、韩庆富及多位原住民的描述绘制而成,为 20 世纪 40 年代末时情景

西。你知道,大红桥原先是能开启的,怎么个开法?我知道,但没见过,因为这桥老早就不开了。为嘛呢?以后都改成槽子船就没有桅杆了。大红桥不是都打开,就能扬起十几米,现在那桥面不是还有一段木板嘛,就是那一骨节儿。

再早,桥南口一边立着个大铁架子,顶头有铸铁的大滑轮,钢丝绳通过桥下和桥上一组传动装置,一直延伸到架子上的那个滑轮,由滑轮支撑吊着块长方形的老大老大的水泥砣,桥面能开启全靠这块配重,据说有四十多吨。这块水泥砣上写着三个大字:大红桥。起老远就能看见,那时在桥口的左侧还有一座大钟,在一个梯形的水泥托上,那钟表直径得有半米,是通电的,上下班的人都习

《大红桥历史原貌示意图》,绘于2014年10月5日。此图根据朱广祺、李学成及多位西于庄原住民的描述、考证绘制而成,为20世纪50年代情景

惯拿它对表。好像是"文革"期间,才把桥头的铁架子拆除的,那块水泥砣有人说,在兴建新红桥时埋在了岸边接着拽钢丝绳。

韩庆富

采访对象:韩庆富(1926 年生)
采访时间:2014 年 8 月 31 日(星期日)
采访地点:学堂胡同 20 号

从我祖辈算,我们在这儿住了上百年。证据就是我们院里这棵枣树,一会你可以看看,树干给"关"在屋里了,它是我老祖宗种的。

我老祖和我爷爷过去都是打渔的,我父亲一开始也跟着打渔,后来他买了一匹牲口,在家开磨房磨棒子面。原来就在旁边那屋,以后把房子扩出一块,磨房就挪到那边,我们家磨的面特别好吃,为嘛呢?全是北河的棒子加豆面,我们磨的面已经卖到北大关十锦斋包子铺了。一般穷人家不吃我们的面,因为蒸完饽饽跟槽子糕似的,怕孩子们吃起来没完。他们都买德丰厚的面,那种连皮子一块磨的面。我十五岁的时候,我爷爷故去,我父亲跟我娘就在西于庄大街东边弄了间门脸干起了杂货铺。卖米、卖面、卖菜,还有油盐酱醋嘛的,字号叫"永富成"。因为我娘身体不好,干不了嘛,就叫我上那跟着帮忙,到解放前后,我们家的杂货铺就不行了,生活比较困难。为嘛呢?家里吃闲饭的多,我的三个姑姑都没出阁,提起这个,想起个嘛事呢? 也不知是迷信还是怎么着,那晚儿我爷爷、奶奶在小铺一给我姑姑提亲,她就在家里疯了似的发病,不知嘛原因,以后再也不敢提了,另一个姑姑是傻子,她说话你也不懂,所以她俩一直是单身,我父亲始终照顾着她们,六五年我父亲去世以后,我的孩子帮我养着这两个姑奶奶,每天都单做吃的、单做喝的,最后都活到九十二。我有五个小子、一个闺女,在家庭和睦方面,门口都出名了,那年还评上了"模范家庭"。

我爷爷那辈哥儿四个,门口都管他叫二爷,他叫韩永泰,为嘛

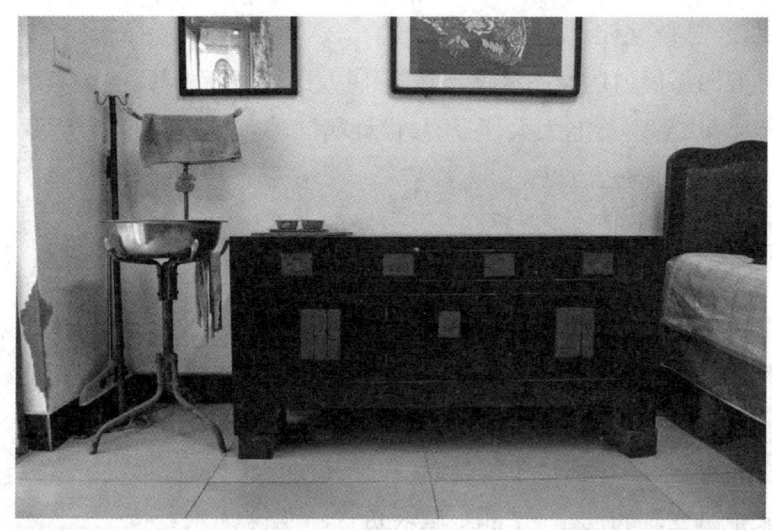

旧宅内部

呢?过去家里不都栓娃娃吗,娃娃排行老大。对过住着韩三爷,后边有个韩四爷,还有个韩五爷。二爷、三爷打渔,四爷赶大车,五爷是中医,家境比他们都强。这个哥儿几个关系特别好,谁们家有事都出来帮忙,没出阁的姑奶奶更是受尊重。到我父亲这儿,是哥儿仨,他叫韩宝文,那时已经分家单过了,二伯成家以后,撂下两个孩子,早早就死了,老伯也死得早,都记不清他们干过嘛!就我父亲活到七十二。

我们现在住的这老院儿,是老祖留下的,当时韩家对过还有个院子,后边好像也有个院子,都说不清了。这院儿我爷爷活着的时候就修过一次,最早是篱笆灯,改成砖坯传到我这辈。房子也都不行了,有的房坨都折了,我就跟几个儿子合计,最后这么定的,谁要是操持盖呢,就给谁两间。归其老四、老五张罗着把房都抽起来了。这院儿一共八间房,前几年,我就给它分到个人手里了,哥几个相处得都特别好。儿媳妇也都孝顺,大儿媳、二儿媳、三儿媳都六十好几了,还总是"爸爸、爸爸"的这么喊!

五四年街道搞民主建政,选第一届人民代表,就把我抽出来当宣传委员,到时给老太太读报啊,设计胡同的宣传栏啊,年轻时我就喜欢写写画画,所以正好发挥特长。就在那一年,我帮母亲起了名字,因为她平时特别贤惠,就叫孙德娴。顶到五六年公私合营,我父亲就把我也一块带进来了,都进了红桥副食品公司,那时这一片有七个门市部,我跟一个姓张的担任大组长。五八年,组织上把我调到西沽副食库,大概一年来的,副食和蔬菜分开了,有个姓胡的管副食,我管菜,负责向西沽、西于庄发送。六〇年,市蔬菜公司成立分拨站,屠宰场那设了个站,我在那儿当零售代表,手底下有四十来个蹬三轮的,给门市部送菜,我负责调度。

我们直接和农业社挂钩,每天上午十点菜就进市了,在哪呢?

旧宅外观

西沽公园有个卡子口,我就到那去调拨。四五点钟市公司来电话,告诉明天有嘛菜、多少万斤,比方说,河西区杨庄子有你一万斤货,联系六厂的车赶紧调货,要不告你河东区津塘路有多少货,有时没有车就蹬着三轮去,都分配完了也半夜了,转天八点接着上班。熬得我脑袋嗡嗡响,从四十多岁到现在也没治好。七〇年成立"日夜商店",让我到那干管理,七四年又调到增产里副食店管着菜,八〇年以前,在大同门菜店当门市部负责人,一直干到六二岁。

韩庆富青年时期

我这辈子没上过正规学校,我上的是私塾,有四五年,老先生姓张,在教堂胡同住,特别有学问,跟他学了不少东西,对我影响挺大。公司隔一段就把我调走帮着搞宣传,可能是六九年,红桥区委搞了一次支部工作展览,各行业把会写会画的都调来,让我也去了,在民族文化宫,整搞了一年,一天班没歇。"文革"没受冲击,我父亲那小铺也够不上资本家,邻居们关系都挺好,所以嘛事没有。

西于庄大街有个"德丰泰"面铺子,关帝庙街有个"德隆泰"杂货铺,这边还有个"德丰厚"也是杂货铺,它们都是一家开的,跟"德丰厚"对着的是"三兴"炭店,一到天擦黑儿,大骆驼驮着炭就来了,过去人们都说:"三兴的炭,骆驼驮"。我们胡同那边不有个电线杆子吗？那是"万林"店，也叫"西万林"，关帝庙大街还有个"东万林"，反正这周围有六家客店，下道有三个大坑，有条小路通润厚里，它对面不是屠宰场嘛？附近一家挨一家的猪栈，像"益元恒"啊，"茂顺永"啊，"天龙"啊，"李记"啊，大部分都是河北省的，或者有钱有势的干猪栈，他们负责接猪，安排老客儿吃喝住，转天早晨把猪赶到屠宰场去宰。中午，脚行的大车把猪肉一车一车地拉到侯家后的肉市，商场啊、肉铺啊、饭店啊，都到那"号"肉，一等、二等、三等，"号"完以后，各求所需，就都弄回去了。等到转天跑"外兑"的，背着个兜子到各家敛账去，都是现钱，我就干过这个。那些老母猪都卖给谁呢？卖给蒸包子的小贩，找他们敛钱可费劲了，今儿拖明儿，明儿拖后儿。

屠宰场是公家的，到时猪栈得上税，偷税偷不了，宰的猪在那搁着呢！这个脚行呢，给车把式开工钱，回头他再找猪栈要钱。西于庄脚行成立过高跷会，在市里挺有名，能打能摔，一般的比不了。还有一拨打花棍的，俩人一对，来回串着打，解放以后全散了。另外，还有个评剧团，都是些家庭妇女、好唱的自发组织的，一来到这演出，去那演出的，热闹

百年枣树

韩庆富庭院内的花卉

了一阵子。

　　韩家杂货铺对面不有个胡同嘛,解放前把角儿上有家白面馆,日本人开的,他老婆是朝鲜人,这老日本倒不是非,跟周围都挺不错的,他好钓鱼、逮鸟。有一次不知是钓鱼还是逮鸟,去了就没回来,他老婆就报案了,找吧,找来找去,归其让人给打死了。你想日本人死了能有完嘛,就开始查。那时,管我们这片的保长跟我们家不和,他就把这事扣我父亲头上了,警察局来人就给拷走了,押到北大关的八分局,又来了好些人在我们的小铺子里搜了一遍,嘛也没有。后来我问门口站岗的警察,老日本的事怎么还没完?他说,你这傻小子……人家知道内情,我们家可吓得够呛,末了儿没凭没据地就给放了,差点没给毁里头!

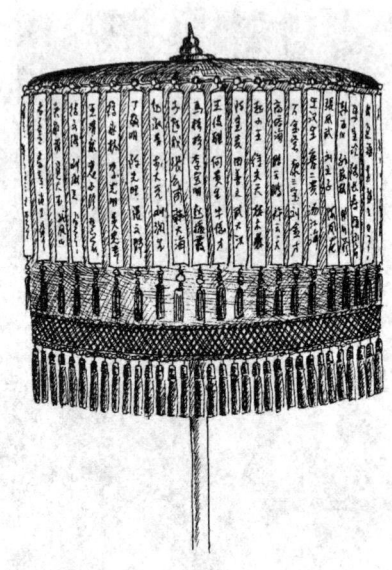

《万名伞》绘于 2015 年 2 月 4 日。根据韩庆富描述绘制

  这保长没做好事，也没得好死。他曾经让大伙给他送"万名旗""万名伞"①，知道"万名伞"嘛？就跟雨伞差不多，是平顶子的，一圈都是绸子条儿，上面写上出钱的老百姓名字，干嘛用呢？就是专门献给在当地有功名的人，他想摆在家门口显摆，那前儿都做小买卖，谁愿意出这个钱？再给你说个事，日本招兵，我二十出头，正当年，保长来了，你不是不去嘛，行啊，拿钱买兵吧！给我老娘为难的，四处凑钱想留住我，可是刚到了晚上就变成抓兵了，我赶紧躲到姑

---

① 旧时绅民为颂扬地方官的德政而赠送的伞，也称万民伞。伞上缀有许多小绸条，上书赠送人之名氏。在清代，地方官离任的时候，当地百姓都得表示一下挽留，通行的方式就是送"万民伞"，其意思是说这个即将离任的地方官，日常像把巨伞一样佑护着一方百姓，送的伞越多，这个官员越有面子。

奶奶家，那狗叫得瘆人啊！为嘛说这保长没得好死呢？有一年，大概四五月份，他们家不是有好多地吗，种的瓜嘛的都熟了，他就溜达溜达上地里去了，做梦也想不到，一个大活人，大白天的就没了，扫听来扫听去，有人说，看见他跟着个人过河了，家人都跑过去找，结果在临近西站的庄稼地里发现了，人都臭了！事后听说，杀保长这个人的妈妈，让保长给踢死了，这小子可能参加了八路军，回来报仇来了。

大同门，原来叫大堤头儿，一般有白事，出殡、念经嘛的，到大堤头就落差儿。扎的纸人、纸马呀，旗锣伞扇呀，茶炊子呀，香亭呀，十六人大杠或八人大杠呀，到那都得落地，棺材卸下来，亲属下跪磕头谢孝，等大队人马走了以后，再把棺材装到大车上往外走，两边全是乱葬岗子，直到"二九一"那块儿才打住。解放前夕，下道和大同门都建有炮楼子，外边埋着地雷，教堂胡同有个陈大哑巴，不知怎么着，出去一趟给炸飞了。

再说办喜事，双方都没问题了，先订婚，那时叫"落衩"，两个上岁数的男的，各托着盒子，上边铺着红绸子，男方穿大红袍，黑马褂，戴着礼帽，别着红花，盒子里装着"四大金"，金镯子、金链子、金戒指、金簪子送给女方，然后就定日子。办喜事当天，只要跟饭馆订

龚望送给韩庆富的书法作品

好了,嘛也不用管,桌椅板凳、锅盆碗灶全预备好了,院子里摆上大轿,里面还有个轿芯子,吹鼓手一遍又一遍地吹吹打打,等到了晚上开始"转轿",小孩穿着绣花衣裳、戴着帽子、抱着灯笼,一边唱一边围着轿转圈。转天早晨,大轿必须抬到女方家门口"晾轿",小孩们也"转轿",头一天,女方送陪嫁,讲究的,"二十四抬",这么大的木箱子,俩人抬一个,家具啦、瓷器啦、衣服啦、被褥啦……大轿抬到男方家以后,把小轿顺到屋里叫人看不见,媒婆进来先说上一套,接着就拜堂,然后端过一个斗,里边放着高粱,插着弓箭,新郎用弓箭挑开新娘的盖头,完事新娘上炕,一个饺子俩人一人咬一口,接下来就是逗新娘,但不是谁都能进屋,"忌人"!一上来先问你属嘛的?属鸡。不行!你属嘛的?属猴。不行!你属嘛的?属马。进来吧!完事,敞开门,小叔子、大了伯子,三天不分大小,高粱米一把一把地往新娘身上撒,再往后就磕头吧,给天地爷磕,给五大仙磕,给老祖宗磕,给爷爷奶奶、七大姑八大姨磕,不磕晕了不算完。哈哈哈哈……

  西于庄这一带,有三座庙,一座在关帝庙大街,就叫关帝庙,但佛像没见过;另一座在我们后边,叫土地庙,后来改成学校,再有就是大新街上的公所,里边供着个柳二爷,出了大同门往外走三里地,有一处小矮墙,里边供着佛龛,那才是正经的柳二爷庙。

  总的说,西于庄过去比较繁华的,一是屠宰场、猪栈;一是大车店;再一个是那些买卖。

李宝增

采访对象：李宝增（1937 年生）
采访时间：2014 年 9 月 4 日（星期四）
采访地点：纸厂大街 28 号

我是一九三七年十月八号生人，出生地在西于庄常关大街，一会我领你去。咱先说大同门①，看见了嘛，那把角儿就是岗楼！圆的，有多高呢？就那间房子这么高，有台阶、有门。就是个卡子口，有栅栏门，定时打开，站岗的扛着枪。那前儿我小，他们逗我，还让我拿枪试试，我懂得嘛？这条路就到道牙子那，没多宽，这边是大新街，那边就是津霸公路，以城防大堤为界。这城防大堤怎么来的呢？小日本为了修京浦线，从北京修到浦口，省着从东站、北站走，你看西沽那仁桥墩子，和这边的桥墩子都通着，没想它完蛋了，它一完蛋，国民党顺着路基挖了一条护城河，把大堤加高了，就成了城防工事，隔一段有一个洋灰炮楼。六三年闹大水，又拿它当了埝，当时这几个豁口子都拿草袋子给堵上了，要不西于庄全淹了。那前儿没有五中后大道这一说，往里走是"王八坑"，这犄角儿原先是刘傻子大车店，后来的铸锅厂就是他的地，现在盖成楼房啦！

出了大同门，两边都是乱葬岗子，棺材板子就在外露着，都是土道，黑下没人敢来。

这样好不好，咱来个"实践论"，我带你走一圈就全明白了。看

---

① 大同门位于大新街与津霸公路交界处，所谓大同门其实并没有像样的城门，只不过是城防要塞，该门借用报废的铁道路基，开挖护城河将土方加固成大堤，并在沿线修建炮楼、埋设地雷等。当时这条防线共有15个卡子口，分别叫忠孝门、仁爱门、信义门、和平门、建国门、复兴门、中山门、中正门、民族门、民权门、民生门、胜利门、大同门、林森门、力行门。如今，大同门只是一个地名。

张二旧宅外观

见了嘛,整个新红路都是房子,胡同跟马路那边是对着的,等于把"芯儿"挖走了。可是过去这一带全是大开洼,连"四中药"(同仁堂)也是后盖的,我们小时候都拿耙子上这拾柴禾,点煤球?没有!

哎——到这儿,才叫西于庄!这是常关大街,咱往里走。看见这棵大树了嘛,比我岁数都大,这院儿住的赵春亮是我同学,往里走还有个院儿,大树你可以照下来。

这是范家胡同,谁在这住呢?公所住持张三爷,好哇,全在礼儿。我亲眼见过的,张三爷在柳二爷庙穿过法条,就这样——嘴巴子一边一根铁钎子,整个穿透了,做完法事再拔出来。这人有影响力,为嘛我知道呢,小时候我总上公所跟着惹惹去,大人们支来支去,觉得好玩。

再告你我在哪住……就这院儿。出生在庆阳里,三岁的时候挪到这院,我跟我妈妈经常在院子对过坐着小板凳,她拿把扇子忽打来忽打去,当时我有俩姐姐,五口人住在十平米的小屋里。日本时期,这院儿还住过高丽人。

胡同口这边是杂货铺,过去都管他叫小狗子,我叫他表伯,这角儿是卖大饼的,叫李子英,拐过来直冲着的那个大门,是三兴炭店,这个小空场原先都是卖东西的。回头往东看,刨去探出来这间房子,这才是正宗的西于庄大街!咱接着往前走……

看了嘛,这就是土地庙!不大,改小学以后,西于庄大街一个门,学堂胡同一个门,我就在这上的小学。一共仨教室,一二年级都在一块,给一年级上课时,二年级写作业,当时还有童子军呢,穿一身黄不溜秋的衣服,轮班在大门口两边站岗。教过我的老师,有个严老师教自然,有个张老师教语文,还有个郑老师和盛老师,还有韩静轩教我们体育和音乐。我都挨过他们的罚,为嘛?不听话呗!那前儿都拿毛笔写字,你敷衍了事,老师一看就看出来。怎么办?顶着

《土地庙历史原貌示意图》,绘于2014年10月18日。此图主要根据李宝增、韩静轩、韩庆富等人的描述绘制而成,为20世纪40年代情景

板擦儿到墙角跪着去。要不就挨板子，每个老师都有这么一块薄板，谁调皮捣蛋啦，谁没完成作业啦，伸出手垫在讲台上打手心，假如你抽手跑了，在别处么一下，也得补上数。

看这院儿了嘛，上学前我们家又搬到这来，跟学校的侧门正对着，下课就能跑回家，等摇铃铛了再回去也不晚。好哇，这间房赁的，光掏水了！这院儿的主家姓于，人家住上房，地基高出我们半米，一下雨时胡同的水和院儿里的水全往我们屋灌，我跟我妈妈就得没完没了地往外掏，受死罪了！日本投降那年，我们找人借了点钱，在纸厂大街买了块地，盖了间土坯房，才算正式落脚。

你刚问那口洋井，就前边那家。开洋井的姓王，原先这有个铁架子，上边是个大罐，有个电泵往上窨水，一分钱一水筲，因为我们家离这几步远，没事就到这给看着水管子，小孩，看开截门流水新鲜。

这一溜都叫学堂，就是指土地庙说的。咱先来个倒插笔，看这条胡同了嘛，跟纸厂大街比又高出一米来的，当年我父亲从东浮桥趸菜回来，就推着个破铁轱辘车起这走，我总得过来帮着往上推，就说这坡有多大吧！打这出去，全是大开洼，你看墙上那路牌不是写着西开洼了吗！现在叫城防里大街。

站住脚，我再跟你说这地界儿。看厕所这位置了嘛，原先是张二店(明祥)的后门，前门在城防里大街上，院子老大的了，现在成了大杂院。他们家就在杨家胡同，拐过去就是，咱接着往前走……

到了，这遛灰砖房就是张二的老宅。这院儿他大儿子张海山住，二儿子张海兰在店里住，张二死了以后，丧事办得可大了，光摆席就摆了好几天。过去，这块儿统称"东头"，比较热闹，教堂左右都是做小买卖的。那前儿我跟我父亲到宰杀场弄点"头"，弄点"蹄"，八分钱趸的，煮熟了卖一毛二，跟央个爹似的到处叫卖。

这是大新街,还是原来摸样,没怎么动,待会再告你庙在哪。这不庆阳里嘛,我在这生人。我妈妈解放以后干街道,分文没有,还得往外掏两毛,为嘛?遇上更困难的,你不帮一下?她也是嘛都干,我记得在"四合顺"给人家剥豆子,最后就挣点豆秆儿拿回家烧火。给人撮棒子,为的是要那点听子,她没赶上好时候就走了。我父亲顶到公私合营时候,人家让他在小轮车队看驴,夜里连给喂喂,他哪会干那个。他说,我把驴喂死怎么办?不干,还不如买点菜呢!

我呢,小学毕业就没再上。家里就指我父亲一个人那行?我就扛着铡刀给人家轧草、和大泥,一天给一块二,美极了!干到十八岁,我一看不行,还是学点手艺吧!就到了石棉厂当木工,我老伴也那厂的,最后死在了"石棉肺"上。我四个孩子,两男两女,好嘛?!都下岗!不提这个,走,咱看柳二爷庙去……

《大同门历史原貌示意图》,第一稿绘于 2014 年 9 月 7 日,第二稿绘于 2015 年 1 月 31 日。此图综合了李宝增、朱广祺、张克勤、陈沛德、王国才等众多原住民的描述,为 1948 年的情景

樊宝珍

采访对象:樊宝珍(1936 年生)
采访时间:2014 年 9 月 5 日(星期五)
采访地点:东刘家胡同 7 号

我不能算正宗的西于庄人,但我在西于庄上班,后来又在西于庄住。在哪呢?天津钢板厂,这厂在小辛庄大街上,和造纸厂对着。鼎盛时期,有一千四百多职工,现在成了拆迁指挥部。

我老家是河北霸县的,我父亲最先来的天津,当时也没正经工作,做点小买卖,以后才去了河北制鞋厂。我们家原来在河东区,后来挪到河北区的十字街住,老住址?记得!要是寄信,就这么写:十字街西,柴家大坟1号,正顶着小盐店街,跟说快板的王凤山①住一门口,他一天到晚,呱嗒呱、呱嗒呱,还带着几个徒弟,没个时闲。那时老爹老娘跟着我,我四个孩子,老伴肺结核。早先下班都晚,有时去接孩子,孩子让老师带家走了,这就得赶紧回家生炉子,没等上来,马上过河接孩子去。要不对西于庄的事一点也说不上来呢!

我小时候在北开上的私塾,没上过中学,我上边有个姐姐,下边有仁弟弟。十几岁就开始在私人企业干活了,这厂应该说是钢板厂的前身,叫"瑞兴成"铁厂,当时厂长一个姓楚,一个姓于,我年纪小,跟他们说不上话,叫嘛我也不知道。厂子在哪?不就我们前边这大院儿嘛!胡同就是它的后墙。那时也就百十来人,生产马车用的轮毂。厂里有翻砂,轮毂都是铸出来的,然后进窑退火,全是手工作

---

① 王凤山(1916—1992),满族,北京人,著名相声演员、王派快板创始人。7岁学唱数来宝,16岁拜师老艺人海凤,在天桥撂地卖艺。后拜朱阔泉为师学说相声,同时让快板艺术登上了曲艺舞台。1955年加入天津市曲艺团,创立了以"俏"字著称的王派快板,并以此享誉曲坛。

旧宅内部

业，我在那干喷漆。公私合营以后，厂子就改叫合金钢板二厂了，还是生产这个产品。六二年，把二厂跟其他三个厂子合到一块，搬进了新厂区，一上来叫链轨板厂，厂长是三厂过来的，姓周。原来二厂的于厂长调走，研究活塞环去了，好像他是节粮度荒那年去世的。自打造纸机械厂全锅端到我们厂以后，也有了炼钢车间，带过来几十人，把我们原来搞铸造的就合到一块，还专门派人到天钢去学习，等他们回来，我又跟着他们学徒，起那我就改成炼钢工了。

新厂用电弧炉炼钢，我是炉前工，主要炼高锰钢，也叫"锰十三"。一开始是半吨炉，人工投料，从炉门往里扔废铁啊！俩人一人一锨，累了，再换俩人，左撇子、右撇子还得搭配好了。早先废品站往这送，净是打农村收来的熟铁，所以好铲又好炼，以后扩大到一吨半，那就半自动化了，废铁都压成大方块，人也弄不动了。开始一个班炼一炉，熟了以后，两个班炼三炉，再后来一班出两炉，然后吊着钢包浇注，新厂主要生产拖拉机的链板，一共有四个车间，一车间、二车间都炼钢，但二车间炼特种钢，像玻璃厂的炉底板嘛的，三车间清整铸件，四车间机加工、设备维修。

最早在西于庄上班时，天天得过摆渡，那块儿一共有仨摆渡，我经常过西窑洼的那个，人太多就去北开渡口，过一次二分钱，后来一毛、两毛。我结婚在十字街老宅，那有两间房，等有孩子了，我兄弟也该成家了，地界儿实在着不下了，我就搬到西于庄这边，大概六几年。好像是厂子借了点，我自己攒了点，凑在一块买的，就五号院的那间，后来老儿子结婚，又买了这间，那间比这间好，所以我就腾出来。对，上班太近了，胡同口那墙头才这么高，一步就能跨过去，它打铃我都误不了。老厂区一点点就改成职工宿舍了，好像那院儿还有一间当时的老房子。

我老伴在五七年的时候，跟河北工业局派来的代表，一块组织家庭妇女成立了制鞋厂，当时给她定的工资是七十，因为她懂制鞋，会管理，所以全厂职工都管她叫厂长，到六三年，厂里来了个书

旧宅院落

位于东刘家胡同的"瑞兴成"铁厂旧址

记,又给她涨了五块钱。那会儿我挣六十多,可是四个孩子有俩下乡的,给拖累坏了,大小子干了一年,末了儿一算账,还欠大队四十块钱,你说当父母的能不帮他嘛!还不错,待了两年来的,大队就送他上了河北农大,三年回来分到了县农林局,当时人事关系留在局里,人必须下到公社,他又在胜芳干了几年,觉得这小子还挺能干,才又调回局里。三儿子到霸县插队就没回来,现在在武装部,住的房比我强多了!

我这命,相当相当不错!四个儿子、四房儿媳妇,都这么孝顺……

纸厂大街

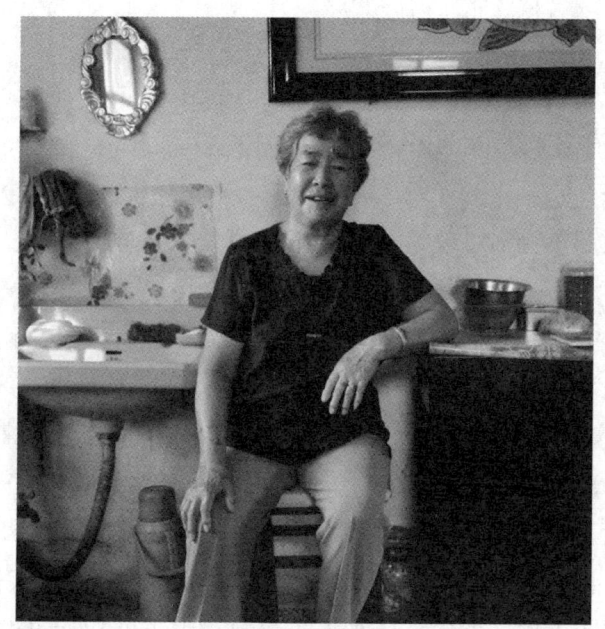

周学珍

采访对象:周学珍(1939年生)
采访时间:2014年9月5日(星期五)
采访地点:西于庄二条胡同6号

有句俗话,不知你听过没有:穷丁字沽,富西沽,西于庄人会宰猪。西于庄打八叉的多,挑八股绳的多,卖小鱼的多。哎,一套一套的……

说起李克强总理到西于庄来,我真是太幸运了!

事先不知道。那是去年的十二月二十七号,中午十一点来钟,街道主任来了,说:"周姨,在你这院子开个会。"我说行,几点开?"下午两点。"顶到两点,来了二十多人,都是周围邻居,这二十多人,我算岁数比较大的,然后就跟我们说,今天有领导来,是大领导,究竟是谁我们也不知道,等来了你们肯定认识。都快三点了,给我们分成四个组,李忠义那一组;我隔壁一组;对过院一组,再加上我这一组。每个组四五个人,有区里的、便衣嘛的,让我们在屋等着。就听工作人员拿着对讲机通话,到哪哪了,快四点的时候,就有人喊,来了,来了!谁呢?说是李克强!他们的车停在新红路上,起教堂胡同走进来,胡同口正对着李忠义的家,人们就把总理让进了屋。一听总理来了,我这屋的人也都出去了,一开始我还不敢动劲,再一扒头儿,胡同围满了人,我跟着就跑过去了,心想我得跟总理握握手,当时也不害怕,就这么钻进去了,街道主任还说,周姨,你别钻,一会儿上你们家去!我也没听,直接站到了总理身边,我俩手握住总理的手,激动地说不话来,总理说,明年一定让大家住上新房!我们这些老街坊旧邻都给他鼓掌。然后进了王家院儿,从那院儿出来,又去对过院儿,那破院儿都没人了,正巧有个租房户,总理

旧宅内部

还给租房户家的孩子一个红包。心想，下一个就该进我这院儿了，可是他们出来以后孙春兰（时任市委书记）就带着总理往回走了，多亏刚才跟总理握了手。转天《天津日报》《今晚报》都登了我和总理握手的照片，看表情我是说了话，到现在也想不起说的嘛。大伙都问，这么多跟总理握手的，怎么就单给你照上啦？我说，我哪知道，命好呗！那天，我妹妹打来电话，她从电视里见到的，就说，咱们家，三个人跟三任总理握过手，你说幸运不幸运！

先说我妹妹，她叫周学来，十五岁就进了利顺德大饭店，那时又机灵、又漂亮，初中还没毕业，街道就给她分配了工作。大概五几年吧，那年她十八岁，周总理来天津视察时就住在了利顺德，我估计是在接见工作人员时她跟总理握了手，把她美的呀！我妹妹可能干了，当时去利顺德有好几个，就她没动劲儿，一直干到总会计师

旧宅外观

退的休。

再说我弟弟,他叫周学成,原来是天津站的站长,等北京西客站快建好了,就把他调到那当站长。九六年西客站举行运营仪式,李鹏总理出席了,就在那个现场,他跟李鹏总理握了手、照了合影。等着,我给你找找那本画册……这不嘛,李鹏总理,这就是我弟弟,特帅,可惜没有握手的照片,他也早退休了。

我都七十五岁了,还赶上了和总理握手。

我们家最早在西头如意庵酱房胡同十号住。我太爷、我爷爷都是在如意庵走的,至于过去干嘛,说不好。就知道我父亲在家门口摆糖摊,属于那种小食品,后来我哥哥接手,一合营他归了红桥糕点,我父亲去了建筑公司。我们家七个孩子,仨男孩、四个女孩,现在就我哥哥没了。当时家里挺困难的,我母亲又没工作,所以我跟我姐姐都没上过学。他们那几个都上学了,我哥毕业从糖摊去了糕点,我弟弟铁路学校毕业一直没离开铁路,我老弟弟在自来水分厂当大夫,再说我俩妹妹,一个在利顺德,一个去了食品厂,就我到了儿没有正式工作。

  小时候跟我哥哥盯糖摊,搭个下手嘛的,糖摊没了,我就在家待着。二十一岁我进的这个门,嫁到了王家。这门亲事怎么成的呢?我的姨姨在前边那间屋卖煎饼果子,当时这个路口都是卖东西的,我呢,没事就找我姨来,那天碰见了先前在如意庵卖布的康师傅,合营以后他调到西于庄布铺,因为认识好多年了,挺熟的,就邀我上他们家玩。原来,康师傅租的王家的房子,他觉得王家人口少,自己有个小院,家庭条件也不错,就给我撮合这个事,对方也挺乐意。我哪做得了主啊,过几天就把我妈妈叫来了,她一看,就同意了。我们对象起小就没了父母,始终跟大爷、大娘过,大爷在北营门摆鱼

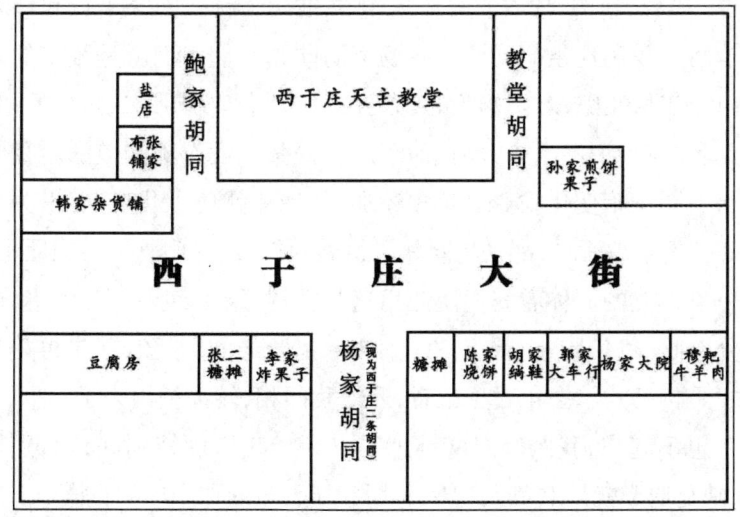

《西于庄大街天主教堂前店铺分布示意图》,绘于2014年2月12日。

盆。对象叫王金堂,在红星打字机厂电镀车间,技术骨干,最后结肠癌死的,他活的还算长的,电镀多大的毒啊!我们五九年五月一日结的婚,原来康师傅租那间房腾出来,他大爷住,我们就用了里外间当婚房。当时已经不兴花轿了,是小轿车给我接来的,我一下车,好么,胡同的人都黑了,一点空儿都没有了,虽然不穿婚纱,但绝对漂亮。几十年后还有人夸我当时的模样,都有名了!在家摆了几桌,倒是挺热闹的。

结婚以后,我顶着别人的名额去了北洋桥的制革厂,在那干了十三年,最后也没转正。我儿子也在这院儿结的婚,这不,里外间打了隔断嘛!

原来我们这块特别热闹,胡同尽头不是教堂嘛,先说左首,把角是韩家小铺,旁边就是布铺,对面是豆腐房,它旁边是张二糖摊和李家炸果子。右首教堂胡同把角是我们姨夫开的煎饼果子铺,对面也是一家糖摊,挨着它是陈家烧饼、胡家绱鞋、郭家车行和穆耙牛羊肉。我们这条胡同原先叫杨家胡同,我们对面就是张二的老宅,我来时,儿媳妇、奶奶嘛的都还在呢。大伙都喊张二、张二的,究竟真名叫嘛,说不上来,反正西于庄一提张二没有不知道的。我们这条胡同没嘛变化,宽窄、长短还那样,现在就还十几户,邻里关系挺好。我老头死时,都是胡同邻居给做的饭,还专门腾出两间屋子,跟一家人似的。你看我们院儿里这几棵树,结了红果、杏、香椿,也都分着吃,每年腊八,上午熬一锅腊八粥给老人、小孩,下午再熬一锅才是自己的。去年碰见记者,还给我照相,转天登出来了。

想不起来,我跟李忠义谁来得早了。我们俩特别好,嗨,别提了,缺德呀!就是欺负人。哦,你听说了?斗的那个惨啊!脖子上挂东西、叼破鞋,墙上贴满了大字报,能写嘛,就说她爱打架呗,其实她跟谁打架,找茬!我始终同情她,那天她见我直说,咱俩多好啊,老了老了还见到了总理!

周学珍补述(2014 年 9 月 30 日):

  头天下午(9 月 11 日),居委会主任告诉我,明天总理来,街里出车一块去新房。我一听特别高兴,总理还真是说话算数,离上次刚九个月又来关心西于庄的棚户区改造,一晚上我都挺激动的。转天早晨七点,我们集中到居委会门口上车,是辆十人轿,我看了看基本都是上次见过总理的那些人。有李忠义和她老闺女,有王金生夫妻俩和小孙女,还有杨家全两口子……加上街里干部,总共十一二口子。

  我们来到正在建设的新区,直接安排到样板间,一共三种房

环境优美、配套设施齐全的和苑西区让西于庄老住户眼前一亮

型,面积都不一样,有八十多平米的,有六十多平米的,还有五十多平米的,装修得都挺漂亮,这次还是分了四个组,然后在四间屋里等着。总理来了以后,让他进了最大的那间屋里,跟老住户握完手后,和李忠义她们同坐在沙发上,大家也围拢过来,总理这次来显得特别高兴。他说,棚户区是历史的欠账,也是城市的疮疤,要一茬接一茬干,抚平这个疮疤……气氛比上一次强得多。总理说,等你们住上新房我还来!这时我们隔壁邻居王金生拿出一张红纸,上面写着:一诺千金,造福百姓。递给李克强总理,总理马上就说:这个"一"不是我一个人,是政府一诺千金。大伙全都笑了。

按:2014年9月11日,中共中央政治局常委、国务院总理李克强在天津市委书记孙春兰等同志陪同下考察西于庄棚户区改造安置房工程现场。据2014年9月13日《今晚报》载:"时隔9个月,李克强如约来到迁建施工现场。看到这里59栋楼房拔地而起,明年就能入住,他十分高兴。一些拆迁安置群众正在看房,见到总理,他们纷纷表达对政府的感谢之情。李克强说,群众的需求就是我们的动力。棚户区是历史的欠账,也是城市的'疮疤',要一茬接一茬干,抚平这个'疮疤',兑现党和政府承诺,切实保障困难群众基本生活。"

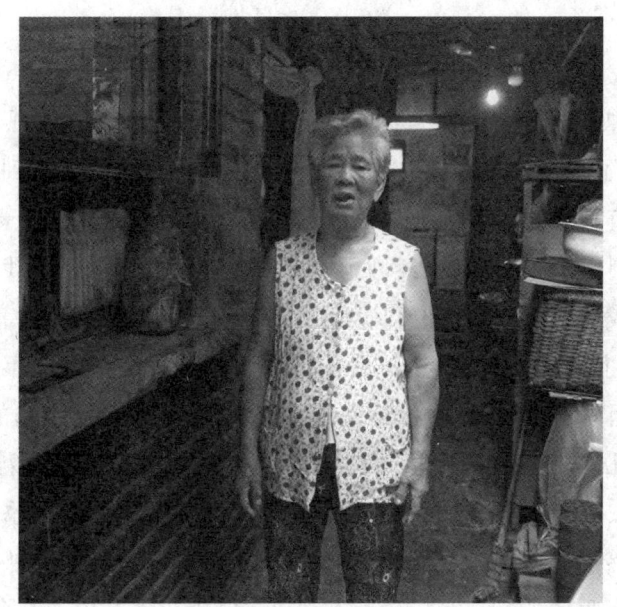

白桂珍

采访对象：白桂珍（1935 年生）
采访时间：2016 年 7 月 31 日（星期日）
采访地点：关桥胡同 15 号

我老家是河北省沧县的。小时候就听大人说,我爸爸是地下党,他叫刘金亭。有一回不知到哪个村去搞活动就给抓了,五个人,抓了仨,其中就有我父亲,末了儿给活埋了。家里人到处找,一直没有音信,归其我大舅听人说哪哪埋了仨人不知是不是,结果就给刨出来了,当时已经埋了俩多月了。怎么辨认的是我父亲呢?过去我妈会插花(绣花),就给我父亲插过一条腰带,缸靠儿色儿的布,上面插着红花,这一看,没错啊,就是我父亲!那年我三岁、我姐姐六岁。过后,我母亲就到天津来了,改嫁寻了姓白的。我姥姥好几次带着我到天津找我妈妈,想把我留给她,然后姥姥带着我姐去东北。可我妈就躲着我姥姥,闲我是闺女,给她添累赘,我姥姥憋了一口气,就让我姐姐跟大舅过,领着我奔了关外,那会儿正赶上兵荒马乱,坐一骨碌儿马车,再坐火车,这一道净是俄国人,别说对我们都挺好,那年我八岁,个儿又小,俄国人就送给我们钢板儿、面包嘛的,哩哩啦啦走了好几天,才到辽宁营口的田庄台。我二舅在大寺当阿訇,可能我姥姥心里别扭加上劳累,没多日子就死了。这下崴了,我二舅母死看不上我,二舅一出门她就叫我割芦苇,给马准备饲料,一不顺心就打我,二舅回来看我身上净是伤,就把我给人了。这家人就老两口儿,没儿没女,靠做切糕挣钱养家。我来了跟着做切糕,那大锅老大的,我踩着凳子干活,切糕做好了还得跟着去卖,等卖完了,再去地里拔干豆秧子,背回来当柴火烧。以后,大舅听说把我送人了,还这么苦,就坐不住了,说嘛

即将拆除的关桥胡同

也得把我领回来。为这事,大舅卖了两亩地,就赶到东北来了。可人家不让走,那年我十四,也算劳动力啦,再加上人家能白养好几年吗?再一个,带孩子出关必须开"出关证",证明孩子不是你偷来的、骗来的、买来的。也不知为嘛,就是不给开,我哭了好几天,大舅看着疼得慌,就跟主家商量:要是上不去火车就让她回来,要是上了火车呆俩月再回来,反正同意不同意也得领闺女走!走之前给了主家一个小元宝,也算了了。就这么着,我东躲西藏跟着大舅连火车票都没买就到了天津,大舅领着我找我妈妈去。我说嘛不认她,心想姥姥来多少趟你都不见,心太狠了。就呆了两天,闹着跟大舅回了老家。在老家一个多月,大舅又劝我,怎么说那也是你妈妈呀!再说你还能跟姐姐做个伴。一想,来就来吧,那年十五岁。我后爹在哪住呢?过了大红桥不远儿的澍德里,正好附近胡同有家私人开的粉厂(搽脸用的),我就去干临时工。顶到十八岁,就跟着姐姐到三马路棉花厂给人家扛大包,一包二百来斤,我扛不了,就给扫地嘛的。干了两年来的,我姐姐又在官银号找了份工作,叫益顺兴文具厂,做大头针、曲别针,因为我太小人家不要,怎么办呢?就到劳动局登记去了,末了儿给找的玉成玻璃厂,在大同门。干机器打瓶儿,牛奶瓶儿啊、墨水瓶儿啊、罐头瓶儿啊,当时还没公私合营,一盘炉七八个缸,都是个人"包缸"(化料容器),愿意吹嘛就吹嘛。干了几年,赶上大同门改造厂子就黄了,我又接着到劳动局登记,归其我老伴厂子正招工,就去了"五玻"(第五玻璃厂)。

我们俩五四年结的婚,也是经人介绍。哪懂得搞对象?一看他老实巴交,独子,又是回民就同意了。没想他们家这么穷,炕上铺着草帘子,屋里就一个八仙桌子,嘛也没给我买过。没见过他父亲,说是离婚了。他呀,也是个苦孩子,几岁儿就卖烟卷,十几岁就外出学徒,他养着他妈妈。

结婚时我们的屋子才七八平米,婆婆住那间十四平米的,早先都是篱笆灯,七几年不是备战备荒,深挖洞、广积粮①嘛,就那年,街道天天来催,别人就挖个洞对付对付,我们可倒好,借着挖地道,把老房也扒了,就手翻盖新的。你是不知道啊,房子还没盖,先响应伟大号召,像模像样地挖起了地道,我这地道不是一般的地道,三米深、一米五宽,十多米长,一次就投下了七千块砖,还专门请了俩工

---

①1972年12月10日,中共中央在转发国务院11月24日《关于粮食问题的报告》时,传达了毛泽东主席"深挖洞、广积粮、不称霸"的指示。60年代中期开始,由于对国际形势的估计过于严重,毛泽东主席强调要突出备战问题,要准备粮食和布匹,要挖防空洞,要修工事。根据这些精神,1969年8月,中共中央正式决定成立全国性的人民防空领导小组,各省、市、自治区也纷纷成立各级人防领导小组,在全国广泛地开展了群众性的挖防空洞和防空壕的活动。

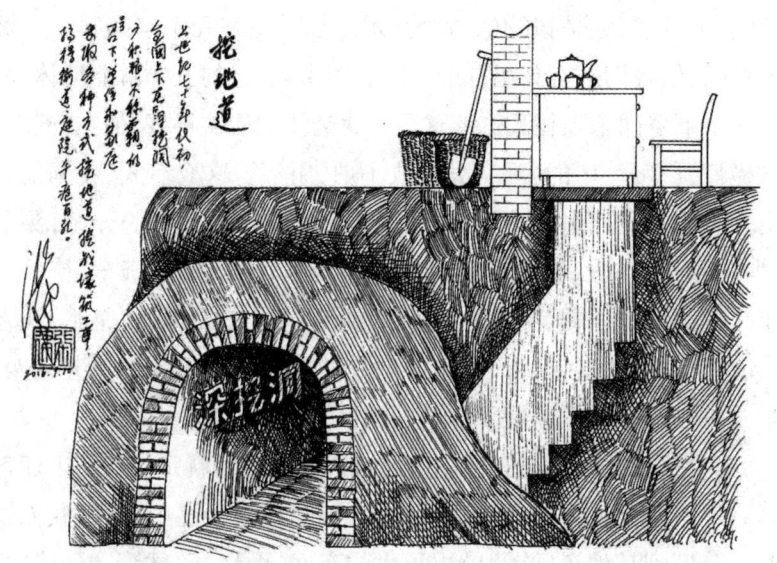

《民居地道示意图》,绘于 2016 年 9 月 10 日。根据白桂珍介绍和实地勘察并结合相关资料绘制,展现的为剖面效果

程师给打的拱券,因为我们家坐在河堤上,挖多深也不出水,加上人口多,真要打起来,底下不安全嘛,对嘛您了?好么,这地道在当时成典型了,都上这参观来。为了把地道口留在屋里,盖新房时扩大到二十五平米,街道特意送给我们一个盖子。一开始,孩子们到里面写作业,爬上爬下挺好玩,敞了两三个月,后来老儿子在那屋一结婚就封上了,这一封就是四十多年,那会儿的人都死性。

一开始我跟老伴不都在"五玻"嘛。我在一车间、他在三车间,厂子在海光寺炮台庄,离家太远,上早班三点半就得从家出来,还抱着个孩子,这一趟得一个半小时。我一寻思,别都在这儿啊,得想法调调。顶到五八年,我就调到了"一玻",这回近了,就在西河边上,走着走一刻钟。这厂大,有四千来人,车间跟车间都不认识,烧活的、刻度的、大炉拔管的、动力、木工加一块好几个车间呢！工资不算高，但我们都有高温补助。女的四十五、男的五十就能退休，我大儿子下乡回来顶替我进的这厂。我老伴吹活吹得好，他在"五玻"吹桅灯，一串一串的，后来大炉改小炉，用不了这么多人，就调他到生生暖瓶厂，专门吹瓶胆，这厂在土城，比原来还远，一开始，买了辆自行车骑车去，再后来坐十四路头班车，下班坐末班车，待了一年来的，正好"二玻"有个姓张的想调到这边来，也会吹瓶胆，我老伴就跟他对调，这厂在天穆。五二年他就能拿到七十二块五毛四，十二级，最高十四级。

我在"一玻"上机器干"印度"，嘛叫"印度"？就是往针管上印剂量刻度。后来这个产品迁到大同门，单独成立了注射器厂，我们这些人分散到其他车间，我就去了大炉车间，做烧杯、试管。记得"文革"时毛主席送工宣队芒果吗？所有的"芒果罩"都是我们做的，职工一人发了一个，里边是蜡做的芒果。还有玻璃的大主席像，吹的银粉，漂亮极了，我弄了俩，街里要走一个。那会儿的人特别规矩，我们厂吹的出口茶杯，倍儿生色，没人想起来往家拿。我这人，要强，就是不服输，开始干班长，后来当车间副主任，常年不歇一天班，总在光荣榜上。有个派(出)所警察到我们厂来，指着光荣榜问保卫科长，这人是谁，怎么老有她？保卫科长说，好么，你不认识她，这不"回三儿(大儿子外号)"她妈嘛！没人能比得了她。

自打我进了李家门就没离开过这间屋，六十多年了！原先没有新红路，叫关帝庙大街，窄极了，上下班挤不动，错两辆车都费劲。我们房后头是个大坑，全是垃圾垫起来的，关帝庙我们没赶上，龙王庙赶上了，门口有两棵旗杆，改成派(出)所，就是没进去过。

津沽文化研究集刊第七种

主编 王振良

口述津沽

民间语境下的西于庄

（下）

张建 著

天津出版传媒集团

天津古籍出版社

图书在版编目(CIP)数据

口述津沽:民间语境下的西于庄/张建著. -- 天津:
天津古籍出版社, 2017.4
(津沽文化研究集刊/王振良主编)
ISBN 978-7-5528-0524-6

Ⅰ.①口… Ⅱ.①张… Ⅲ.①村史—天津 Ⅳ.
①K292.1

中国版本图书馆 CIP 数据核字(2017)第 085010 号

口述津沽:民间语境下的西于庄(上下册)
张建 著

出版人/张玮
*
天津古籍出版社出版
(天津市西康路 35 号 邮政编码:300051)
http://www.tjabc.net
今晚报社印刷厂印刷
全国新华书店发行

开本 880×1230 毫米 1/32 印张 24.25 字数 540 千字
2017 年 5 月第 1 版 2017 年 5 月第 1 次印刷

ISBN 978-7-5528-0524-6
定 价:108.00 元

引　子

　　回顾这些年，不知从何时起，竟然把做口述史当成了一种责任，所以越做越沉重，越做越繁琐，越做越心虚，越做越疲惫，甚至越做越难以自拔，做到最后都发怵了。因而，在跌跌撞撞向西沽这个终点冲刺后，毅然决然地宣布"退役"。可是，就在这个当口，西于庄危改的消息见诸报端，我一遍又一遍地告诫自己再不能误入歧途。但是，当得知大批摄影者早已蜂拥而至时，当想到总理对这片棚户区如此关注时，简直如坐针毡。思前想后，这么多年都挺过来了，难道一哆嗦就坚持不了了吗？在辗转反侧之后，先是自我妥协地设计了一条折中"路线图"。即：只动相机，不动笔。然而，懦弱的表态终将没能战胜牢固的责任。嘛叫责任？就是历史给了你这个机会，必须抓住。2014年1月13日，我清空了所有的纠结，急迫地踏入了西于庄这片陌生的土地。正是从那一天起，西于庄人的火热温暖了我，并由此点燃了我超乎寻常的激情与自信。晚上，打开电脑准备整理访谈录，双手下意识地敲上了当天的日子，望着这几个跳动的数字，忽然有些失忆，就连几个小时前的情节都变得模糊起来，当滞后的画面渐渐浮现以后，越发感到记录的重要。蓦地，在脑际里闪现出"采访日记"四个字，于是，第一篇日记就这样诞生了……

记得上小学时，班主任总催促大家写日记，那时的日记是有标准的，不能逮嘛记嘛像流水账，要有思想、有意义，可对于几岁的孩子来说，哪知道什么叫有思想和有意义，当读过"范文"以后才明白，"有思想"就是斗私批修；"有意义"就是助人为乐。所以为了写日记，就得想法子去做好事，实在没辙了就开始瞎编。以后，日记又都变成了"豪言壮语"，字字铿锵有力，句句热血沸腾。可以说，我们这代人确实不怎么会写日记。后来读了一些名家的日记，才发现真要把一天的所思所想、所作所为全记下来，并不是件容易的事，许多看似平淡的环节或举动，恰恰为后人留下难得的历史印痕或追忆的讯息。

想不到，几十年后如蹒跚学步般开始临摹日记。想不到，几年后在为别人做口述史的同时，也把自己拽了进来。直到写完这一百零七篇采访日记后才明白，这种互动本身正是口述历史的重要补充，许多过程和细节，许多感悟与碰撞，许多口述以外的糗事、□事、趣事、美事，都可算作一种历史的还原，从中可以寻找出在整个"口述"征程中逐步演化和生成的思路、方法、技巧以及过失或教训。

2014年1月

2014年1月13日(星期一)

天气详情：最高气温4℃　最低气温-4℃　晴转多云　西北风~东南风　风力小于3级

临近中午，实在沉不住气了，抄起电话给曾在红桥区文化部门工作过的赵建强打了过去，我想通过他联系一个西于庄的老住户，先介入进去再说，没想他非常痛快地答应了，并告诉我一会儿就给回信。果然，他回复说，已跟王主任打了招呼，他不仅是老西于庄

因为王家第一次接受报社记者的采访，所以显得特别重视，家人们陆陆续续来了好几位。大家围在一起像开座谈会，我立刻起身记录了这个采访现场

我问家人老太太能不能坐起来，他们说没问题，于是组织他们拍了这张合影

人，母亲仍然还在老宅居住，之后留了王主任的电话。

我运了运气，干脆下午不参加例会了，赶紧投入采访，因为据赵建强说，口述史协会和红桥区政协也正准备着手这方面的工作，还有意邀请我参加。不过，就我的经验而言，面对将要拆迁的原住民，口述史的抢救还是越早越好。

按照抄录的电话号码，我与王主任联系上，他很客气，双方约定下午两点半在西于庄小学门前会面。吃罢午饭，睡了一个小时，然后检查录音笔、照相机等，差一刻两点从家出来直奔西于庄。

过了大红桥下坡左拐，进入增产大街，中途去了趟厕所，顺便打听西于庄小学的位置。其实，就是纸厂大街上的那所欢庆里小学，只不过校名改了。我停好车，站在一处显眼的地方，等着未成谋面的王主任，10分钟左右，一位身材高大、穿戴整齐、带着干部模样的 60 岁上下的男子向我走来，我断定他就是王主任。没错，我们相互寒暄了一阵，于是推着车随他拐进屠宰场前街，然后又拐来拐去到了他老娘的家门口。

这是一间十五六平米的房子，中间摆着一张圆桌，南侧躺着王主任的老母，看上去已经长期卧床，东面并排着两个套间，我先跟王主任的老娘打了招呼，然后王主任又介绍了他的大哥，我们坐下来。为了表明来意，我简要描述了头两年在西沽采访的经历和成果，然后挑明了此次访谈的大致思路，话匣子一下打开了……

谈到他们的老祖时，大哥王景龙忽然想起老祖生前曾写过的一本书，他说这本书详细记录了老人家一生坎坷的经历，去年自费印了几册分到各家传承，说着他让家人去取，我们则接着聊。不会儿有人送过来，封面上写着《我的一生》几个大字，翻看内页，全是用毛笔抒写的小楷，全书按年龄段分了若干部分，语言简练、生动，最前面的插页还有一张"全家福"，我心想将来可以作为附录摘选一部分内容。

我们越聊越兴奋，这时王主任的弟弟王景召凑过来跟着一块聊，他在家排行老四，个头不算高，剃着光头，似乎比他的两个哥哥还能聊，家里家外的好些事拿起来就说，性格十分爽朗。大约聊了两个来小时，我召集家人拍摄合影，他们也很配合，还把老娘抱起来放在椅子上，我觉得这张照片比较难得，所以拍了又拍生怕出差错。接着又翻拍了《我的一生》几个页面和老照片，一切都就绪之后，我提了个要求，既然老四跟周围邻居这么熟，能不能让他帮我联系几个采访对象，大家你一言我一语地就这么定下来，老四自己也挺愿意，这就如同埋下了一枚"火种"，为以后慢慢燃烧并向四周扩散创造了条件。

老四送我走出胡同,我说以后就叫你四哥吧,后边可能要给你添不少麻烦,提前谢谢喽!老四仰起脸,哈哈地笑起来,并一个劲儿地说,这一带我全熟,多晚儿来就言语。

从西于庄出来已经5点多钟,6点还要赶到大沽南路上的鸿起顺饭庄,因为今天要与多年不见的好友李虎、汪强和总工会的几位老前辈小聚,所以自行车骑得飞快。

2014年1月14日（星期二）

天气详情：最高气温3℃　最低气温-5℃　晴转多云　北风~西风　风力小于3级

上午，报社老总让我过去一下，谈完别的事还问起了我到西于庄采访的近况，我简要汇报了自己的想法和当前的进度，他很支持，让我心里热乎乎的。

午休回家想了想，决定下午再去西于庄，于是给四哥打电话，他十分爽快地答应了。简单吃了点饭，之后又眯了一会儿，还是昨天那个时间，踏上了去往西于庄的路途。

依然是那条老线路，依然在那个厕所解了个手，依然从西于庄小学门前经过，依然拐进屠宰场前街，可是再也找不到四哥他们居住的老胡同，简直就跟鬼打墙似的，没辙，只能拨通四哥的电话，他说马上出来接我，我退回到屠前大街上，没想到他从十几米以外的胡同里走出来，弄得我很不好意思。我仔细看了看那条胡同，心想下次不能再错了，然后还掏出相机拍了几张。四哥也喜欢摄影，年轻时存钱买相机、闷在家里洗照片的经历与我很相似。我问他："你是不是小时候特淘？"他说，"你怎么知道的，别提了，这一带，加上

谈起往事朱大爷陷入深思

丁字沽，没有不认识我的，就是爱打架，谁都怵我。你别看我这样，告你，参加工作以后，拿了好几次先进呢。"我问他原来在哪个厂，他说在天重炼钢车间开天车，我们一下拉近了距离。说实在的，那时我在车间还挺羡慕天车工的，有一回还特意随着同事爬上天车的驾驶室，亲身体验居高临下的滋味。后来四哥还开过半挂跑长途，经历过很多事，我倒挺喜欢这种人，讲义气，特热情，脑子还倍儿灵活。

我随他走进大国庆里，这是条死胡同，到头儿是一个长条院子，我把车放好一同进了屋。被访者80多岁，姓朱，叫朱凤桐，拄着拐棍坐在炕沿儿上。四哥像中间人似的，分别作了介绍，然后我接过话茬，单刀直入地触在了朱大爷的兴奋点上，他点燃一棵纸烟，青灰色烟雾在空中盘旋，时光一下子退回到60多年前。朱大爷不紧不慢地讲起来，我从中寻找有价值的线索，然后步步紧逼、引向深入。四哥时不时地在一旁帮着解释，他说话时，我趁机掏出相机抓拍几张照片。这时在同院儿住的朱大爷的兄弟推门进来，又是一通寒暄，静下来才搭上先前的话题。原来朱大爷的母亲是这一带首任街道代表，他们的老宅是填平臭水坑建起来的，虽说历史并不久远,但很有时代特色,转变了之前我对西于庄的肤浅认识。

我们聊了两个来小时,四哥也陪了两个来小时,朱大爷虽然有些意犹未尽,但明显看出疲惫来。我再次拿起相机,给朱大爷拍了几张,又给他们哥俩拍了几张,还让四哥与朱大爷合了影,我也凑热闹,让四哥给我和朱大爷拍了几张。大家都特别高兴,我说赶过节,要是有时间给你们拍张全家福,一家人谢声不断……

四哥依旧把我送到路口,我对四哥说:"下回联系好访户,就甭陪着了,快过节了,都挺忙,真是过意不去!"四哥说,"没事,多玩儿来,接着打电话。"

我特别高兴,最起码缓解了些许的孤独感。说真的,这几年由于长期一个人单枪匹马地在百姓中穿梭和倾听他们各自的经历,

我把胳膊搭在朱大爷肩膀上,拉近距离,显得亲切,这张片子是四哥给拍的

使自己内心充满了酸楚与悲凉。去年硬着头皮完成了西沽60位原住民的访谈,曾发誓不再触及这类选题,可当西于庄要拆迁的消息确认之后,那种冲动又占了上风,尤其是国家总理视察了西于庄,我好几宿没睡踏实,能眼巴巴看着这片老区在我面前消失吗?开始只想用图片说话,后来与振良沟通,他还是主张访谈,于是不得不再次走上这条艰难之路。

2014年1月16日(星期四)

天气详情:最高气温2℃　最低气温-3℃　小雪　西南风~东北风　风力小于3级转3-4级

还是中午,给四哥打了一电,告诉他下午接着去西于庄,他依然爽快答应。头天晚上因车位问题与小区业主发生点不愉快,弄得我一宿没睡好觉,所以吃了饭赶紧躺下,怕下午没了精神。差10分两点从家里出发,边走边思索下一步的采访计划,离春节越来越近了,得想办法把这个时段利用好啊!据报纸上说,这个春节将是西于庄人在老宅度过的最后一个春节,如是这样,就更不能轻易错过。

两点半到了西于庄屠宰场前街,我在昨天四哥指认的胡同口给四哥打电话,等了一会他却从另一条胡同走出来,难道我又记错了?一问才知道,他们家的胡同是个"U"字型,全叫"二条"。他走过来接过我的摄影包指了指,"今儿就访这家,把自行车推我院儿里吧!"他告诉我,西于庄闲杂人员太多,总丢东西,还是小心点好。

走进屠宰场前街52号,只有老两口子在家,户主叫胡成才,也算是老西于庄人,四哥简单介绍几句就让他走了。这老两口都特别实在,对我一点戒心没有,问什么就说什么,有些事胡大爷记得不太清,坐在

盖了一辈子房,都这把年纪了依然没住上新居

一边的老伴帮着补充,他们对现在的生活很知足,流露着对政府的感激之情。

大约聊了1小时40分钟,我拿出相机准备给他们老两口子拍照,胡大爷的老伴说自己太难看一个劲儿地摆手。我见状主动摆上两个凳子,并热情高涨地说,你们在老宅住了几十年,搬走了不就得靠照片来回忆吗?屋里有只小狗本来在笼子里关着,一听要照相,不知怎么就串出来,攀在胡奶奶腿上,争着上镜头。我说,您看小狗听说照相都跑过来了!说话间我已经搂了十几张,他们以为拍张照片会很麻烦,结果还没找着感觉就完事了。

老两口儿一前一后送我出来,我回到四哥的小院儿取走自行车,想想还是打个电话告诉他一声,刚掏出手机,他从屋里出来了,并且非要送我走出屠前大街。他忽然问我,"你要西于庄闹水的照片吗?"我说要啊!"你等着,我去问问。"他进了一间小卖部,不会儿探出头来冲着我又问:"在手机里能拷走嘛?""什么时候拍的?""去年。""那就算了!我以为是老照片呢!"原来,几十年间西于庄下雨就淌水的状况根本没得到解决。

我告诉四哥明天继续,便把他劝走。时间还早,心情又特别舒畅,于是又在西于庄的街巷里转悠起来……

2014年1月17日（星期五）

天气详情：最高气温2℃　最低气温-3℃
雾转阴　东风　风力小于3级

因昨天约定了时间，所以来西于庄前没再联系。

这两天雾霾非常严重，夫人拿出好几个口罩，让我每天倒着戴，还一个劲地吓唬我。也是，我的肺本来就不够好，再加上气管炎、咽炎都是十多年不愈，年轻时不怎么在意，50岁一过就逐渐显

我握着王大爷犹如钢锉般的手，传递着相互间的信任

墙上挂满从自己地里收获的玉米,黄灿灿的,尽显农家味道

现出来,有时夜里堵得慌爬起来吃药。别说,戴上口罩还真见效,咳嗽好多了。

骑进西于庄,拐了两个弯就到了屠宰场前街,按惯例在街边的厕所方便了一下,刚上车老远就看见四哥站在胡同口跟胡大爷聊天,我凑过去跟他们打招呼,四哥说,"今儿给你找了个老农民。"说着便朝纸厂大街走去。四哥告诉我,每次来访之前,他都事先到老住户打个招呼,否则人家愿不愿意的,不礼貌。别看四哥外表粗粗拉拉,敢情还挺有心路,特别是他安排的采访对象都是我想要的,说明他脑瓜子很活分。

这是一个独立的院落,上面加盖了顶棚,院里农具、农用三轮和采摘的玉米,构成了一幅典型的农家院图景,靠北是两间大房子,我们刚进屋,主人王国才非要换到儿子屋里去接受采访,说那屋整齐,我们只好客随主便。王大爷古铜色的脸庞刻着深深的皱纹，两只手布满厚厚的老茧，衣服上挂着黄土渣子，他可是个既实诚又厚道的人，两点一过就坐不住了，所以见我们来很是高兴，随后老伴也跟了进来，我示意四哥可以先撤，可王奶奶说嘛不让他走，他只好坐下。我吸取前几次的教训，赶紧先把照片拍了，否则聊完了天也黑了。先给王大爷与老伴合影，又给王大爷与四哥合影，然后让四哥给我和王大爷合影，折腾一通之后，我们书归正传，聊起了西于庄农业社历史形成的过程。半截儿，四哥出去接电话，趁机让他走了。

  王大爷满口牙都没了，说话吐字不清，我不但需要仔细倾听，有时还要追问某个发音。王奶奶说话不多，大约"陪聊"一个多小时，推托要看炉子去了旁边屋。我们俩聊得越来越起劲，我刨根问底地提了一大推问题，大爷则说得头头是道。眼下，他们一家虽说不种地了，可还都是农业户口，这在西于庄这片老区里已经很少了。王大爷说，他在河边还有块地，什么也不指望，主要为了打发无聊的时光。

  采访结束时，他约我到隔壁屋里看看家里的火炕，一家人有的盘腿坐在炕头择豆子，有的围在炉子跟前煎鱼，普通人的日子，就是这么的安然而温馨。

2014 年 1 月 21 日（星期二）

天气详情：最高气温 2℃　最低气温 -6℃
晴　西北风　风力 4-5 级~3-4 级

　　上午给四哥打了一电，他说等会儿听回话，可一等再等就是没信儿，我又打了过去，他说要访的老太太看病去了，下午他有个同学聚会，委托胡大爷把我带过去，我说没问题，还是两点半。

　　我径直来到胡大爷（胡成才）家门口，胡大爷正好出来，我先取出照片递给胡大爷。呵，高兴极了，他没想到这么暗的屋子拍出的照片还挺清楚，老伴迎出来接过照片看个不停。我问胡大爷："老四说了嘛？""说了，说了，我领你去！"其实就隔着几个门，要拜访的老人叫张淑珍，但邻居们都喊他王奶奶，是她老头儿的姓。她家的房子是后来分几次接出来的，真正的老宅在紧后头了，临街的几平米当成了小卖部，窗户有个售货口，但买东西的人会直接喊话进屋，看了看主要是烟酒饮料和小食品。

　　王奶奶把我让进屋，屋里还坐着个老邻居，我们循序渐进地东拉西扯，主要是想把话题敞开，王奶奶坐在圆桌前一边吃着干馒头，一边跟我搭话，老邻居的经历似乎与王奶奶有相似之处，所以

聊得差不多了,我把张淑珍老人(左)和来串门的邻居召集在一起,为她们拍了合影

她也跟着聊起来。我发现,有时聊起老事,旁边有个帮腔的倒能打开思路或牵出一些细节。

不能指望个个都硬磕,人的经历有繁有简,心境有深有浅,表达有高有低,从而构成丰富多彩的人生。我先给王奶奶自己拍了几张照片,而后给她和老邻居拍了合影,也算打了个"卧儿",留在后面备用。最后我提出看看老宅,王奶奶先走进去把正在睡觉的儿子喊醒,我有些不好意思,一个劲地道歉,既然也搅合人家了,那就拍几张吧,走前还留了她儿子的电话,告诉她一年之后,我打这个电话给你们贺喜!

今天感觉收获不是很大,拿出手机看看时间:4点50,光线很暖、很柔,心情自然也很不错,于是沿着纸厂大街向小辛庄大街方

隐藏在院子里的这座炮楼,不仔细辩认真看不出来

向缓缓前行,时不时地停下来拍几张,先拐进刘家菜园胡同,没想到是个死胡同,原道退出又奔着郭家菜园走去,这一带虽然也属西于庄管辖,但一般很少往这边来。我忽然想穿过胡同看看子牙河,于是凭着盲目的判断,犹如瞎猫碰死耗子乱闯乱串,其中有条小胡同特别窄,似乎与子牙河并行,可走了一道也没有透亮的地方,一直骑到公厕跟前再也过不去了,有一中年妇女自语道:"死胡同!"我回过神儿连声道谢。

出了胡同,又想起老住户曾提到过的炮楼,何不找一找呢?我选了另一条胡同骑进去,这一带根本没有门牌号,说明很多房子都是近年才加盖的,胡同弯弯曲曲看不到头,骑着骑着眼前一亮,嚯!到河边了。原来这胡同直通西河桥,站在河堤上可以看见日本时期留下的铁路桥墩,我判断炮楼应该就在岸头,我推着车想往回走,见仨老头在墙根边晒太阳聊天,我走上前去,堆着笑脸跟他们打招呼,之后满是懵懂地问道:"大爷,桥口的老炮楼怎么才能找得到?"其中一老人直愣愣地反问:"找那干嘛!?"我说想亲眼看看究竟嘛模样,都说有个炮楼,却始终找不着,据说还住着人呢!大爷瞅了我一看,"我就在那住!""真的?太巧了!"再一问,他们这一带属于西于庄渔业大队,世世代代都靠打鱼为生,以后鱼少了才搞多种经营。我心想这可是个千载难逢的好机会,决不能轻易错过。我又拉过话题:"那炮楼是水泥的吗?"一位老人说是,另一位老人马上反驳:"嘛水泥的,就砖的,要说拿水泥垒的还差不多。"俩老人跟手儿抬起杠来。家住炮楼的老人终于说话了,"嗨,我在里边住,能不知是嘛的吗?!"我顺势接过话茬并恳切地说:"能带我看看吗?"大爷犹豫一下,"看看就看看。"

我随着大爷折回来时的胡同,然后走进一细长的小院儿,靠大门口挺立着巨大的水泥桥墩,开始我以为这就是炮楼,大爷说往里走就看见了,他拍了拍棕紫色的缸砖墙说:"你瞧,是水泥的嘛?"要不仔细看,真不知这座建筑竟是当年日本留下的桥头堡,跟我原先见过的碉堡不一样。大爷说:"头几年文化局来过人,弄块牌子钉

微弱的光线不足以照亮整个空间

枪眼改成了"壁橱"

胆战心惊地拍完老桥墩,想给自己拍张工作照,就是找不到放相机的地方,最后用广角镜头,对着老脸按了一张

在墙上说是列为'保护建筑',打那再没来人过,牌子早就掉了,让我给收起来了。"说着从一间小煤屋里取出满是尘土的牌子让我看,我赶紧掏出相机"咔嚓"起来,见大爷并不反感,便说"大爷,给您在炮楼跟前留个影吧,将来是个纪念。"这时的大爷,心态平和了许多,接着他打开门锁,我们一同走进炮楼。

这是间20多平米的"大屋子",与普通房子不同的是,东北角呈圆弧形,朝东的墙体上有一个凿开的窗子和两处被封堵的"枪眼",房顶均由水泥浇筑,凸起的一根横梁局部露着钢筋,这一切要是不开灯全都看不清。大爷说他叫倪凤起,今年70岁,在这里住了好几十年,过去这一带的炮楼都住着人,以后陆续全拆了,就这座藏在破房子中间,才成了"宝贝"。现在这座炮楼两家各占一半,他这半稍大些,还有个小套间,那就更黑了。我把感光度定在10000上,勉强能拍出图像,便主动邀倪大爷坐在床上拍了几张纪念照,然后打开显示屏让他看,大爷很高兴,我说"哪天过来送照片时,咱爷俩好好聊聊!"他爽快地答应了。

从胡同出来对着小辛庄大街,我激动万分,中途停下来伸出笔记本,架在摄影包上补记刚才大爷口述的内容。

这真叫心想事成啊!连老天爷都在帮我。我缓慢地沿着小辛庄大街行走,咀嚼着梦一般的境遇,快到大红桥时,忽然灵机一动,何不趁着河面结冰,到桥墩子跟前近距离地拍些资料呢?顺着子牙河往西走,路过新西站,然后把自行车搬到大堤上,直奔那几座废弃的桥墩走去。对面就是西于庄密密麻麻的危陋房屋,岸上的桥墩只露出一点,刚才去过的炮楼根本找不见,望着暗灰色的冰面空无一人,心里有点发毛,这要是掉下去,连个救命的都没有。我来到坡下,见冰面上有钓鱼凿过的痕迹,稍微踏实一些,再往远看确有一人蹲在岸边垂钓。我掏出相机,踩着冰面,一步步靠近土黄色高大的桥墩,分别从不同角度拍了一通,本来还想一步步走到对岸,经思想斗争后,终于没再得寸进尺。

要不是封冻,不可能离桥墩子这么近,仔细看看,确实挺结实的

2014年1月22日(星期三)

天气详情:最高气温6℃　最低气温-4℃
晴　西南风　风力小于3级

　　原打算下午继续到西于庄采访,转念想想,临近过年了谁们家没点事?决不能让人腻歪,看目前动静,拆迁之前完成20个原住民的访谈没问题,何必自己赶喽自己呢!干脆到文化用品店去买块写字板。

　　家门口就有这么一家小店,开了好多年就进去过一次,今天算是第二次光顾。我说要买白色写字板,一小姑娘问,是要儿童的还是办公的,我看了看儿童的,有点花哨,便说按此大小来块办公的。小姑娘使劲从纸箱子里抻出一个,我看了看觉得有点大,小姑娘却说已经是最小的了,好吧,就来一个,另配了两支笔和一个板擦,一共43块钱。

　　这就叫一不做二不休,东西都买来了,再难也得试试。好几天因为西于庄,夜里睡不着觉,跟谁说谁也不会理解,西于庄与我何干?那里既没我的亲戚朋友和同事,也没有我的房产和股份。我既不是红桥区任何一个部门的工作人员,也不是报社给我安排的特别采访任务,干嘛放着舒心日子不过呢?去年在完成西沽的采访后,已发誓不再涉足这个领域。可当西于庄真的要从版图上消失,内心聚集了无可名状的纷乱和惆怅,且挥之不去、绕之不开,只有把自己介入

买来写字板,在上面"试写"了几个字,记载历史的同时也为给自己打气

其中,才有了支撑点和归宿感。其实,早在2012年,我就把西于庄老区的近70条街道里巷都拍过一遍,然而用今天的眼光来看,又觉得远远不够。近距离的促膝钩沉绝对不能少,而通过主观设计、客观记载的专题摄影更不能丢,这就需要反复揣摩、反复酝酿,想不出个门道能睡好觉吗?

昨天夜里,有关西于庄"群像"的表现手法才算定型,也就是每拍一个老院,即由居住在这个老院的人,托举着写有门牌号的写字板,以确认老院儿与老住户的关系,画面里必备两个特殊"标记",即白色门牌和红色吊钱。门牌看似强加上的,却又是合理的,这种人与物形成的关联,是对历史最直接的注释。就摄影创作而言,它又属于观念纪实摄影的一种,用大量相似的符号,来强化、叠加某一主题。

2014年1月24日(星期五)

天气详情：最高气温 5℃　最低气温 0℃
多云　东北风　风力小于 3 级~3-4 级

昨天跟四哥通电话，正在儿子家，我说给他送照片，他说要是专门送照片就甭跑了。其实我是想打着给他送照片的旗号，让他再给联系个访户，只是没直说而已，结果他倒反过来问我还访不访，我说访啊，那就明天，也就是今儿个的下午。

还是两点半赶到西于庄，我先在城防里大街口上，买了一箱牛奶，然后直奔四哥家。此时四哥还在睡午觉，四嫂子赶紧叫他，我进屋把牛奶放在桌上说，快过年了，提前给老太太和你们全家拜年，大哥及家人都很感激。然后我又把前几天拍的合影照片递给他们，共洗了 4 份，还给四哥带了一本《2013 年集邮册》，我说这是特意"奖给"四哥的。

四哥出去先跟老邻居打招呼，我跟大哥坐在屋里聊起这次采访的感受，不会儿四哥回来，告诉我去屠宰场前街 20 号武大爷家，我起身跟大哥告辞，随四哥走进这座独门独院。老爷子今年 86 岁，十几岁从山东来到天津，最早跟四哥家住一个院，后自己存钱买了

先是闺女来看老爷子,末了儿子也来了,我一看机会难得,就给他们拍了合影

这块地,盖了两间房。他干了一辈子清洁工,退休后又收了20多年的废品,娶了两房儿媳妇、聘了一个闺女,老伴去世还不到100天,内心的孤独感与日俱增。他说自己感冒了,没去医院,也没告诉孩子们,花20多块钱买了点药,过去都是老伴嘘寒问暖,把家料理得井井有条、干干净净。他说他也算对得起老伴,在她病重这5年,都是他在身边服侍,老伴尿毒症晚期,每个月12次透析,花了不少钱,如今老伴没了,他整天没着没落的。

四哥陪了会儿便离开,说是给对面的朱家送照片,采访快结束时他又返了回来,我们接着聊了一会儿。这时武大爷的女儿来了,四哥提议给爷俩拍张合影,正忙活着,武家大儿子也推门进来,正好,一块跟着拍吧。

从武大爷家出来,四哥带我到乐善里走了一圈,看了看当年他

在乐善里原来住过的小院儿里,四哥又讲起了自己小的时候

们家刚到西于庄时住过的老院儿。我对四哥说,前面采访的那几户,感觉都挺好,我的想法是,你无论如何得给我安排 10 个,这样我心里就有底了。后 10 个我自己解决,行嘛?目标暂定 20 个。四哥说,没问题,要不明天继续?

　　走出西于庄,我穿过红桥北大街又进入到西沽这片熟悉的老区,其目的是想打探一下韩大爷的情况,因此前给韩大爷打了若干次电话都无人接听,我担心有什么不测,所以不如直接到家里看看。拐进庞家胡同,从小门进了院子,见韩大爷家亮着刺眼的灯光,我的心提到嗓子眼,拉开那扇老门轻声呼唤——"韩大爷、韩大爷!"老奶奶答话:"谁呀——""张建。""喔,快进来!"进了屋见韩大爷正在看报,刚才确实把我吓了一跳。韩大爷很是高兴,说这几天一直念叨我,刚从医院出来,可能因为吃鱼香肉丝多了点,又把胃给咯破了，住了半个月的医院。韩大爷问我又忙嘛了，我说转移到西于庄了，他跟我聊起当年在西于庄小学工作的情景，这时他二儿子从隔院过来，说今年没离开老宅的原因，是在天冷之前用塑料布把屋里的吊顶整个罩了一遍，温度明显提高了，加上老爷子也不愿离开。我和韩大爷有点忘年交的意味，特别谈得来，隔一段不见个面就好像有嘛事似的，老爷子一直还说请我吃饭呢！临走时我跟韩大爷开玩笑，不论多馋也得管住这张嘴，这么大岁数不能老上医院跑啊！

　　从西沽出来天已经黑了……

2014年1月25日(星期六)

天气详情：最高气温4℃　最低气温0℃　阴　东北风　风力4-5级

　　上午不到9点，我和夫人到小区门口的美发店等待理发，已经是腊月二十五了，再不解决就没时间了。还算幸运，直到我理完也没见有别的顾客进来。我先回家，把南北两面的窗户玻璃全擦了一遍，还换上了干净窗帘。吃罢午饭，赶紧睡觉。1点半起来，驮着一箱沙窝萝卜、两条大黄鱼、一袋子冷冻虾仁，给我岳父送去。进门，他们一愣，看我拿来这么多东西，才明白是提前送年货来了。岳父、岳母喜出望外，赶紧给我倒水，刚喝几口，四哥打来电话，问我在哪了，我告诉他马上就到，于是起身走人。好在岳父家离西于庄只有两站地，我快速赶到四哥家，放好自行车，他带着我去屠前大街二条9号的马增合家，引荐完四哥提前告退，我便和老两口子慢慢聊起来。马大爷似有戒心，说话总是半句，然后他老伴再给铺陈。这种情况下，就不能一味地追问，而是有意"跑题"，聊点闲白儿，谈些拆迁的话题，帮着消解一些顾虑等等，转一个大圈子回来，再填补我想了解的内容。就这样经历了若干个回合，直聊得我气血两亏才打

也不知老两口多少年没这么肩并肩地地坐在一起了,一开始还不太好意思

住。接着张罗给他们拍照,我一边安慰他们坚定信心好好活着,享受幸福晚年,一边安排他们坐在一起。每当此时,我都会有一种成就感。为什么?总归是我提供了这么个机会并实现了看似随意,却又难得的老夫老妻相依相伴的生活照。我曾问过一对老夫妻多长时间没照过相了,他们说自打领完身份证就再没照过。如果我再问夫妻俩多长时间没照过相了,恐怕十几年、几十年的都有。所以,这次对西于庄的采访,我怀着一颗感恩之心,别管是谁,只要提出拍照,绝不托辞,甚至主动为老夫妻照合影,然后一律放成12寸照片送给他们,别忘了这可是我自费啊!

2014年1月30日(星期四)

天气详情：最高气温 6℃　最低气温 0℃
霾　西北风~东北风　风力 3-4 级

上午把单位的事处理完，贴封条，就算放假了。

下午，踌躇满志地奔向西于庄，想为我的专题打开局面，事先想了一堆与当地居民沟通的语言，可到了现场似乎一句也记不起来，情况比我想象的糟得多，整个西于庄虽说到处张灯结彩，充满

拍这张照片时，又一次体会了万事开头难的滋味，但不管怎么说它具有了标志意义

这家人特别简单,我说给他们拍照,立马就都站好了

节日气氛,但偌大的地盘儿却见不到多少人,许多院落和住户都大门紧闭,使我的情绪极度失落。

走进东许家胡同,见一大爷在自家门口站着,我主动上前搭讪,大爷倒是非常朴实、和蔼,我铺垫了一堆漂亮话,自我感觉应该表达清楚了,可看大爷的表情又似懂非懂,干脆直接了当,提出为他拍张纪念照,于是立马就答应了。我问家里还有谁,他说还有老伴,我说叫出来一块拍吧,我们进了院儿,见老伴在屋里坐着,大爷喊她出来照相,她却满口回绝。我说,奶奶,您在老宅住了几十年,肯定很有感情,今年就要搬走了,怎么不得拍张照片留个纪念?这位奶奶极不情愿地起身出来,见我拿着块写着门牌号的白板子又不乐意了。问,这是干嘛?我说这不为了增加记忆吗,要不过几年您住在几号院都忘了。我让他们托着牌子,先在院儿里拍了几张,接着又到大门外去拍。我一个劲地感谢他们,毕竟这是我实施这个专题的第一步,这一步迈出去就意味着没有了回头路。告别两位老

走到胡同尽头,遇上这两位大姐正托着新包的饺子往外走,让我给拦住了

人,接着推车往前走,见一座高台阶大门被对联、吊钱装饰得红红火火,便举着相机瞄来瞄去,不会儿院里出来人,我赶紧搭话:"您在这住?""是啊,有嘛事?""太好看了,想给您拍张纪念照。""要拍院儿你就拍,我不照。"他闺女听外面有人说话也走出来,"我们自己能照,你找别人吧!"

我一阵阵感觉自己挺没味儿的,大过节的,家家都在忙活年夜饭,我却孤苦伶仃地在外边游荡,你说做好事,又有几个能相信呢?不死心,就是不死心,我边走边给自己打气。这时拐进了昌和里胡同,快走到尽头儿见一中年妇女在院儿里洗衣裳,我佯装找人似地跟她瞎搭咯,我问她都谁在家呢?她说都在,我说给你们拍张全家福吧,她惊喜地问,真的?是啊,你们在老宅最后一年了,留个纪念。我趁她进屋喊人,赶紧在写字板上抄下门牌号,他们看看有些疑惑。我说再过十年二十年,有这块牌子你们才不会记错自己曾经的老家。按照我的设计完成了这户的拍照,心里多少舒服一些。出了胡同,见一帮一伙的摄影发烧友,浩浩荡荡地走过来,我拐进了别的胡同,没想到又遇见了三三两两的摄影人。一居民抱怨"这是怎么了,一拨又一拨的,还有完没完!"的确影响情绪,因为你刚举起相机,就有人告诉你好些人都已经拍过了。尤其我苦思冥想的这个专题,一旦被明眼人发现,很容易遭到克隆,价值会大打折扣。

我躲进偏僻的学校旁胡同,见两个中年妇女用盖板托着刚包的饺子从屋里出来,我停下车大喊一声:"别动,我拍一张这么好看的饺子。"边拍边跟她们闲聊,我提出给她们拍照,这俩姐姐高兴得像个孩子,可是当我让她们拿着门牌时又皱巴起来。于是我心生一计,干脆拍两种,洗照片时她们愿意要哪种,我就送给她们哪种。原来二位大姐是亲如一家的邻居,那更好了,一次就能完成两家。先拍了其中一个,另一个把老公、孩子全叫出来,也顺利完成,接着他们要求到屋里再拍一张,我分别进了两个家庭,除了为他们拍照外,一个新想法也随之闪现。即,每拍一个手拿门牌的老住户,再补一张室内"空镜头",一"外"一"内"互为补充,丰富了这个专题的信息量,可是这无形中又给自己增加了难度。

今天能迸发出这么个新想法就已经值了,见好就收,回家过年!

2014年2月

2014 年 2 月 1 日(星期六)

天气详情：最高气温 7℃　最低气温 0℃
阴转雾　东北风~西南风　风力小于 3 级

一宿没睡踏实,尽管大年三十拍了 4 户,还没来得及高兴,就又陷入了迷惘。一上来拍的那两户,只着眼于举"门牌号"了,根本没提升到"内外结合"这一步,更让人气恼的是,连相关资料都没留下,用天津人话说,这不罗罗缸嘛！留了一连串尾巴。

今天是全国公认的"姑爷节",上午拾掇屋子并为下午出行做准备。中午吃完饭小睡一会,夫人自己打点行装回娘家,我告诉她,先把话带到了,等晚上见面再亲自给二老拜年。这方面夫人做得特别好,几十年来不论哪种场合,只要提到我,她都会主动而巧妙地护着我,不仅娘家人高看我一眼,岳父、岳母更是对我关爱有加,尤其在事业上的追求非常支持,经常把我当样板"教育"家里的年轻人。

在我印象里,恐怕有十几年的"姑爷节",都是夫人独自打前站,我转悠到晚上去吃饭。连朋友、同事都知道我这个习惯,好像不顺便拍点东西,姑爷节就白过了！其实不光大年初二,一年中的每

别管怎么着,大年初二能给我修自行车,已经很够意思了

个礼拜六,都是在看望老人途中,擅自偏离航向,拐到西沽或西于庄搜罗一圈,才进门等着吃饭,反正我的嘴也比较甜,岳父、岳母特别宠着我。

　　车子骑到西南角附近,感觉越来越沉,下来一看后带有点瘪,立刻担心起来。大年初二别说修车的,连打气的也不会有。于是硬着头皮骑到大红桥,实在没辙了,才下来推着走,边走边琢磨解决的办法。要不找老住户借气管子打点气?可要是扎了打气也没用啊!要不把车撂在西于庄,可后几天怎么办?哎,好不容易信心满满地期待初二能有个好结果,却这么不给力,实在令人沮丧。

　　推着车来到增产大街,忽然想起前面有家电气焊,估计也能修自行车,去碰碰运气吧!还真巧,这位师傅正给一个民工的三轮车锯木板,电锯声音太大说不了话,我就站在一边焦急地等待着。停下来的间隙,我问师傅能不能给补个带,他极不情愿地说,补是能补,得要5块钱,我心想要10块都没二话。他自言自语地说,过个节都不让人拾闲。我说,怎么办呢,就指着这破车了!

师傅摩挲来摩挲去，那块木板怎么也不合适，一会动锯，一会动榔头，民工好像无视我的存在，一个劲地挑这不行那也不行。这时师傅也有点着急了，告诉民工自己一边儿先鼓捣去，接下来轮上给我修车。原想补个带也就10、20分的，没想到师傅的手实在太"肉"了，那也没办法，耐着性子等呗！心情平静下来后我跟他闲聊起来，一问他们家也是老西于庄的，老娘都90多岁了，我马上来了兴致，而且越聊越近乎，干脆也不管他补得快慢了。他问我大年初二跑到西于庄来干嘛，我说拍点"年味儿"，他说有好些人都拍过他，说着拿出几张照片给我看，我只得频频点头说好，借着这个话题，我取出随身带着的照片又给他看，嗬！他立刻眼睛一亮并流露出羡慕的神情，跟手儿我说，一会儿给你和老娘也拍张合影吧，他高兴极了。

车子修完，我立起来倚在杂物堆边，然后随师傅进了屋。由于他家门前搭了罩棚，屋里漆黑一片，他打开灯，才发现老太太穿着厚厚的防寒服坐在屋子正中。我赶紧握住老太太的手，给老人家拜年，并凑到老人耳边，告诉她拍张"全家福"，老太太笑眯眯地挥着手。接着我又把师傅的弟弟叫进屋，一左一右，依偎着老娘，拍了一通，然后问老娘能不能走动，说没问题，那太好了，要不到门外再拍一张？他们当然愿意，哥俩把老太太搀出来，我在写字板上，快速写上他家的门牌号，交给老兄弟托着，就这样误打误撞且意外地完成了这一户的拍摄。临走时，我递给师傅10块钱，他说嘛不要，打咕半天，他说要是非给那就收5块吧！我把摄影包放在车筐里，正要推车走人，师傅一下拦住我，别走，带又瘪了！

这是怎么了？刚运足的那口气又泄光了。重来吧，结果又找出个洞，我耐着性子跟他继续聊天，从支援三线，聊到电视剧《毛泽东》，也是为了缓解他的焦躁情绪，因为那民工还在一边等着呢！

这个地方是我选的,为的是要老院儿当背景,全家人穿戴整齐,像模像样地拍了这张合影

告别车摊已经是 4 点多钟了,计划全打乱了,下一步去哪呢?不如到屠前大街的大国庆里朱家扎一头,有人就拍,没人就走。进了院子,高声大喊:"朱大爷在嘛,给您拜年来啦!"这一喊不要紧,全院儿的朱家人都出来了,一看是我,赶紧请进屋里。我说,今儿都回娘家,估计你们家热闹,所以就来给你们拍全家福。嚯,此话一出全给调动起来了,有个家属给我倒了杯茶,我也没客气,像自家人似的,一边喝着茶,一边指挥他们到大门口集合,这是开拍以来人数最多的一次,我也随之兴奋起来,边拍边调动大家的情绪,见时机成熟便把写好的门牌递给一个小伙子,这真叫皆大欢喜!他们高兴了,而我离计划又向前迈了一步。

接下来继续在胡同里寻找目标,可是家家关门闭户,一位老太太拒绝了我的提议,看看天色已晚,还要在 6 点之前赶到南市食品街的鸿起顺饭店与家人聚餐,所以调转船头直奔饭店,去给我的岳父、岳母及娘家人拜年……

2014 年 2 月 4 日（星期二）

天气详情：最高气温 2℃　最低气温 -5℃
晴　西北风~北风　风力 3-4 级

因初三、初四中午都有饭局，无法掌控时间，另外采访老住户要是带着酒气也不礼貌，所以干脆放弃了。

想起昨天的事，不得不记上一笔：上午起来，简单收拾一下屋

头一次使用「求您个事……」这个句式，王淑敏老奶奶二话没说，就完全听从我的调遣

这大哥正在屋里看电视呢,我轻轻敲开房门,简单交待几句,没想到他特别配合

子,告诉夫人出去溜溜。其实我是有目标的,想到解放北路及小白楼一带,拍一组《洋建筑上的年味》,正赶天儿也挺好,心情也不错,骑着自行车就出去了,可是刚到哈密道与张自忠路交口,车带又瘪了,这不纯粹跟我过不去嘛!车坏的地方也挺怪,上不着村下不着店,尽管如此,我的心情还算比较平和,于是推着车走到解放北路,并从解放桥开始,一步一步向南行进,只是由于中央开展党的群众路线教育实践活动,特别是纠"四风"以来,方方面面都回归到正常状态,所以这条充满异域风情的金融街,并未展现出浓郁的新年气氛,虽说片子拍的不理想,但我为这一变化感到高兴。

推着自行车行走,才知道有多累赘,看了下时间快 11 点了,当务之急是找修车的。早先我曾专门拍过车摊,所以什么位置有修车的,差不多都知道。可是,一路上所有的车摊都空无一人,好不容易走到河北路,见一车摊边坐着个看报的,上前一问,人家是为了躲清静。就这样,从解放北路一直走到南丰路,足足用了一个多小时才回到家。然后又赶紧搭乘地铁,去南楼附近的饭店赴约。

再说今天,下午去西于庄不得不坐公交车,虽然有些不习惯,可有什么办法呢?不到两点就出来了,还不错,等了一会儿"859"就来了,一路很顺利,西于庄正好有一站。下了车,到西沽教堂前的公厕方便一下,然后穿过红桥北大街进入西于庄,没走多远,就迎上几个摄影的,我马上拐进了桥口一条胡同,原来这是条死胡同,走到头,见一奶奶正在院儿里忙活着,我没话找话地问这位奶奶:"这叫嘛胡同?"奶奶没好气地说:"桥口一条,干嘛!?"我说:"想求您个事。"奶奶看我老实巴交的样子,问:"嘛事?"我说:"想拍一张您家的小院,一会您帮我托一下门牌号。"我写好牌子交给奶奶,刚要举相机,奶奶急了,"你可别拍我呀!"我赶紧跟奶奶说:"您拿着自家的门牌,多亲切啊,再说您这么派儿,干嘛不留张照片?"老奶奶似乎要撂挑子,我立刻嬉皮笑脸地凑过去,不停地说:"求您啦,求您啦!"最后好说歹说,总算帮了我这忙。正要收摊,大门外站着个奶

这老太太说话嘎嘣脆,而且滔滔不绝,真让我领教了嘛叫心直口快

陈德沛大爷拿出老式相机让我看,还讲起自己年轻时对摄影的追求

奶家的邻居,他问这是干嘛,我说义务拍照,并顺口问了一句,给你拍一张!?他高兴地把我带进4号院,没用我多解释,他便端着门牌,很配合地让我拍了一张,然后我又回到奶奶这院,想进一步打探虚实,看看能否成为我的访谈对象。好么,这老奶奶太豪爽了,十句话得有三句话带脏字,吓得我赶紧跑了。

"求您个事!"这是经过多次碰壁之后,冷静思考归纳出的最为明确而简短的沟通钥匙。之前,需要铺垫好些话,即便如此,也未必能说的明白。我发现西于庄老住户对陌生人的过分热情存有戒心,特别是"拍德"不好的人,经常谎称给人家送照片,却一去不复返。假如把这件事反过来,变成我求人家,正好让朴实、率直的西于庄人容易接受,事后你再给人家送去照片,人家反过来又感谢你。今天的实践,验证了这一遭的奇妙。

接连完成了四五户,心中有些窃喜,步伐也随之加快,当行至大新街与清河里交口处的公厕时，才想起这泡尿憋了有一个多小时，于是赶紧去"放水"，没想到一使劲，蔫屁夹着小股稀便滑落出来，脑袋顿时"嗡"的一下，坏了，这可怎么办？实在太丢人了，好在厕所里一个人都没有，我赶紧从摄影包掏出一卷手纸，擦完屁股、擦裤衩，然后又垫上厚厚的一层。造成"跑冒"的原因我知道，上午开着窗户、穿着秋衣擦地着凉了，加上在西于庄脚丫子长时间接地，弄的我肚子七咻咕呲的。可是，为了巩固来之不易的大好形势，说嘛也得坚持啊！如此这般，顺利完成了第9个。在选择第10个目标时，我走进了当铺西街的一座大宅院，可是丁点动静没有，我撤出来又到附近转了一圈，不死心的我再次回到这个院，见一大哥正站在台阶上仰望天上飞翔的鸽子。我上前"求"他，他极不情愿地接过那块写字板，将自己的脸遮住，我说这样不好看，他马上把牌子放在窗台上，并说要拍你就这么拍，我还急着等鸽子呢！这是我遇见的最不配合的一个。后来一想，幸亏没拍，否则他不让我进屋也百搭。

第10个完不成，心有不甘，于是拐进了当铺西街二条胡同，对着两扇门正瞄准呢，一老者推着自行车停下来看我拍照，我主动打招呼，问，在西沽住了多少年，老者说今年73，在这出生的。喔！那求您个事行吗？他不仅答应，而且径直把我引到他家，拍完了我的专题，还让我进屋看他收藏的几台老式照相机，说这是他年轻时学摄影买的，我简单跟他聊了几句，觉得有潜力可挖，便约定专程拜访，或许因为都喜欢摄影，感觉亲近很多。

按照传统习俗，今天"破五"，夫人准备了一桌饭菜，儿子、儿媳也来团聚，一家人其乐融融。

2014年2月6日(星期四)

天气详情：最高气温2℃　最低气温-3℃　小雪转阴　东南风~东风　风力小于3级

　　夫人不在家,中午简单吃了点炒饭,然后睡了一会,看看表1点半,还是早走会儿吧！穿上我的军绿大棉袄,背上摄影包,提着装有写字板的纸袋,溜达到二十五中公交车站,敢情坐公交出行还挺不错的,尤其跟老住户沟通更容易些。

　　下了车,直奔城防里大街,走到一处贴满吊钱的老宅跟前,正见一妇女拿着晾衣杆准备晾衣服,我凑上前满脸堆笑地说,大过节的也不闲着,看来是老住户吧？她警觉地回答,是啊,干嘛？我说就想找老住户帮个忙,你们这是多少号？她说,城防里大街30号。我抄录在写字板上并告诉她随便拖一下,我拍两张。那妇女见状说嘛也不答应,正说着,她抬手一指,你让他帮你拿。我回头一看,竟然是在网上和电话里攻击过我的那个人,我大度地跟他打了个招呼,他有些措手不及地点了下头,可是这尴尬的局面又该如何破解呢？绝不能叫对方看笑话！正当我继续劝说这位妇女时,有个老奶奶走进院子,说时迟那时快,我迅速跟了过去。

这就是为我解围的周焕竹老奶奶,她独自一人住在老宅里

老奶奶很配合,不但把我想要的全都装进镜头,而且还帮我从晦气中走出来。我定了定神,决定不如先去回访几个老住户,顺便把照片带给他们。刚走进屠宰场前街,遇一中年男子出来倒土,我上前搭话,并和他一同走进他家的小院,说明意图,完成了"举牌"拍摄这一步。为什么这个专题要分两步走呢?这也是我使用的一个小计谋,因为举着"门牌"拍照,相对比较困难,这一步拿下了,第二步就可以送照片的名义,到屋里拍摄了。当我把照片送到他们手里时,他们再不会对我产生疑惑,兴奋之余,我随手拍一下他们的生活环境,也算顺理成章。

接着,我直接敲开胡大爷(胡成才)家的门,胡奶奶直瞪瞪地看着我,我问,不认识了?报社的,采访过您!啊——你看我这眼,没认出来,快坐,快坐。我说这次来,得求您个事,我还没说完,胡奶奶就明白了"嗨,用得着求嘛!走,你说在哪拍就在哪拍。"不到两分钟解决战斗。

　　从屠前大街出来,又回到城防里大街,见一老住户站在路边,我停下来有意和他攀谈起来,看火候差不多,就提出给他拍张纪念照,他一点没犹豫就答应了,而且还进屋拍了室内陈设,一时让我挺受感动。告别这位老者,我顺着城防里大街往北走,靠右首的一条窄胡同吸引了我,我拐进去没走几步,迎面开来一辆电三轮,我礼貌地给他让路,并问:"您了,出去啊?""嘛出去,我倒土去!""嘛玩儿,倒土还用专车?"他没回答却反问道:"这是死胡同,你干嘛的?"我说拍拍年味,他默不作声地开着电三轮快速走出胡同。

　　我一看也别在这晃悠了,以免让人生疑。继续往北走,正迎上倒完土回来的那老大爷,我说看来还真得开车,确实够远的。他说,"你知我多大年纪嘛?八十三了!告你吧,七十多岁我还开半挂呢!""不得了啊,那我跟您回家看看。"他问我拍这玩意儿有嘛用,我说

我跟着这位骑电动三轮倒土的大爷进了屋,聊了会儿,拍了照,他特别希望能跟老伴合个影,可惜当时老伴没在家

我把想法跟胡大爷一说,老两口子马上穿上外套,托着门牌,在自家门前为我的《老家·老院》添上一个画面

为了留些资料,以后拆没了,只能靠照片回忆。他家虽然破旧,年味却依然不减,我屋里屋外拍完之后,大爷的话还没说完,他特别希望跟老伴合个影,可是老伴遛弯去了。

天上飘起窸窣软绵的雪花,想了想,还是再去一趟武大爷家吧。他的小儿子正过来陪他,大爷见到我很高兴,还忙着沏了杯茶,说嘛也得让我喝了,不会儿他闺女也来了,看着我带去的照片很满意,借此我让大爷托着门牌在院子里补拍了一张。

天阴得越来越厉害,我决定见好就收,于是走到西于庄公交站,忽然想起附近的关桥胡同有位曾经造访过的老住户,不如把他也算进去。我当即朝那胡同走去,远远就看见他家门前的大红灯笼,巧的是,大爷正在外边抽烟呢,他认出我惊喜地说,咱们7个月没见了!我说初四来过一次,没好意思敲门,今儿特意给您拍"年味"来了,这时他老伴也推门出来,再次核实了门牌号,并在充满喜气的环境中,定格了这一历史瞬间。

  4点33分,返回到公交站,大约等了10分钟,西沽韩大爷的大儿子韩世源也来坐车,我们握着手又说起了韩大爷。他说,"你那天去完没几天,又因为吃东西,造成了胃出血。这不,还在医院呢!不过老爷子生命力极强,输了几个血,又没事了。"但他担心,照这么折腾,今年够呛!

  "855"来了,他上了车,望着他奔波的身影,生发诸多感慨。

  春节的最后一天,公交车上挺清净,车速也很快,用了20多分钟就到站了,虽然今天没能按进度完成目标,但我对自己坚忍不拔的毅力还是点赞的。

2014 年 2 月 7 日（星期五）

天气详情：最高气温 1℃　最低气温 -3℃　中雪转小雪　东北风　风力 3-4 级

起床朝窗外看看，虽达不到银装素裹的程度，但这场雪还是令我惊喜万分。

吃了碗馄饨，骑着自行车赶到报社，因为是头一天上班，所以等着同事们逐个拜年，差不多都打了照面，我悄悄溜出报社，迎风

这场雪简直就像是为我按排的，虽说不太大，可实在难得

这将是西于庄的最后一场雪一口气把老胡同全走一遍，我预感

踏雪前往西于庄。路面因洒了融雪剂，黑乎乎的都是泥水，只有便道和草坪上覆盖着莹莹白雪。

雪还在下，只是细如粉末，打在眼珠上很不舒服，我心急火燎地使劲往前蹚，到了西于庄浑身都是汗。

过了老红桥，沿着小辛庄大街往北走，边走边拍，总的想法是，尽可能多留影像，毕竟这是西于庄老区的最后一场雪。穿行在胡同中，雪的感觉似乎不是很强烈，再拍成照片就更显现不出雪润的味道，所以即便信心很足，按下的快门并不很多。尤其大新街一带，居民们都很勤快，本来不多的雪，早早就被扫光了。大约转了一个小时，我开始寻找制高点。西于庄在20世纪八九十年代，曾进行过局部改造，兴建了若干简易住宅楼，如润厚里、城防里及航道局宿舍等，开始我选的都是这些地方，第一站便是润厚里，因为它的周围全是老宅，即便登不到顶，找一处窗口也能俯瞰西于庄。先登了一栋无法拍摄，又登一栋还是无法靠近窗户，无奈之下，只好到小辛庄大街口的那栋已部分腾迁的楼上看看。从底下观察，角度不错，且百分之九十的门窗都已卸掉，见此情景我兴奋不已，绕到楼道口，放下车就往上爬。可是，所有腾空的房门全被严严实实地封堵上了，连一点缝隙都没有，于是黑灯瞎火地又溜达下来，接着跑到不远处的航运楼一探虚实，登了一处将将能拍到外边，起码没白登，又登一处还不如刚才，我失落地走出来，迎着时紧时慢的小雪，再次拐进胡同，见一场景不错抬手就拍，然而，快门说嘛没有反应了，卸下镜头重上，不行。换上另一款镜头，还不行。把卡取出来重插也不行，浏览图像一律黑屏，检索后显示 CF 卡出现故障，我顿时就懵了，何况拍了两个来小时的东西全没了，这不坑死我嘛！从 2005 年使用数码相机至今 8 年有余，从没遇上存储卡出过这么的大问题，幸亏我头一天把卡里十几个 G 的文件都倒到移动硬盘里，否则非吐血不可。

我立刻换了张卡，快门又恢复了正常，失去的镜头我也不想再

登上航运楼，从窗口探出相机拍了小辛庄大街一带

披着白雪的大红桥,似乎比往日宽了许多

补了,顶不死下午接着拍。想想刚才那几处"失败"的制高点,不得不再鼓起勇气,思前想后还是决定到闲置的肉类加工厂楼顶碰碰运气,假如能登上去,吃苦受累也值了,不能,算我倒霉。

肉类加工厂是在西于庄屠宰场原址改建的,其产品在上世纪八九十年代曾风靡一时,后由于种种原因落败,高大的厂房空空如也,其中一座改为洗浴中心,别的情况我一概不知。为了"闯关"成功,我骑着自行车佯装这里的常客,径直骑到厂房西头的一个大门洞,在锁车的同时,迅速观察地形并做出判断。果然,我找对了位置,昏暗的光线下,只见楼梯口堆满了杂物,我毫不迟疑地从杂物的缝隙中翻越而过,然后蹑手蹑脚地一口气攀上三楼,听不见丁点动静就逐渐向里延伸,大部分房子没了门窗,地面覆盖着厚厚的尘埃,室内遗落的各种杂物,几乎全都变成了同一种土色,尽管我胆子比较大,面对这种场景,还是多少有些发毛。我担心真的上来人会吓着我,所以赶紧找一处朝南的窗子,十分老练地对着广袤的、沧桑的、沉寂的、被白雪轻抚的西于庄，犹如机关枪般的"扫射"起来。

一切完结之后，厂房里惊悚、神秘的氛围反倒吸引了我，四处张望，每间屋子的地面上都散落着"大撤退"时，遗弃的生产、生活用品，由于时间久远，已凝固成极度写实的"雕塑"，于是，我把镜头转向它们……

真的没拍过瘾，但心跳加速，虚汗拂面，使得我再无法恋战。于是像个移动的影子一般，快速"逃离"了加工厂大院。

为了照顾到西于庄以北的那部分，我又在那一带绕行了半个来小时，看看表已经快12点了，给夫人打电话告之从西于庄正准备往回返，等着我吃饭。此时，两只新鞋全湿透了，黑乎乎的快看不出颜色，裤腿上沾满了泥和雪的混合物。为了少留遗憾，有谁能像我这么玩命的！

几乎是咬着牙才骑回家，夫人见我这摸样，简直跟逃犯差不多，心疼地为我拍打着身上的雪花……

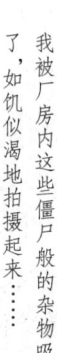

我被厂房内这些僵尸般的杂物吸引了，如饥似渴地拍摄起来……

2014年2月9日(星期日)

天气详情：最高气温 0℃ 最低气温 -7℃
晴 东北风~北风 风力 4-5 级~3-4 级

今天太晴啦，光线贼亮贼亮的。其实这种天气反倒不适合拍老街旧巷，等等吧，也许下午能有变化。

中午，儿子来了，一块吃了饭。因为不经常来，所以要说的话很多，一看表都快两点了，我赶紧迷瞪一会，两点半起来，见娘俩还叽叽喳喳地说个没完，我催促他们抓紧准备，否则到西于庄就没多少时间了。

差一刻三点，我和夫人坐着儿子的车，向着红桥方向开去，行至西站附近时，他一下子往左拐了，没办法只能先把夫人送到姥姥家，然后再从三号路行至新红路，快到红桥北大街时，我让儿子把车停靠在路边，独自从小胡同去了城防里大街。都这个点儿了，是不是先去张淑珍家，送照片时补个镜头，然后再延伸到下一户？刚走到屠前大街，遇到了朱家老二，正好把初二拍的大合影递给他，他特高兴非让我到家里坐坐，也好，在补充一点内容，得机会拍一下他家的陈设，这两个想法顺利完成。接下来我还是按计划去了张

张淑珍(前左)老奶奶率家人在自己的小卖部前拍了这张年味十足的合影

淑珍家,儿子、儿媳、闺女也都在,我留下照片,并忽悠他们出来拍合影,开始还有点不好意思,但经不住我死乞白赖地好言相劝,于是,又拿下了这一户。之后,我指着照片上那位老邻居,让张淑珍的儿子带我去认门,他走后,我马上拿出照片让那老邻居看,她笑得合不拢嘴,本来没打算采访她,可是坐下来一聊,感觉还不错,转而决定就在这不走了。我抻出录音笔和记录本,像模像样地跟她聊起了正文。大约 20 分钟,她儿媳妇进来插了一杠子,非打听有关拆迁的信息,使得话题越扯越远,我一个劲给她们打气,让她们坚定信心,直说得她们一块石头落了地,才转到我的话题上。最后,我写了门牌号,约这位叫王改弟奶奶和她儿媳妇一块拍,可儿媳妇说嘛也不愿上镜头,我只能给王奶奶自己拍了一张。

从王奶奶家出来,又拐进了胡同。心想,遇上合适的继续进行,

刮了一天的大风，直到傍晚才停下来，天空清透湛蓝，显得西于庄更加古朴

遇不上就补拍一下带年味的"彩门"，就这样从南走到北，一看表都快5点了，便向着公交站走去，就在等车的当口，我忽然又改变了主意，干脆再晃悠一会，接着拍夜景算了！虽然夜幕下的西于庄，我曾拍过几次，但都是从岳父家回来时顺手拍摄的，效果不是很理想。所以，趁着空气清新、似黑非黑的最佳时刻补上这一环节，我觉得还是应该的。

傻傻地站在马路边等着天黑，实在太冷了，无奈之下又钻进胡同不停地绕行，就这么无聊地消耗了40多分钟，天才渐渐呈现出宁静的藏蓝色，我如上了发条一样，一路小跑地抢拍那一处处好似被简化成版画般的西于庄沉寂的夜色，我感觉到了一种古掘、苍凉之美，感觉到了老区百姓艰辛、安逸之乐。

6点半，岳母打来电话，问我在哪，我说还在西于庄，一听马上说，快来吧，等你吃饭啦！我有点犹豫，还来得及嘛，我没骑车，走到家起码还得20多分钟。岳母说，来把，不着急！这个电话好温暖，好让我感动啊！那种寂寞、孤独的心理阴影，似乎一下子被照亮了。

下午出来之前,我跟夫人商量的是,她去姥姥家,我拍完西于庄直接回自己家,如果真是这样的话,不得 8 点才吃上饭。接到电话以后,我顺着增产大街到西于庄后大道,然后左拐至三号路。一路上,不由自主地回想起岳父、岳母多年来对我的关怀、理解和支持,只要我有梦想,他们就毫不迟疑地宠着我,报纸上只要有我的稿件或有关我的消息,总是第一时间打电话通报。2012 年大年初六,竟排队两个多小时去购买我参与编撰的那本"今晚贺岁书"。岳父多次同着家人说:"张建和我的成长经历差不多,都属于没根儿、没叶儿,靠着自己努力才获得成功的。"其实,我从他们身上也学到了许多做人的法则。

推开岳父家的门,一眼就看见餐桌上摆放着的各种诱人的菜肴,原来,岳母是背着我夫人打的电话,所以我的突然到来,令大家惊喜万分。

今晚的小酒,喝得舒服……

沿着胡同匆匆地行走,寻找灯光,捕捉投影,渲染冷与暖对比

2014年2月10日(星期一)

天气详情：最高气温 0℃　最低气温 -7℃
晴　北风　风力 3-4 级

还是想借助四哥的人脉，突击一下我的《老家·老院》专题。当初确定这个专题时，想到了实施的难度，只是没料到会这么复杂，经常是一个"点位"要分两次完成，不仅牵扯精力，而且还带有一定的"风险"，因为"老家"和"老院"是密不可分的，它是一个家庭必备的两个生活方位，只有"内""外"兼得，才能真实地反映西于庄老住户的生存状态，别看你费尽口舌，让人家托着门牌勉强配合了你，一旦不欢迎你进屋拍摄，就等于什么都没发生。如果有熟人引导，就可以减少波折，一气呵成，这个人非四哥莫属。

昨天在电话里跟四哥约定，今天上午可以陪我做这个事。9点来钟到四哥家，正赶二哥王景生轮班伺候老娘，我坐定后将《老家·老院》的拍摄意图跟四哥描述一遍，我说这个事本来是应该自己做的，可是难度实在太大，最主要的是想在正月十五前完成，他马上就理解了。

我们俩一出来就自动有了分工，他提着写字板"打前站"联系

住在乐善里的王起才家,成了居委会指定的"接待户",经常有媒体造访,登过报纸,上过电视,所以也热情接待了我

老住户,我挎着摄影包随时准备开拍。他说咱第一户先给王老婆儿拍,走到门前底气十足地把这位老奶奶喊了出来,什么铺垫也没有,就直接告诉她,这是报社记者给你照个相,似乎愿不愿意都得愿意,我则迅速书写门牌号,待老奶奶还没完全明白是怎么回事儿,就结束了。然后拉开门让我拍屋里,这一套复杂的程序,在四哥的"安排"下,简化成了几分钟就能搞定的事。

跟着四哥走这一道儿,似乎全都认识他,加上他嘴还特别甜,老伯、老婶地叫个不停,谁一跟他搭个,他就让人家拍照,即便拒绝了也无所谓,丝毫不影响他的情绪,他想"闯"谁们家就"闯"谁们家,见了面先贫嘴刮舌地玩笑一通,接着再把正事给办了。如此一来,老住户也用不着多疑和猜想,四哥给他们打了"保票"。

临近中午,一共完成了12户,而且基本没留"尾巴",这是我实施这个专题最爽的一次。回到四哥家,二哥给我沏了杯茶,我一边喝一边给四哥"刷色",他们执意要留我吃饭,我赶紧起身并对四哥说,哪天再耽误你半天时间,现在离目标很近了!四哥乐呵呵地说:"没问题。"

2014年2月12日(星期三)

天气详情：最高气温3℃　最低气温-6℃
晴　西南风　风力小于3级

　　早晨起来,洗漱过后,吃了块蛋糕、喝了杯奶,然后把头天买的"津乐园"元宵从冰箱取出来,放在自行车前车筐,车把上挂着写字板,身上挎着摄影包,就这么全副武装地又出发了。

　　一路上心情愉快,两腿轻盈自如,光线也特别适合拍照,尤其一想到今天能把《老家·老院》拿下来,就格外兴奋。

　　说实在的,介入西于庄的采访本来就很仓促,又想利用这次机会有所创新,更是动了番脑筋,甚至经常为此睡不好觉。就拿《老家·老院》来说,这是刚刚形成的思路,一开始主题并不明朗,只想拍摄100个老院而已。但是去年我在西沽已经拍过100个老院,面对西于庄还能重复吗？这才想到了写字板,因为院子里见不到门牌号,就需要主观"放大"这样一个历史标记,并且还可别具一格地体现摄影艺术的特质,这种方式我自己能控制、能操作,问题是,写字板放在哪呢？后来,又生出个想法,假如找一个小女孩当模特,手托着这块带门牌的写字板,将若干个院子串联起来岂不更好？问题

聋人孙富贵一家得知要给他们拍照特别高兴

是,小女孩虽然只起到"支架"作用,可在画面里却成了视觉中心,这要拍上几十个上百个画面,怎样避免雷同。在涉及重创作,还是重记录这个命题时,我纠结了好些日子。一天夜里,忽然醒来,辗转反侧,思绪万千。蓦地,小女孩的影像被老住户覆盖,不但还愿了本色,而且正是我苦苦追求的意境,如此这般,就可以把"创作"与"记录"很好地结合在一起,难题一下破解了,然而实施起来,纯粹是自讨苦吃。

自行车停在四哥家门口,进屋把元宵放下并说:"不是快过节了嘛,给老太太买点元宵!"相互客气一番,我坐下来掏出笔记本,让四哥帮我把前天拍摄的那一组老住户的情况,再补充些内容,别说,他就像街道代表似的,各家各户的情况张口就来。

走出家门,我跟四哥说,屠前大街附近就结束吧,咱在往开处

纸厂大街与增产大街交口的小卖部主人胡建文(中),也进入到我的《老家·老院》中

走走。他说那就从纸厂大街开始转。刚到纸厂大街就碰见个老住户,四哥问"老太太在家吗?""在,干嘛?""叫出来,给她照相。"正说着老太太推门出来,看来他们之间都很熟,拍完了外边,又进屋去拍,这户还没利索呢,下一户他也给说好了。因为纸厂大街在西于庄属于主干道,不仅住户多,过往的路人也不少,所以一拍照很快就引来围观者,四哥也很会造势,把洗好的照片拿给他们传看。在西于庄小学门前,有一姓顾的大叔,不但主动要求拍照,而且心急火燎地站在路中间等着夫人回来一块合个影。

不会儿,一辆电动自行车驮着家人停在老院门前,四哥小声问:"聋哑人你拍不拍?""拍呀!"他马上走过去,跟驮着的女孩描述一番,那女孩又用手势比划给她爸爸,聋哑人立刻露出喜悦的神情,我给他们全家拍了合影。就这样,我们沿着纸厂大街一路往南,四哥今儿个也特别高兴,有的住户他甚至推门就进,他把我的意图删简成了几个字。他说,有的老百姓你用不着跟他多说,拍完了把照片送给他，就高兴！当然，有的不行，这得看人来。

我们从纸厂大街拐到增产大街，之后又去了新兴里、新建里和小辛庄大街，所到之处，都有收获，似乎顺得有点挡不住。在增产大街老住户们传看照片时，不会儿就围了一堆人，除了说好，还是说好，我当然很欣慰。

临近中午，我和四哥往回走，边走他边跟我讲述自己少年时期的一些往事，我听得津津乐道，要不他比一般人知道得多呢！

最后，在四哥家门口拍了一个大家庭，这个院住着哥仨，恰巧大人孩子都在家，我们去时全家人正吃饺子呢，我组织完室外拍摄，又趁机拍摄了他们吃饺子的镜头。这一上午，"被感谢"了无数次，这无疑也是一种幸福。

刚走出西于庄，夫人来电问还回不回来吃饭，这才想起她今天不上班，我告诉她怎么也得半个小时，她说等我回来。

今天实在太高兴了，应该说把采访西于庄中最难实现的实现了，回到家先给夫人一个拥抱，告诉她第一个阶段完成了！

在屠前二条胡同，遇上了这一大家子，四哥跟他们很熟，也是拍的人数较多的合影

2014年2月15日(星期六)

天气详情：最高气温7℃　最低气温-2℃
霾　西南风~南风　风力小于3级

上午在家干家务。下午1点半前往鼓楼东街101号"梦心草堂"，参加今年第二次"今晚贺岁书"签售活动。我到时，吴裕成、由国庆、曲振明、尚杰、王大奇、武颖萍、魏新生等已开始为等候的读

天黑之前赶到西于庄，直奔屠宰场老厂房，又是一通狂拍

者签名了，我即刻举起相机，啪、啪、啪，记录下最火爆的场面，然后才坐下来一同签售。

这是一间画馆，平时画家在此作画也卖画，所以地方不大，我们几位肩挨着肩挤在一起，好在读者一拨一拨的，间隙大家有说有笑的挺自在。3点多，尚杰有事告辞，我也顺便提出要走，几个人一再挽留我一起吃个饭，我告诉他们得去西于庄拍夜景，武颖萍说，要是那样就不留你了，但走之前求你们分别题个字，将来把"天津吆喝"汇编成画册。几个人你推我，我推你，都不愿先写，我为了尽快脱身提笔在备好的册页上写道："声情并茂，活灵活现。"

从鼓楼前往西于庄，感觉近了不少。为嘛安排晚饭我不吃呢？其一，今儿是正月十六，估计西于庄百姓家门口的大红灯笼，最后再点亮一个晚上，应该说过了这个村，就没这个店。其二，对那天在肉类加工厂旧厂房上，偶然所得的那一组镜头又有所升华，急切地想再拍一次。所以根据上次经验，我一到西于庄，先飞快地直接骑进了厂院西北角的大楼入口处，刚要放车，见有个工人站在门口，我怕他对我产生怀疑，便主动告诉他，要到楼顶俯拍西于庄，而他似乎不管这事，随口应了声："去吧。"

既然打了招呼，胆子更大了，根本没有心思俯拍西于庄，我的兴趣完全倾注在地面上那些散落的旧物上，即便上次拍了也不放过。三楼拍完了，又去二楼，然后又返回三楼，寻找登顶的入口，果然，在大楼的东北角，有一残破的楼梯直通顶层。啊，又是个意外收获！站在这里能够俯瞰三个方向的西于庄老区，我心情激荡着，用大视角记录下西于庄最后的身影。

"逃离"厂院后，仍然有种意犹未尽的感觉，似乎预料到还得再拍几次。破败昏暗的厂房实在有些恐怖，按动快门时显得很慌张，

从房顶下来,天刚好擦黑,老住户门前的红灯笼好似点燃了百姓的希望

其中一间屋,散落一地的破鞋,稍有不慎就踩在上面,像人脚赛的,心真是一揪一揪的,所以断定有不少片子都拍虚了。然而只要离开那地方,又后悔没拍好,总觉得它能构成一个独立的专题。忽然,脑子里蹦出几个字"尘封的密码",我觉得挺贴切。

春节期间,我还拍摄了 100 扇带着浓郁年味的老门,昨天也为其想出个独特的标题叫:《2014 西于庄"百乐门"》。为了好中选优,我又钻进胡同,进一步扩大战果。大约转了一个来小时,掏出手机想看时间,可是说嘛也不出字儿了,这个新手机只要没电就即刻死掉。也不知要等多长时间才能天黑,无奈之下,只得靠在新红路边,心神不定地浏览相机里刚拍过的照片,一直耗到路灯亮起,又返回到西于庄,先在北侧拍摄,转而进入南侧寻找理想画面,天虽不是很蓝,但西南方向呈现出一缕玫瑰红很特别,我疯狂地追赶着那抹神奇,汗水沁满额头。

在去岳父家的路上,我释然地在心底宣布:西于庄第一阶段采访圆满结束。

2014年2月20日(星期四)

天气详情：最高气温5℃　最低气温-4℃
晴　东北风~东南风　风力小于3级

这两天卯足劲编排《问津》之西沽访谈录第二部分，也是为了给振良腾腾手。去年的第一部分，是他亲自操刀，费了不少功夫，所以当他提出这本让我自己编排时，我倒也想试一试。由于没用过"Word"排版，操作时遇到不少问题，好在都已解决。

上午，振良有事找我，正好把我这段在西于庄采访的成果跟他念叨一番，其中有两点他很感兴趣，一是《老家·老院》这个专题非常有意思；另一是新开辟的采访日记，将成口述史的重要补充。他说弄不好，你的日记比口述史还出彩，他还一再提醒，写得越细越好。这些年，振良在地方史收集、挖掘、整理、研究方面，给了我很多建议和帮助，使我从单一的图片记录，提升为图文互补的两栖登陆，特别是我的多个成果，陆续在他主持编印的《天津记忆》中发表，引领我逐步迈入"文史圈子"。

下午想了想还是决定去西于庄。说实在话，多日不去，心里有些发怵，嘀咕这、嘀咕那，总而言之，自信里夹裹着自卑。很多时候

这件棉袄穿了五年,袖口早就磨破了,可就是舍不得扔,因为穿着它在胡同里不显眼

就是这么矛盾,在别人看来,我的毅力很顽强,无论做什么事,只要启动就一定有始有终,可是,在整个过程中,我的内心异常孤独,特别怕挫折,怕半途而废,怕遇见熟人看我落魄的样子。我最不擅长跟陌生人打交道,可是在漫长的采访中,我不但硬着头皮往前拱,还经常给自己增加难度。

2点45分到达西于庄并直奔关桥胡同走去,院子不大,静悄悄的,我有意弄出点声响,果然靠大门的那间屋里走出位大哥,问,干嘛?我说给里边那家送照片。他看了看,"他不在家,给我吧。"这下把我难住了,"怎么,还不信任我?我们都是一家子!"我说不是,还想了解点情况,他说你问我,我告诉你。于是,针对照片上的那个人,问清了姓氏名谁、出生年月、房屋来源、居住时间等,然后我说,还得拍一张他们屋里的照片,那大哥立马说,拍我这间,他那屋太乱。

拍完了正要走人,要找的那位大爷回来了,他看了照片很高兴,我们站在当院,又进一步核实了相关情况。

隔几个门就是我曾采访过的廖大爷家，他们每年春节都布置得醒目而又火爆，老远就能看见门口悬挂的大红灯笼，吸引了无数摄影者。走到跟前，见防盗门关得严严实实，再细观察发现右首有个门铃，我按了三下，等了有半分钟没动静，正要走，廖大娘打开门，显然是让我给闹醒了，我问廖大爷呢？还在床上躺着呢！我赶紧说哪天再来，不过廖大娘还是让我进了屋。我开玩笑说，都这点儿了，晚上还睡得着吗！他们接过我送来的照片看了又看，我借机补拍了室内陈设，最后给老两口在屋里又拍了张合影。

从关桥胡同出来沿桥口大街，拐进桥口一条胡同，可是想去的两家都锁着门，接着再去北吴家胡同的另一户也碰了锁，到鲍家胡同15号，还是没人，这下叫我彻底灰了心。要不调整思路，改拍胡同算了。第一条：大新街；第二条：桥口街；第三条：清河沿胡同，正边走边拍呢，迎面遇上了曾在一起开过会、研究过口述西于庄的范先生，我们喜出望外，正好触景生情地聊了一大堆有关西于庄的历史沿革，我怕耽误他，他怕耽误我，于是各奔东西。

到屠前大街想找昌和里，不知为嘛，拐来拐去就是找不着，没辙，又绕到小辛庄大街，从东丁家胡同进入，才算拐到昌和里。胡同里仨一群俩一伙地围在一起，不知干嘛，刚一靠近，正遇上我要找的这一户，那大哥听说给他送照片，有些惊讶地说："你太够意思了！头几天也有人给我拍了，说送照片，到现在也没信儿。"我进了屋，邻居们也跟着进来传看照片，我补上了该补的东西。

自行车靠在屠前大街边上，我悄悄翻看照片，提示下一步该去哪。最近的一户是屠前大街14号，还不错，两口子都在家呢，他们收下照片，像遇上知心人似的，跟我谈起了拆迁引发的忧虑，我帮他们从多个角度进行分析，直说得他们连口称赞。

有关西于庄房屋普查的通告贴在桥口南街的墙面上，老住户们一边看一边议论着

为了保证进度，我又回到北吴家胡同那一户，进了院儿透过窗子，见两口子在准备晚饭。喊了两声，大哥还是那么热情地迎出来，他夫人说，"我还想呢，怎么还不送照片。"由此说来，真不是随便拍拍，随口说说，答应的事一定要有结果。大哥说这说那，还给我沏了杯茶，我刻意往深处了解他们的家底，好像还够不上能做专访的程度，但他提供的一些线索我很感兴趣。我起身要走，大哥执意送我，边走边讲述周围老宅的前世今生，走到桥口街的那一家，告诉我，这就是刚提到的李子玉家，我们进了院，要看的那间屋锁着门，透过玻璃见老隔断依然完好，这时对过屋走出一位大姐，主动搭讪起来。正说着，那户人家的男女主人，一前一后气呼呼地进了屋，两口子正闹别扭，见此情景，我示意改日再说。刚出大门，一中年妇女迎上来就问，"知这大院儿原来是谁的吗？"陪我的大哥说，是李子玉吧，那中年妇女随口讲了一段儿时记忆，我再追问，人家不说了，于是我央求着与她约定了采访时间。

2014年2月22日(星期六)

天气详情：最高气温9℃ 最低气温0℃ 霾转多云 南风~东风 风力小于3级~3-4级

　　因为下午第一站想去西沽补拍"瑞发成"和"西瑞发"杂货铺旧址，所以中午小睡一会，2点09分从家里出来赶往西沽。

　　这阵子，由于一直跟西于庄挠鳔，几乎把西沽抛在了脑后，因为西沽暂时拆不了，可以留待以后再说。"瑞发成"和"西瑞发"旧址几乎印在我的脑子里，所以不费吹灰之力就拍完了，然后调头前往西于庄桥口一条胡同找曹奶奶（曹家中）。这次来，大门敞开着，见曹奶奶正忙着生炉子，我喊了一声，奶奶瞪着大眼不知所云，我说，您忘了，不是给您拍过照片嘛！哦——想起来啦！她一个劲地说不要照片，可是接过来一看却喜形于色，接着便滔滔不绝地跟我聊了起来，想拦都拦不住。本来没想采访她，上一次见面时就扯了一堆闲白儿，而且三句话过来就开始卷街，她自己也说，我不管那一套，先骂痛快再说。

　　我试探性地引出个话题，好家伙，这位奶奶则绘声绘色地、底气十足地大讲特讲起来，我真看扁了人家，老奶奶可是高中生呦！

给胡家桐送照片时，补拍了室内陈设，顺便拍了夫妻照

我取出录音笔悄悄放在茶几上，两只眼直勾勾地望着她，老奶奶神采飞扬，好似评书艺人般地叙述着昔日的曲折与艰辛，言语中夹杂的脏字，似乎也那么的生动和自然。大约聊了一个来小时，他儿子提着一兜小西红柿进来，我忙起身说明来意，他没表态，见炉子敞着口，便主动帮着老娘点炉子。而老奶奶似乎没受任何影响，该聊正事聊正事，该卷街还卷街，不说痛快不罢休，听得我也心如潮涌。

从曹奶奶院儿出来，到隔壁院子扒了下头儿，还是大门紧锁，便退出来。我心里好高兴啊，刚才的采访说意料之外，也算是情理之中，先前在采访名单上，她的名字曾加过"星星"，只因她爱骂街给我吓住了。

接下来，又去北吴家胡同找那位大哥，见没锁门喊了两声，我说给你送照片来啦，他一个劲说，哎呀，太周到了，太周到了！进了屋我没急着补拍"陈设"，而是跟他闲聊起来，环视他的屋子，我说跟我当年结婚时的面积差不多,一下子拉近了距离。他讲了自己的遭遇,厂子黄了以后,出来打工,没想到遇上了车祸,好在撞他的人没跑才捡回一条命。他撩开上衣和裤腿,露出长长的伤疤,从一个壮小伙变成残疾人,我非常同情他,不停地安慰他好日子就快来了。

从北吴家胡同出来,到清河里厕所方便了一下,定定神,决定去鲍家胡同15号送照片、补镜头。今儿到他们家,屋里挺热闹,不仅被拍的大哥和夫人都在,还有两个看似来串门的夫妻,我先把照片交给他们,夫人说,听我们那位说有人给他拍了照,没想到还能给送来。我开玩笑说,人得讲诚信嘛!为了补拍他家的陈设,我先提出给他们两口子拍张合影,来串门的那两位既感慨又羡慕,不停地说,多难得啊,一看人家就是专业的!我怕影响人家说正事,了解完相关情况后,急忙告辞。

走到鲍家胡同口停下来,拿出本子补记刚才的询问,谁知,刚串门的那对夫妻也跟着出来从我身边经过,那男的说,呵,还登记啊?我说不记上点怕忘了。正当我草草收起笔记

跟着来串门的这二位夫妻,来到他们新红路的老房子里,约定转天配合我拍摄《老家·老院》

本准备前行时,那男的又返回身,问:"能给我们拍一张吗,就马路对过?""你们是老住户吗?""好么,太是啦!",我顺着他指的方向看去,就在新红路边上,也算填补一个空白。说我,拍可以,但你们还得配合我一下,今天我没带写字板,改日再拍行不行。那男的说,我们不用写字板。我说不行,这是我的一个专题。说话间,来到他们家门口,好家伙,不锈钢的防盗门威严耸立,不过屋里装修得很整洁,有点像宾馆客房,我把随身携带的照片拿给他们看,很快就理解了。

给他们在外面拍摄的时候,我借助了邻居家的老宅和年味,弱化了闪闪发亮的铁栅栏。回到屋里,跟他们约定补拍的时间,原来他们和鲍家胡同15号的那家是亲戚关系,还有一家在西于庄大街住,我一听倒是可以"发展"进来,便说等你们再来,我可以为你的亲戚也拍一下,他们很感激,并让我定时间,我心想手里还一大堆"烂尾"了,还是弄完一个是一个吧,结果定在了明天。

一看表已经5点40了,天也阴的厉害,算了,马上收摊,去岳父家与夫人会合、吃饭。

进了门,见餐桌上已经摆满了好吃的饭菜,哦,好丰盛啊!要不来就亏了。见他们的牌局还没完,我抽空掏出笔记本,守着诱人的佳肴,把采访日记迅速铺叙开来。

2014 年 2 月 23 日（星期日）

天气详情：最高气温 7℃　最低气温 1℃
阴　东南风　风力 3-4 级~小于 3 级

又是一宿没睡好，西于庄的画面不断在脑子里闪回，直到快天亮才眯瞪着。

上午到报社审稿签付印，也许办公室有点凉，回到家肚子不太

贸然闯入李振华大爷家，还真的来对了。李大爷既热情又能聊，让我兴奋不已

听说他们家过去在西于庄开过面铺子，我立马就锁定了这一户

舒服，我赶紧吃了几粒胃肠安。

本来定的是下午3点与那位热心大哥见面，不过我还是早去了一会，穿插了几户的回访。第一户家里没人，转而走到鲍家胡同，这家老奶奶正倚在沙发上休息，我跟老爷子说是来送照片的，老爷子接过来看了看，非叫醒老奶奶。老奶奶坐起来，接过照片在一傍笑眯眯地欣赏，我跟老爷子攀谈起来，他一上来就问我，知道柳二爷庙嘛？听说过老学堂、"王八盖"嘛？我说，没有，改日您好好给我讲讲，今天我约了个老住户。正说着，那位大哥打来电话，说在派所办手续，一时先来不了。我一听，太好了！老爷子，您开讲吧！老爷子重新点燃激情，好似憋了一肚子话要说，他还特意腾出一块桌面让我作记录，一边讲，还一边东指西指，可我缺乏方位感，他见我含含糊糊地点头，便说，这样吧，哪天我带你在西于庄走走。说得正在兴头儿，那大哥又来电话，告诉我已在家等候。我跟老爷子又聊了

会，真有些恋恋不舍，老爷子说，没事，我天天在家，想来就来，临走时我又给他们老两口拍了合影，知道了老爷子名叫李振华。

穿过新红路，奔着昨天跟大哥约定的那间老屋走去，拉开铁栅栏，屋里站着大哥两口子和一老奶奶，说是特意把老娘接来一块拍照，我心想这大哥真会抓机会。行啊，来了就拍吧，全都折腾完以后，我对老奶奶说，您不是跟隔壁邻居很熟嘛，问问他们拍不拍。她一听当然很高兴，带着我就进了邻居家，他们亲热地寒暄几句，说有报社的想在老宅拍照，问你们愿不愿意，那家老太太和闺女都喜出望外，忙着穿衣服往外走，我说别急，先给老太太和老爷子合个影，他们有些感动，因为这老爷子已经半身不遂、无法言语，还下着尿管，我给他们拍了两种组合。之后，才走到胡同口，拍了我想要的。跟老太太搭话得知，西于庄最早的面铺子是她公公开的，这已经足矣，我告诉老太太送照片时，一定要好好聊聊。

出了这家，本打算让他带着我去西于庄大街的另一户，可这位大哥说："你就直接去吧，他们家正忙着过生日，也甭提我来过这

西于庄大街上的老杂货铺已经归了个人，我等了很长时间才拍成这张照片

儿。""明白！"

　　刚说的这家，正是西于庄大街上的杂货铺，太巧了。我自报家门，他们倒是听说了，只是一屋子人没有一个张罗拍照的，房主人掌勺炒菜，只有一位爱说话的"姑爷"，跟我讲着有关西于庄的旧事，但他老早就搬走了。等了半个多小时，几乎把我晾在了一边，我心里有些不快，催促着要拍就拍，不拍就走人了，最后敛了五六个人，穿着防寒服在门口勉强拍了一张。

　　夫人来电，问我在哪了，我说还在西于庄，她问戴口罩没有，我说戴了，一听，还觉得挺意外。

　　我再次走进杂货铺，对着心不在焉的一大屋子人，说有点急事，便自找台阶撤退了。

　　雾霾很重，干了多年翻砂都没戴过口罩的我，也服了。

2014 年 2 月 25 日(星期二)

天气详情:最高气温 11℃　最低气温 2℃
霾　南风　风力小于 3 级

昨儿给四哥打了电话,他说正在塘沽,于是我们约定明天见面。我不能完全指着他,能自己跑就自己跑,最主要是时间太紧,有四哥帮忙当然快一些。

2 点 28 分抵达西于庄,先去东丁家胡同,还是老奶奶一个人在家,没打扰,又奔向当铺西街二条,可是我要找的大爷(陈德沛)没在,没办法只得把照片先留下。大娘说,老伴给人送药去了,一会就回来。我问远吗?大娘说我打电话问问,说着拨通手机,大爷说至少得半个多小时。我说,告他别着急,4 点半我再回来。这么着我又转战到桥口一条,心想,就冲我这执着劲儿,怎么也得碰上你,果然,一进院就见那扇门虚掩着,一中年妇女从傍边的小屋探头,我问:"是王大哥家吗?""哪个王大哥?""王玉海。""对,嘛事?他不在家。""给他送照片。"那中年妇女有些疑惑,我随她进了屋,从信封里找出那张照片给她看,她顿时笑了,"这是多晚儿拍的?"我想趁她看照片时,拍一张室内陈设就走了,可她的女儿躺在床上,为调虎离

热情的王玉海在自家门前留影

山,我对她女儿说:"快起来看看你爸爸的照片。"她睡眼惺忪地爬起来,就在这当口儿,我抬手搂了几张。可那中年妇女非让我坐下,好似有话跟我说,她嘴不停闲地介绍了自己的经历,她不仅学过摄影,还在报社干过,特别是很早就开过影楼,只因为净给熟人拍照,不但不好意思要钱,还经常随份子,后来就不干了。一看这女的就是个要强的人,紧接着又聊起了她丈夫,说他们俩越来越没有共同语言,他大事做不成,小事又不做,前年办了离婚手续,可还在一块生活。说着,王玉海回来了,他拿过照片一边看一边感谢我,我顺便又问了有关老宅老院儿的情况。他说房后边有个赵奶奶知道的事多,过去干过街道。我问,跟她熟吗,他说,怎么不熟?要不,我带你去一趟?这大哥很朴实,起身穿上外套就走,我紧跟在他的身后。

　　俗称赵家大院,实际上根本看不出是个院子,走到赵奶奶家,起码拐了四个弯,那大哥站在门外喊话,不会儿屋里出来人,他介绍说:"这是报社的,想跟您聊聊老西于庄。"

这老奶奶叫邓淑玉干净利索，屋里拾掇得也整整齐齐，坐定以后我简要说了说要了解的内容，随着我的一问一答逐渐展开，那大哥在一旁听了会儿，借着接电话就提前走了。然后我们接着聊，但显然有些谨慎，她似乎对我的身份不大放心，我也不管这些，该问还问，觉得差不多了才打住。

走出赵家大院已经快5点了，我赶紧返回当铺西街。轻轻敲了两下门，大爷（陈德沛）知道是我，便开门迎我进屋，一进去就说照片拍的好，我一高兴马上又给他们老两口拍了合影。大爷自学中医，尤其对伤筋动骨有着特殊的研究，平日自己配些中药，所以满屋子都是草药味。我跟大爷聊得挺轻松，还时不时地穿插点时事政治，他似乎想迎合采访的需要，而我追问的都是过往的历史。

6点了，陈大娘在旁边支楞着也没法做饭，我赶紧告辞。

老街道代表邓淑玉跟我谈起老事既高兴又谨慎

2014年2月26日(星期三)

天气详情:最高气温12℃　最低气温5℃
霾　南风　风力小于3级

    下午带着一沓照片直奔四哥家,在大门口,正遇见他出来迎候一位老同学,我们一同进了屋。坐下来,听着他们说话,原来四哥的同学也在西于庄长大,这次来四哥家,是为了取他们初中毕业时重新洗印的合影照和通讯录。

    等他们把正事办得差不多了,我才掏出随身带来的40多张大照片,王家大哥和四嫂子都过来翻看,边看边分出了两部分,四嫂子把家门口这部分敛到手里,自信满满地分发去了。四哥同学也没呆住,闲聊一会就走了。

    我跟四哥说,这几天在整理素材时,发现咱们选择的访户有点过于集中,能不能往开处走走,再拍十来户也就齐了。他说,没问题,一会儿再定。

    我们一走出胡同,他就开始分发照片,不会儿就围了一堆人,拿到照片的自然高兴,当初不愿拍的都后悔了。有大娘说,要知这么好,那天说嘛也拍。见此情景,我对四哥说,要不你送照片,我去

从王起才家走出来越想越不对劲,没录上的那段内容要是不赶紧记下来就麻烦了,我停在大红桥桥口,一边回忆一边补记

采访?就这么着,我去了乐善里王大爷(王起才)家。

　　王大爷正在另间屋蒸馒头呢,我和王大娘随便唠起家常,她从柜子边上,取出《渤海早报》《每日新报》让我看,上面都有他们一家的照片和相关报道。趁着王大爷还没进来,我悄悄更换录音笔的电池,然后放在摄影包上。这时王大爷面带微笑地走进来,正好王大娘还在床上坐着,我一看这个镜头不错,随手给他们拍了张合影。接着王大爷不紧不慢的随着我的提问,叙述着几十年前的往事,大约聊了半个小时,我无意中发现录音笔没打开,心里"咯噔"一下,那个急呀!不过我没露声色,心想能补救多少就补救多少吧!又聊了半个来小时,抬头看看表已经5点多了,不好意思再粘下去,便结束采访。

到四哥家取了自行车,他说明天下午可以陪我走一圈。

车子骑到小辛庄大街与红桥北大街交口处,我停下来去了趟厕所,忽然想起刚才的失误,有点要撞墙,太可气了,前面说了一堆东西怎么办呢?脑子里开始"倒带子",我推着车走过大红桥,灵机一动停在了桥口的花坛边,然后掏出笔记本,伏在前车筐的摄影包上,趁着王大爷的语音还未完全消磁,抓紧补写记录,一气呵成写了 20 分钟,我觉得这个情景挺感人,于是拿出照相机摆在水泥矮墙上自拍了一张照片,算是对自己的宽慰。

2014年2月27日(星期四)

气象详情：最高气温 8℃　最低气温 0℃
晴转多云　东北风 3-4 级

那天跟四哥说了，再拍《老家·老院》躲开屠宰场前街这一片，想法往开出走走，他简单想了想就答应了。

今天下午我如约而至，四哥在家正等我呢，因为我心里着急，连坐都没坐就催促他赶紧行动。四哥帮我拿着装写字板的提袋，边走边琢磨上哪去。我们还是拐到纸厂大街往南走，他问我到渔村那边行不行，我一听，太好了，要是我自己还真不敢去。我说："西于庄这么大，你怎么都有熟人？"他哼哼两声说："我这人就是好惹惹，跟我一伐儿的，没有不认识我的！"他可能觉得我没听懂就接着说："当年在学校时，我也是个耍儿。谁也弄不了我，可有一样——讲义气！在学校护着我们班；在外头护着我们学校。嘛玩儿，敢欺负我们？抱起团儿来打，丁字沽的、北竹林的全让我们给打服了！"我知道他也是七四届的，他说这些，我百分之百相信，为嘛呢？正是"文革"期间，就连我这所谓的老实孩子，都跟着过打群架。那时，我住在吴家窑工人新村，学校不上课，家里没人管，孩子们凑在一起更

这大姐一听说要拍照,赶紧把我请到楼上,说下面太乱,不好看。这大姐看着有点眼熟

没什么好玩的,所以只能没事找事打群架。一开始跟一河之隔的八里台打,接着又跟东面的"大楼"(成都道)打,最后跟北面的同安里打,飞砖头、飞硫酸瓶子,激烈时用弹弓子,还自制了土炮。

因为我们是同龄人,聊起这些如数家珍。不过,四哥属于"玩儿"出名的,他讲话,打起架来根本没拿性命当回事,不就一死吗!他两次因为打架住"姥姥家"(拘留所),各判三年劳教。但是,四哥这人特艮,自打不玩儿了,谁再叫也不去,反而对街坊四邻特别的热心,尤其红白事没有他不跟着忙活的。这一两年,他又成了"学生会"的牵头人,不光自己班的,连别的班的也愿意听他"指挥"。他说,想想过去,自己都觉得不可思议,明白了,也老了!

说着话不知不觉到了郭家菜园,他先敲开一家大铁门,中年妇女出来问嘛事,他直接就告诉人家拍照,我一听她也姓倪就跟她套近乎,果然,她跟倪大爷(倪凤起)是亲戚,别管怎么死说活说,总算拍成了。然后,又去了他的同学家和原渔业大队住着的两户,他们倒都挺配合,其中一户还拉我上楼看看,说是从西北角搬过来的,原想住几年一拆迁走

在邢桂芳家拍照时,发现墙上的一张合影中有王景龙,才得知王家大哥是"乌鸡门"的传人

人了,没想到越待越没信,只能加盖了小二楼。

在郭家菜园拍完,又奔向城防里大街,我也没听明白,四哥怎么跟这也挺熟,他叫开门,走出个70多岁的大娘,听说能免费拍照,一个劲儿问在哪拍,我说就在自家门口,她疑惑地看着我,这么窄能拍吗?我喊里咔嚓拍完,打开显示屏让她看,她连连说好,一高兴又把对过的大娘也喊出来,她说:"我们俩是妯娌,给她也拍几张吧!"

一看表快5点了,我和四哥分手,说好了,再来再定。

2014年3月

2014 年 3 月 2 日（星期日）

天气详情：最高气温 11℃　最低气温 1℃
晴　南风　风力小于 3 级

　　为补上昨天的"损失"，上午 9 点就出发了，骑到大红桥才 9 点 29 分，可见心境和体力都处于最佳状态。

　　第一站还是到东丁家胡同打一照，大爷没在，我又去桥口的牌摊儿找他，也没在。只得改去桥口二条，这户是我有意留下的"伏笔"，因为在西于庄像这么气派的大门楼很少，且保留着精细的砖雕，当时选上这个院儿是推断其中必有背景。透过玻璃往里看，见老奶奶坐在床上，敲了两下，一大哥起身喊了一声："进来！"这才知道，屋里有两个人。他们不知我是干嘛的，我说，春节期间到这个院儿拍照片，正遇上老奶奶的外孙子，我就给他拍了一张，今天是来送照片的。说着将照片拿给大哥看，"对吧？""对对！快坐下。"

　　老奶奶耳朵背，问她话时需贴在耳边大声喊，但老奶奶虽说 90 岁高龄，语言表达能力比预想的要好，加上她儿子在一旁插话，很快了解了她家的基本情况。老奶奶是军烈属，丈夫在抗美援朝战争中牺牲，唯一的儿子因公负伤落下残疾。当老奶奶谈及自己的经历

因为他们这院看上去像个豪门大户,所以就特别想听听昔日的故事,可当我仔细了解后才知道,现在的住户都是后搬来的,然而这家"军烈属"还是让我深思起来

时,几次哽噎落泪,我的心情也很沉重。

为了缓解气氛,我提议给他们母子拍张合影,之后补拍了室内陈设。究竟还访不访这户,我有点犹豫,只能回去沉淀沉淀再说。

接着去西于庄大街上的杂货铺,一扒头儿见里面正打牌呢。没戏,调头再去桥口三条,刚到大门口,那条黑狗就使劲地吼,锁好车准备进院,这才看见迎面的门上挂着锁头,嘿,怎么这么背!从三条出来转到大新街,定了定神,要不就去鲍家胡同,送照片的同时顺便问问杂货铺的情况,夫妻都在,也都认识我,我把一沓照片都留给他们帮着分发,那夫人越翻看越兴奋,似乎觉得自己拍少了,然后从抽屉里取出几张5寸照片给我看,"这是别人拍的,跟你没法比。"我忙说,也不错,各有各的风格。她接着跟我讲,"有一拨儿人来拍照片,进了屋就看见你送我的那张,他们夸了一通之后,还想借那块牌子用用。我说,那是人家自己带的,你说这帮人……"坏了,我深思熟虑的创意让她一下子就给"推广"出去了,其实这个担心我早就有,果不其然应验了。

无所谓,用开放的心态对待一切吧!

由鲍家胡同穿过新红路,再去"老面铺子"那家,要是能采访成功,上午也就算没白来。谁知情况又有变化,我一进屋,好家伙黑暗中晃动着几个人影,原来一家人正围着桌子吃元宵呢,既然进来了,我就没有理由不把照片留给人家,他们打开灯,谁也没料到照片会这么好,老奶奶的儿子还问多少钱,这是第二次有人提到费用,我摆了摆手,一家人非常高兴地把我送出门外。

已是上午10点40了,采访不成,改送照片。选了城防里大街骑着电三轮倒土的那一户,隔着棉门帘的小窗口往里看,老两口正吃饭呢,我掀开帘子把照片递进去,大爷跟出来,一个劲地向我挥手……

就为采访这一户,我来了无数次,今天总算如愿,户主叫刘景岗(前右)

按照刘大爷的指点，我来到仅存的这座码头平台前，想像着昔日繁盛的景象

到家 11 点半。

下午两点整，带着写字板、背着摄影包，仅用 26 分钟就骑到了大红桥。我怕老人们还在睡午觉，有意磨蹭了一会。我简直跟东丁家胡同这一户拧上了，从第一次给老两口拍片，至今来了不下五六次，越采访不成我就越不肯放弃。然而，功夫不负有心人，我一拐进胡同，就见大爷身穿唐装，手拿铁锨，在垫门前的污水洼。我激动万分地凑上去，"大爷，您是一会儿也闲不住啊！""嗨，从过节就冒脏水，没人管，自己垫垫呗！""我找您五六回了，还记得我给您拍过照片吗？"，大爷停下手里的活，仔细看着我，"哦——想起来了！"，"我可找到您了。"

一块进屋看照片，老奶奶想起了当时的情景。我告诉大爷，主要还是为了聊聊老西于庄。这一说，老爷子来了精神，从老家河北省，聊到去山东做香油；从第一天跟船扛河坝，到当队长抢任务，你要是不打断他，根本问不了下一个问题。只是他浓重的乡音让我听着有些吃力,不得不一遍遍地重复字、词,甚至写在本子上才明白说的是什么。实在听不懂坐在一边的奶奶给当"翻译"。我笑着问,你们都是一个村的,怎么口音差别这么大?老奶奶说,"我不是带孙子嘛,儿媳妇说了,您别老说乡下话,免得孙子也学会了。就这么一点点板的。"从2点半聊到4点多,很过瘾,临走时给他们拍了合影。

原想再去西于庄渔业大队的一户,揣摩一下时间有点紧巴,就改主意再到杂货铺或三条看看,结果都没成。想想这写字板不能白带呀,要不就去桥口二条的赵奶奶(邓淑玉)家,这个判断还算准确,赵奶奶还是一个人在家,刚一进屋就告诉我,孩子们呲叨她了,不让随便接待陌生人。我说,孩子们的警惕性是对的,但坏人能有闲心跟您聊西于庄历史吗?那天不是邻居带我来的嘛!我送给她照片时,还特意让她翻看其他采访过的老住户,有的她认识。

消除了疑虑,我让她拖着门牌在院子里拍了一张,随后交给她一张我的名片,我说,将来搬了新居打个电话,我去给您拍全家福。

看看西边的太阳,觉得还可以再转转,于是就去了刘大爷刚才提到的胜芳码头,正像他说的那样,子牙河西于庄这一段,只剩下一处孤零零的、木头搭建的老码头,不远处就是新落成的天津西站候车大厅。我拍摄了老胜芳码头和"小火轮"客运码头遗址。

今天是"龙抬头"的日子,夫人包好了饺子等我回来下锅,窗外依稀能听见鞭炮声,可我有些累了……

2014 年 3 月 4 日(星期二)

天气详情:最高气温 7℃　最低气温 2℃
阴　南风~北风　风力小于 3 级~4-5 级

跟四哥定好了,下午把照片送过去。

为答谢四哥的支持,我特意带去一份茶叶礼品盒。到他家后,我把照片全部摊在桌子上,然后分配任务,凡是我需要回访的,就留在身边,其余的都由四哥处理。这时四嫂子提出要在老宅跟四哥拍张合影,我立马行动,喊里咔嚓一会儿就完事了。然后四哥陪着我到城防里一户补拍室内陈设,之后又溜达到渔村分发照片,他去东边两户,我去西边两户,敲开门,那大姐走出来,我说对过那家没人,照片先放你这吧。再有,上次拍的你们家有点太寒酸,不如拍你楼上那间屋。她答应并带我上楼,不到一分钟就搞定了。当我转身准备离开时,看见冰箱上摆放着两个相框,这是 20 世纪 80 年代最典型的婚纱组照之一,其中带着头纱的新娘子引起了我的注意,感觉面孔很眼熟,我真不敢相信她就是我的初中同学,我再次辨认,确定无疑,我按耐不住地问那大姐,你是不是在新村住过?对呀!那咱们是同班同学,你在电车公司住,我在 11 段住,这张照片就是你当年的样子。从1974年毕业再没见过面，整40年啦！这女生在我们班个头最高，而我又属于比较矮的，所以在教室里我们一前一后，几乎没有交流，站队做操也是互不见面，加

四哥主动提出给他们两口子拍张合影，我当然很愿意

上这女生稳稳当当从不张扬，学习也很一般，因此说不上特别熟悉。她满脸惊讶地说，那天拍照就觉得在哪见过，但没想起来。我帮她回忆起许多同学的名字，简短介绍各自毕业以后的境况，她似乎也很激动。

从老同学家出来，打电话告四哥先走了。然后奔桥口三条胡同访问老知青，到大门口往里一看，门窗都挂着布帘，只得调头到新红路对面的朱奶奶（朱淑兰）家，因事先有约，一进门朱奶奶就说，"要问嘛，就问吧！"

我守着朱奶奶坐下，从自家的老面铺子，一直聊到西于庄大街上的买卖人家。别看朱奶奶没文化，岁数也不小，可头脑非常清楚，尤其聊到当年的粮食价格，分毫不差，张口就来。公私合营以后，老

就这张20世纪80年代婚纱照,让我巧遇了中学时期的同班同学葛士敏(左),做梦也想不到会在这里相见

爷子归到新村粮店,老奶奶去了新村菜市场,一直干到退休。中间,老奶奶还问我个事,说那天拍照忘了在大门口来一张,能不能哪天……我当即告诉老奶奶一会就拍,老奶奶可高兴了。

访谈结束,该拍的也都拍了,看看天色,决定再去西于庄大街杂货铺看看,推门见到主人便说,"牌局散啦?""散啦,散啦!"我说来过好几趟,没敢打扰,我把照片送给他们,从他们口中了解到李克强总理视察西于庄时的情景,特别是问明了当时都去的哪几户,他们还帮我指认了其中一户。

天真好,夕阳暖融融的,真恨不得等到天黑再拍一次夜色中的西于庄,可是我实在有些身心疲惫,一咬牙算了吧!

途径大红桥,灰色的钢梁被斜阳映照得金灿灿,我不由得停下来,又拍了一通。

回到家,夫人见我土巴呛呛的,就直接把我拽到卫生间水盆前,给我用热水了洗头,好舒服啊!

2014年3月5日(星期三)

天气详情：最高气温8℃　最低气温0℃
晴　北风~南风　风力3-4级~小于3级

　　今天特别期待能把桥口三条那户给访成了,然后再访一户,访谈总数就可达到17户,第二阶段也可宣告结束。
　　然而,到了三条胡同,大门紧闭,我连车都没停就顺势去了城防里,去访那位从14岁就在屠宰场当伙计,直至在肉类食品加工厂干到退休的老住户。这户对我来说很重要,因为,旧时的西于庄,家禽牲畜屠宰是个重要产业,大批劳务的涌入,逐步使西于庄的坑洼之地演变成固定的生活居住区,而屠宰场的兴衰却鲜为人知。
　　我去时,大爷(赵福荣)正要出来,我直截了当地说,想跟您聊聊屠宰场的事。他想起我来,接着我拿出照片给他看,还特别提示那上面的鸟笼子,这下不要紧,大爷气愤的说,俩鸟都让人给偷走了!他告诉我,知道是谁干的,只是不愿惹事。我说就别养了,大爷固执的说,那不行,你要不来,正准备到铁道边再买两只呢。我们坐下来,屋里很安静,大爷不爱多说话,问什么就说什么,我不得不一步跟着一步地追问,反正能挖多少就挖多少,俗话说"走过路过,不

赵大爷不紧不慢叙述了自己与屠宰业的不解之缘

能错过"嘛!

聊完以后,我又到隔壁去送照片,大娘把照片摆在案子上,一张张地欣赏,还问拿牌子那张为嘛没有,我说那张效果不好就没洗。

4点10分,我又返回三条胡同,这次不仅大门敞开,屋里还有人晃动,我刚走进院子,那大姐就发现了我。我说,您了终于在家了!她很无辜的样子,说天天在家。我说礼拜日来了两趟,她不好意思了,说去了教会。屋里还有她的一个老同事,我们就开门见山地聊了起来,那同事起初还一头雾水,到后来才明白怎么回事,我琢磨着她应该赶紧找词儿脱身,结果就那么安静地听着我们海阔天空地神侃。

访谈的这位大姐,是六八届知青,她家原先在西沽住,后来父亲买了这边的房子干起木箱厂,由于父亲有历史问题,最后死在监狱。谈及这些不堪回首的往事,大姐情绪激动,泪流满面。我不愿再勾她心思,便停下来,让她去擦了把脸。然后采用插叙的方式聊起基督教,从西沽到冈纬路,再到山西路总会,聊到做人的守则等等,我也借题发挥,讲了一通在西沽、西于庄采访时经受的洗礼和给老住户们义务拍照的感恩心态。大姐听后如同遇见知音,她随手从床上敛了三本小册子给我,让我回去好好读读。这三本小册子分别是:《上天说明书》《人人必读》《信者得救》。我见大姐心情平复下来,又搭上了刚才的话头。

信奉基督教的张莲珍大姐,坦诚而动情地跟我聊了一个多小时

突然,一邻居进来,以为我是拆迁办的,上来就问房子的事,大姐拿过照片说,人家是照相的。她接过照片一看,嘿,太好了,多有意义啊!

我们一起走出院子,说了一通道别的话后,那邻居忍不住问,"能给我在大门口拍一张吗?"我重新掏出相机满足了她的愿望。

2014 年 3 月 6 日(星期四)

天气详情：最高气温 7℃　最低气温 -1℃
晴　东北风~东南风　风力 3-4 级~小于 3 级

  这几天，一出门先担心车带爆胎，今儿说嘛也得彻底解决。不到两点把车骑到南开五马路与二纬路交口的修车摊，问师傅内外带一块换得多钱，他想了想："35。"我说你看吧，内带要是能留就留，不能留就换。他扒开后告诉我，都不行了。约莫 20 多分钟，里外全新，一切就绪，真好像骑了新车般地轻松快捷。
  来西于庄之前已经想好了，头一站先去渔业队住炮楼的倪大爷(倪凤起)家，我顺着小辛庄大街一直骑到头儿，接着钻进小胡同，到了倪大爷家径直把车推进院子。可是，倪大爷却不在家。撤出来又沿着小胡同往西走，想到尽头的牌摊儿找找看。
  子牙河岸边的一块空地，有一堆人围在一起打扑克，还有几位老年人倚在墙根儿晒太阳，我仔细辨认了下，没有倪大爷，就问那几个老头儿："怎么，今儿倪大爷没出来？"其中一位说"刚还在呢，那不——"他手一指，见西站西大桥下走过来三个人，我迎了上去。

倪凤起特别耿直，对我也非常信任，倪家在渔业队曾经也算个大户。平时就他一个人在炮楼里生活

因为时间太久了，倪大爷想不起我是谁，直到我提及节前去拍照片，才回过神儿来。我说跟您回家，聊聊渔业大队的事，他倒是没有一点不快。我推着车，随着倪大爷往家走，他说："这些日子找我的人太多了，都是奔炮楼来的，有拍电视的，还有拍照的。住了好几十年没人问，现在又成好东西了！"我赶紧问："有人采访您吗？""没有。"我心里一下踏实了。

进了院，登上小二楼。这间屋子也就10平米，其中一个房角还是弧形的，我问倪大爷："这是不是炮楼啊？""对，就是那个拐角。"

倪大爷这人很耿直，说话瓮声瓮气，尤其笑起来声音很大。他讲述的渔民生活，特别是辛酸的经历都是过去未曾听说过的，我听后内心充满了无奈与感叹。

按心里预期，下一家应该到大年初二给我修过车的，姓支的那一户。去这户访谈我一点不担心，因为老太太90多岁，哪也去不了，想何时聊就何时聊。

支老太太（中）这辈子吃了不少苦，因为干水产加工，不仅患上了关节炎，手指也都变了形

增产大街上，支师傅还在忙活手里的活，我放好车叫了一声："支师傅！"，他瞅瞅我，我用双手画了一个框子，说："照片，想起来了吗？今儿跟老奶奶聊聊。"他似乎有点犹豫，但又不好意思拒绝，自言自语地说："睡觉了吧？"顺便往屋里探了下头，"哦，没睡，想聊嘛！"我说："没事，就是闲聊。要是说不上来，您告诉我不就完了。"

我先递给支师傅一本《问津》，告诉他这是我采写的西沽访谈，"你不喜欢历史吗？看着玩吧！"进了屋，老奶奶跟上次一样，依旧穿着防寒服坐在凳子上，支师傅有点不放心，就站在门口一边听，一边插话，他弟弟默默地一在旁切白菜、剁馅。老奶奶毕竟90多岁了，只能靠提示，断断续续回忆一些印象深刻的经历，更远的和更近的都说不清。挖空心思聊了半个多小时，虽然内容少点，但起码代表了一个面。

非常愉快，一切都按部就班地进行，假如明天再访两户，专访任务就提前完成了。

2014年3月7日(星期五)

天气详情:最高气温9℃ 最低气温0℃
晴转多云 南风 风力小于3级

从昨天就想,要是让李大爷(李振华)带着我,访访大新街的张老爷子(张克敏)是最好不过了。这张老爷子94岁,据说是西于庄这一带,对治鱼这行最有发言权的一个。年初我就听人提起过他,

李振华大爷拄着拐棍,带着我在西于庄转来转去,最后来到他原来居住过的老院

终于寻找到这位西于庄治渔的老前辈张克敏，就凭他九十多岁的高龄，绝对是西于庄历史的"活化石"

只是不知在哪住、近况如何，直到前不久采访李大爷时，才惊喜地得知每天都在大新街居委会附近晒太阳。

我把自行车放在鲍家胡同李大爷家门口，推门进屋，李大爷正修自行车呢，自行车躺在地上，大爷说，这车好多日子不骑，带全瘪了。我说，别影响您干活，接着修吧。他说："不了，有嘛事晚上再说。"于是把车立了起来。我先把老两口子的合影递给老奶奶，嘿，特别满意。大爷坐下来又打开了话匣子，我补充了几个问题，大爷显然是想把我带出去到现场接着讲。他起身去拿拐棍，我想搀扶他，他说，没事，主要是腰不行了。

我们走出家门，大爷指了指马路对面的"综合执法队"说，看那房子了嘛，那就是西于庄天主教堂，原来有三道院，一直连到我们家门口，修新红路时把中间一大部分给拆了。他带着我到教堂胡同去指认残留的痕迹。我们穿过胡同来到大新街,他往东指,说:"前面小二楼附近就是当年搭天棚的位置,回过身正对着柳二爷庙。"他一边回忆,一边判断昔日的布局,在清河沿大街上,他告诉我右首是脏水坑,左首才是"好坑",赶上下大雨这俩坑的水连在一块时,一边是黑的,一边是黄的,界限分明。那"好坑",人们都管它叫"王八盖",老大了,小时候经常在这玩。

我们又穿过几条胡同,大爷也有点迷糊,他说好些年没往这边来了,变样了。结果绕来绕去,来到了桥口街,这时大爷才辨过方向。他想了想,决定带我去西于庄大街看看,这条街算是当年比较热闹的地方,他一处一处地告诉我,这是韩家小铺、这是张二大车店、这是白面儿馆、这是土地庙、这是张家杂货铺……还有一处,说嘛也找不着了。

我们整绕了一圈,再往回走的时候,我忍不住提醒大爷,能不能找找张老爷子,他说可以,弄不好还在街上呢!原来张老爷子在大新街的庆阳里住,我们慢悠悠地走进去,因为大门都变了样,一时闹不清,就喊了起来:"张二爷——张二爷——"有人答话:"在这呢!"我们循声走进院子,一大姐很热情地把我们请进屋。张老爷子刚从外面回来,因老爷子耳朵有点背,我和他并肩坐在一起,我问起了他最熟悉的"治鱼",毕竟年岁大了,话说得很简短,那大姐就在一边提醒,原来她是老爷子的儿媳妇,每天照顾着老人的吃喝,她说当年的老渔网还有呢。我又问了些过去的老事,听儿媳妇说每天这个点儿就该吃饭了,我决定改日再来一次,于是拍了照片就撤退了。

2014年3月8日(星期六)

天气详情:最高气温5℃　最低气温-1℃
雨夹雪转小雨　南风~北风　风力小于3级

　　5点半从西于庄回到岳父家,见他们还在打牌,我便取出笔记本,赶写今天的采访日记。
　　其实,昨天我在博客上刚宣布第二阶段采访结束,还没喘口气呢,就又扎进西于庄,这分阶段还有什么用呢?嗨,谁也没规定有什

自打那一次邂逅,我就把卢大姐纳入采访计划,虽说内容不是很多,也算个侧面吧。

在落实不了采访对象的情况下,只能用拍摄胡同来按抚焦灼的内心

么阶段,纯粹是自己的内心计划,也是想借此歇一歇。可是,几天前预约的一个采访还没落实,总有些不塌实,所以只能马不停蹄地接着跑。

今天比平时出来得晚一点,到西于庄2点44分,我直奔桥口街,说实在的能不能访成也没多大把握,那天只是跟大姐打了个招呼。敲了敲门,当大姐出现时,我才回想起她的相貌,她笑着对我说:"你还真来了?我知道的不多,说不出嘛!"我先打消她的疑虑,"嗨,就是随便聊聊,反正您比我知道得多!"

东拉西扯了好一会儿,渐渐的聊到了龚望和李子玉,这也是我为何访她的原因,正如大姐所说,她掌握的情况确实不太多,尽管如此,也算是一个小小的侧面吧!

一块石头落地,心里轻松许多。接着拍胡同吧,这个活儿对于我就跟玩似的。

　　这次拍胡同,重点放在新红路以北,因之前这片归西沽街管辖,2012年我在拍摄西于庄老街旧巷时没把它列进去,这次拆迁却划在了"红线"以内。拍胡同也有些技巧,决不能随便乱串,最起码脑子里要有张地图,先拍哪一条,后拍哪一条,即灵活又有规律,否则整理起来会很麻烦。我先选择桥口街,之后,桥口一条、二条、三条、四条并行着拍,而且每条胡同都来回拍两遍,基本形态尽收眼底。

　　又想起我的"第二阶段",收获的确很大。从1月13日启动西于庄采访以来,不到两个月,共完成深度采访21户;拍摄《老家·老院》70户;获取采访录音30多个小时;写下采访日记3万余字,同时,套拍完成了《2014百乐门》《炉子》《尘封的密码》等,借用今年两会的一句热词:困难比想象的要多,结果比预计的要好。

　　想到这些,真有点热血沸腾,尤其今儿个还是三八妇女节,我背着岳父岳母悄悄溜进厨房,操起家伙忙活起来……

　　吃饭时,岳父举起酒杯说:"今天庆贺三个喜事,一是三八妇女节;二是我们老两口又要涨钱了;三是姑爷采访西于庄第二阶段结束!"我的脸有点微热,这分明是岳父从我博客里得来的消息。这几年,老两口天天阅读我的博客,所以我的一举一动全在他们的掌控之中。

2014 年 3 月 10 日（星期一）

天气详情：最高气温 12℃　最低气温 1℃

霾　东南风~南风　风力小于 3 级

　　昨彻底给自己放了一天假，上午拾掇屋子，下午和夫人逛商场、品西餐。

　　晚上回来，我操起那本从四哥手里借来的《我的一生》读起来，不知不觉我的思绪被深深融进每一段字里行间，我又一次品尝到爱不释手的滋味，竟然一口气读完了，甚至还有些意犹未尽。《我的一生》是四哥的爷爷王崧在 1964 年 77 岁时撰写的，全书共 147 页，全部用小楷手书而成，分为"童年时期""青年时期""老年时期"和"综合论述"4 部分，生动、质朴，充满真情地概述了自己艰辛的一生。有几处读着读着险些流出泪来，想想看，50 年前，77 的老人，用自传为这个家留下宝贵的精神遗产，这是多么超前的意识啊！是多么值得尊重和爱戴的长辈啊！

　　我决定将这本书重新打一遍，存在电脑里，日后在编辑《口述西于庄》时，作为附录收入其中，实在太珍贵了。

　　午夜 12 点躺在床上怎么也睡不着，西于庄那些老住户一个一

偶然得知大哥王景龙习武,叫我兴奋不已,起码又填补一个空白,所以我专门拿出半天时间访问大哥

个浮现在我眼前,脑子里复述着他们讲给我的每一句话,罗列了一堆待解的疑问。起来一次,看看表 2 点半,躺下后依然辗转反侧,再起来看表,已是凌晨 5 点,西于庄不断地让我失眠……

今天中午,总编室来电说下午的例会不开了,好吧,那就接着去西于庄。去前已经想好了,直接到四哥家,访一访他大哥,这应该算个意外的发现。那天,四哥陪我去拍片,在富亨里一户,四哥跟那奶奶聊起给"乌鸡门"第六代掌门人刘贵生举办纪念活动的事,尤其是她家墙上挂着的一幅大合影里有大哥王景龙的身影,出了院儿我问四哥,看来大哥会武术,四哥说,好么,他现在是"乌鸡拳"的掌门人,我一听,太好了,这简直是填补空白,必须单独采访他一次。

进了屋,大哥还是在老地方坐着,四嫂子见我来,要去喊睡觉的四哥,我说今儿不找他,让他踏实睡吧。我抻过一只凳子,坐在大哥身边,小声说,您身怀绝技含而不露啊!大哥笑笑,"有嘛绝技,听谁瞎说。"我说,今天我哪也不去,就听您讲武术。这时,四嫂子想起件事,说一邻居拿着我送给他们的照片去翻拍,不知怎么半道给弄丢了,问能不能把原"文件"发给他。这个事我还是真想到了,只是没跟四哥交代,当时给这户拍摄时,是三家人凑到一块,最后只给了一套照片。我当即表示没问题,让他告诉我邮箱,今晚就解决。不一会儿,那邻居亲自登门,打电话让孩子把邮箱地址发给我,并再三表示感谢,他看我好像有正事要谈就走了。

四哥迷迷瞪瞪起来,说一会出摊接着卖他的兔架子,非常抢手,昨天出去一个多小时就卖光了。忽然,四嫂子想起什么,打开冰箱拿出两块墨绿色砖一样的东西,对我说,一会走时把这两块野菜带着。我说不要,但他们执意要给,也就答应了。四哥临走时说,一会再到他摊上拿只兔架子尝尝,说是第三天的原汤最好!我含含糊糊地应了一声。四嫂子接过我送给他们的照片,告诉我全都拿出去塑封了,然后贴在大立柜的两侧,有点像微型摄影展。

安静下来,我跟大哥循序渐进地聊起了"乌鸡门"和西于庄的业余文化生活。

这是"乌鸡门"弟子为纪念师傅刘贵生编印的小册子

2014年3月11日(星期二)

天气详情：最高气温16℃　最低气温5℃
多云转阴　西南风　风力3-4级

出发之前，把要回访的老住户名单和需要补充或解疑的问题列在本子上，尽可能想周到了，一般情况下，回访就意味着结束。

到大红桥2点28分。说来挺有意思，因大红桥坡度比较陡，我每次骑到大红桥就跳下车并下意识地看看时间，然后慢悠悠地推车上桥，这几乎成了新养成的"毛病"。

今天我特别希望把桥口二条胡同的"军烈属"访成了，上次跟90岁的老奶奶聊得眼泪汪汪，我担心她过于伤心，就没再接着聊。这位老奶奶的情况比较特别，她的丈夫几十年前在抗美援朝战争中牺牲，唯一的儿子在二十几岁的时候，又因公负伤，左腿被截肢。这些凄苦的命运愿不愿说，我心里也没底。

敲开门，老奶奶和她儿子都在，我递给他们母子合影，然后跟老奶奶的儿子漫无目的的说这说那，当有了"温度"以后，我话头一转，对老奶奶的儿子说，"思索良久，我还是决定访访你们这户。"老奶奶的儿子沉默片刻："你想了解嘛，就问我吧，老娘有些糊涂。"我

原想让老奶奶跟我聊聊家史，没想他儿子郭宝奎主动揽过来，听完以后我才知道，这家人挺不幸的

说："可以啊。"他似乎不太愿意让老奶奶开口，我取出笔记本和录音笔，刚要打开录音开关，这位大哥立刻拦住："你别录音，我给你说说就行了。"气氛顿时有些尴尬，我把录音笔推到一边，然后从他父亲如何参加抗美援朝直至牺牲聊起，我提出看看立功奖章、证书等，他打开箱子只取出了一份《军烈属证书》复印件，我把上面的相关信息都一一做了记录。之后，又聊了他自己的不幸经历，我非常理解他，他似乎也打消了对我的猜忌，最后我还给他和他母亲单独拍了人物肖像。

出了桥口二条，拐进当铺二条，进了院子连喊两声，大爷（陈德沛）在屋里应了一声，老两口一看是我，都站起来，我先把照片送给他们，大爷一个劲儿夸我拍得好。我说，那天从这走了以后，有的地方还是没太听懂，今儿想让您再给重复一下。大爷说没问题，我们就这样面对面地沟通了一阵子。走时，老两口把我送到大门外。

没想到会这么顺，让我也来了精神儿。要不然再到面铺子那家

朱淑兰老奶奶总这么乐观，每次见到我都异常亲切，这一家人都特别实在

看看。门口的小狗一见我又发出大鹅般的叫声，主人说，一来生人它就发这种怪调。我进了屋，感觉既豁亮又干净，朱奶奶（朱淑兰）还是笑眯眯地望着我，她似乎知道我来送照片，我一边开玩笑一边把照片取出来，朱奶奶儿子还特意给我剥了个香蕉，我也就大大方方地吃了。我说："奶奶，还得问您几个事！"朱奶奶特高兴地说："问吧，只要我知道的全告诉你。"最逗哏儿的是，凡是第一次我曾问过的，再一问，她老家人就直言不讳地提示："上次不是告诉过你嘛！"甚至会说，这事我都说过三遍了！我赶紧赔笑脸，"奶奶，我错了，原谅吧，脑子不行啦！"实在没想到，老奶奶记忆力会这么好。别说，这次回访还真挖出不少东西，事实证明，这么多年积累的采访经验还是行之有效的。

天又阴上来了，5点一过就不能再串门了，西于庄老人们吃饭都比较早，我也累了、饿了，赶紧回家喽！

2014年3月12日(星期三)

天气详情:最高气温9℃　最低气温2℃
小雨转晴　东北风　风力4-5~3-4级

预报今天有雨,所以不打算再去西于庄,可是临近中午天又晴了,似乎不去没了正当理由。

两点一刻才出门,骑到西于庄两点45分,先去丢鸟那位大爷家,没在。此时,老街旧巷仿佛还在沉睡,既听不见动静,也见不到

冬季的西于庄,显得特别萧条,尽管阳光暖暖的,可胡同里很少有人走动

站在大红桥桥下,眼巴巴地看着堤岸就是穿不过去,实在有些沮丧

人影,与其这样,还不如先拍胡同。第一条:清河沿胡同,这条胡同地形复杂,最起码有三个支叉;第二条:当铺西街,直来直去还算好拍,接下来,当铺西街一条、二条胡同,再往后是北吴家胡同和鲍家胡同,在拍鲍家胡同时,正经过李大爷家,心里还想,最好别遇见他,要不又得寒暄一通,有时事情就这么巧,我一探头,李大爷骑着电动三轮驮着老伴打外面正赶回来,一见面不要紧,大爷又滔滔不绝地说着说那,结果还是老伴不停地喊他我才脱身。最后,又围着庆阳胡同绕了一圈,在胡同口见着张二爷,我跟他打招呼,其实他并未想起我是谁。

约莫一个小时,差不多拍完了,我也有点累了,然后到屠前大街14号送照片,我把自行车刚推进院子,那位大哥打外边正要推车进来,我一看还是自己退出去吧,随手递给他照片,大哥是个老实人,不知说嘛好,告诉我,多晚儿路过就进来喝口水。

没走几步,又拐进乐善里王大爷(王起才)家,尽头儿一大姐冲我就说:"你不答应给我拍照片嘛?!"我想起来,是有这么回事,"哎呀,今儿没带牌子。","不要牌子不行吗?","改日,给你拍两种。",说着进了王大爷的院子,大娘正在床上坐着呢,我说除了送照片,还有几个问题需要您再给我这糊涂虫讲讲。大娘眯缝着眼笑不停,"你说吧。"我觉得大娘比大爷讲的更清楚些,这时王大爷衣襟上挂着面粉走进来,我说,上次您就蒸馒头,这次又赶上蒸馒头,看来挺拿手呗!我跟大爷聊起蒸馒头的事,越聊越高兴,最后还非给塞我几包酵母粉。

阳光暖洋洋的,丁点不刺眼。忽然,我冒出个大胆的想法,沿着子牙河堤岸、穿过大红桥,去拍客运码头遗址。因为子牙河北岸盖满了房子,没有丝毫缝隙,要想靠近子牙河,只有从新红桥下的"三角花园",跳下河堤才能往西行进,我只想近距离接触一下这个被老百姓称之为"小火轮码头"的昔日内河航运客站。

我把自行车倚在立交桥高大的水泥桥墩下,不顾一切地从防护堤跳了下去,遥望大红桥起码有几百米的距离,想不到的是河水上涨了,要想往桥跟前走,必须在45度的斜坡上踩着打滑的石头

我直愣愣地望着河水有点不知所措,这种冒险究竟值不值

再次来到刘景岗大爷家,没了陌生感,就像来串门的邻居

慢慢挪动,稍有不慎就会滚落水中。但是,既然决定了,就不能退却,我把摄影包斜跨在身上,猫着腰前行,当临近大红桥时,两个情况不得不让我选择放弃。一是有两三米的斜坡,由于常年倾倒污水,不但挂满杂物,而且又湿又滑,一旦发生危险,没有一个人能下来施救;另一个是,大红桥下堆满杂物根本无法穿过。无奈之下,掏出相机拍了几张低角度的大红桥,然后往回撤。撤到一半时,还是觉得有点冤,于是把照相机架在摄影包上,自拍了一张蹲在堤岸叹息的照片。

上岸后,看看时间还不到5点,先把丢鸟大爷的照片送了过去,接着回过头去东丁家胡同找刘大爷(刘景岗),一推门儿,见刘大爷正独自喝着小酒呢,见此情景,我随手拍了几张。突然的闯入,打乱了平静的气氛,我迅速收起相机,并顺手将老两口的合影交给他们。见我来大爷不好意思再喝酒了,我凑到身边说:"您喝您的,就问几个事。"这才稳住了大爷。

大爷又给我补充了一些内容,口音依然那么难懂,这时单位来电,等我接完了这个电话,大爷趁机也把酒喝完了,为了我他肯定没喝舒服。又聊了会,我起身要走,大爷大娘非留我吃饭,我说:"今儿就算了,哪天一定陪大爷喝几杯!"大爷兴奋地挥挥手,"没问题!"

2014年3月15日(星期六)

天气详情:最高气温20℃ 最低气温6℃
晴 西南风 风力3-4级

去西于庄还带不带写字板,纠结了一上午,看看光线又觉得不适合拍此专题,可心里急得要命,恨不得快弄完算了。

下午2点40,把夫人驮到南开二纬路地铁站,她去姥姥家,我去西于庄,写字板最终还是没带。

城防里大街

今天就踏踏实实地拍街景吧，掏出手机看了下时间3点10分，当机立断就从大红桥拍起，因为脚下的这条红桥北大街往往被忽视，所以先拍了它，一直沿街拍到红桥少年宫，然后折返回来，进入城防里大街，这条街与西开洼大街相连，直通西于庄后大道，又从后大道拍回去。第三条选拍小辛庄大街，刚拍几十米碰见了东丁家胡同的刘大爷（刘景岗），我下了车，他反而跟着我往回走，他说现在胡同里站满了人，是来测量的，他以为我感兴趣，走到胡同口，见老住户们仨一群俩一伙地在议论着什么，我跟大爷说，哪天我再来吧。目送着大爷走进胡同，我才又接着往西走。

拍完小辛庄大街，又去拍屠前大街，只是到这里来拍照的人太多无法下手，于是改拍西于庄最长的一条街——增产大街。这次拍摄老街旧巷，都是来回拍两次，既能相互参照，又可将两个方向的视觉变化都体现出来。要说这个工作量不小，好在我有"绝技"，我可以骑在自行车上边走边拍，就好像骑马射击一样的精准和连贯，这是一般人做不到的。

纸厂大街

增产大街

拍完了东方胡同、北丁家胡同、西于庄大街二条胡同之后,又来到西站西大桥附近,想拍下渔业大队居住区的全貌,可是没有合适的角度,我仰脸看看横跨子牙河的立交桥,心里有了底。

天色已晚,赶紧回到岳父家。今天我以西于庄第二阶段采访结束为由,请全家到"彤德莱"美餐一顿。

2014年3月16日(星期日)

天气详情：最高气温15℃　最低气温7℃
霾转多云　东风~东南风　风力3-4级

早晨7点多就奔赴西于庄，为的是借助上午的光线拍摄部分历史遗迹，包括当地人非常熟悉的"小百货公司"、大同门遗址、西于庄渔业队大队部旧址、捞纸厂遗迹、内河局红桥客运站旧址等。

为珍惜每次拍摄机会，我都会把时间安排得严丝合缝，都有几

位于城防里大街东口的"小百货公司"，不过是座普通小二楼，而西于庄人对其情有独钟

套方案来替换。说实在的,看目前进度,西于庄一时半会儿拆不了,慢慢拍也不是不行,但就我多年经验,只有及早投入,才能发现问题、纠正偏差、弥补遗憾、提升价值。一般情况下,我都是边采访、边整理、边构思、边完善,所以才有充足时间回访,才有条件优中选优,才能使最后的成果丰厚起来。

拍到9点48分,决定返回。

位于子牙河岸边的"内河局红桥客运站"旧址隐藏在群楼背后

下午改变路线。3点从家出来,由长江道往西,右拐至广开四马路接复兴路,一直骑上西站西大桥。这座桥真叫大,入口在南运河北路,出口到增产大街,跨越铁路和子牙河,所以比较陡,加上风还挺大,上桥时感觉有些吃力,骑了一半就冒汗了。我依然不肯下车,咬着牙骑到最佳位置,凭栏远眺,西于庄渔业队居民区尽收眼底,过去这一带属于驳船区,60年代之前全是荒地,只有到了冬季,渔民们才上岸搭建窝棚,一开春又都散去。70年代,成立了渔业大队,渔民们陆续安营扎寨,特别是靠打鱼为生已越来越困难的情况下,转行的转行,游走的游走,留下来的开始考虑落地生根,因而形成了无任何规划的自由居住区。

侵华日军留下的旧桥墩光秃秃地伫立在河中

别看费这么大劲上来的,也就能拍几张,然后顺坡急速下桥,由增产大街向西于庄中心地带走去,并先后拍摄了新建里、健安里等。在健安里遇见一个拍照的,他凑过来跟我搭讪,问:"你是不是专拍民俗?"我说,什么都拍。他又问:"老城里是不是你拍的?"我有点摸不着头脑,"那个老城里?"我心想拍老城里的太多了,怎么能肯定呢。他说有个展览。我忽然想起来,"哦,你是说杨柳青摄影展吧?""对、对。""那是我拍的。"他听后没有任何评价,过后觉得纳闷,展览也没有我的个人照片,他怎么猜出来的?我见他对着胡同里的一个小孩拍来拍去就先走了。

今天没拍成客运码头还是有点不甘心,所以又来到子牙河南岸,对着码头遗址和波光粼粼的水面,幻想着有条船在此驶过。风一个劲地吹,不会儿就吹得透心凉,弄得我唧唧索索直打寒噤,还是撤退吧!

回家这一路,两条腿有些吃不上劲,岁数不饶人啊,毕竟57岁了。

2014 年 3 月 18 日（星期二）

天气详情：最高气温 13℃　最低气温 6℃　浮尘转晴　西北风转东风　风力 4-5~3-4 级

我发现有几天不去西于庄，再去就犯嘀咕。当下谁愿意跟底层老百姓打交道，谁又愿意平心静气地听老人们絮叨那些与这个时代毫不搭界的苦难史，有时我自己也怀疑做这件事的意义，甚至像

被我叫回来的倪凤起大爷，按照事先构思完成了这次拍照，他说这门牌号也是近年才有的

要不是胡德芝大婶主动跟我说话,怎么能访问到她呢?可是,她提供的有关渔民的生活细节最丰富

完成生产指标一样地给自己加码,死去活来地折磨自己。本来在设计《老家·老院》这个专题时,只确定了50户,可完成了以后又擅自做主升至70户,这几天觉得完成80户最圆满,这个目标一旦形成,就非要达到不可,这也是多年来不知不觉形成的一种做事风格。

  沉了几天,今儿实在沉不下去了,下午带着写字板又开始重蹈覆辙。因为《老家·老院》和口述历史是并列的两个专题,有的人可以在这两者间同时出现,所以我还是先选择"脸熟"的下手。我琢磨"炮楼"那户具有典型性,应该纳入我的《老家·老院》,于是毫不犹豫地奔向郭家菜园。路过倪大爷的院子看了看没在家,接着又去河边找他,见他正坐着马扎围观打牌的呢,我悄悄地站在一边侯着,等倪大爷一回头正与我的眼神相对,他起身过来,我轻声说:"大爷,还得麻烦您。""嘛事?""到院儿里,给您补张照片。"倪大爷提起马扎就往家走,刚到胡同口,迎面过来一大婶,见我就问:"是记者吗？我们这块可不叫郭家菜园,知道嘛！我们都是渔民,吃得苦就别提了。"这送上门的访客,简直太妙了,我马上说:"您在哪住,给我讲讲吧！"她指了指,扭过头就跟我走。我说:"您先回去等着,我去倪大爷家一会儿过来。"

在倪大爷小院儿没待几分钟就拍完了,我留了大爷的电话并陪着他返回牌摊,半路,按倪大爷的指引,我拐进了一条窄胡同,正是刚才约好的大婶家。大婶、大伯都在家等着呢,老二位非常热情,一上来就毫不掩饰地说开了,这一带都是渔民,没文化,祖祖辈辈靠打鱼维生,家就是船,船就是家,漂泊一生,辛苦一生。当然,有些内情我从倪大爷口中已经了解一些,但随着采访的深入,老两口给我讲的越来越具体,越来越鲜活,我都听入迷了,几乎涉及了渔民们生老病死的全过程。一直聊到4点多钟,心里这个痛快啊！

从胡同出来正是小辛庄大街,心想今儿就来个一不做二不休吧,那就找桥口三条的那位大姐,估计这个点她该回来了。拐进三条胡同正要下车,"老知青"一眼看见我,我赶紧翻找照片交给她,她喜形于色地看着,我问:"对过院儿那大姐在吗？","老知青"仰起脸说:"太巧了,她刚回来。",我扭头往院里看,她正开锁头呢,一听说话,她也出来要照片,我说,"既然拍了,就给你接着拍吧。"我随她进了屋,顺便拍了几张室内陈设,让她拖着写好的门牌时,她问:"是搞创作嘛？"嘿——她竟然有这种判断,令我很是好奇,我反问她:"你怎么知道的？"她说她老公过去也是摄影爱好者,买相机、买胶卷没少花钱,特别是一到下雪,什么也不顾地往外跑……我问现在还玩吗？她目光散淡地说:"他已经死了。"我即刻岔过话题:"咱们真是有缘分,今儿就隐隐地感觉能见到你。""老知青"也一个劲地解释,说她不总来。那大姐显然有些感动,问我会抽烟嘛,下次来

尽管卢大姐嘴说不愿意拍照,可真的把他们两口子叫到一起也挺高兴

要送我好烟,我急着告诉她不会抽烟。大姐不知所措地说:"那我们怎么感谢你?"我摆摆手,骑上车就走了。

既然到了桥口街,干脆到卢大姐家再打一照,我拉开防盗门,喊了几声,卢大姐出来,一看是我,有些迟疑,我赶紧说送照片来了。她说,"嗨,怪难看的,送嘛!",可是当她接过照片立马变了表情,哎,还真好!我问,是不是大哥也在家,一块给你们拍张合影?她高兴地叫出老公,我迅速把门牌号描在写字板上,他们倒挺配合,恐怕还没回过神儿来,我就拍完了。

2014年3月20日(星期四)

天气详情：最高气温9℃ 最低气温2℃
小雨转晴 东北风 风力4-5~3-4级

今天去西于庄，抱着一种冲刺的心态。按计划，深度采访还差一个就够了，《老家·老院》再拍4个也算完成了，能不能如愿，不得而知。

风挺大，骑到大红桥感觉从里往外冒热气，不过心情还可以，毕竟看到曙光了嘛！先去乐善里为一位特当回事的大姐拍照。说来挺有意思，前些日子到乐善里给老住户们分发照片，这位大姐始终跟在我的身后，我没闹清她要干什么，当我要离开

执着的李淑燕终于如愿以偿，我屋里屋外不厌其烦地为她拍照，毕竟人家等了好些日子

走进李大爷家，李奶奶正准备煎鱼呢，因为腿脚不好，身边成了"临时厨房"

李震华大爷带着我到"二奶奶"肖玉芬家拍照，于是就聊起了总理到西于庄视察的情景

时，她说话了："还拍嘛，给我拍一张！"我问，你也是老住户吗？她说是。我告诉她："实在抱歉，今儿我得采访王大爷，改日再说吧！"这事好像就这么过去了，几天后我给王大爷送照片时，恰巧又碰见这位大姐，她冲着我就问："你说给我拍照，是不是忘了？"我笑着说，没忘，得凑一批一块拍。她似乎没听太懂，我明确地跟他说："哪天，得着带牌子来！"

今天终于把大姐的事提上了日程，走进胡同见她那间屋上着锁，我退回来听见13号院有动静，原来还真是她在洗衣服，我说，来给你拍照啦！她赶忙收拾地面上的水盆和凳子，我一个劲地安慰她，不着急，要拍就拍好了。她脱了外套，露出藕荷色羊毛衫，然后坐在床上拍了一张，接着她又换了件大红色毛衣，还跪在床上对着小镜子，抹了几下口红，不好意思地冲我笑了一下，问："我不要牌子行吗？"我说："那就拍两种吧！"她似乎很看重这次拍照，那种仪式感比所有人都突出，所以我也比较经心，尽可能让他满意。

走出乐善里直奔二奶奶（肖玉芬）家，原以为最好找的一户却没在，那就上她妯娌家，也就是马路对面的李大爷（李振华）家。李大爷正在门口喂鸽子呢，见我来，立马收拾进了屋。我取出照片，老两口越看越高兴，大爷说他最喜欢老宅那张，我说，刚去了那院儿，二奶奶不在。大爷说把照片留下，回头他送去。我说，还想在屋给她拍一张。李大娘一听，抓起手机就给二奶奶打电话。此时，来她家串门的一位大姐有点坐不住了，问："能给我们老姐俩拍一张吗？"，我二话没说，摆好位置就拍起来，我是想把这位大姐"发展"进来，可是她拒绝了。

二奶奶急匆匆地赶过来，嘴里叨咕着，刚去了趟厕所，我说："二奶奶，带着照片咱回家去。"我搀着二奶奶回到老宅，因为时间宽裕，我没急着拍照，坐下来跟二奶奶聊了起来，她不断地夸李大

在「二奶奶」的引荐下，我走进了总理来过的小屋，访问了李忠义

爷怎么能耐,怎么热心,怎么会疼人。正聊着,李大爷也跟了过来,于是我们从西于庄大街昔日的景象,一直聊到失联飞机的搜救,最后又聊回到李克强总理视察西于庄,无意间提到了李总理访问的那一户,我立刻拦住话茬,问二奶奶:"您跟这家熟吗?"二奶奶说,"熟啊!""哎呀,说嘛您也得带我去访这家!"

我站起身,张罗着为二奶奶在屋里、屋外都拍了,别看她精瘦精瘦的,还特别喜欢拍照,虽然吃了不少苦,但心态非常好,凡事从不愿麻烦别人。我早已按耐不住急切的心情,对二奶奶说,要不咱去那家看看?李大爷示意让二奶奶带着去,但他也跟着一块走过来。

两家也就隔着几十米,二奶奶边开门边问:"在家吗,记者给你照相来了!"屋里的大娘迎出来,见二奶奶、李大爷站在门口,一个劲地往里让,但他们都没进屋,我倚在墙边,开始介绍自己,正说着,一拨摄影发烧友闯了进来,大娘以为跟我是一事的,有些不知所措,可是那几个发烧友既不说话,又不拍照,我有点急了,说:"要拍就抓紧拍,我这正谈事呢!"其中一个胡乱拍了一通走了。大娘和她闺女似乎受到惊吓,一时缓不过味来,反复问我跟他们是不是认识,我坐在一个小板凳上,像个孩子仰着脸看着大娘,小心翼翼地表述我的来意。然后,我漫不经心地东拉西扯,一会聊医保,一会聊老家,一会聊地震,一会聊拆迁,渐渐地消除了戒心,她闺女在一旁听着,偶尔插句话,气氛也越来越热乎,大娘说话的声音也高了几度,末了儿还是大娘自己讲起了李克强总理来她家的前后经过。

采访结束后,我给大娘在两间屋分别拍了照,还翻拍了放在玻璃柜子上的那张李克强总理看望大娘时的现场照片,有点小遗憾:没来得及在门外留影,也没忍心提及"文革"时的糗事。

2014 年 3 月 24 日(星期一)

天气详情:最高气温 22℃　最低气温 9℃
多云　南风~西南风　风力小于 3 级

  今天是值得庆贺的日子,其一:上午拿到了《高级专业技术职务任职资格证书》;其二:下午将结束西于庄的全部采访(20 位)。
  停了几天,心里其实挺着急,只是要送给西于庄老住户的照片迟迟没有拿来,空着手去西于庄等于白走一遭。昨天让夫人代劳,去弟弟家把照片取回来,这才有了去西于庄的底气。下午应该参加例会,可是我有点等不及了,两个多月来,内心压力太大,体力和精力严重透支,我怕一撂下来就不愿再拾起了,另外也是为了保持拍摄基调的统一。
  今天既兴奋又忐忑,兴奋的是最难弄的《老家·老院》再拍两户就完成了,忐忑的是要拍的这两户似乎都有点难度。为保险起见,我先去了渔业大队,我觉得要是在此能发展一户半户的,后边那户即便不成也没关系。
  渔业大队的门牌号有点含糊,当地居民其说不一,有说叫郭家菜园的,有说叫小辛庄大街的。总而言之,由于近年的私搭乱盖,这

借着送照片,再次来到胡大婶家,老两口又给我讲了许多珍贵的细节

一带早就变了摸样。我直接把车骑到胡大婶家门口,正要敲门,胡大婶拐进胡同,她还真认识我,忙说,闺女带我洗澡刚回来,快进屋。她用钥匙打开门,我说,晚来一分钟也许我就走了。我把照片拿给她看,她有点吃惊,不知道会这么大、这么好。不会儿,她闺女进来抢过照片也说好,胡大婶自言自语地说,那天我们俩一块照多好,他怕上报纸。我也在一边敲铲子,是啊,这么劝都不照,多珍贵!如此一说,胡大婶更是按耐不住激动的心情,她操起电话就"指挥"老伴回来照相,我趁机说,不是有个亲戚在门口住吗,去问问她愿不愿意拍。这可是最后一天,以后就不再来了!胡大婶的闺女一听马上跑出去,没几分钟就拉进来一年轻妇女,我跟着到她家,屋子拾掇得很整洁,先拍了屋里,而后让她托牌子在院儿里拍,并询问了有用的信息。这时,胡大婶的老伴回来了,我们握了手,他的确不像渔民,倒像个机关干部。也许他们很少全家拍照,显得特别高兴,王大伯也很配合,我更没了顾虑,反正也收尾了,怎么高兴怎么来吧!

胡同的特点就是没有背人的事,这一折腾引来不少邻居围观,加上胡大婶的闺女也能张罗,她问,大铁塔底下那家你拍不拍?我们可都是看着铁塔长大的。我挺好奇,跟了过去,还真是挺奇特,几十米高的铁塔就立在院子中间,我拍了这户人家。紧接着,不知是胡大婶的闺女给我安排的,还是主动找上门的,一大姐带着我进屋为她卧床的婆婆拍了一张,与此同时也把位大姐收进我的《老家·老院》。

胡同内外热闹起来,忙得我汗流满面,他们还以为遇上了便宜事,好像不拍白不拍,我一看目的已达到,赶紧"逃跑"了。

由小辛庄大街,骑到红桥北大街,在城防大街口上的售货摊停下来,花60块钱买了一箱牛奶,然后到不远处的西于庄大街21号李奶奶(李忠义)家,一开门,李奶奶正熬药呢,我进屋把奶放在桌上,她说嘛也不肯要,我说了一堆话才让她平静下来。我感觉她是个心事挺重的人,跟她的人生经历很有关系,我直截了当地说,上次因为时间太晚了,还得补拍一张照片。她看着我在写字板上用黑笔写上了门牌号,我说,就一分钟,可以吗?

这张照片对我来说非常期待,因为李克强总理曾来过这里,这个门牌号的分量应该更重。拍成了以后,心里的石头好像落了地,然后坐下来,还是忍不住问了她最敏感,或者说最伤心的往事。这是李大爷向我透露的,说李奶奶在"文革"期间被揪斗,外号一直带到今天。

她的声音很弱,我凑到跟前倾听她的心声,她轻描淡写地讲了讲,眼睛里含着泪花。我没再继续询问,而是一再开导老人要坚定信念,等着好日子的早日来临。

从李奶奶家出来,回到城防里的售货摊,同样的牛奶又买了一箱,这回是准备到庆阳里的张大爷(张克敏)家,刚到胡同口,就见张大爷在大新街边上闲坐,我推车过去对大爷说,回家吗?我给您带照片来了。大爷说,回家干嘛,不回去。我是想把大爷请回家去拍

听说我给大伙拍照,不一会儿街坊四邻就全知道了,谁想拍谁就拍,我就像个志愿者

照,既然不回去那就算了。我说,还给您买了一箱奶,要不给您送家去?

我进了院子,张大爷的儿子在家,我把照片和牛奶交给他。我说,大爷不进来,我就在胡同跟他聊聊吧。心想反正不能白来,一定要有收获。

大爷还是那么倔,一开口就问:"你是嘛意思吧?"我赶紧说,没嘛,就是想听听西于庄的老事。我有意指了一下北边的一排楼房,问,柳二爷庙是不是就在那?大爷以见证人的口气,告诉我柳二爷庙是怎么回事,大新街是怎么回事,西于庄置渔是怎么回事……正聊着,儿媳妇下班回来,见我蹲在地上说要给我拿凳子,我没让。这回我才发现,大爷不愿同着家人谈过去,他又问:"你是嘛意思吧!"儿媳妇马上插话"人家想听您怎么打鱼。"她回屋了,我们又接着聊,这回聊得比较透,我也挺知足。

每天的这个时候大爷应该吃饭了,我怕家人担心,要搀大爷回家,可他说嘛不让,显然大爷说了这一通话也挺痛快。

回到家,跟夫人说,今儿不做饭了,咱外边吃。于是,我们乘公交到华苑附近的"大铁勺",点了两碗刀削面、一屉三鲜水饺、两盘小菜和啤酒、饮料各一瓶,百无聊赖地边吃边聊,那种轻松自如真是幸福啊!

2014 年 3 月 29 日（星期六）

天气详情：最高气温 19℃　最低气温 12℃　霾转晴　东北风~北风　风力 3-4 级

原想上午补个镜头，犹豫再三还是放弃了。

中午儿子来家吃饭，下午顺便把他妈妈送到姥姥家。2 点半他们问我是不是一块走，我说，算了，还是先去西于庄。

3 点多从家里出来，到桥口三条一户送照片，没人，紧接着到附近的桥口街，老远就见卢大姐在门口站着，我怕她进屋，喊了一声，她看我又来了有点莫名其妙，心里可能想，又有嘛事？我怕让人腻歪，立刻掏出照片，她一看就乐了，一个劲夸他老头照的好，我留了她的电话就走了。

今天主要是给老渔业队的居民送照片，加一块有 20 多张，我琢磨着把它交给胡大婶，顺便再细聊聊渔民比较有趣的事。到了门口，敲了几下防盗门，王大伯开门把我让进屋，胡大婶刚睡醒，我把一沓照片递给他们，老两口翻看着。我问，"你们多长时间没拍过合影？"王大伯说："嗨，别提了，始终就没拍过。"啊，我心里好高兴，"您看，拍出来不也挺好嘛，要不多遗憾啊！"

这是除王国才之外，采访的第二个农业户，很有价值

别看王大伯渔民出身，外表却像个干部，身材高大、皮肤白皙、说话有条不紊。胡大婶倒是性格爽朗，心直口快，她说："我们都瞎字不识，最多会写自己的名字。"其实跟他们坐住了聊，肯定有好些鲜为人知的故事。正说着，邻居大姐进来，一眼就看见茶几上的照片，她冲我问"你是记者？""嗯。""知道嘛，我们都是渔民，起小就在船上，吃的苦就别提了。你应该采访采访我们奶奶，她是老农业户。这片儿就还三个，那俩都说不了话啦，我们奶奶脑子还倍儿先进呢！"实际上，我采访到第25个的时候就不想再继续了，可她这么一说，又勾起了我的兴致，我说："哪天到你们家串个门！？"大姐显得有些激动，站在当屋讲起了水上派出所、城防大堤……我忽然打断她，说："走，现在咱就去！"

大姐带着我深入到住宅区里面，我还从未来过这里。他们家独门独院，干净整齐，一进屋，大姐就说："我带来个记者，想听奶奶讲讲农业队的事。"原来,她是老奶奶的儿媳妇,儿子也在家,我坐下来想了下,不如先把照片拍了,后边再聊就踏实了。便说:"先给你们全家拍张合影吧!"大姐赶紧张罗,然后又给老奶奶拍了一张。大姐说,"照片别太大了,我放在相册里。"这还是头一次有人对尺寸提出要求。

我们围坐在圆桌前,就像一家人似的,由浅入深、慢条斯理地聊起了昔日农业社的方方面面。老奶奶一家都是西于庄大队的农民,她和老伴干了一辈子农活,如今背驼了,几天就要做次透析,她讲起自己受过的苦,不禁泪流满面。她的几个子女过去也都是社员,后来才由"黑户"转为"红户"。儿媳妇是渔民后代,她16岁之前也随长辈漂泊在水上,用她的话说,"嫁给了农民就算高攀,毕竟人家有房子。"我抚着老奶奶的肩头,劝她多看当下,儿女孝顺、吃喝不愁,又快盼来了新房子,保重身体好好享受享受嘛!他们拿我当了倾诉对象,虽然勾起了许多愁苦,但还是挺开心。

从他们家出来已经6点半,夫人来电催我去岳父家,因为饭菜都做好了,就等着我开桌呢!

从岳父家出来,又拐进了西于庄。我经常借着回家,顺道拍些夜幕下的西于庄

2014年3月31日(星期一)

天气详情：最高气温19℃　最低气温13℃
多云转霾　东南风　风力小于3级

因为我对大哥景龙、二哥景生分别进行了采访，可一直没能给二哥补个镜头，上次去没拍成，我又不愿拖的时间太久，所以就问四哥，今天上午二哥在不在，他说出去了，一会回来。我等到10点多也没来信，就背着摄影包由报社赶赴西于庄。没想到，我都到了，二哥还没回来。四嫂子正操持着午饭，四哥则坐在电脑前打游戏，见我来了，赶紧泡上茶让我进屋聊天，我又接着问他老祖写书的事，正聊着，好友阿越来电，也许是因为太久没联系了，说起话来没完没了，直聊到人家二哥都回来了才撂下电话。

我一看时间不早了，赶紧把意图跟二哥交代了一下，我说："这屋他们正忙活做饭，干脆到您那屋去拍。"可能因为长时间不住人，环境不太理想，于是又折回来，勉强选了个角落拍了一通，等收拾东西要走时，不行了，大姐、二哥、四嫂子、四哥说嘛不让，二哥还把我的外套"抢"过去，四哥也坚定地说："今儿你走不了！"我一再解释，下午开例会，得赶回去。他们不听那一套，摆凳子的摆凳子，拿

上午 10 点多,大姐和四嫂子就开始准备午饭

筷子的拿筷子,四哥还抓过酒瓶子倒了两杯酒。

这叫嘛事呢,本来就够麻烦人家的,竟然还吃起饭来了?二哥说:"也没什么好东西,这不赶上了嘛,吃完饭到我家里看看!"

我坐下来,见桌上摆着一盘炖牛肉、一盘熬鲤鱼、一盘黄瓜条、一盘拌粉皮,还有一盘烩土豆,颜色还挺好看,我说:"先别动,拍张照片,记录一下我在这儿吃过的饭。"大家都笑了。于是大姐和四哥倒着给我们拍了几张,我连吃带喝地融进了这个氛围。

本来素不相识,纯粹是因为西于庄把我们连在了一起,虽然他们不清楚我最后要达到什么目的,但从我朴实的作风和坚忍不拔的追求,感觉我这人还比较靠谱,所以就特别支持我,甚至到了有求必应的地步。说实在的,四哥是嘛人?年轻时在西于庄、丁字沽一带威震四方,没有人敢惹,用他话说:"谁多看一眼,上去就是一

我半推半就,憨皮赖脸地留下,在王家吃了顿西于庄的老味大餐

拳。"因为打架两次住"姥姥家",他一点不忌讳跟我谈自己的成长史和"英雄事迹",我反倒觉得他挺可爱。

吃完饭,二哥开车带着我到勤俭道他现在的家看看,主要想让我给他们两口子拍几张照片。他夫人看上去很有气质,家里也处处洋溢着浓郁的文化气息。二哥说,每天下午,夫人出去练琴、跳舞,他在家跟棋友下棋,生活安排得井井有条。

给他们拍完照片,二哥取出祖父当年送给他的《毛主席诗词》手抄本让我看,字体跟《我的一生》完全不同,老爷子用的是行楷,每个字都显得刚劲有力。二哥说,老爷子给每个孙子都抄录了一本《毛主席诗词》,现在就他还保留着原稿,我翻拍了其中的几张。这时,他的战友、棋友如约而至,二哥又分别跟他们合影留念。之后,他把我送回西于庄,一看时间,都两点半了,会开不成,就接着拍胡同吧!于是拍了纯德里、昌和里、东丁家胡同等。

2014年4月

2014年4月1日(星期二)

天气详情:最高气温23℃ 最低气温14℃
阴转多云 南风 风力小于3级

人经常在后悔中度过,从1995年宣布老城区实施改造以来,近20年间,大批老街区、老建筑顷刻消失。头10年几乎没什么感觉,不就拆老房子嘛,俗话说"旧的不去,新的不来",尤其"文革"灌

街坊邻居脸对脸儿坐在一起,有说不完的话

一开始我怕他反感拍照,简单交流后人家特别配合

输的思想,"砸烂一个旧世界,建设一个新世界",城市的发展就应体现在破旧立新上。后10年,观念渐渐发生变化,老房子不仅仅是普通建筑,它还包含着深厚的文化,它甚至成为一座城市的根脉。要说,我拍摄老城旧貌还是有些条件的,1995年已经从机关调到报社,特别是转年到《今日天津》杂志工作,器材一流;时间自由,可是"今日天津"这四个字一下把我给框住了,一天到晚在搜寻"新变化",经常抱怨天津发展太慢,找不到高楼林立、日新月异的现代化景象。因此,眼看着百年老宅被推土机铲平,却没留下一张照片,更别提记录那一时期人们真实的生存状态了,只要想起这些,就后悔得要命。

直到2003年,老城里大规模拆迁才如梦初醒,实际上已经晚了,好在打那以后才有意识把镜头对准了余下的文化遗存,才由一个搞"创作"的,逐步变成搞"文史"的,我也因此受益匪浅。如今在我的相册里,陆续装进了老城里、老南市、老西沽、老堤头、老铃铛阁和老西于庄的影像资料,可以算作在"转型"后得到的新收获。

下午又来到西于庄。说拍不够,其实也没什么可拍,说百般留恋,又觉得没这么严重,不知怎么,好像除了西于庄,再没有令我更感兴趣的了。

跑了几个月,这里的胡同我都烂熟于心,骑着自行车不出一个小时就可以全转过来。到福亨里时,胡同口坐着好几个老住户,我见画面挺有情趣,想拍又怕惊着他们,便找话茬跟他们瞎搭咯。西于庄人都特别爱说话,尤其看见拿相机的,你不理他,他也理你,尽显朴实的民风。我连真带假地跟他们聊了几句,然后掏出相机超快速按了几下,有人见状起身要躲,我已经收摊了,而嘴里却说:"哎

以 2 月 7 日拍摄的雪景做"模版",在原位置、用原构图拍摄春景

呀,你们坐在这多好看啊,干嘛害怕让人拍照?"

接下来又到了纯德里,正遇上一个贴煤饼子的,我把自行车倚在墙边,握着照相机先去拍摄一家门前的花盆,为的是引起贴煤饼子人的注意,假如你直接用镜头对准人家,后果就不好说了。我看看这,看看那,然后好奇地蹲下来跟他说话,没想到他是个聋人,于是我用手势与他交流起来,当然我的手势不是规范的哑语,而是自创的象形动作,但肯定能看懂。最后我比划一个要拍照的动作,他竖起大拇指表示同意,我一边拍,一边不停地赞美他,弄得他也兴奋起来。

拍摄老百姓的生活情境,我倒觉得没必要"偷拍",得到对方的允许是一种尊重,"配合"不意味着就"假",只要不介入、不摆布就是真实的。

想起来了,今天主要目的是拍摄西于庄的春色,4点多我登上屠宰场老厂房三楼,在固定的窗口,按照之前画好的"参考图"瞄准至少4个参照点一通狂拍,也就是说"四季西于庄"进行到了第二步。

2014年4月9日(星期三)

天气详情：最高气温29℃　最低气温16℃
霾　西南风~东北风　风力小于3级~3-4级

　　距离上一次去西于庄一个多礼拜了，手里握着一沓照片还没送出去，过几天一出门又得好几天才回来，所以思前想后，决定今天上午来一趟，要是能再访一户就更好。
　　先去郭家菜园旁边的齐兴村，给那个农业户送照片，顺便拍一下齐兴村的街貌。
　　要不是访了这一户，真不知道西于庄还有个齐兴村，说幸运也行，说命里注定也行，总而言之，这么背静的一个地方都没落下。上次来这里是那位大姐带着我，绕来绕去有点迷糊，这回自己走有点战战兢兢，凭着模糊的记忆，走到胡同尽头，可是面对两个大门一时猜不出是哪一个，见其中一个虚掩着，我取出照片朝里面喊了喊，一大哥出来，看了看说是隔壁那家，恰巧那家出来个中年妇女，我上前让她看照片，问她是不是这院儿的主人，她接过来问："是街道的吗？""不是，是报社的。""干嘛，采访？""对，上次大儿媳妇带我来的。""采访嘛？""了解农业队的事。""农业队——"见她疑惑起来没完,我说"麻烦你把照片转给他们就行了。"不知她为什么耿耿于怀,我赶紧走了。

先在屠前大街来回走了一趟,补拍了这一段的街貌,然后拐进屠前二条胡同,本想绕上一圈拍个来回,可到了四哥家还是停住了。放好车,还没来得及进屋,四哥就隔着窗户看见我,他已经穿上挎带背心了,我想把照片撂下就走人,可四哥说嘛让我坐会儿喝杯茶,也好,昨晚在整理《老家·老院》时,发现了几个问题再问问他。凭我的印象,一个一个地问,他一个一个地解答。我越来越想跟他仔细聊聊,因为他眼里的西于庄跟别人不大一样,他的独特经历和观察力应该能勾勒出 50 后的生活形态,所以我一直在试探着话题的深浅,只是到今天为止也没完全确定,走前我随便问了一句:"兔头儿卖得怎么样?"这下可触发了他的兴奋点,叫我吃惊的是,他竟能讲出西于庄人爱吃兔头儿、兔架的原因,我立马跟他约定了,改日一定做个专访。

这时二哥、大姐也来了,我想走,可人家刚进屋,又不好意思硬

四哥的兔架子就是用这口大锅酱制的

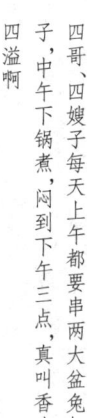

四哥、四嫂子每天上午都要串两大盆兔架子,中午下锅煮,闷到下午三点,真叫香味四溢啊

走,就坐下聊那些老事,这一聊又聊出了不少新东西,我赶紧拿出本子记录,心想这么零零碎碎的不行,看来还得再来几次才能聊透。

上午就是时间短,要是再不抓紧走,弄不好又得留我吃饭,原来我是想抽空到西沽韩大爷家看看,这样一来就去不成了。于是我慌慌张张地走出来,四哥跟我到胡同,然后停下来鼓捣煮兔架儿的炉子,我挺好奇,掏出相机就搂了几下,我问:"怎么,兔架儿都煮上了?"他说:"没有,还正串着呢!你进屋看看。"我一看,四嫂子正坐在两个盛满生兔架的大盆前加工呢,我还是头一次看见这么整齐的兔架子,那就别含糊了,拍几张吧!

出了胡同,胡大爷(胡成才)一家热情地跟我打招呼,我顺着屠前大街、城防里大街,来到红桥北大街,看看表,觉得还有点时间,要不再拍几条胡同?那就把新建里并排的那条胡同拍完算啦!就这样,沿着小辛庄大街,从新建里四条拍起,接着三条、二条、一条,全部完成已是11点22分。

2014年4月10日（星期四）

天气详情：最高气温 18℃　最低气温 11℃
多云　东北风~东风　风力 4-5 级~3-4 级

这几天一直就想找时间去看看西沽的韩大爷，之前来过电话，告诉我又"死"过一回，只是阎王爷没收他。但听他的语调明显底气不足，即便如此还跟我说，西于庄的事他有发言权。这下倒提醒了我，何不让老爷子讲一讲他所了解的西于庄呢？所以事不宜迟下午就去西沽。

大约两点半先到了西于庄，为的是让韩大爷多休息会，我钻进胡同，按照小本上列出的计划，依次拍摄了西于庄三条胡同、东方胡同、学堂胡同、西于庄一条胡同、学堂西胡同和常关胡同、常关一条胡同、二条胡同，看了看表整用了一个小时。然后沿着新红路直奔西沽，在龙王庙东街口，花 60 块钱买了一箱牛奶，顺着小道子、公所街、宣家渡口拐进庞家胡同，正要搬车进院，韩家大哥看见我，冲着我小声说："老爷子又差点没了！"我赶紧问："现在怎么样？""没事了，生命力太强啦！"

一进屋，老奶奶迎面走来，说："有日子没来啦！""啊，还是春节

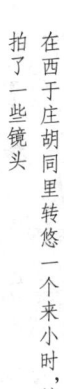
在西于庄胡同里转悠一个来小时,补拍了一些镜头

前来的。韩大爷——"韩大爷侧卧在床上,盖着棉被,枕边放着半导体、手机等,他睁开眼一看是我,立刻来了精神,问我是不是还在西于庄忙着,我说是,他说:"我在西于庄小学当了6年老师,绝对一手材料!"我握住韩大爷的手,"等您恢复好了再跟我说。"他摇摇头,似乎要爬起来,我赶紧拦下,"您要愿意说,就躺着说,累了,就停,行吧?"

韩家大哥、二哥都过来跟我讲述这次发病和抢救的经过,老奶奶开玩笑说:"那天要是没过来,都死好些日子了。"

面对这种情景,我内心很矛盾,让韩大爷讲吧,有点于心不忍,不让讲吧,又担心那天真出了意外这段经历就消失了。所以,我什么也没问,就谈保养、谈护理,一个劲地给韩大爷打气。韩大爷默默地听着,等几位说得差不多了,他老人家终于开口:"我 1946 年结婚,也就在那一年,我去了西于庄小学……"呦,韩大爷动真格的了,我慌乱地掏出录音笔,放在他的嘴边,他们一看说正事了,就各

韩静轩老爷子再次倒下了,身体很虚弱,见我来特别高兴,最后还是躺在床上讲述了他在西于庄小学任教时的经历

自忙各自的了。

由于身体虚弱,语音显得有些浑沌,特别提到人的名字,我得反复问几遍,甚至写在本上核实,思路也时断时续,为了尽量让他少说话,只要跑题,我就赶紧拉回来,虽然记忆力还可以,但语言逻辑、表达能力,大不如从前,毕竟 90 了,又连续病了好几次。

慢慢悠悠地讲了一个多小时,我主动叫停。告诉韩大爷好好歇歇,哪天有精神儿接着再聊。我起身告辞,老奶奶再次跟我说,以后来就来,别花钱,我提高嗓门对韩大爷说:"您现在是为革命活着,老两口谁也不能离开谁!"

穿行在西沽的老胡同里,一阵萧瑟的冷风吹来,打了个寒噤。

2014年5月

2014年5月11日（星期日）

天气详情：最高气温17℃ 最低气温12℃
中到大雨 东风~北风 风力4-5级

整一个月没去西于庄了，这些日子忙着梳理和编辑《图说西于庄》之"老家·老院"和"老街旧巷"两部分，也算没离开这个让我放不下的地方。

淅淅沥沥的小雨把西于庄全都淋湿了

雨中的增产大街

两只鞋都湿透了,走起路来磨得脚豆疼

昨夜,不知几点醒来,说嘛睡不着了,思绪又无法阻止地进入到西于庄的刻痕中,朦胧中告诫自己,雪中的西于庄已经有了,夜幕下的西于庄也有了,就差雨中的西于庄了,耳边似有老住户的声音,"嘛时候下雨到西于庄看看,大街小巷能撑船。"有时这种潜意识也是挺管用的。

一大早,夫人就去上课了,我忽听窗外淅淅沥沥的声音。哦,整整下了一宿啊!我一轱辘爬起来,光着身子向外张望,雨不算大却慢条斯理地下个不停,我倒觉得这种雨正适合拍摄,会不会老天爷有意为之?洗漱完毕后,吃了几口面包,喝了一杯牛奶,然后准备相机和雨具,都妥了之后,打着雨伞直奔859路公交站,因为站上有防雨棚，我就想把雨伞收起来，一会儿车来了好轻松跨上去。意想不到的是，这把伞跟我较起劲来，说嘛也收不回去了，气得我把"骨架"都折弯了，还那么张着，太腻歪人了，撑着伞上车不找骂么。想想，还是回去换把伞吧！悻悻地走回家，一个来回起码白走两站地。

时间一耽误叫我改了主意，干脆打车算了。司机问我怎么走，我说奔西马路，再到河北大街，过了桥就下车，好家伙他一下开上立交桥，等车停下我都到西沽公园了。

斜挎着摄影包，一手打伞，一手握相机，从清河沿大街步入西于庄。此时，雨还在均匀地下着，整个街巷几乎见不到人，我不停地拍着、走着，哪里积水多就往哪里去，没多会裤腿和鞋就湿了。我想既然出来了，能多走几条胡同就多走几条，所以穿来绕去一路马不停蹄。还是那样，先把新红路以北的一小片拍完，再转入以南的一大片。此时已是上午10点多钟，偶尔可见打着伞或穿着

我用相机拍下来，对夫人说："这泡可是自己走出来的，我要记住它。"

回家一看果然磨出一个水泡

雨衣的居民出来走动,我也来了精神,几乎是见人就拍,为保险起见,我把感光度定在了2500,做到单手握机,一"按"就有。

为保护相机,我雨伞前倾,不知不觉头发也都淋湿了,就这样,隔一会还得擦一下镜头上的水气。也说不清到底跑了多少条胡同,反正两只鞋都灌满了水,右脚的一个脚趾可能还磨出了泡,这些还好忍受,让我实在不好坚持的是,由于长时间趟水行走,加上早上如厕过急,有点脱肛,那滋味真叫难以启齿啊!在拐进新建里三条胡同时,我为自己的这种意志打动,于是卸下摄影包,连同照相机架在一堆杂物上,用自拍的方式奖励自己一张纪念照。

11点半,决定鸣金收兵,于是到西于庄车站去等公交,雨依然没有停的意思,"大肠头"和脚趾疼得令我心烦,还不错,只等了五六分钟就上了车。

回到家,赶紧把又湿又脏的衣服扔到门口,一头钻进浴室舒舒服服地冲了个热水澡,等出来以后才想起脚上的"泡",果不其然,右脚的二脚豆上磨出个直径10毫米的水泡……

2014年5月13日(星期二)

天气详情：最高气温31℃　最低气温16℃
晴转多云　西南风　风力小于3级~3-4级

睡醒午觉，思忖片刻，还是决定再去西于庄。

这几天，集中利用晚上时间，编辑《图说西于庄》，其中"老家·老院"和"老街旧巷"这两部分基本完成，前者做了80页，后者做了

由于近年来的拆改，一些胡同与原始记载存在较大出入，为了记录准确，我只能徒步大量

96页,应该说它是《图说西于庄》使用图片最集中的部分。在编辑"老街旧巷"时,我参考了1997年出版的《天津地名志·红桥区》一书中的相关资料,从而发现在这十多年间,西于庄一带或多或少发生了些许变化,特别是新红路的开通和红桥北大街的拓宽,一批老街旧巷经过掐头去尾后,形成了"断裂带",这就与原有的文字记载存在出入,为记录实情,就得重新考察加以确认。此外,在大规模拍摄老街旧巷时,还忽略了一部分内容,今天去西于庄纯属补漏。

2点46分到大红桥,桥口右侧的违建拆除了,几个民工正在垒砌绿地的矮墙。我推车上坡,不知为嘛,见桥两侧的摊贩比往日也少许多。

我掏出口袋里列出的"补漏单子",看了一眼,直奔新建里方向走去。新建里是条又窄又长的胡同,与之相交有5条胡同,即:新建里一条至五条,我漏掉的恰恰是最后那条。这条胡同北头不通,南

一条狗不解地望着我,我瞪大眼珠子反倒把它吓着了

头一直到小辛庄大街,全长得有 200 多米,我真想不起来,当初为何把它给忘了。之后,又去了学堂胡同、学堂西胡同、西于庄一条、二条胡同,主要印证它的现实状况,力争写准每条胡同的说明。

看似小事一段,一直折腾到 4 点,接着调转车头前往西沽去看望韩大爷。我的想法是,如果状态还行,能再补充点西于庄的内容就更好,事先我把朋友送的一瓶新西兰蜂蜜掖在摄影包,准备转送给韩大爷,正要进院,韩家老二迎面出来,我正要开口,他凑过来轻声说:"别提了,又住院啦!"我一惊,上次来不挺好的吗?"嗨,这辈子就是管不住嘴!那天非想吃梨,结果吃了几片,不会儿功夫就不行了……"我赶紧问,现在怎么样?"又挺过来了,医院都没招了,要把它转到外科,我们好说歹说才留下。"他接着说:"老爷子总念叨你,说你跟他是忘年交。"我不知说嘛好,心里默默地祝愿他老人家能再躲过一劫。我说:"你要去医院先带个好,哪天我再来!","行,赶那天出院,让老大给你打电话。"

从去年以来,进进出出好几次了,凶多吉少啊!我从庞家胡同拐到西沽大街,与路口闲坐的李大爷打了个招呼,便径直走出西沽。在途经南大道时,又灵机一动到铃铛阁这个久拆不绝的,曾经"战斗过"的老区绕了一圈,好家伙这里简直像个巨大的垃圾场。

2014 年 5 月 20 日（星期二）

天气详情：最高气温 32℃　最低气温 19℃
晴　东北风~东南风　风力 3-4~小于 3 级

　　上周五曾给四哥打电话，想约他一块聊聊，结果正赶他有事。不过，他再次提醒了我 18 号的活动。其实我没忘，这件事在两个月前一提出来，我就决定要去，一是想为他们今后"申遗"做点事；另外也想把"乌鸡门"的历史和现状了解得更详细。5 月 18 日，是"乌鸡门"第六代掌门人刘忠义诞辰 100 周年纪念日，弟子们将在这一天组织纪念活动，其主要发起人王景龙（大哥）、王景生（二哥）都是我在西于庄的采访对象，你想想，我能不去吗？

　　18 日早晨，我直奔河北区的中山公园，在门口观察一下见自行车能进去，我便骑着车在公园里绕了一圈，可是并未发现有任何"活动"迹象，我琢磨可能改地方了，于是赶紧给四哥打电话，一问，果不其然改到了西沽公园。我二话没说，马上调头奔向西沽公园。

　　走进公园，越过广场、跨过桥，就听见不远处传来阵阵锣鼓声，我疾步上前，拨开人群，蹲到"圈里"，掏出相机，"狠"拍一通。这时，红桥区政协的刘儒杰来到我跟前，一通寒暄之后，各自忙着拍照。

在纪念"乌鸡门"第六代传人刘贵生的活动现场,想不到王家老太太也来了,我赶紧把大哥叫过来,拍了这张珍贵的图片

活动现场布置得很热烈,横幅上写着"纪念乌鸡门第六代掌门人一代宗师——刘忠义诞辰100周年",另有刘忠义的生平简介和"乌鸡门"队旗、战旗若干,参加活动的嘉宾有区体育局、文化局领导、民俗专家及本市各武林门派的首领,还有从刘忠义老家专程赶来的弟子们。因为我去晚了,前面有什么仪式不知道,我只赶上了武术的展演和交流,尤其亲眼目睹了"乌鸡拳"的风采,大哥王景龙的功夫,赢得阵阵掌声,不愧为"乌鸡门"第七代掌门人。

四哥、四嫂子还把老太太用轮椅推到现场,我把大哥叫过来给他们拍了合影。活动结束前还见到了孟广泰和赵建强等老朋友,从孟广泰口中得知,西沽的韩老爷已经去世了,我有点不相信,一周前我去韩家还说没事呢,怎么说走就走了?太令人惋惜了!

中午,我没跟着大队人马去吃饭,直接回家了。

再说今天，一跟四哥联系，爽快地答应了，并说中午不许走，一块喝喝。我带上那盒从土耳其捎回来的软糖，检查了一下录音笔电量，便去赴约。

整9点到了四哥家，刚放好自行车，四哥提着刚买来的肉、菜打外面回来，我们一块进了屋。没想到，他把这些东西撂到桌上以后，就开始鼓捣起来，我先把那盒软糖送给他，告诉他一直在冰箱放着，他显得挺高兴，接着我拿出U盘把18日那天拍的照片全都倒在他的笔记本电脑里。四哥好像忘了我到底干嘛来，一门心思准备午饭，不会儿四嫂子也进来跟着忙活，我心里那个急呀！又过了会儿，四哥的一个把兄弟来串门，大姐也过来帮忙。10点来钟，二哥推着老太太从外边遛弯回来，屋里顿时站满了人。好在二哥没待住，说要做理疗就先走了，我则陪着四哥那位兄弟聊天，他们原是同学，对西于庄的事也印象深刻，所以我就引着话题往前推进，想从中找些感兴趣的东西。这时，四哥腾下手坐下来，我赶紧说："你说西于庄人就爱吃兔架子，这是为嘛？"

等了一个多小时，终于聊上了正经话题。几个人聊一件事也不错，互相提醒、补充、印证，省我没完没了地刨

"乌鸡门"传人王文汉在现场演练

虽是民间活动，各路豪杰聚在一起气势非凡，还真挺热闹

根问底。第二个问题，问他们西沽口音和西庄子口音有什么不同，他们都承认语调上有区别，或者说一听就知道是西沽人还是西于庄人，但举不出实例来，我也就没再追问。这时，一碟炸河虾、一碟葱爆羊肉、一碟虾仁烩茄子、一碟木须肉和一碟消好皮的黄瓜都准备好了，我真有些不好意思，可事已至此，再闹唤走就不合适了，我们围着圆桌坐下，四哥把自己泡的补酒拿出来，分别倒了三杯，我们又吃又喝又聊，一直顶到1点半才结束。这时"接班"的大哥来了，他见我又是握手，又是表示歉意，理由是那天活动地点变了没及时通知我，另外活动结束后又没顾上安排我吃饭。咳，我确实不在乎这些。

见时间不早，我和四哥同学都提出要走，可四嫂子说嘛不让我走，说今天正好炖了块兔肉叫我等会捎走，四哥也说"你拿回尝尝，一会儿就出锅。别着急，跟大哥再聊会！"我又一次妥协，那就等吧。

我先让大哥浏览了电脑里的照片，由此接着聊起"乌鸡门"……

2014年6月

2014年6月17日(星期二)

天气详情：最高气温28℃　最低气温21℃
阵雨转多云　东北风　风力3-4级

　　临近中午，振良把《图说西于庄》还给我，一进门就说："好厚重啊！"。落坐后，我们就这本图册开始聊了起来，双方都显得很兴奋，他谈了一些观后感，我穿插透露了正在做的和下一步准备做的事情，然后我托起沉甸甸的《图说西于庄》逼问他："这个路子对不对？"他笑笑说："当然没问题，没有白吃的苦。"

　　这几年，我一有什么动议都愿意先跟振良交流，他会从中迸发灵感提出许多好的建议。就在我编辑这本《图说西于庄》临近收尾时，他听我念叨里边还集结了"一百扇门"，突然问："你看门上的对联了吗？说不定能有新发现！"我说，那能有什么，肯定都是重复的。

　　拍了好几年的"门"，我竟从来没想过那上面的对联写了些什么，一直以为除了印刷品就是商家赠品，十有八九是一样的。振良这一提示，我还真当事了，回到家，打开那"一百扇门"，逐条将上面的对联抄录下来，你说怎么着，除了30多扇门没贴对联外，愣挑出了60多幅独具特色的对联，简直令我百思不得其解，无形中为我

灵机一动我开始拍摄《私家花园》，每策划一个专题，都能让我跑断腿。这是李振华老爷子的「特色盆景」

的"百门迎春"这部分，添加了文化含量。

几天来，冒着酷暑又开始了老西沽的回访，因为编完《图说西于庄》后，思路更加清晰，反倒觉得之前拍摄的老西沽，缺乏足够的条理性，于是列出名录开始"全面更新"，好在西沽现存的老街旧巷只有50来条，我一狠劲儿用了三个半天就拍完了。接下来，再系统地拍一遍遗迹遗址和有代表性的"大院"，预计在明年初可以编辑完成《图说西沽》。

头两天，韩静轩的大儿子、二儿子分别给我打电话，告诉我老爷子生前总提起我，说我这人实在，值得一交，虽然老爷子不在了，希望还当作朋友走。我也表达了悲痛之情，几年来，老爷子对我真是另眼看待，有什么想法都全力支持我，他一直认为我是个干事的人，客观上也为他的家族留下了许多宝贵的历史记忆。此外，他们很希望把我曾经采访老爷子的录音、照片给他们留一份，这当然没问题，今天已经刻了盘，大约有300多张图片和3个多小时的录音。

　　下午,决定先去西于庄,时间富余再去西沽,因为我又有了新的想法。

　　到大红桥桥口,看看时间,正好3点。过了桥顺坡左拐又右拐,走进一条叫廉让里的胡同,于是按照事先想好的题材,开始了新一轮的拍摄。几年前,我在补写《新村纪事》时,专门记述了老百姓的"私家花园",其中写道:"在新村居住的家庭,开垦自家的小花园或小菜园形成了风气,别管地方大小,总会留有一方泥土栽种各类植物。我们家住在大门口,窗跟儿底下正好形成一个大三角,于是就变成了自留地。"这应该是一道独特的风景,也只有住平房的才享有这种"特权"。如今,唯独幼儿园的孩子还可以在老师的指点下,将花籽埋在土里,观察幼苗的生长,人们居住在高楼大厦之中,即便爱花、养花也不过在室内的一角或阳台摆上几盆,几乎接不到地气,更别提随心所欲地想种什么就种什么了。

　　西于庄的老百姓应该说有对土地和大自然膜拜的基因,他们的祖辈有不少就是地道的农民,"房前屋后,种瓜种豆"曾经是一幅多么恬静、安然的图景啊!时至今日,许多老住户依旧喜欢在自家门前种些花草,抑或撒点菜籽,以示对大地的敬畏和对未来生活的期许,虽然空间越来越小,而老百姓创造的方式却越来越多;虽然老宅越来越旧,而"私家花园"里的植物却越来越旺盛,它应该作为西于庄历史的一部分被记录下来,所以我不得不故地重游。

　　昨天拍了30多个画面,感觉还不错。快5点时,天阴下来,我在龙王庙东街口买了瓶"脉动",顺便把附近的基督教堂,从不同角度重拍一遍。

2014年6月19日(星期四)

天气详情:最高气温32℃ 最低气温23℃
多云转晴 东风转西风 风力3级

  天还是阴沉沉的,预报有雷阵雨,可就是憋着不下。因为开了新专题,所以心里又开始焦虑起来,也不知这个毛病是好还是不好,干什么事都恨不得连续不断地死磕,依旧那么激情四射地不顾后果,有时为了拼速度,看着拍回来的片子又后悔,可即便过后再重拍也非要先"抢"下来,竟然还将其当作"经验"来宣扬,美其名曰"先有,后好"。也就是说,面对被摄对象,第一步必须保证拍得着、拍得上;第二步才在时间允许的情况下,尽可能拍好、拍精,这是我从事职业摄影20年来感受最深的一点。正因为这个习惯,有时难免萝卜快了不洗泥,片子质量总是差那么一点点,有的经过补拍可以挽救,有的却只能留下缺憾。
  "抢"字当头是怎么造成的呢?回想我在报社这20年,几乎都处在单枪匹马的状态,特别是头15年,我独立承担一本以图片为主的杂志,面对各类采访,经常与其他记者争角度,以一当十地拼抢,只有这样才能不负众望地拿回好片子,也就是说我付出的体力、心力总比别的记者要多，从而练就了过硬的"快手"，也正因为手快，才敢在较短的时间内拍摄"大部头"的摄影专题。这次采访棚户区西于庄，绝对是"抢"出来的，否则这么大的体量根本完不成。

这位女士养了两条大型犬，看着挺凶，其实非常温顺

拍摄西于庄的"自留地"，应该是对当地百姓生活的又一个补充，原来想叫"私家花园"，觉得有点调侃意味，思忖多

越拍越上瘾，我觉得内动力很重要

日，称其"自留地"更为贴切。下午，带着雨衣再次进入西于庄，两只眼睛不停地搜索房前屋后那可贵的"绿色"。许多事情，如果不细想觉不出有什么特别，可一旦加以关注，就会有新的发现，就说老百姓的"自留地"吧，真是了不得，绝对的百花齐放、异彩纷呈，无论盆栽还是地培，都那么的质朴而随性，栽种的植物有的能开花，有的能结果，品种不下几十个，每一处都体现出主人对于生命的关爱与呵护，这是胡同里特有的"民间绿"，也可视为一种生态自觉。

2014年6月21日(星期日)

天气详情:最高气温27℃　最低气温20℃
阵雨　西风　风力3级

一睁眼7点一刻,夫人外出学习剑法,干脆我也走人。

洗漱完毕,只喝了半杯开水,就急冲冲带着摄影包前往西于庄。一般情况下,我上午出来的时候不多,除非追求必要的光线或其他状况,因为平日都是上午忙,并且能预知下午的安排,所以出

在拍摄「四季西于庄」之夏时,顺便拍摄了旧时的「鸡鸭店」

谁知哪天厂房就不在了,先给自己来张纪念照吧

去采访心里会比较踏实。公休日我习惯上午做家务,该擦的擦,该洗的洗,弄得利利索索,中午吃完饭睡一觉,然后轻松自如地去采访,想多晚回来就多晚回来。

今天大早晨的去西于庄,应该说事先早有这个想法,最近不是拍摄"自留地"嘛,我发现老百姓栽种的草花有的可能只在上午盛开,为了追求完美,必须证实一下我这个判断。此外,我的"四季西于庄",已经拍完"两季"(冬季和春季),第三季也不能再托了,我必须赶在上午光线还不太强烈的当口将其拿下。

先奔已知的"目标",补齐要拍的镜头,然后径直骑进老屠宰场大院的尽头,将自行车倚在厂房大门口,这时一个壮汉从此经过,他疑惑地看着我,我装作若无其事地锁车、整理摄影包,见他拐到厂房后身,我迅速跨越停放在楼梯口的两辆售货三轮,影子一般窜到三楼那间空旷、阴森的大屋子里,直冲着左侧那扇残破的窗口走去,我掏出相机对准眼前既定的"画框"连拍数下,此刻额头已浸出

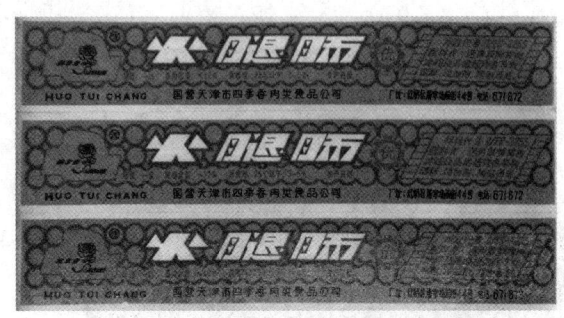

在楼内堆积的废旧物品中,发现了曾风靡一时的"四季香"火腿肠商标

汗水,心还是蹦蹦地跳个不停,稍定神以后,我找出那张随身携带的"拍摄草图"查对了几个"参照点",然后接着又拍了第二遍。说来,这也算个小小的创意吧。2月7日的那场小到中雪,让我幸运地拍到了"雪中西于庄",那天也是在这个窗口,俯拍了被白雪覆盖的老区,在整理这部分照片时,我忽然闪现一个想法,能不能在同一地点、同一角度,用4张照片体现"四季"的西于庄呢?为了实现这一愿望,我挑选了一幅比较"周正"的画面作为"冬季",也成为后"三季"的样板,4月10日再次来到这个窗口定格了"春季",今天又完成了"夏季",如果10月底这座厂房不拆,"四季西于庄"将会如期实现。

算这次,我"偷袭"这座厂房已经是第四回了,说心里话,越来越心里越嘀咕,种种迹象表明,楼上依然有人来过,我真担心被坏人暗算,出了意外家人不知道、单位不知道,非等到拆楼时才找到这具无名尸,所以我也像个鬼魂似的,悄无声息地飘来飘去,紧接着我又蹬到房顶,沿着东、南、西三面一通狂拍。之后,我想了想,是不是也应给自己留个影?于是把摄影包放在报废的冷却塔散件上当支架,将照相机调到自拍档,神色凝重地拍了两张便溜出厂区。

晚上,整理完"自留地"这个专题,看了看实拍数字,一共有68个画面,不行,还是得完成100幅,如果在西于庄拍不下来,就到西沽补齐。

2014年7月

2014 年 7 月 4 日(星期五)

天气详情:最高气温 31℃ 最低气温 24℃
阵雨转雷阵雨 东南风转东风 风力 3 级

因为 7 月号的《今日天津》介绍了"乌鸡门"的历史沿革,所以拿到杂志恨不得马上给王景龙("乌鸡门"第七代传人和掌门人)送过去。之前,给四哥打电话,他告诉我,大哥到外地参加活动去了,我一听,那就不着急了,顺便问了问四哥的近况,他说还那样,还是每天下午出摊,我跟他说,不定哪天去一趟,他说哪天来一块吃个饭,我含糊其辞地答应了。

昨天晚上在脑子里理了理这几天的事,感觉今天上午去西于庄最好,所以吃过早点,清点了一下要带走的杂志,然后把《图说西于庄》用报纸裹好,小心翼翼地平放在摄影包的表层,骑着车稳稳当当地出发了。到四哥家,透过窗子往里看,以为没人,正想喊一声,王家大姐出来了,一见我赶紧上屋里让,我摘下车把上挂着的提袋,抻出一本杂志,打开"乌鸡门"那页让大姐看,她一眼就看见大哥那张习武的照片,高兴地说:"太好了,太好了!",我说这是一本正规刊物,将来你们"申遗"会起点作用。这时四嫂子也凑过来,

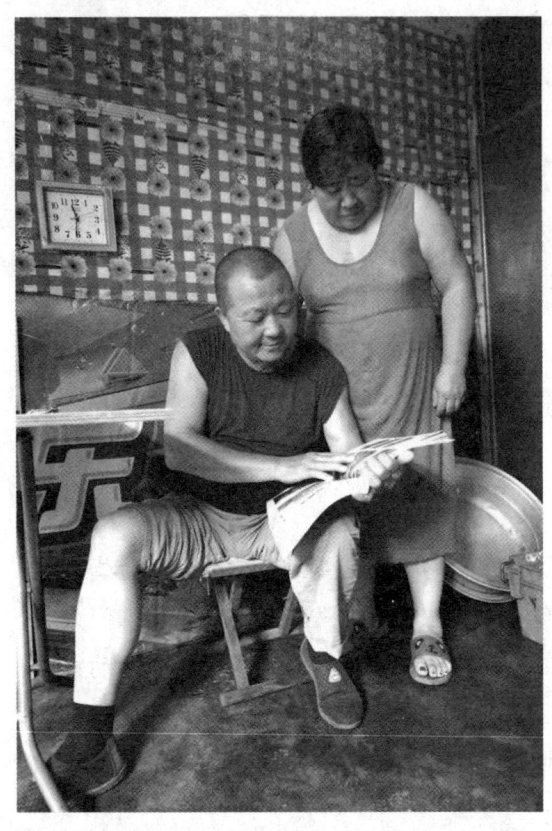

采访完四哥,我把《图说西于庄》拿给他看,他确实没想到我会如此投入,或许说我这么有才

我问四哥呢?"在屋干活呢!"我从车筐去取摄影包,慌忙中愣把那本《图说西于庄》给忘了,"呱哒"一下子掉在地上,裹着的报纸顿时"爆"开了,我赶紧捡起来,一看还是挫坏了一个书角,心痛得要命!

四嫂子带我去了旁边院儿,一进屋见四哥坐在板凳上守着两个大铝盆,正"串"兔架子呢,我说你干你的,上次不是没聊完嘛,今儿接着聊。来之前我还想呢,最好就我们俩在一块,有些事同着家人我也不好意思问,大哥、二哥可能也不愿意让他说。今天主要是奔他那段"校园生活"来的,我单刀直入用"老学堂"当引子,一点点聊到他的小学时期、中学时期,一步步把话题架到了他那段"革命英雄主义"片段上,我还直担心伤他自尊,可他就像讲别人的"先进事迹",那个绘声绘色啊,逗得我俩一阵阵大笑。看得出来,他确实把我当朋友,他根本不考虑我听完以后对他怎么看,也不考虑将来会如何编写他这段经历,在他看来,那都是过去的事,有点好汉必提当年勇的感觉。

一看表都快12点了,我立马岔开话题,捧着沉甸甸的《图说西于庄》说:"四哥,今儿还有个任务,我向你汇报这半年的工作。"他听我这番官话没搭声,当他接过这本大厚册子时,有点出乎意料,他一边翻看一边说:"哎呦,太下功夫了,太下功夫了!"我说,你是第三位读者,前两位都是搞地方史的,因为这里边有你的功劳!我必须让你先过目。

快看完时,他忽然合上画册,起身便说:"就咱俩,在这屋,简单吃点,怎么样!?"看得出来,他特别兴奋,我慌忙地整理东西要走,他拽着摄影包背带,近乎央求:"别走,别走,一块说说话嘛!"我十分诚恳地说,夫人在家等着呢,改日再说吧!说实话,我不愿再给人家添麻烦,四哥马上就得炖兔架子,吃完饭,还得出去挣钱呢!四哥见我执意要走,也就没辙了,王家几个人一块出来送我。

到家12点20,进门已是大汗淋漓,撂下摄影包直接去冲澡。

差一刻两点,电话响起,一看是四哥打来的,我以为有嘛东西落在他们家了,结果他一上来就问:"你走了遗憾吗?"我一头雾水"有嘛好事?","这儿的雨水都平槽了,你要不走正赶上!","要不我过去?",他犹豫一下"你要半小时能到还行,怕是一会就排下去了。",我想了想"算了吧,等哪天再下大雨……"给自己找了个台阶,四哥说:"那我先替你拍几张吧!"

他这一闹腾,还真把我心思给搅乱了,我不停地查看窗外的变化,雨时疏时密不停地下着,我左思右想痛下决心还是放弃了。

2014年7月11日(星期五)

天气详情:最高气温35℃ 最低气温24℃
晴转多云 北风 风力3~4级

从大前天开始整理西于庄原住民的访谈录音。我也是一拖再拖,确实有些怵头,由于最近这些日子,气温均在38℃左右,而且总是阴云密布,出去不会儿就汗流满面,所以我也就没再往外跑。可是《图说西于庄》完成以后,《口述西于庄》不得不提上日程了,再不弄,有一天真动迁了,你想核实一些内容都没处找人了,万事开头难,即便硬着头皮也得干!

那天傍晚,王家二哥来电,对我在《今日天津》上介绍"乌鸡门"表示感谢,话里话外说杂志有点舍不得往外发,我说,没关系,特别是区有关部门或领导,能给就给,哪天我再拿点过去。话说好几天了,再不去热乎劲就没了,所以今天一大早,带着15本《今日天津》和两件宣传品直儿奔王家,走进屠前二条胡同就听四哥两口子在屋里说话,我把车一撂,隔着门帘喊了声:"哈喽——"四嫂子出来见是我,我把两件宣传品递给他,问:"二哥在吗?","他下午来。","那上午谁在这了?","大姐。",我摘下手提袋对四嫂子说:"受累把

西于庄人喜欢在自己的房前栽种些植物,有开花的,也有结果的,充满了生活情趣

杂志交给大姐,我一会再过来。"

我踏进四哥干活的屋子,四哥非让我坐下,我说不行,一坐下你就不让我走了,他起身过来说,你拿点辣酱走,是我自己做的,我一听又让我带东西,赶紧说,我还得上别处去,等天凉快凉快再来拿。然后推着车又回到他老娘那屋,老太太一见我就挥手,我赶紧凑过去握住老人的手:"认出我来了?"老人默默地点了点头。我跟大姐说,老太太可喜欢我了,一看就是个热心人。然后我就着新送来的这几本杂志告诉大姐,利用这个机会好好宣传一下"乌鸡门",将来能"申遗"不更好吗!

大姐送我出来,我取出相机顺便拍了胡同边的两处"私家花园",(那天,我跟好友勇则念叨最近着手的选题,他听后一个劲地称赞,其中提到"私家花园",他说这个概括有新意,也很形象,之前想改用"自留地"就算了!)大姐也喜欢种花,大大小小得有十几盆,有的花期虽然过去了,可叶子依然油绿油绿的。告别他们一家,又到齐兴村转了转,还是想多拍几处"私家花园",结果白去一趟。

既然来了,就不能空手回去,干脆到西沽补几个镜头。先到"三角花园"看看,没有感觉,接着沿北运河随弯向东北方向挺进,把"老河口""老渡口"和"三官庙"遗址又拍了一遍。最后从北洋桥绕回来,穿过西沽去拍龙王庙遗址。

该办的事都办了,于是回单位继续上班。

下午抽点时间,通过网络调出了今年1至6月份的气象资料,把我的《西于庄采访日记》共计40多天的天气详情作了补充,我觉得这事干得比较地道。

2014 年 7 月 13 日（星期日）

天气详情：最高气温 35℃ 最低气温 24℃
晴　西南风　风力 3 级

从西沽采访出来 5 点多钟，因为顺利心情格外的好，再加上太阳即将落山，也不这么热了，于是又来了精神儿。

我骑着车穿过红桥北大街，顺势走进当铺西街，其目的还是想继续充实"私家花园"，还是想尽可能在西于庄范围内拍齐 100 个

西于庄人从来不嫌弃栽花的容器，尤其闲置的水缸，几乎都变成了大花坛

在新红路边,两个充气的喜羊羊煞是可爱,但因气亏有些东倒西歪画面。也别说,每次来都有新的发现,老百姓栽种的一些草花,有的正是这个时间段开放,虽然花朵都不大,但在翠绿的枝叶衬托下,显得格外醒目。于是,我由当铺西街拐到清河沿胡同,又从清河沿胡同拐到北吴家胡同,接着又横穿新红路到对面的桥口南街、三兴里、城防里大街、增产大街、德甡里、小辛庄大街一带,绕行了一大圈。不会儿夫人来电,问我是不是又去了红桥,我说正从西于庄往家走呢,我问晚饭吃点嘛,她念叨几句,此刻我不但饿了,而且馋了,恨不得快点到家。

进门先洗澡,饭桌上摆着新沏的茶,一盘冬瓜烩排骨、一盘凉拌西红柿和拍黄瓜,还有一罐凉啤酒。夫人问:"伺候得够到位吧?"我故意拿着个劲儿地说:"本来就该这样。"夫人怏怏地躲进厨房不理我了。

2014年7月15日(星期二)

天气详情：最高气温34℃　最低气温25℃
雷阵雨　东南风　风力3级

中午1点45分，电话铃响起，一问是西沽的王文汉，原来他受西于庄王景龙的委托，表达对我的谢意。王文汉不是一般人，他不但是一级厨师，而且长期在电视台讲授"美食与养生"，5月18日的

和李振华大爷聊得多开心啊，而这张照片却是李奶奶坐在轮椅上拍的

西于庄老年人的午觉睡得都比较长,为了不打扰他们,我只得在河边徘徊

"乌鸡门"活动,也得益于他的社会关系,同时他本人也是"乌鸡门"的第七代传人之一。2012年我分别采访过他和他母亲,他告诉我有时间一块坐坐,还说前不久他召集20多位老西沽人在一起忆旧,我一听马上来了情绪并拜托他给推荐几位,我想利用这条线索,把西沽访谈增加到70位。

下午3点,决定再去西于庄到鲍家胡同找李振华大爷聊一聊,别管收获多少,想把这事结了。3点40骑到大红桥,烈日还在头顶上暴晒,桥口的摊贩依然懒洋洋地午睡,我琢磨李大爷可能还睡午觉,于是拐到大红桥西侧的岸边,拍了几张大红桥,又拍了几张对面的客运站遗址,正好附近停靠着几艘造型各异的船只,然后又看看"瓜行"旧址,调头往回走,见一乘凉大爷便问:"老客运码头是在对岸吗?"大爷说:"就停船那儿!""多晚儿停的航?""不记得了。"至少验证了码头的位置。

看下时间觉得差不多了,就直接去了李大爷家。隔着门帘喝一声,传出李奶奶的回话:"谁呀?",我掀开门帘,"我——晚报的!","哦——李大爷,李大爷,人家晚报的找你来了!"此时,李大爷还在床上躺着呢,一听有人喊便坐起来,我赶紧摆手"别急,别急!",李大爷定神一看是我,一个劲让我进屋,我说还是外面凉快,就在外边聊吧。不会儿,大爷提着两个马扎出来,我接过一个与大爷并排坐在一起。事先想好了两个话题,一个是细化"柳二爷庙"的建筑布局及后期演变结果;一个是他哥哥在西于庄工作、生活的片段。我怕一上来就提问,有点反应不过来,就告诉他刚去了趟子牙河边,于是聊起了当年的"小火轮""瓜行",然后扩展到"老河口""王八坑"……话题打开以后,不但一一回答了我的提问,而且还聊出了许多鲜为人知的史料和有趣的故事。其间,大爷的孙子凑过来听了一会,问:"我爷说的行嘛?""太好了!你爱听吗?",他不说话。这时已经聊了两个来小时,我怕大爷累着,就说:"要不就歇歇吧,别把您累着。"大爷孙子又说话了:"他才不累呢,恨不得找人说话!"

这就是西于庄人熟称的"小火轮码头",痕迹还依稀可见

我们都轻松地笑起来。

又聊了快一个小时,我边听边想,应该跟老爷子合个影,可是自打他孙子离开以后就再没有年轻一点的人打这路过。这当口,大爷的老伴从屋里一瘸一拐地出来,没走几步就墩坐在轮椅上,我灵机一动,"奶奶,能给我们拍个照吗?",李奶奶扑哧笑了,"你看我这样……""没事。"说着我把照相机递到李奶奶手里,告诉他从哪看人儿,按哪个"扭",大爷还一再提醒:"别光照我一个人。"我回到原位盯着李奶奶手里的相机:"看见我们俩了吗?""看见啦!""那就按吧!",一下,两下,三下,我接过相机一看,嘿,还真不错!"奶奶,您已经成摄影家啦!"

说着天就快黑了,我对大爷说:"耽误您吃饭了,今儿就到这,哪天再来!"李大爷起身目送着我渐渐远去……

2014 年 7 月 17 日(星期四)

天气详情:最高气温解 33℃　最低气温 25℃
雷阵雨转晴　南风　风力 3 级

　　吃完午饭,夫人急着要去单位,我独自看了会儿新闻就去睡觉,躺下以后不知为嘛,怎么也睡不着,脑子绕来绕去又绕进了西于庄,我忽然爬起来,不但不睡了,而且立马穿戴整齐直奔西于庄,这不疯了嘛!室外气温三十七八度,万不得已人们也不会到大街瞎逛游。再说,午睡对于我那绝对是雷打不动的,不但家人、亲戚全知道,就连报社的同事及我的朋友也不在中午给我打电话,几十年来,别管调到哪个岗位,即便躺在大板凳、写字台,也得睡个 10 分、20 分的,长短不在乎,就是不能不睡。

　　今天成了例外。为嘛急呲呼白脸大中午往西于庄跑呢?就是想趁着人们都午睡,再补拍一部分"私家花园",虽然当初在拍这个选题时,并没决定拍到 100 个画面,可是经不住我一而再再而三地修改目标,从 60 多幅增加到 80 多幅,越拍心里越发痒,还是恨不得来个百分百。在后期拍摄中,我发现有的时间段不太好下手,嘛意思?又不是偷东西,是啊!每天下午 3 点以后,胡同里陆陆续续坐满了

天实在太热了,我转悠到张家胡同时,看见桌面上晾晒着马须菜,将其记录下来

西于庄人的鸟语花香

见到子牙河岸边停靠的"小火轮",那种沧桑感、岁月感油然而生

人,别说拍照,就是从胡同里穿过去,人家都得"起立",我觉得不太合适,此外人家见你拿相机,肯定又是一通"盘问",让简单问题复杂化。

事实证明,我的判断仍然是对的,这或许就叫逆向思维?

外面简直像个蒸笼,唯一感谢老天爷的是,今天太阳没这么毒。西于庄的老街旧巷里几乎见不到人影,我就像扫荡似的,见着够标准的不容分说先拍下来,为的是替换和选优,什么孙家菜园、新建里啦,什么屠前大街、纯德里啦,什么纸厂大街、城防里大街啦,连平时不怎么去的犄角旮旯都顺便看了看。

脸热的通红,头发都打绺了,汗水在前胸和后背流淌,大约一个小时,飞也似的跑回单位接着上班,时针指向两点半。

今天这篇纯属"狂人日记"。

2014年8月

2014 年 8 月 21 日（星期四）

气象详情：最高气温 34℃　最低气温 24℃
晴间多云　西南风 2~3 级

　　上午 10 点半岳母来电，原来正在西沽公园参观"西于庄摄影作品展"呢，她从工作人员那里得知，展览延至 24 日，目的是告诉我参观还来得及，另外她在现场买了两副扑克，一副西于庄摄影作品；一副红桥区风貌。

　　说来也巧，昨天从长白山旅游回来头一天上班，先是振良递给我一张晚报，说西沽公园有个展览，建议我去看看。紧接着岳母、岳父来电话也是通报这件事，并问有没有我的作品，因为他们知道我在西于庄采访了好几个月，这让我非常感动。

　　下午，我犹豫不决，既然延期闭展，可以双休日再去，加上天儿又太热，可转念一想又怕老百姓不知这个消息，还以为今天就是最后一天，来参观的西于庄老住户会多一些。准备了一通，又放弃了，还是去报社吧！骑着车没走几步又返回来，要是错过了机会怎么办？顶不死我再采访一户不就得了，回屋带上摄影包奔向西沽公园。

闷头拍了好几个月，也想看看别人镜头里的西于庄，走进展厅却没有一个观众

公园门前的牌坊下，总共停靠着五六辆自行车，本来已经是下午3点半，可太阳的强度好似正午时分，公园内几乎见不到游人，我东瞧西瞅才找到展厅，因为周围没有任何的宣传造势，只在一座院落里闪现出一条横幅，上写道："超越杯百年西于庄摄影展"。我走进展厅，门口有两个服务人员，其中一个卖影展画册、扑克等，我按顺时针一幅一幅地观看，有些作品确实拍的不错。但是我镜头里的西于庄，已经改变了传统拍法，更多地放在系统考证和全面记录上，换句话说，已从所谓的作品创作中剥离出来。

看了半个来小时，整个展厅才进来3位参观者，我问工作人员，他们说上午人多，再问扑克和画册销售情况，告诉我，扑克还可以，画册100块钱一本有点贵，但成本就90多块钱。

出了展厅仿佛外面的一切还都在休眠，我沿着一条小路来到园内的"黄叶村"消磨时间,顺便把19日的日记补写了几行字。打开手机看看短信,又看看时间,已经4点过了,这才按预想去西于庄寻找丁文明。

穿过大新街,拐进庆阳里,往3号院扒扒头儿,见正房坐着个七十多岁的老妇人,我问:"这院儿有姓丁的吗?""有啊,干嘛?""是叫丁和平吗?""哟,是不是找后院的丁家?""就是3号的丁家。"我掏出口袋的纸条,噗嗤,自己先笑了"咳,记错了,叫丁文明!""我就是!干嘛?""我是晚报的,几年前也是个晚报的,跟您打听过西于庄事,是他介绍我来的。"

进了屋,我一开口便说:"看这名字,我以为是个年轻的,您就是讲文明的'文明'吗?"丁奶奶不以为然地说:"家谱排到我这,中间是个'文',生我时正赶鸡打鸣,天快亮了,就起个'明'吧!"一段张冠李戴引发的小幽默,活跃了气氛,我简单说了一下来意,丁奶奶是个精明之人,几句话过来她就知道从哪切入,而且头脑特别清楚,语言干脆利索,对我也毫无戒备,我悬着的心立马平静下来。于是就从丁奶奶的祖父谈起……当谈到西于庄先民共有八大家时,她卡了壳,想了半天也只能说出三大家,她便指使邻居王强去问张二爷,不会儿跑回来说张二爷也说不清,接着又去招呼大新街的李大爷(李学成)。我们正聊半截呢,身材魁梧的李大爷打外面走进来,听说是记者找他了解老西于庄的事,显得特别兴奋。这下,我要面对两个人从不同角度口述西于庄,你一句他一句都碴在一块了,将来整理恐怕费点劲。我不断地提出一些疑问,李大爷有板有眼地给我解释,这一聊李大爷反倒成了主角,别说他肚子里还真有点玩意儿,我担心这样会把话题说散了,就劝李大爷:"哪天单独拜访您吧!"说了几次,根本不掸我这碴儿,他那思绪的闸门关不上了,我

终于等来个参观者,一问还不是西于庄人

灵机一动对李大爷说:"您就敞开说吧,丁奶奶那段回头再说。"

没想到,李大爷知道的事确实不少,特别是纠正了之前对柳二爷庙和阴历四月十七相关内容的描述,他非常明确地告诉我,柳二爷庙的正式名字叫"中善堂",这是我在西于庄访问半年多来首次听说,更令我称奇的是,他竟然把大新街两侧当年经营的大车店、坐落的位置、名称全都不打奔儿地道出来。

丁奶奶见我满头大汗,给我倒了碗茶并开玩笑说:"别嫌脏啊,我嘛病没有!"她听着李大爷的叙述,间或插些有趣的往事,还说哪天让我带着照相机,一块陪着我拍拍遗址。"遗址"俩字从丁奶奶口中说出,虽然显得突兀,可从另一方面透露出她本人的家境和素养。果不其然,她当过16年的居委会主任。我的问题一个接一个,也是想看看从他们身上到底能挖出多少"宝"。我知道时间已经不早了,可舍不得中断这种气氛,末了还是李大爷有点卖关子,一挥手"今儿就到这吧!"我留了二位的电话,一再请求还得再讲几次。

他们把我送出院子,又送出胡同,显然也都挺高兴……

2014年8月23日(星期六)

天气详情:最高气温30℃　最低气温20℃
多云转阴有中雨　东南风2~3级

  今晨不到7点就起床了,没顾上洗漱就开始审看稿件,足足看了一个小时,然后在《今日天津》封面上签了付印。洗漱完,简单吃了点东西就带着"微单"和稿子去了报社,按事先约定,把稿子放在编辑桌上我的任务就完成了。

  外出几天,由于用脚过度,左脚疼得我一宿没睡好觉,又是贴膏药、又是抹红花油,虽然有些缓解,但走路一瘸一拐,就这样,前天还去了一趟西于庄,这在过去早当模范了。

  为嘛这么早就把稿子弄完呢?还是为了西于庄的事。前天下午到"百年西于庄摄影展"现场,没等上西于庄的老人有点心不甘,就准备今天上午再去一趟,因主要为了寻找被访者,所以头一回没背摄影包,好在骑自行车时脚还能够承受,就这样从报社直接到了西沽公园,为了尽量少走路,我从一扇不起眼的非正式大门进入园内,走到展厅前只见大门紧锁,就围着荷花池绕了一圈,心不在焉地用"微单"拍拍荷花、拍拍晨练的人,9点一过赶紧回到展厅,然而依然没有动静,莫非岳母提供的信息不准?心想真要是闭馆就把我坑了!

我忍着脚痛到公园健身区,抓拍些有趣的镜头以调节寂寞的心情,反正就等到9点半,再不开门,走人。

还真没让我白等,9点半大门打开,可是展厅里还是没有几个人,我环视了一下,见一老者在看图片,凑上去问道:"您是西于庄的?""不是。有几个同学在西于庄住。"这老者倒是挺爱说话,跟我聊着照片上的一些话题,我应承着,主要还想碰碰运气。大约过了10分钟,走进来一位黑瘦的干巴老头儿,我一步跟上去,"老爷子,您是老西于庄吗?""好么,我太老西于庄啦,七十多年没离开那地界儿。我常关胡同生的……"这一问不要紧,把老爷子的话茬给勾出来了,可谓滔滔不绝,其他看展览的也围拢过来,他们有市里的、有西沽的、也有西于庄的,从大同门聊到土地庙小学,从城防大堤聊到"王八坑",这老爷子记忆力极好,连说带比划,不会儿还唱起来,正在兴头上,展厅工作人员不干了,走过来向呲叨小学生似的说:"你们这么大声,别人怎么看

俗话说:"走过,路过,不能错过。"我铁定主意要访访这位精瘦老头儿

这位李大爷成了展览解说员,我跟他搭上了话茬儿

展览?"大爷一摆手、一缩脖不支声了。这大爷名叫李宝增,一开始还不愿给我留电话,聊着聊着他觉得我还能跟他对得上牙岔子,加上我的反复恳求,才掏出夹在钱包里的卡片让我抄下来,并说:"你打个试试,我手机一响就对了!"我拨了号码,几秒后大爷的手机"嘟嘟……"地叫唤起来,我悄声说:"今儿能遇上您,这一上午就没白来,改日我专程拜访。"分手前我还跟大爷合了影。

　　正如李大爷说的那样,这么多在西于庄拍摄的作品,却没有一张注明所摄地点,使影展的魅力大打折扣,加上传播渠道单一,作品信息量有限,与当地百姓互动不足,所以影响力没有真正体现出来。振良那天说,让我顺便考虑一下将来自己的影展怎么办。首先说,我压根对这类影展就不感兴趣,如果必须办的话,就放在屠宰场大院或厂房内,用全新的视觉来营造一种独特的文化氛围,可以每天都安排惠民活动,最后将展品全部捐献给当地居民。

2014年8月24日(星期日)

天气详情:最高气温29℃　最低气温22℃
中雨转多云　北风3~4级

　　今天左脚掌、左脚面全都肿起来,疼得怦怦直跳,看来是受伤了,加上没得休息,一下给整厉害了。本想下午接着去西于庄,这下没戏了。那也不能闲着,在电脑前把脚架起来,开始修改去年在"海津大讲堂"所作的《用镜头留住历史》讲稿,然后提供给市图书馆汇编出书。余下时间,参照在西于庄采访时原住民对历史遗迹所描述的情景,手绘复原草图。其中一幅是"中善堂"即柳二爷庙的视觉效果图;另一幅是大同门环境效果图;第三幅是大新街、西于庄大街周边街巷平面图,前两幅为的是有的放矢地加以论证,最后形成经得起推敲的、相对可靠的配图,后者扫描打印出若干"空白图",在后续采访中,根据地图的方位填写不同的内容,比如上次提到的多家大车店的坐落位置以及沿街店铺等,可用此进行反复修正,或者分发给当地百姓用来考证也不错。
　　自己配插图,也算是我的优势。小时候特别喜欢连环画,自己买不起就借,什么古典的、战争的、反特的,只要看着好就不停地临摹,有的可达到以假乱真的程度。我这辈子,什么都好,什么都不精，典型的实用主义，赶上事了就开始学习历练，等忙过去也就撂下了。2008年在整理堤头口述史时，绘制了一张商贸示意图，而后在整理铃铛阁口述史时，绘制了一张街巷平面图，还标出了被访人的位置，2011年在整理西沽口述史时，绘制了若干生产工具示意图，比如"冰棍机""制香机""筹""桩"和"炒锅"等，均得到访户的高度认可，也算把绘画这点特长用在了该用的地方。

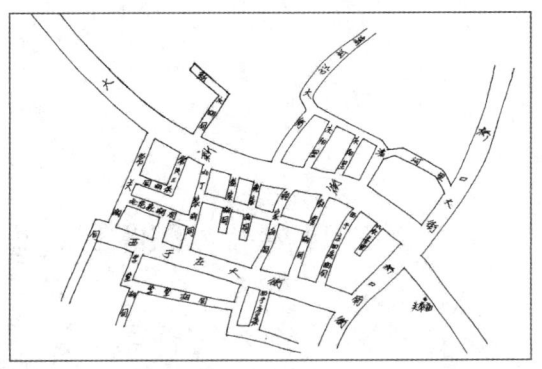

按照天津市地图，截取了西于庄主要街区，画了一张空白草图，准备根据老住户的描述来填充内容

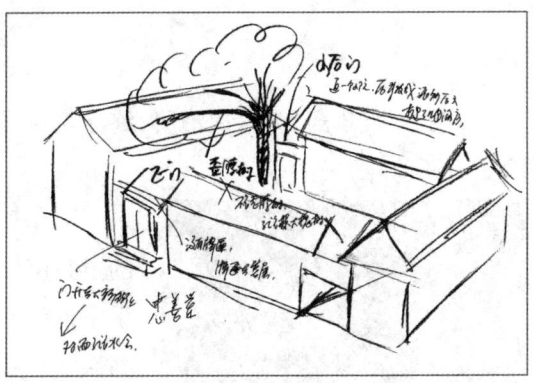

忠善堂即柳二爷庙草图

这次在从事西于庄的田野调查中，越来越感觉到应该用图画复原一些消失的场景，弥补原始资料不足的缺憾。可这个想法对于我现有的功底，不说眼高手低吧，也实属逞强，你想啊，每构思一张图得需要多少信息？得需要怎样的核实？最后能不能"真实再现"？不仅考验自己去粗取精、去伪存真的提炼能力，更要挑战自己的笔下工夫，反正这次豁出去了，争取把所有能施展的技能全用上。

2014 年 8 月 28 日（星期四）

天气详情：最高气温 31℃　最低气温 23℃　多云　南风 2~3 级

熬了三服草药，分六次泡脚，终于消肿了，也不这么疼了，只是承受力还差点。

一直想着跟丁主任合个影，正好李大爷在场，就让他给拍了一张

上午，把书法家孙伯翔题写的"口述津沽"书名和姜维群老师手书的诗句拿给振良看，振良好高兴啊！我们就此又侃聊一通。

中午给丁奶奶（丁文明）打了一电，告诉她下午继续采访，丁奶奶依然热情高涨。两点半从家里出发，到丁奶奶家整 3 点。大院儿的门虚掩着，我轻轻推开，边往里走边喊："丁奶奶——"屋里答话，显然是让我给叫醒了，我不好意思地说："别着急，您先醒醒盹！"

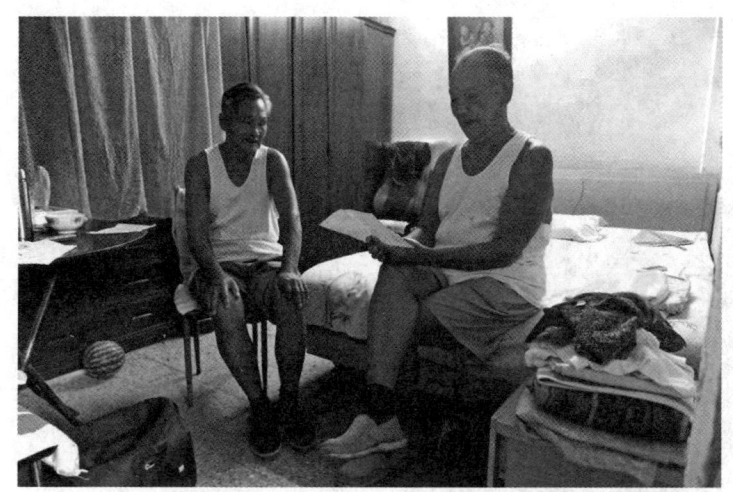

老二位的经历不一样，对西于庄的历史也各有侧重

我坐下来，掏出一本《问津》给她，是想告诉她将来西于庄也按这个模式做，丁奶奶很明事理，她随手翻了几下就说："下不少功夫啊！"接着我拿着事先画好的"柳二爷庙"草图，凑到她跟前，让她冷眼看一下哪些地方画得不准确，她看看说："够像的！"

我对丁奶奶说："今儿重点是把您那段弄完。上次谈的也很好，只是我整理起来困难。"她点了根烟，似乎在等待着我的提问，我说："爷爷从打渔摸虾到摆鱼盆儿，最后到干鸡子儿行都说清楚了，接下来就从您父亲讲起……"丁奶奶思路非常敏捷，讲起来头头是道，听起来也明明白白，这样一来我插话也少，使内容更加完整、曲折、有趣。她说："过去不这么爱说话，自打干街道，成了碎嘴子，尤其当主任这十几年，经常下片、经常开会，除了会写，还得能说，该逗乐逗乐，该正经正经，所以街里领导都挺喜欢我！"

不知不觉聊了俩来小时，紧紧围绕着她的家族史展开，我想把"柳二爷庙"和大车店等史实交给李大爷。丁奶奶跟我透露，那天我

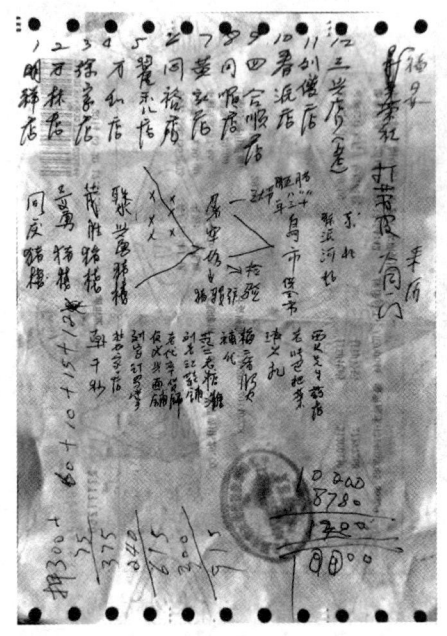

这是李学成、朱广祺在一起回忆记录下来的大车店名称

走了以后,李大爷和门口的朱大爷当事了,俩人核对周边的大车店,据说把老字号全问出来了,朱大爷还嘱咐丁奶奶,记者再来告他一声。我说:"要不我就跟朱大爷定一下?"丁奶奶步伐轻盈地走出院子,我趁机拍了一张她的空屋子,几分钟的功夫,朱大爷、李大爷一前一后全来了,朱大爷手里拿着张纸片,上面密密麻麻写着字,正待我跟他约时间,李大爷发话了:"这两天,我们俩把大车店的字号全掏出来了!"如此当回事,我自然非常高兴,既然是两个人的"成果",我不偏不倚,在询问时照顾到两个人的情绪,就这样把大新街周边的11家大车店和几家猪栈理了一遍。

接着,又让他们在我画的那两张草图上挑毛病,他们对大同门的炮楼提出异议。第一,位置搞颠倒了;第二,炮楼画得太高了。于是话题又延伸到城防大堤的九座炮楼上,我一看这么聊不行,谁都想说,谁也说不透,听着挺热闹,回头整理可就难了。我说:"您看这样行吗,明天专访李大爷,您把大新街上的店铺都给我'复原'了。礼拜六专访朱大爷,您着重讲屠宰场的事,越细越好。"他们像拿到了老师交给的作文命题,很是高兴。这当口,儿子打来电话,问在哪

姜维群先生为我题写的诗句　　　著名书法家孙伯翔为我题写的书名

了,我知道他们今天到家来,看了下表都六点半了,尤其是我们这么没完没了的聊,弄得丁奶奶躲到院子里干活去了。我赶紧起身告辞并对他们一再表示感谢,还是人家丁奶奶会说话:"咳,应该感谢的是你,有谁能这么关心西于庄的历史啊!"听着心里这个舒坦啊!

2014年8月29日（星期五）

天气详情：最高气温 28℃　最低气温 22℃
雷阵雨　东风 2~3 级

中午把昨晚剩的凉拌菜都吃了，该走了，肚子有点不好受，赶紧喝了两粒诺佛沙星，按昨天约定的时间去找李大爷（李学成）。

到李大爷家门口拍了几下防盗门又喊了几声，结果李大爷从对面的居委会出来，我跟着进了屋，先看了看他的小院儿，告诉我

似乎李大爷就等着我来访他呢，激情满怀地给我讲了一个多小时

他带着我把当年大车店的位置又实地指认一遍

地下还有当年挖的防空洞,洞口在屋里。我准备好照相机,边看边拍,没费劲就为李大爷拍完了人物肖像,之后坐在厅里开始了愉快而敞亮的访谈。

李大爷很兴奋,加上他掌握的信息量又大,所以什么都想说,我有意把各类岔头儿都封死,按照想好的层次一段一段地往下理,讲清楚了再往下进行,假如需要左右延伸,也由我来控制,所以半划子就少,来龙去脉都能对得上,前两次谈过的东西,一点没裹乎进来,该要的也都得到了。听他言语之间,为了准备这次专访,他自己也访了一些老邻居,进一步核实和验证早已模糊的记忆,看得出他是个认真且热情的老人。最后,他把父亲旧时的几本驾照拿出来让我拍照,这可是少见的稀罕物,一本是当年法租界发的;一本是在山西跑长途时办的;还有一本是在车行当雇员时领的,很有研究价值。

该说的说了,该拍的也拍了,我提出到外面走一圈,指认一下

两个耳背的老头儿在一起交谈,难免所答非所问(右为韩庆富)

那些历史遗迹,李大爷爽快地答应了,走之前,我跟他去了一趟清河里胡同口的公厕。

我们俩沿着大新街往东走,然后从老关帝庙大街调头回来,挨家讲述沿街商铺的历史背景,我不停地在本子上画出标记,得空用相机随着他的指认拍摄下来,有拿不准的,他就询问商铺的后人或老邻居。我们一路走来无一遗漏。接着从清河沿大街出来,到了新红路,李大爷拿对面的老房子当参照,又把已经变成小区的历史遗迹确认出来,然后过马路到常关胡同去找"春和店",又沿西于庄大街找到"土地庙",最后顺着学堂胡同来到韩家祖宅,他边喊边推开大门,家人迎出来,问明情况便把韩庆富老人请了出来,他们见面很熟,只是韩老爷子耳聋得厉害,所问非所答,但老爷子特别热情,拉着我们进了他的老院儿。

嘀,这院儿太格局了,充满着深厚的文化韵味和温馨气息,韩庆富今年89岁,看得出是那种有文化、有底蕴的老人,他指指院子里的那棵枣树说:"起码有200年了!"那甭含糊了,这家决不能放过。于是我跟他约时间,怕他听不准,就在本子上写了一行字:"哪天我来访您,谈谈老西于庄的事?"他看完说,自打西于庄要拆迁,电视台、报社来过多少拨,光送给他的照片就十多张。我又写了一行字:"哪天来?讲得越细越好。"他说让我定,反正他也不出去,我接着在本子上道:"周日下午3点。"定了,我转过脸告诉他的家人。

李大爷让我给韩老爷子留张名片,我立刻递过去,他一看马上掀开凳子上的报纸,有《中老年时报》和《今晚报》,紧接着让我随他进屋,展示书桌上的两摞《今晚报》剪报本,让我十分动情的是,他如今还能背三百首唐诗呢!确实不一般。

从韩家院出来,去找"张二店",此时天已暗下来,夫人打来电话告知儿子、儿媳都来了,我内心也焦急起来,回到李大爷家门口,取出一本《问津》对李大爷说:"麻烦您交给朱大爷,我明下午来。刚家里来电话,我得先走了。"

骑上车,掏出手机一看:7点零3分,这可能是采访西于庄以来最晚的一次。进了家门,桌子上已摆好了新烙的韭菜合子,寓意着团团圆圆、合合美美。

2014年8月30日(星期六)

气象详情:最高气温29℃　最低气温20℃
多云转阴有雷阵雨　东南风2~3级

　　下午3点来到大新街116号的朱广祺家,车到门前见朱大爷、李大爷正跟老邻居们在门口乘凉,朱大爷起身推开房门让我进屋,李大爷凑过来问我昨天是不是太晚了,我解释说:"儿子、儿媳一个月才来一次,所以急着赶回去,否则应该请您吃饭。"他摆摆手,示意我进屋,我问:"您不跟着听听?"他说出去转一圈。

　　朱大爷搬了个凳子给我,他坐在了床上。寒暄几句,我问:"《问津》给您了吗?""给了,给了!""看了?""还没有。我净琢磨自个儿这点事呢!"他顺手拿起床上那张写满字的纸,看得出他为这次采访做了精心的准备,这是半年多来头一次遇见这么认真的人。

　　因为前天在丁奶奶家和朱大爷聊过一会,分手前确定了访谈的重点,所以今天一上来就切入主题,由城防大堤聊起,还真讲出不少出彩儿的东西,他见我很感兴趣,因而越聊越轻松,越聊越透彻,我连连点头,眼睛里闪烁着感激和赞许的目光,以增强朱大爷的自信心,在涉及屠宰场那段经历时,他按照事先罗列的提纲,将

我让邻居王强给我和朱广祺老人拍了这张合影

每一道工序都讲得很到位,特别是他还手绘了一张老屠宰场的平面图,这对我进一步考证很有帮助。

其实,我访问过在屠宰场工作过的老西于庄人,可是都没有像朱大爷说的这么详细,这么形象。他说他曾跟电台的"天津卫"联系过,想讲一讲西于庄的大车店,可是不知为何一直未能如愿。我的到来也算为他收集相关素材找到了一种归宿,因而他显得很郑重,甚至有些庄严,我对此也表现出了应有的态度。或者说,我采访朱大爷一点也不轻松,录音笔的电池快用完了,我时不时地观察指示灯的变化,生怕有什么闪失。

朱大爷再次看了看他的口述提纲,说:"也就这些了,你看还有嘛不明白吗?"我说:"您说得非常精彩,让我感到意外,很有价值。"我把那张草图留下,还翻拍了他手写的提纲。所有正事都办完之

老党员朱广祺为了弄清我提的问题,有时都睡不好觉。这是接受采访前,自己准备的提纲

后,才跟他唠起了家常,他预备一瓶矿泉水,说嘛非让我喝,他见我不动劲就拿过瓶子拧开盖子递给我,我让他看着喝了几大口。

这时邻居王强走进来,我赶紧把他"扣下",让他给我们俩拍合影,可是手艺实在不敢恭维,转而让朱大爷的儿子给重拍,我看还行,就又出去拍了几张,此刻李大爷和丁奶奶也在场,我更是高兴得不得了,先在李大爷家门口拍,又在朱大爷家门口拍,接着拉着李大爷让他给我和丁奶奶拍,大家"玩"得都挺开心。

天空打起闷雷,李大爷说:"赶紧走吧,要下雨!"我借他的话,回到朱大爷屋里收拾东西,他心事重重地说:"房子的事就别写了……""我明白,放心吧,绝不会给您惹麻烦。"他如释重负地把我送出屋,邻居们纷纷跟我打招呼。

5点20分到岳父家,进门闻见了蒸河蟹的香味……

2014 年 8 月 31 日（星期日）

气象详情：最高气温 26℃　最低气温 21℃
阵雨转多云　东风 3 级

特别期待今天下午的访谈，从韩老爷子的气质风度就可断定会有不一般的讲述。把车倚在大门外，推开虚掩着的大门，院子空荡荡的，喊了声韩大爷，儿媳妇出来说，老爷子刚躺下，我有些纳闷，不是说好了下午3点嘛！儿媳说老爷子感冒了，上午还去了医院，其实我隔着门帘隐隐约约看见韩姥爷在北屋门口坐着，似乎是等着我的到来。正说着，老爷子可能看见了我，便掀开门帘走下台阶。"听说您病了？""感冒，吃药了。""要不改日

家人孝顺老爷子，恨不得改日再说，可老爷子愿意跟我聊老事，所以我厚着脸皮留下来

这一聊,老爷子的感冒好了一半,
我趁他心情好,赶紧在小院里留了个影

再来?"老爷子根本听不见,儿媳语气低沉地说:"谈一会儿行。""行,就谈一会儿。"

韩老爷子把我请进屋,我掏出一本《我与晚报三十年》和《问津》送给他,因为他耳背,我打开笔记本快速写了一行字:"一、聊下您的家族史;二、聊下您在西于庄的所见所闻和亲身经历。"这时,我脑门上的汗珠不停地往下流,糊住了双眼,又滴答滴答落在那行字上,顿时阴了一个瞎疙瘩,我悄悄抹了下汗,重新描了几个字给韩大爷看,他一下子像吃透精神似的,声音洪亮地开讲了,从爷爷到父亲再到他自己,虽然讲的简单,还算清楚。中间,我试图在他耳边插话,可效果不明显,于是完全用文字与他交流,我写道:"父亲和您合营以后去了哪个单位?"这一大段谈的比较丰富,由此得知,韩老爷子是个很具管理水平的有心人,这与他的家庭背景很有关系,他们家在西于庄大街上开有杂货铺,而且很有知名度。我听着韩大爷的讲述,记录着关键词语,隔不会儿就催他喝几口水,并偷偷瞄一下墙上的时钟。

韩老爷子越讲兴致越高,有时竟爽朗地笑出了声,他的女儿进来几次,估计是对老爷子不放心,我能理解,所以差不多就停了下来。老爷子说:"前些日子忙,一拨一拨地往这来,报社的、电视台的、文物局的,逮嘛拍嘛!"我在本子上又写了几个字:"他们都问些嘛?"老爷说:"咳,都是拆迁的事,没有今天讲的细。"最后写道:"您有老照片吗?"老爷子摊开双手,"'文革'都烧了!还有一张我40岁的。"说着他领我去了北屋,拿过相框,我迅速翻拍几下,顺便还拍了墙上那幅龚望的书法作品,然后他又带着我走进另一间屋,特意让我翻拍那幅陈旧的百年老画作,落款是"壁石",他说多年前,拿到文化街,有人要出200块钱收,我们没卖。

回到院子里,我让老爷子儿媳妇给拍了张合影,之后又拍了几张院儿内陈设和那棵百年枣树。

我感谢了在场的所有人,感谢了韩老爷子,他们很客气地把我送到大门外。

此刻,4点40分,我下意识地从学堂胡同拐到屠前大街,老远就看见了在路口闲坐的朱凤桐大爷,这或许就是命里注定,我停下车满脸推笑地问朱大爷:"还记得我吗?"朱大爷同样笑脸相迎地看着我:"想不起来!""报社的!""哦——我白内障,抱歉,抱歉!""我就奔您来的,让您再给说说猪栈的事。"我打开笔记本:"有人只说出四个猪栈——益元恒、茂盛永、天龙、李记……还有吗?"这下可把朱大爷的话匣子打开了,他坐的位置还特别巧,前后左右过去全是猪栈,他一家一家地指给我,站在一边的邻居也跟着帮腔,不会儿围了好些个人。我慌乱地在本子上做着标记,偶然发现中午绘制

朱凤桐老爷子，每天下午定点在屠前大街口过风儿，所以我一来，正好给朱大爷解闷儿

的屠宰场平面图，我灵机一动拿出来让朱大爷指正，人们顿时把朱大爷围了起来，你一言我一语地辨认、指认、否认……我赶紧取出相机记录了这一感人瞬间。

因为年初采访过朱大爷，只是到现在还没来得及整理，所以我不想让朱大爷讲得太多，想留点量，待我整理完再补充采访。今天能把猪栈的事弄到这种地步就很知足了，我对朱大爷说："您说了这么多，我得回去消化消化，然后画出草图，请您更正！"邻居说："你算找对人了！"

在这儿又停留了一个来小时，西于庄的老住户真好。

2014年9月

2014 年 9 月 2 日(星期二)

气象详情:最高气温 24℃　最低气温 20℃　中到大雨　东南风 2~3 级

　　清晨,夫人晨练回来告诉我外面下雨了,开始我没当事,可她这句话再也让我睡不着了。起来洗漱完,萌生了冒雨赶往西于庄的念头,也说不清为什么,吃了块面包,跨上"微单",穿上雨衣就出发了。

　　反正多少有点脑子进水,雨中西于庄早就拍过,还能有什么新鲜感？我茫然地绕行了几条胡同,毫无目的的拍了几张。渐渐地我找到了感觉,老街旧巷中那些栽种的植物花草显得格外滋润和艳丽,牵牛花就像被雨滴淋醒似的,一片一片地扬起小喇叭,演奏着无声的交响乐。我顿时来了精神儿,虽然有的早已收进了我的《私家花园》,但季节不一样呈现的景致和情趣也不一样。大约 9 点,口袋里的电话响起,以为是同事找我,结果是大新街的朱广祺大爷,他问我何时再来西于庄,我告诉他周末,他说又想起点事想当面说说,我说没问题,正好把相片带过去。

　　衣服穿得少了点,裤腿又卷了半截,两只脚被雨水浸透,冰凉

小雨下个不停，满眼全都湿漉漉的，反倒觉得挺有味道

冰凉的，我担心感冒就返回了，到报社9点40分。

晚饭吃得早，我便摆开阵势开始整理、绘制《20世纪40年代末屠宰场周边猪栈分布示意图》和《20世纪50年代大新街沿街商铺布局示意图》，前者是我在屠前大街口上，请教老住户朱凤桐和热心居民指点后，根据零碎的记录归纳和复原的。主要难点是，朱大爷腿脚不好，他只能把猪栈的大致方位告诉我，有的比较明确，有的似是而非，好在这半年来我对西于庄的主要街巷了如指掌，即便不太准确，也不会跑得太偏，所以还算顺利地绘制出来，哪天让朱大爷再给过过目，当场修改就成了。

《20世纪50年代大新街商铺布局示意图》比想象的要复杂，当时李大爷带着我实地考察时，我在笔记本上画了草图，可是这条街太长了，竟然分了8页才画下来，整理时正好和现场的定位相反，

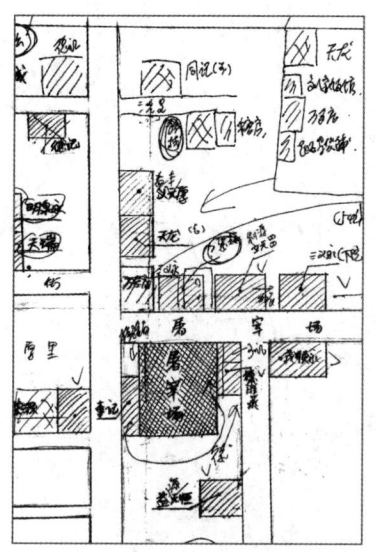

尤其老屠宰场入口这点地方,朱大爷说得嘴吐白沫,我只能瞪着眼点头,这是最让我纠结的一个局部

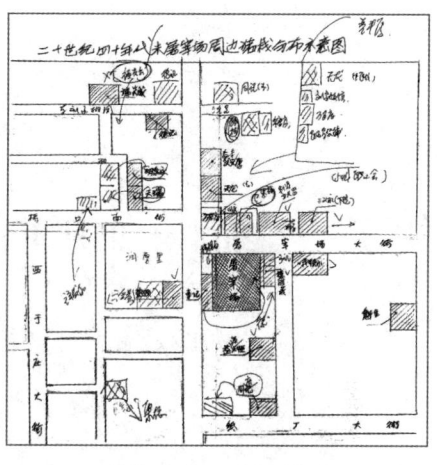

猪栈的位置和名称其说不一,经常弄得我晕头转向

稍不留意就会弄错。同样,哪天带着这张图让李大爷给把把关或再找几位老人核实一下。这应该是采访西于庄以来,最为复杂的两张示意图,加上已经完成的《屠宰场平面图》,算是有些价值。

近段时间,晚上也不得不加班整理西于庄的采访录音,平时没有整时间,加上这类工作本来就是个费时耗力的活,所以完成一个少则两三天,多则三五天,有的实在弄不下去只能先放放。整理访谈录音,不是人家说嘛你就随声照抄,这里边也是很有讲究的。那天晚上,电视看腻了,就思考田野调查与民间口述史的相关课题,罗列了"难点"与"技巧"两部分的撰写提纲,我想等西于庄弄得差不多了,好好总结一下,形成较为系统的研究成果。

2014年9月4日(星期四)

气象详情:最高气温33℃　最低气温21℃
晴间多云　西南风2~3级

  临近中午给李大爷(李宝增)打电话,定规下午采访的事,答应是答应了,却不想到家里坐下来聊,他提议带我走一圈,走到哪聊到哪,这还是头一次采用这种形式。我们约定下午3点在大同门(西于庄后大道与新红路交口)见面。

  接着好友王玉荣从景德镇打电话告知,连载的配图已经完成,正在传给我,等了几分钟,果然收到,实在太及时了,我赶紧下载、调整,交给副刊编辑,悬着的心总算落下来。

  吃完午饭,为下午采访做准备,检查录音笔、照相机,带上《问津》和新洗出来的照片,然后睡了会儿觉,两点半出发前往西于庄赴约。

  距约会地点还有几十米就看见李大爷站在报亭前,据说他就在附近的青春里住,我停下车抢先跟他打招呼。李大爷说:"为嘛不愿在屋里坐着说呢,好些地方说完了你也找不着,不如指哪说哪更清楚!""对对,一切听您的。只是大热的天让您跟着不落忍啊!"

"嗨,我整天没事,主要占你时间。"

李大爷指着五中后大道路口的一个房角说:"看见了吗?你不问炮楼嘛,就在那位置。"我立马掏出照相机按了几下,接着他把大同门解放前后的地形地貌,依照现有的参照物,非常明确地加以描述和指

李宝增大爷真是个怪人,他非要跟我边走边谈,这种采访形式还是头一次遇上

认,我则顺势而为,把相关问题穿插其中,他借景生情,点、线、面地把自己的成长史和家族史,都融进在西于庄的老街旧巷中。尤其在土地庙遗址前,绘声绘色地讲述了上学挨打挨罚的有趣情节,想不到的是曾经打过他的韩老师,竟然是我的忘年交韩静轩老人,这种巧合想编都编不出来。

我们一路走,一路说,从常关胡同至学堂胡同,再到西于庄二条胡同,在对张二旧宅犹豫不决时,当地老住户正好在场,他主动上前核实,其中一位老奶奶引起我的注意,"您是不是李克强总理接见的那位?""你怎么知道?""从报纸上看到的,印在了脑子里了。我还特意留了好几张报纸,您还想要吗?""我倒是有一份,你要有

回到李大爷家，我急急渴渴地把草图拿给他看，要是不问应了，下一步没法进行

当然好喽！"我问了她的姓名和住址，并约她择日访问。我想李克强总理到访也是一段珍贵的历史，之前采访过的李忠义，是李克强总理到西于庄视察唯一入户的一位，再把这位在各大媒体"露脸"的老住户添加上，就更全面了，真是想啥来啥啊！

接着我们由桥口街拐到大新街，走到李学成家门前，正好把那张草图留下，让他先挑挑毛病，一会回来再修改。他好像也认识陪着我的这位李大爷，李学成冲着在我身边的李宝增，直愣愣地说："你不是正宗西于庄人！""你怎么知道不是？"俩人你一句，他一句有点叫板，我一个劲地打马虎眼，其实我有点预感，没想会是这样，我怕再呛起来，赶紧离开了。

整沿着老西于庄走了一圈，在柳二爷庙遗址前我们停下来。李大爷问还想去哪？我说暂时到此，等整理完有不明白的再说。借停顿下来的片刻，又补充了一些他的个人经历。好在李大爷没被刚才的小插曲影响，我取出《问津》送给他，他问西于庄是不是也写成书，我说："是啊，您说的这些都得收进去。""里边也有我的照片？""当然啦！"他高兴起来，此时我正一个劲地踅摸，看谁能给我们俩拍张合影。

先问了一个推轮椅的大哥，他拒绝了，见不远处有个正在清理出租车的大姐，便走上前去："大姐，帮忙给我们俩拍张合影。"大姐倒是没拒绝，只说不会照，对此我已经很有经验了，无论谁，递过相机简单指点一下都能行。大姐拖着沉甸甸的相机对着我们俩，我一手扶着车，一手挽着大爷胳膊，等待着快门发出的清脆声响……

与李大爷分手后，转身又回到大新街，正好碰见要找我的朱大爷（朱广祺），我们进屋，他告诉我又回忆起一些事情，上次来我就觉得他是个严谨且认真的人，果不其然。

从朱大爷家出来准备到对过找李大爷（李学成），闺女说刚还在这，正要喊，让我拦住，说先去丁奶奶家，一会再回来。

丁奶奶（丁文明）还是在老地方坐着，我边喊边走进院子，她没想到会给她洗这么多大照片，她说过去当主任时，去过好多地方，也拍了不少照片，都掖起来了，闲自己损。我说这些照片不一样，老家老院老物件，哪一处都包含了几十年的记忆。李大爷（李学成）跑到胡同迎我来了，我亟不可待地把照片拿给他，尤其给他翻拍的那张父亲年轻时的照片，令他感到意外，我告诉他最下功夫的就是这张。然后我俩坐在门口的台阶上，核对那张《20世纪50年代大新街商铺分布示意图》，他只提出两点建议，我当场做了添加，无形中他对我又增加几分信任。

告别乡亲们，我没急着回家，而是特意沿着海河静静欣赏岸边的景色……

2014 年 9 月 5 日(星期五)

气象详情：最高气温 31℃　最低气温 21℃
晴间多云　东南风 2~3 级

午觉只睡了 20 分钟就醒了,说嘛也躺不住了,我预感到今天可能是西于庄深度采访的最后一天,为此内心有些按耐不住的激动,我看时间还早就站在窗台边,根据昨天李宝增的再次描述,手绘大同门的情景复原图和柳二爷庙的建筑透视图草稿,快两点半才收拾起来,自我感觉还不错。

带上三份 2013 年 12 月 30 日的《今晚报》和两本《问津》,满怀期待地朝着西于庄走去,到达大红桥才 2 点 57 分,铁桥空荡荡的,就连摊贩也不见了踪影,我实在太心切了,这个点儿老人们还都休息呢！我慢悠悠地推车上桥,习惯性地往内河局码头遗址方向望去,岸边停靠的几条船有人在活动,还升起了袅袅青烟,我立刻调头顺着子牙河南岸的防护堤走过去,用中焦头拍了几张,这个点位我至少拍了三四次,今天主要有拖延时间的意味。

从西于庄大街拐进二条胡同,昨天见过面的邻居在周学珍家门口哄小孙子,她说周姨还在睡觉,得四点来钟才起,我迟疑片刻自言自语地说，那就一会再来。于是退回到西于庄大街往西走，去找东刘家胡同，可走到头也没找着，从常关胡同出来沿着新红路往东走，问了路边一位大爷，他冲着桥口南街一指，我忽然猛醒过来，对呀，怎么懵了呢！

　　走进东刘家胡同见不到一个人，究竟樊大爷在哪住呢？我左顾右盼地想找个人问问，再往里走，终于遇上个老住户，我一问他还真认识。

使出浑身解数，挖掘出樊宝珍老人留存的故事

　　这个院儿简直就像"一线天"，又窄又长，到头儿才是樊大爷家，邻居帮我喊了一声，樊大爷应声坐起来，我忙说不急不急，先醒醒盹。我完全是贸然来访，究竟如何心里没底。停顿几分钟后我进了屋，好么也就9平米左右，挤挤插插，几乎没有下脚的地方，我坐在床边的凳子上说："我是晚报的，慕名而来。上个月西沽公园不是有个西于庄摄影展嘛，在那遇上一个您的老同事，她把您推荐给

我。""哦,那是我们厂的书记,她倒是跟我说了。"樊大爷接着问:"你想了解嘛?""西于庄的老事儿呗!"他面无表情地说:"我也不是老西于庄的,六几年才过来,整天除了上班就是上班,我也不爱搭咯,嘛事也不知道。"他这一说,心凉了半截,脑子里开始琢磨,他要是不行谁能代替呢。这时脑子里闪现一条线索,在展厅遇上的那位中年妇女告诉我,他们原先都是钢板厂的,我干脆就从这儿入手,最起码把气氛扭转过来。我问:"钢板厂在哪?""那不造纸厂对过嘛!""造——纸——厂"三个字就如同三根针扎在我的神经线上,"是河边的造纸厂吗?""就那个。""那不就是西于庄嘛!"我兴奋起来,心砰砰地跳个不停,可樊大爷似乎还是觉得没什么好说的,他焦虑得一会起身收拾桌面,一会到院儿里漱嘴,坐下来就沏茶倒水,完全没有进入状态。这种情况以往并不多见,我递过《问津》,他仅看看封面便撂在桌上,我鼓足勇气地问道:"钢板厂做嘛?""拖拉机履带。""看来厂里有铸造车间。""我就是干铸造的。""您是翻砂还是炼钢?""炼钢。""炉前工?""对。""够苦的,冬天夏天都不好受!"接着又问:"是电弧炉吗?""是。""几吨?""一开始半吨,后来改成一吨。"我告诉樊大爷,过去自己就在铸造车间干翻砂,所以对炼钢这套程序比较熟悉,就这么着以亲历者自居,渐渐聊上了正轨,越聊越轻松,越聊越广泛,越聊越开心,由于我的坚持,挽救了这个独特的访户。

大爷把我送到仅容一人的院门口,还一再说,路过了就进来喝口水。

重回西于庄大街,为了定定神,去了一趟厕所,心想下一户要能访成,实在太幸运了。刚拐进胡同,周姨就迎了过来,"刚听说你来了,又让你跑一趟!""给您送报纸来了!"进了屋我先取出报纸,

能访成周姨是我最大的期待之一,因为总理视察西于庄刊发的新闻图片就是她跟总理握手那张。同时,周姨还是我深度采访西于庄中的最后一位,也算划上了圆满句号

告诉她存了好几个月,就等着这一天。我迅速翻开那一版,右上角那幅照片映入眼帘,"您太幸运了,所有媒体刊登的照片都是这张。""邻居们也直问我,我们也跟李克强握手了,怎么就没给拍上!"就着周姨的高兴劲,我让她拿着报纸拍了几张,心想把该干的事全干完,然后再踏踏实实聊天。

周姨说:"我也不会说嘛,你就问吧!""您就详细跟我说说,李克强总理到西于庄视察的前前后后吧!"周姨不紧不慢地回忆着那天的情景。由于这是我采访西于庄的最后一站,心情格外舒爽,最后竟然聊出她的妹妹跟周恩来总理握过手,她的二哥跟李鹏总理握过手,这实在是传奇啊!

周姨陪我走出院子,把胡同跟前那些曾经的老店铺,一家一家地指给我,我快速记录下来。

按照预想,圆满完成了西于庄的深度采访,从1月13日启动到今天为止,断断续续八个多月,恰逢中秋佳节到来,这种结果真是天意!

从西于庄大街出来沿新红路拐红桥北大街,途径城防里大街交口时,售货摊传来"山海关汽水来啦!"的循环播放声,我停下车好奇地买了一瓶,我问:"这比可乐小这么多,有人买吗?"老板娘说:"卖得好极了,都想尝尝老味儿!""断了多少年?""好么,不得快三十年。原来我们就买山海关,两毛五一瓶,现在三块!"我猛喝几口,把空瓶插在塑料箱子里,过去就是这么个喝法儿。

一进家门,先把结束采访的消息告诉夫人,她也替我高兴。

2014年9月7日(星期日)

气象详情：最高气温30℃　最低气温22℃
阴有阵雨转多云　南风2~3级

  一直睡到9点多，吃了点东西，就开始收拾屋子，这些日子把心思全放在了西于庄，家里的事能妥就妥，好几天没擦地了，厨房、卫生间都脏兮兮的，所以挥汗如雨地大干一场，同时还挤出点时间理了头发。
  中午，儿子来了。他妈妈很是高兴，一边准备午饭，一边跟他闲聊，可能总不来的缘故，凑在一块有说不完的话。快1点了，我起身走人，雷打不动地去睡午觉，两点十分起来，见娘俩还滔滔不绝地聊不不停，我又加入其中，海阔天空无话不谈。我一看就这么聊一下午有点太浪费了，就取出白纸，在不影响聊天的同时，开始手绘《"忠善堂"复原示意图》，我主要依据多位老西于庄人的描述和之前对所画草图的指认和修改，因此"忠善堂"的整体布局和建筑样式几乎印在了脑子里，画起来也算得心应手，打草稿时并没想好究竟要画到那种程度，可是一上手则越画越细，不知不觉在窗台前竟然站了三个多小时，儿子都要走了才画完。

这是初期草绘的大同门炮楼，想象成分比较多

白天就站在窗台跟前画，累了往窗外看看，一站就是好几个小时

晚上坐在电脑桌前接着画，一直到深夜

这些年基本不动笔了，很少画点什么，所以手比较生，好在自己给自己画，水平差点就差点吧！

吃过晚饭，兴致依然，又取出张纸，开始绘制"大同门情景示意图"。关于"大同门"我下了不少功夫，因为西于庄老住户对其描述分歧较大，这里有三个要件，第一、道路。即公所街（后大新街）与京霸公路交界处。第二、国民党守军炮楼。第三、城防大堤。考证难点：1. 路面到底有多宽，"大同门"究竟有没有"门"，这点争议最大，最后根据多数人的印证，采纳了"虚门"的结论。2. 炮楼到底有多高、确切位置。经众人回忆，炮楼为圆形，约三米多高，外包红砖，有若干枪眼，入口朝东，守在路边。3. 城防堤是否因"大同门"而人为截断，访问后得知，城防大堤原为侵华日军欲建铁路时留下的路基，西于庄通往京霸公路的豁口是预留通道，应为待建的涵洞。这些疑问破解后，"大同门情景示意图"也就不难画了。

今天虽然没去西于庄，但收获不小。

2014 年 9 月 10 日(星期三)

气象详情：最高气温 28℃　最低气温 20℃
晴间多云　东南风 2~3 级

　　前天，大新街的朱大爷(朱广祺)来电，跟我说这几天又回想起屠宰场一侧的那个"检疫局"，不是原来画的那样子，他反复描述，说的我一头雾水，他可能也有些心急，而我又想象不出他说的方位，似乎越说越乱，我赶紧劝慰他，还是当面指点为好吧！
　　昨天，大新街的李大爷(李学成)也打来电话，跟我说他碰见了刘傻子大车店的后人，问清了大车店的字号，他有板有眼地说："你就别再写'刘傻子店'了，正式名字叫'永和'，永远的'永'，和平'和'！"我很感动，这种热情是由衷的，真挚的，朴实的。
　　上午王玉荣电话通知我，第二批插图完成了，立马到路边小店扫描上传，我没想到会这么快，原定在本月 14 日前给我就行，他也是个急性子，恨不得赶紧交差。10 分钟后我顺利下载，整理好后交给了副刊版编辑，这是我们最默契的一次配合。
　　临近中午，给西沽老住户王乃春打电话，约定见面时间，想把《问津》送给他，他也特别想看看，曾打电话问过此事，只是正赶上他

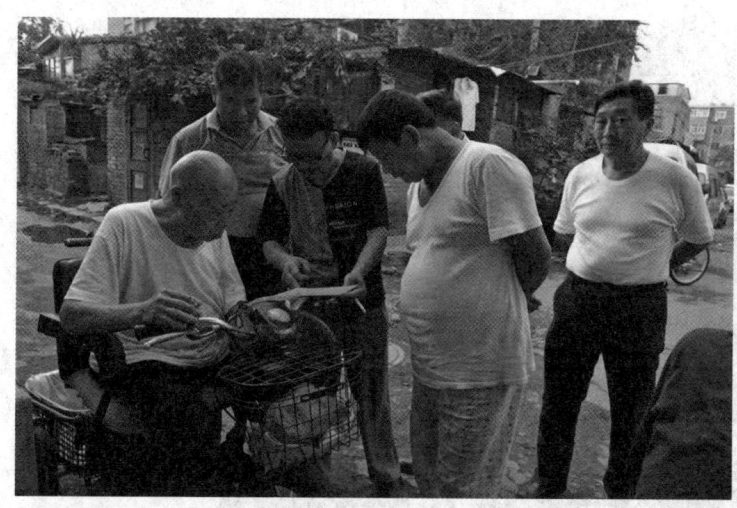

朱大爷坐在电动三轮上，仔细琢磨我所标注的各猪栈的位置，几位老住户也围拢过来

家维修暖气，于是说了个活话。之后，他问我晚报连载的《流行岁月》是不是我写的，我说是，他说一看就像我的口气，他每期都坚持阅读。

下午，到报社继续上班，3点40左右，见没什么急事，就带着几张草图奔向西于庄。路上想，先去李震华大爷家，然后再去屠前大街找朱大爷，结果李大爷不在家，那就把《20世纪40年代末屠宰场周边猪栈分布示意图》弄清楚也行！

一走进屠前大街，老远就看见朱大爷（朱凤桐）和他弟弟在街口待着，我径直骑过去，他们一看我来了，赶忙着到小卖部给我拿凳子，我则一屁股坐在墙根放着的破沙发上，"朱大爷，根据您的指点，我画了张草图，帮我再看看。"说着，我把图摊开掸在他的小三轮车把上，朱大爷好像眼神不太好，我说："这样吧，我按图上的标记一家一家地说，对了，我就挑勾，错了，您就指正。"于是，我由近至远，边说边指，朱大爷帮着我逐个确认，包括座落位置、字号、姓氏和其他相关信息，因为有了这张图，也提示和纠正了朱大爷之前

我贴着朱大爷坐在墙边的破沙发上,他讲着,我记着,反正挺乱乎

的一些记忆,不仅有新的补充,还有新的否定。他讲话,猪栈的事没有第二个人能说得这么全、这么细。我从他这还能挖出不少好东西,等把图画完了,静下心跟他详聊。

十几个猪栈都弄清了,最后就卡在李记猪栈和与屠宰场相连的这条胡同上,朱大爷说了半天,我在纸上画来画去,还是合不拢,朱大爷说他给画个试试,我把纸放在笔记本上,可是他想得好手却不跟溜儿,憋了半天就画了几道杠,"哎呀,我的眼不行!""大爷,咱回头再说吧,我还得去另一家,问问教堂的事。"有个插曲:四嫂子从家出来,看见我便说:"还正要给你打电话呢!21号来吧!""是不是谁过生日?""全家都凑齐了!"她没直接说,我估计可能是老太太的生日,否则不会有这么大动静。可是我17日去武汉,22日回来,赶不上啦!她听我这么一说,觉得有些遗憾,我问:"四哥回来了吗?""没有。""还天天卖?""这就要歇了!""怎么原料断了?""嗨,后背长了个粉瘤,准备做个小手术,先歇一个月。"四嫂子说着转身朝屠宰场院里的浴池走去。

又回到李大爷(李振华)家,李奶奶说单位请他去看新设备去了还没回来,我一听那就回不来了,肯定得留下吃饭!正好从鲍家胡同穿过去,拐到大新街,好家伙李大爷(李学成)家门口坐了七八个老邻居,他没想到我会来,像见到老朋友似的过来就跟我握手,他又说起"永和"的事,这时朱大爷(朱广祺)也从屋里出来,我高声喊道:"朱大爷,找您来了!"他凑过来,我笑着说:"电话没听明白,特意请教来了。"我拿出草图,让他接着说,可是说了半天还是他自己能明白,我依然无从下笔。李大爷看我发懵的样子,冲着朱大爷说"哎呀,到现场一指不就完了嘛!"

正是饭口,我还是觉得哪天再来再说。接着我拿出西于庄天主教堂效果图让李大爷过目,他毫不客气地说:"不对,不对!走吧,我带你到跟前,讲完,你再画。""您不得吃饭嘛!""还没做呢,闺女来了,不着急!"我们越过新红路,站在天主教堂遗址对面,一道院一道院地描述,我边听边在本子上画出平面图,他根据我画的草图又在上面进行更正和添加,很快我就倒腾清楚了,李大爷也挺高兴,一个劲问我:"这样好吧?"接着他还要带我去屠宰场,我面带难色地说:"还是给朱大爷留点量吧,他也这么认真,咱去了不太合适。""那耐嘛的?"我进一步劝说:"再有,屠宰场门口那些老头儿都认识我,咱俩到那去好像不相信人家似的。""嗨,他们都回家吃饭去了!""改日吧。"他见我不太积极,也就没再说什么,我们走到教堂胡同口,忽然又想起另一张草图,"您帮着把这张图再给把把关。"这是一张西于庄大街与二条胡同交口的商铺分布示意图,他又兴趣盎然地一家家指认,好在不算复杂,几分钟就搞定了,我们在此分手。

回到家,夫人在做饭,我趁机把《西于庄天主教堂遗址复原图》草稿描绘出来。吃完饭又做了修改,我想打印出来拿给李大爷和其他老住户进一步敲定。

2014年9月12日（星期五）

气象详情：最高气温27℃　最低气温21℃
阴有零星小雨转多云　北风2~3级

　　上午，西于庄朱广祺大爷打来电话，问我哪天再来西于庄，我问有嘛事，他说这回把屠宰场给弄清楚了，我说既然如此那就下午吧，他问几点能到，我说3点过点儿！

　　再说昨天，跟四哥通了电话，问他是不是老太太过生日，他说是，接着就把我17日至22号出差的事告诉他，一是表示遗憾，二是想给他安排个摄影师帮着拍照，他想了想还是婉言谢绝了。撂下电话，我倒觉得这事不能就这么完了，怎么也得表示一下，毕竟这家人对我不错。

　　我琢磨着下午跟朱广祺见过面，再把其他几件事一块办了。正好夫人替我把新洗的照片取回来，我单独把朱凤桐大爷的照片挑出来，然后又翻看了一遍夹在笔记本的若干草图，两点半准时启程了。

　　像朱广祺这种极度认真的人，必须准时到达，不能有半点懈怠，所以3点整我如约而至。朱大爷正鼓捣花呢，一见我就说："专

朱广祺老人又为我画了一张草图,因为画不开,还左右各粘了一个"耳朵"。左边站立者为邻居王强

门去了趟屠宰场,这回应该差不多了!"我们进了屋,他隔壁邻居王强也跟了进来,朱大爷从床上拿起一张拼接的纸,上面手绘着屠宰场平面图,他说:"你走了以后,我们俩到实地看了看,还访问了跟前的老人,晚上说嘛睡不着,就画了这张图。"接着从头至尾讲解一遍,看来花了不少心思,只是他没把时间断层处理好,画面里既有20世纪50年代初的情景,又有七八十年代的状况,如此一来似乎比初稿还难懂,我对朱大爷说:"非常感谢您,我把图拿走仔细研究研究!"接过图一看,原来是在挂历纸反面画的,由于画纸不够大,还做了剪贴,这让我着实感动一番,于是举起相机给他拍了纪念照。完事,朱大爷好像还有话要说,他问我"小火轮"的事知不知道,我无法判断他讲的"小火轮"与我之前听到的有什么不同,就耐心地说:"您就说吧。"我不声不响地掏出录音笔,他呖呖啦啦说了有十几分钟。我忽然想起他曾在教堂胡同住过,便从笔记本抽出西于庄天主教堂建筑布局示意图让他看,他很当事地看了又看,但并没

提出嘛来。我问,大门口有没有十字架,他想了想,说:"这我倒没注意,只记得大门上边有个……"他比划着,我拿起笔在本子上画了几下,"哎——对,对,就这意思!"

透过门帘,看见对门的李大爷(李学成)也在外头,我对朱大爷说:"我再让李大爷给看看!"说着走出屋子。一出来张二爷在门口坐着呢,嚄,太好了,我赶紧凑上去,还没等坐稳就慌忙拿出《忠善堂示意图》让张二爷过目,"您看柳二爷庙是这样的吗?"他用指尖点了几个部位,"嗯!没错,就这模样。""院儿里有树吗?""有,这不就在这嘛!"我就像拿着考卷得到老师认可一般,内心充满喜悦。这时李大爷提着马札也坐过来,正好趁着二位长老在这儿坐镇,想再澄清另一个问题。于是又取出《大同门情景示意图》给张二爷看,他再次表示肯定,我进而追问:"大同门,到底有没有'门'?""有门!铁栅栏。"我转脸冲李大爷说:"您看,还是有'门'吧!"他还想跟张二爷较真,但已经没了底气。

我怕李大爷自尊心受挫,赶紧把《西于庄天主教堂示意图》打开让他指点,这种"空白图"还真画对了,所谓"空白图"就是只有轮廓没有细节,便于在上面添加和修改,这也是我逐渐摸索出的经验。李大爷也不客气,哪画的不对,直截了当提出来,犹豫不定的就问一旁的张二爷,加上朱大爷也参与其中,很快就掰扯清了,我觉得这张图是经得住考验的。这时,放在摄影包的手机响起,打电话的竟是西沽老人朱金鸿,他一上来先自我介绍:"我是你采访西沽的最后一个,叫朱金鸿……"接着问我在哪了,我说在西于庄,他略有一丝犹豫:"不好意思,就说一句话,你送给我的《问津》实在太好了,老同事、老邻居、老同学,都要借去看,我担心传来传去回不来,第二册你给了我两本,第一册能不能再给踅摸一本?""甭管了,哪天给您送去!"他听了特别高兴。

想起个嘛事呢?那天,朱广祺隔壁邻居王强,想让我给他在自家屋里拍张照片,虽然这次见面他没再提起,我还是主动满足了他的这个愿望。正要走,李大爷提着一袋大枣递给我,这那行?我说还得上别处去,他执意让我拿着,说这是自家枣树结的,出门一看,果然邻居们都在品尝刚从树上打下的大枣。

原想到屠前大街把照片交给朱凤桐大爷马上就走,可这位大爷也是个拿事当事的人,一见面就问猪栈的事弄明白没有,我也实话实说:"还是李记猪栈有点乱乎!"他说咱就拿身后这条街当参照,不信倒腾不清。好吧,我一会儿左,一会儿右地跟他对应着确认,实在不明白就改在纸上画,最后费劲巴火终于跳出了那个"怪

正好张二爷(张克敏,左一)在外坐着,我带着图去请教他老人家。朱广祺(左二)、李学成(右二)也跟过来一块饿巴

圈"。有邻居在一边撬乎:"不能白说啊,怎么也得到红旗饭庄撮一顿!""没问题,我还得来呢!"

告别朱凤桐大爷,又去四哥家,一进门大哥先起身,吃惊地说:"哎呀,有日子没见了,听说又要出门?""是啊,我这不特意跟您请假来了吗!"他有点不解,"请嘛假?"我说"二十一号不是老太太的生日嘛,我来不了了!""没事,主要今年是老人的九十大寿!"我问要不要给找个拍照的,大哥说:"不完全为这个,是想借机会请请你。我跟文汉说了,给你添了不少麻烦,怎么也得吃顿饭。"这时,他妹妹过来接班(伺候老娘),俩人谈起了生日的安排,我借此起身,从摄影包后口袋取出个"红包"放在桌上:"一点小意思吧!"还没等我细说,大哥一把抢过来往我口袋掖,我们俩就像要打架似的,我开玩笑说:"您可是'乌鸡门'啊!别给我弄伤了!"大哥满脸严肃地说:"我们绝对不收礼!"我说这不是礼,是心意。大哥说:"心意留下,钱不要。"我还想据理力争,大哥很坚决的说:"嘛也不行,你就是留下,也得让老四给你送回去!"我真有点难为情:"怎么,'八项规定'都到咱家里啦?"大伙都笑了。

总而言之,说嘛也白费,弄得我也挺尴尬,"我是乘兴而来,灰心而归啊!"他们一个劲劝我:"不至于吧,咱们来日方长嘛!"。几个人把我送出屋来。

2014年9月13日(星期六)

气象详情:最高气温27℃　最低气温20℃
多云转阴　东南风2~3级

上午,擦桌子、擦地,整理内务,中午儿子跑过来一块吃点便饭,接着我去睡觉,他们开车去姥姥家。

我跟夫人说,今儿下午要去西于庄我就到姥姥家吃饭,要不去就哪也不去了。睡醒午觉,心事重重拿不定主意,是去西于庄呢,还是到街面上即兴抓点东西?看看桌上的草稿纸,终于下决心,安安静静、踏踏实实把《西于庄天主教堂示意图》画出来得了。

昨天守着几位西于庄元老,

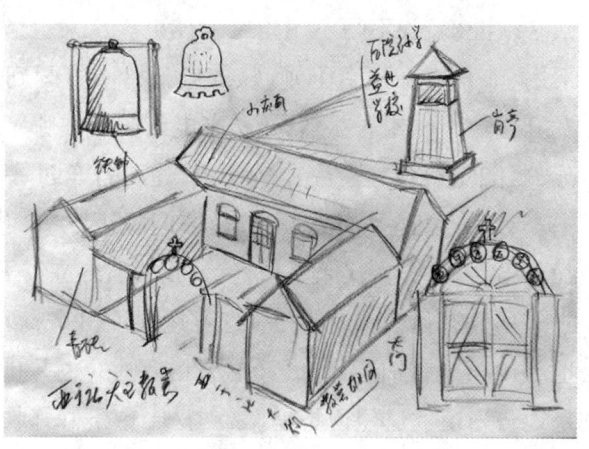

根据原住民口述所记录的有关西于庄教堂的素材

西于庄天主教堂复原图(局部)

把教堂的格局和样式说了个大致的轮廓,晚上在原图基础上进行了修改,因反复描绘已经有些遮盖不住了,所以下午一上来,先拿张好纸贴在窗户上拓印草稿,然后一点点用碳素笔刻画每一个细节。我觉得这张图比之前的柳二爷庙遗址难画,西于庄天主教堂一共三道院,占地面积很大,要画全了肯定舒展不开,就这样还接了两条纸,画这幅图的难点在于我选择了高角度,所以要求透视关系必须准确,我不得不用角尺来校正。说来也怪,放着舒适的桌子不用,非得爬在窗台上画,从3点开始一直画到6点,俩腿站得直发麻也觉不出累。忽然,姥姥来电话问我在哪了,我说在家正画图呢,可能觉得我一个人比较孤单,让我打车过去一块吃饭,我说不去了,老人家还是有点不放心,非问晚饭吃嘛,我说还没来得及想呢。不会儿,夫人又来电,"指示"我煮点冷冻饺子。

尽管开始有点怵头,最终还是画了出来,而且效果不错,摆在地上用相机翻拍了几张,又把头几天画的也并排摆在一起,神气十足地自语道:"这能说不是作品吗?干嘛不好好收藏呢!"于是,我在每幅画作的角上都签了名并加盖了印章,立马就不一样了。过去,也零星画过一些插图,画完一翻拍就扔一边去了,从没拿这种东西当回事,也许这次下的功夫太大了,头几张包括草稿竟然没舍得处理,实在太好了,我兴奋得在屋子里转了一圈,进而找出一本带塑封的空册子,我铺上衬纸、插进画作,就像镶在了相框里,够不够水平搁一边,反正是自己亲手画的。

吃完煮饺子,脑子里又在搜寻可绘制的画面,真是上瘾了,这回是在桌子上规规矩矩勾勒出"篱笆登"和"屠宰场"复原草图……

2014年9月15日(星期一)

气象详情：最高气温 26℃　最低气温 16℃
多云　西北风 3~4 级

　　9月13日《今晚报》一版头条刊发的《李克强在天津考察时强调——抓住机遇 推进建设综合改革先行区》中，有这么一段文字引起了我的注意："去年底，李克强曾到天津西于庄看望住房困难群众，要求加快改造这片天津最大的棚户区，并承诺一年后再来。时隔9个月，李克强如约来到迁建施工现场。看到这里59栋楼房拔地而起，明年就能入住，他十分高兴。一些拆迁安置群众正在看房，见到总理，他们纷纷表达对政府的感谢之情。李克强说，群众的需求就是我们的动力。棚户区是历史的欠账，也是城市的"疮疤"，要一茬接一茬干，抚平这个"疮疤"，兑现党和政府承诺，切实保障困难群众基本生活。他叮嘱随行地方同志，要确保施工质量，搞好小区学校、道路、市场等配套建设，让居民住'暖心房'，圆安居梦。"9月14日《渤海早报》又刊发了《西于庄棚户区安置房明年入住》的消息，其中写道："天津市棚户区改造和苑安置房项目是天津市委市政府今年二十项民心工程的一号工程，主要解决红桥区西于庄

2014年动工兴建的西于庄棚户区改造安置房——和苑西区

棚户区群众住房安置问题。""项目预计明年6月底部分竣工入住,8月底全部竣工入住。"看了这两篇报道,我紧张的心情似乎得到舒缓,也用不着天天跟着死磕了,尤其是今年春节还可以再补拍一次,老天爷给了我更充足的时间,我可以做得再好一些。

2014 年 9 月 27 日(星期六)

气象详情:最高气温 25℃ 最低气温 18℃
多云 东北风 2~3 级

  天儿挺好,本想下午到市里转转拍点节前布置,最后还是决定去西于庄。

  下午 3 点带着从湖南买回来的特色食品,先去了岳父、岳母家,毕竟两个多礼拜没见面了,单独看看,给他们一个惊喜。果不其然,他们实在没想到,我把东西拿出来放在桌上,怕他们舍不得吃,便动手打开一盒。接着聊起我的连载《流行岁月》,顺便透露了节后的工作变动。几十年来,他们对我始终如一地理解、支持和帮助,相处得非常和谐,如今自己的亲生父母没了,他们就是我最亲近的长辈。吃了几粒石榴,喝了一杯茶,知道我去西于庄就没再留我。

  带着照片和《屠宰场情景示意图》去找朱凤桐大爷,他每天下午都坐在屠前大街丁字口的小卖部前,跟老邻居闲聊。今天也不例外,这倒好,省得上家里去了。朱大爷脑子真好,一见面先问我是 21 日回来的,还是 22 日回来的,我说是 22 日。有位大哥十分热情,赶紧提来一把椅子让我坐,我说:"给你们助助兴,上次拍的照片带来

我把上次拍摄的照片分发给这几位老住户,他们相互传看着都挺高兴

了!"正好有几个人都在,我一个一个地分发给他们,不会儿引来好多围观者,拿到照片的人都很高兴,朱凤桐大爷自然也脸上有光。我拿出笔记本,抻出夹在中间的草图,打开一看不是"屠宰场"而是"大同门",也好,就让这些老邻居再给印证一下吧!几个人分别传看着,有一大哥告诉我炮楼还有,让房子给围起来了,这确是个新线索!最后传到给我拿椅子那位,我见他特别喜欢的样子就说:"给你吧!"他惊喜地望着我,我又说:"再给你签个字。""嘿,我正想说!"我在右上角写了"大同门"三个大字和自己的签名,他有些感动,一个劲地说:"太好了,太好了!"

因为笔记本夹了好几张纸,我仔细翻看后,取出《屠宰场情景示意图》,拿给朱凤桐老人看,站一边的邻居说,他根本看不见,我一问,俩眼都是白内障,要说前几次对着图跟他核实方位时,总是所问非所答呢?敢情他是"睁眼瞎"!怪不得屠宰场大门方向到现在也没弄清呢?行啦,这下我就可以完全用语言描述了。我问:"朱大爷,有四口大锅的厂房,顶子上有天窗吗?"他想了想:"有,好像是凸出来一块。""是老茅房那种吗?""哎——对,对!"我拿着图跟旁边的大哥说:"你看,我判断的多准。"

抠呲完这张图,又接着掰扯"李记"猪栈与屠宰场相连接那块布局,就这一"疙瘩",简直叫我"鬼打墙",几个人几种说法,弄得我稀里糊涂。究竟怎么进入屠宰场,已经是第四次跟朱大爷探讨了。我说,咱今天换个思路,就拿屠前大街当那条胡同,我问一句,您就用"是"或者"不是"来回答。最后终于弄明白了,原来这条胡同左首是"李记"猪栈,右首是屠宰场围墙,尽头便是屠宰场大门。紧接着再次确认检疫站的位置,前几次朱大爷都说在"李记"对过,可根据朱广祺画的示意图,检疫站应该在屠宰场的北侧。这次我直接问他,检疫站是在胡同的右首,还是在澡堂子旁边。他回答在澡堂子旁边,那就对上了!那胡同右首是嘛呢?是大墙!完了,闹腾我一个月的难题终于解开。这时,四哥媳妇不知打哪个方向推着车凑过来,车筐里有两盒自制的辣酱,非要给我,我说我不吃辣子,她说一点都不辣,同着这么多人,我要不收有点不近情理,于是我留了一盒。我又问她老太太的生日过得怎么样,她说挺好的,并说四哥旅游刚回来,

朱凤桐老人亲自帮我纠正示意图上面的错误

正睡觉呢！邻居以为我跟王家是亲戚呢！

今天朱大爷也特高兴，你随便问个什么事，他都会延伸出许多细节，我说，您先存住了，哪天专门来听。他告诉我，天冷了就上家去！

一看时间快5点了，赶紧来到大新街。朱广琪大爷又在门口站着呢，我把照片送给他和隔壁王强的，乘凉的邻居们很是羡慕，我又取出画好的《西于庄天主教堂示意图》让朱大爷挑毛病，他没说出嘛，我就去喊李大爷，一见面就说给我打了好几次电话都没接，我说在外地可能没听见，他看了看"示意图"，非常肯定地说："没错，就这样！"接着，李大爷跟我说，他在润厚里找了个80多岁的老人，也能谈谈屠宰场的事，我反而对润厚里这块地方感兴趣。接着他问我，节后能不能给居委会拍个合影，我了想想，这倒也是个机会，干脆范围再大些，我冲着周围的老住户们说，那天有谁算谁，咱来个大合影！几个人情不自禁地鼓起掌来。

走时，在大新街中段碰见了丁主任，我说刚送照片来了，她为我的行为又是一通感慨……

2014 年 9 月 28 日(星期日)

气象详情：最高气温 25℃　最低气温 17℃
多云转阵雨　东南风 2~3 级

　　根据西于庄当地百姓的描述，再经过多次修正，脑子里渐渐复原出 20 世纪 40 年代末，西于庄屠宰场繁盛的景象，于是开始构思。这应该是我绘制各类示意图中最复杂、最难表现的一幅，心里虽没有多大把握，可那种冲动时不时地在推着我往前走。中午回到家，顾不上吃饭先取出纸倚在窗台前打草稿，也许因为一个月来净跟屠宰场熬鳔，拿起铅笔没费多大劲就勾勒出整个画面的布局，许多细节也随着笔尖闪现出来，让我兴奋不已。

　　吃罢午饭，特意稳定下情绪，午间新闻过后，眯了一会。起来，又冷眼看了看那张草图，依然感觉不错，进而点燃了我的创作欲望。我用碳素笔小心翼翼地从屠宰场中心那口水井画起，进而开始刻画打水的人、挑水的人、拉车的人、赶车的人、背猪的人、赶猪的人……虽说不很细致，可人物姿态必须生动到位，接下来开始描摹屠宰车间和成品大棚的外貌及周边环境。钢笔画的难点在于不能出错，一气呵成，透视感、明暗关系和物体质感，全靠一支笔，有点

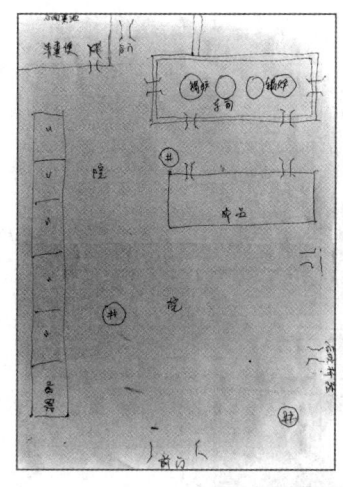
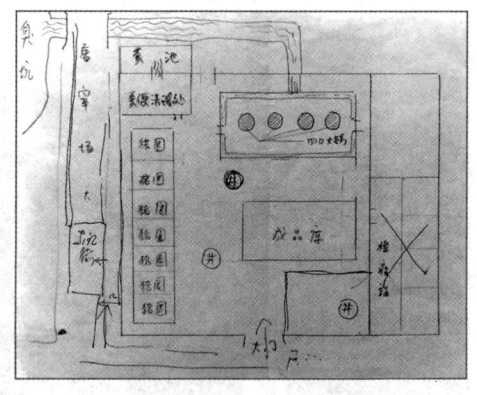

▲综合若干人的意见后绘制的示意图
◀朱广祺老人手绘的屠宰场平面示意图

像铜版画,所以要是画得好,单独可称作品。

　　加在一起,用了两个多小时就完成了,然后马上平放在地上翻拍一通,把原件插在册子里保存,回头打印一份拿到西于庄再让老人们给确认一下。忽然,我又闪现一个小小的创意,把朱凤桐老爷子请到屠宰场大院,拿着我的这幅"复原图"拍一张照片,甚至再叫上一些周围居民。因为朱凤桐十几岁就在屠宰场干活,直到退休也没离开这个行业,据说他的家人有不少也在猪栈干过,所以要谈屠宰场他最有资格。

　　3点半,天阴得厉害,我带上雨衣决定去老访户朱金鸿家,把他要的第一期《问津》送过去。我的经验是,答应老人的事都要尽快办,否则很难预料。上次去,带给他的那张照片因沾水损坏了,这次还得想着给补上,所以先到我弟弟家取了照片,然后才奔天拖南盈江里。敲开门,朱大爷一看是我高兴得冲他老伴直喊:"张老师来了!张老师来了!"还没等落坐,他就让老伴收拾茶几、沏茶倒水。我

经过反复讨论,我把最初的平面图变成了情景复原图(局部)

先把照片递给他,并嘱咐别再沾水,他看了又看,然后摆到窗台上,接着我把他喜欢的《问津》小册子放在茶几上。朱大爷不停的说:"太好了,太好了。这下就踏实了!"我问原来那本哪去了,他说寄给了他的老师,我一愣,以为听错了:"是寄给老师家人,还是老师?""我小学老师!""哎呦,您的老师还健在?""九十二啦!"这简直太神奇了,接着给我讲起他与老师的一段往事。原来,这位老师在陆家大门住,叫陆菊生(女),和他们家脸儿对脸儿,本来两家人就挺熟,朱金鸿又成了陆老师的学生。陆老师在西沽小学教美术,他父亲开一家板厂,算是陆家大门里比较富裕的。1949 年 1 月 14 日,天津解放的头一天,朱金鸿一家往城里逃难,可是说嘛也进不了城了，落魄的一家只能往回走，当走到陆家板厂时，他们敲开了大门，就这样两家人藏在地窖子里等到了天津解放。所以朱金鸿老人特别感激陆老师，当得到写有陆家的《问津》时，虽然爱不释手，还是送给了他尊敬的陆菊生老师。

他讲的这段故事令我感动。水砌好了，我不得不喝上几口，老爷子话里话外始终没离开西沽，我担心赶上雨，所以就没再多待，老两口站在自家阳台跟我不停地挥手……

2014年9月30日(星期二)

气象详情：最高气温 19℃　最低气温 11℃
多云转阴　东北风 3~4 级

  明天是国庆节，单位的事都处理完了，下午让大家提前放了假。本应回去歇歇或做做家务，可有件事还是让我坐卧不定，节前是不是应该到四哥家串个门呢？因为老太太的生日我没去成，想给个红包人家又没收，特别是西于庄采访得到了王家的真诚相助，无论如何趁着过节，也得把这几层意思做个接待。
  下午，稍微出来得晚一些，先在西于庄胡同里乱转一通，也没什么目的，主要琢磨给王家买点什么好，耗到 4 点多钟，来到大同门市场。别看这个市场经常在眼前逛游，我还是头一次走进来，市场内店铺加摊位，挤挤擦擦，但顾客不多，我东看看西瞧瞧，就是找不到买水产的，于是走出来绕到另一处入口，可是这半截市场正在装修。
  再到哪去呢？看看丁字沽方向，实在太远了。西沽呢？好像又没有市场，要不，还是回红桥北大街走一圈吧。
  为嘛非找买水产的呢？想了半天，还是觉得买点河蟹比较好，

国庆节前夕,西于庄大街二条胡同挂了好几面国旗

也显得不这么刻意,简单蒸蒸就能食用,也正符合这个时令。

骑着车慢慢悠悠来到大红桥,一过桥就更什么都没有了,这段路两侧全是卖奶品、饮料、水果和小吃的,正待我一筹莫展准备返回时,一眼看见河沿上的这个大市场,哎呀,脑瓜子真应该敲碎了,怎么会想不起来呢!更巧的是,路口第一家就是卖河蟹的。走过去一看,两个长方形的桔红色塑料箱子里,各趴着一堆吐着气泡的青黑色河蟹,我问老板哪个好,老板指着靠里那个箱子说,当然贵的好,个个活、顶盖肥!我不假思索地说,长脐、圆脐各来5个,拿大个儿的。他每拿一个都反过来让我看看,最后一算账:210块钱。我二话没说,给了钱马上又重返西于庄。

到四哥家,大哥还是坐在老地方,静静地品着酽茶,四哥、四嫂子在里屋看电脑,老太太依旧躺在小床上昏睡。我一进屋,全都喝

李忠义(左)、周学珍两位见过总理的老人

腾起来,他们没想到我会来,我呢,也不想多待,所以把那兜河蟹撂到桌上,就开说那几句拜年话,我说:"没有你们,我完不成西于庄的采访。尤其四哥帮了大忙,所以……"四哥马上打断我,"这是干嘛!咱还是朋友嘛?!"说着,抓起那兜河蟹就往我手里塞,我的脸涨红着,两只手一个劲躲闪,"哎呀,一点小意思,至于嘛,这不是看不起我吗?"四嫂子也在一边帮腔:"别老花钱,你看我们已经买了。"她让我跟进厨房,打开锅盖,果然有一屉蒸熟的河蟹,看后我心里怪不得劲的。

我回头对大哥说:"大哥,这么长时间了,都不是外人。就是表达一下心情嘛!"大哥终于松了扣儿"以后别这样!""对对,我得赶紧走了,家里还等着我。"

别管怎么着,这件事总算了了。

接着给两位曾见过总理的周学珍和李忠义送照片。我是从网上下载的,恐怕她们本人都没见过,我就为给她们一个惊喜,结果不出我意料,周姨还陪着我到李忠义家送照片,难得把老姐俩凑到一块,我又把镜头对准他们。

2014年10月

2014年10月2日(星期四)

气象详情：最高气温21℃　最低气温12℃
多云　北风2~3级

电脑出点故障，等着儿子来修理，心里有些着急。

上午9点告诉夫人去报社整理采访录音。

报社还真清净，打开窗子透透气，再把热水器的插头插上，开始整理武清义的访谈实录，他是山东人，虽说在天津待了几十年，口音还是挺难懂的，所以有的句子得反复听上好几遍才能辨清内容。由于经常在西于庄碰见武大爷，他就记住我了，但有一点特别哏儿，不知他怎么就把我记成家住老城里的了，所以一跟胡同人介绍我时，就一句话："他原来住老城里！"我只能默认。后来，听邻居说，他外号叫"粪孩子儿"，进一步追问，原来他在屠宰场清理猪的粪便，正因如此，解放后才进了环卫局。也许这段经历太没面子，我在采访他时没说过，我想哪天再闲聊时，试探着让他补充一些细节。

快12点了，赶紧收摊。拔下插头，关上电脑，环顾四周，带着备好的一沓牛皮纸，锁门走人。

绘制"小鬼庄"没怎么费劲,因为过去天津市区周边有好多坟地(局部)

回到家,夫人说我这种方法也挺好,离单位这么近,比在家更出活儿。我把带来的牛皮纸展开,按照插册的尺寸裁了几张,替换之前粗糙的毛头纸,然后把我的钢笔画放进去,衬托出韵味来。

节前,振良说看了我的钢笔画特别兴奋,他回去查了有关资料,告诉我,像我这种完全凭着原住民口述而复原情景图的做法很少,甚至是一种"开创",他的话叫我无比的提神儿,可接下来他就给我"布置任务",说:"你至少照着20幅来画,将来可探讨一下学术价值。"我的天,驾驭得了嘛!简直有点赶鸭子上架,关键是哪这么多素材,这得需要多少精力啊!但是,这个提议又具有挑战性,真要实现了,也算又一个自我突破。

我随手抓过一张废纸,在上面列出目录:1、乐善里;2、润厚里;3 小鬼庄;4、小火轮公司;5、大车店;6、猪栈;7、胜芳码头;8、土地庙,后边实在想不出来了,加上已完成的5张图,还是不够数。

睡了会儿午觉,起来着手绘制"小鬼庄"复原图,也怪了,放着写字台不用,非得站在窗台前局促、又寒酸地干着这么"高级"的活,且一站就是几个小时。后来我发现窗子有视觉空间,能激发灵感。

"小鬼庄"在天津市老地图上早有标注,说明被约定俗成了固有的地名,为什么叫"小鬼庄"呢?不论哪种版本,都离不开那块乱葬岗子,许多无家可归的穷人就依着坟地搭建窝棚,一来二去连成了片。可是到了晚上,那里漆黑一片,唯有窝棚闪着微弱的亮光,像鬼火似的,加上也没有正式地名,于是"小鬼庄"就被叫响了。所以,在复原这幅情景图时,重点强调令人毛骨悚然的气氛,表现出"小鬼庄"形成的历史原因。

"小鬼庄"最初草图

下午 3 点多钟,我弟弟一家应邀来串门,我的画也正好收尾,他看后觉得用钢笔画表现这类题材挺合适。因我们很少这么轻松愉快地坐在一起聊天,所以我干脆什么也不干了,各自都有说不完的话题。我就这么一个弟弟,年龄相差五岁,小时候我就像大人一样管着他,他不如我稳稳当当的,隔三差五就有来"告状"的,我气不过就打他。如今我们都是五十多岁的人了,谈起过去我心里多少有些愧疚。不过,我们俩关系特别好,尤其我夫人对待小叔子更是无微不至,也让我老娘省了不少心。

晚上我们两家在红磡饭店吃的饭。

2014 年 10 月 3 日（星期五）

气象详情：最高气温 20　最低气温 13
阴转中雨　东南风 2-3 级

夫人下午和朋友出去唱歌，我接着去西于庄。每次去西于庄我都会准备几套方案，反正不能白去。这次主要想把朱大爷（朱凤桐）的照片拍了，如果今儿他还不出来，就去了解屠宰场工棚内的情景，顺利的话，再实地考察一下胜芳码头的地形地貌及建筑布局。

骑到屠前大街，朱大爷还真没出来，于是掉头前往大新街，隔着一百多米就看见王强在家门口晃悠，到他身边一捏闸，没等他说话，我先喊了一句："老王，过节好！"他不好意思地回答："老张好。"这王强多少有点生理缺陷，不但眼睛斜视，声带也有毛病，他说话我几乎听不懂，但很热情。从第一次在丁奶奶（丁文明）家碰见他，以后每次前去大新街，他回回都在，我不论访谁他都跟着在一边旁听，时而还参合参合，有的邻居就呵斥他，他也不往心里去，而我特别重视他的存在，不让他感到有丝毫的歧视。

今天来西于庄还真就是想找他，因为他说过曾在"小火轮"附近住，一句半句地描述过登船的码头，我准备让他陪我走一趟，到

朱广祺把宰猪的全过程一五一十地娓娓道来，为我用画笔展现提供了可靠的依据

现场指认一下。可是他一见我来，直接推开朱广琪老爷子的房门，我只得先跟朱大爷聊屠宰场的事。朱大爷显然是被打扰了，我说："您先定定神儿。为嘛我都是3点以后才来呢，就怕老人们休息。"朱大爷划拉划拉脑瓜子，"没事，你来我高兴。"我拿出屠宰场大院情景复原图给他看，他提了两点：一是屠宰车间房顶的南北向好像也是坡顶；二是车间窗户应该比图上的大。接着，我一步步十分详细地了解宰猪时的每一个环节，从使用器具，到操作姿态，从炉灶形制，到大锅的直径，从人物间的关系，到猪在每一道工序中的模样，都说得具体而坚决。这么一叨唠，才彻底把宰猪给弄明白了。

我看朱大爷情绪不错，试探性地说："我想让王强带我到'小火轮'看看，您要有空陪我们来一趟？""没问题。"

我们仨缓缓步行，从大新街奔东走，穿过新红路，来到城防里大街,然后拐进三兴里,再由小辛街出去,就看见了"内河局红桥客运站"遗址,可是,再问他们有关码头的具体情况,却非常空泛而不可靠。我问这几间客运站的老房子是卖票的吗?谁也不敢肯定,说着我们来到这座建筑的后身,一老住户见我们指指点点就凑过来,他的一席话,毫无争议地解开了留在心中的谜团。1、老房子就是原来的售票处。2、候船大厅后改为航运局工人俱乐部。3、这两处之间的横堤才是上下船的码头。这大哥叫田卫生,1952年生人,在子牙河边长起来的。

朱大爷问:"怎么样,这回清楚了吧?"我赶紧回答:"清楚了,清楚了。"我们不紧不慢来地又来到大红桥,我说再到河对面看看码头的位置,他们倒也愿意跟着过去。走上了大红桥,我忽然又想起个事:"朱大爷,这大桥怎么个开启法?"他说:"我还真没见过开启,但桥从那边开我知道。"说着我们到了南桥口,他指着两侧凸起的水泥台告诉我,原来上面各有一个铁架子,上面横着一块大匾,写

站在子牙河防护堤前,望着对岸的西于庄,朱大爷情不自禁地又讲起一段段往事

当我问起大红桥时，这几位老人七嘴八舌地描述起当初的模样，闹了半天它已经摘除了好些部件

着"大红桥"仨字，起老远就能看见。这又是个新线索，如此说来，眼前的大红桥并非是历史的原貌。

我们沿着子牙河防护墙一直走到老码头对面，我提示性地聊了几个话题，好像他们也都似是而非，其中包括大红桥。这时不远处陆续来了几个老人坐下来闲聊，朱大爷说："咱问问他们看知不知道。"走过去一搭咯就聊了起来，可是四五个人愣没有一个看见过桥的开启，对桥头铁架子的印象也是模模糊糊。正说着，一大哥溜达过来，听说问大红桥的事，立马来了精神。我先问铁架子是嘛样的，他说赶哪天给我画一画，我一听，别哪天了，就今儿吧！我掏出笔记本快速画了两个梯形架子，然后横一块长方体，写上"大红桥"，他一看，惊喜地说："差不多，差不多！"接着他兴致勃勃地开讲了。原来，这座大红桥还有不少东西呢，两侧的铁架子是这座桥开启的支撑，上面横着巨大的水泥"坨"，桥上桥下还有大小不一的齿轮,据说能电动也能手动,这套装置大约在"文革"后期就拆除了,所以好多市民并不清楚,更别说开启的事了。

几个月来从大红桥过来过去,竟然没往深处想,似乎把大红桥从西于庄给刨出去了。今天这一细抠还真给我提了个醒,为嘛不画一幅大红桥的复原图呢!我对这大哥说:"等我画出复原图来,一定让你看看。"

我们回到桥上,观察了开启那部分留下的痕迹,我说:"一直认为这桥整个扬起来,闹了半天,就开这么一点点。"其实,这事跟他俩已经没有多大关系了,可他们跟着我也自觉不自觉地生发出好奇来。

晚上,我支上桌子迫不及待地构思草图,屠宰场画累了就画大红桥,大红桥画不下去了,就改画屠宰场,忙到夜里十一点多。

2014 年 10 月 4 日(星期六)

气象详情:最高气温 19 最低气温 13
阵雨 东北风 2-3 级

昨终于把屠宰场内部情景大致描绘出来,我选取其中两口大锅作为视觉中心,因为它是屠宰的主要"设备",操作人员都围绕着大锅有条不紊地进行着自己的那道工序。我一共画了 11 个人,这几乎是我创作的极限了。

屠宰场工人操作图构思草稿

上午9点多，见夫人换完鱼水好像就没别的事了，于是对夫人说："能帮个忙吗？""又嘛事？""这事你肯定感兴趣。""说！"我拿过那张草图，"你看这些人，干嘛的都有，为了让他们的动作准确，我想让你仿照画面上的人，摆下姿势，我再矫正一下。""明白啦，说吧第一个干嘛？"我跑到阳台拿

屠宰场工人操作图（局部）

来晾衣杆，告诉她模仿用长把漏勺捞大锅里的漂浮物，她找准方向做了起来，"停！"她就像被定格似的一动不动，我赶紧修改，尤其手的造型更准确逼真。第二个动作：用铁锹铲煤；第三个动作：挑水；第四个动作：搬大筐；第五个动作：剃猪毛；第六个动作：吹猪；第七个动作：挥板子赶气……我们配合默契，效果当然很好，毕竟我的功底有限，这种立竿见影的办法，不失为一个好主意。

由于昨天采访到位，刻画起来充满自信，呈现出早期人工屠宰行业，原始、艰苦和繁忙有序的景象，应该挑不出太多的"硬伤"。完成这幅画，大概用了4个小时。

上瘾了，真的上瘾了。什么也干不下去，一门心思就想画画！大红桥复原图也是挺难体现的，还不完全因为好画不好画，主要是缺少资料，单凭口述无从下笔。我静下心在网上搜索有关大红桥的历史记载和老影像，功夫不负有心人，还真找到一幅带"铁架子"的照片，只是图像非常模糊，又是逆光远景效果，我只能结合多方口述，确立"铁架子"的功能和与其他部件的关联，我想到了老式煤矿升井机，其外形与老照片残存的影像极为相似，特别是工作原理也大致相同，使我具备了"复原"的可能性，草图画了一遍又一遍，画不下去，就坐在电脑前查找相关素材，经过反复修改，在基本能说服自己的情况下定型。

看似简单的一座桥，用笔把它描绘在纸上，才知道其复杂性，我又采取半俯视这个特殊角度，画准确了很不容易，稍有疏忽就"角楞"，尤其是桥面上还行驶一辆20世纪50年代的老式公交车，以烘托怀旧感，增加可视性。这幅作品从下午3点画到晚上快11点，可把我累坏了！

2014年10月6日(星期一)

气象详情:最高气温21℃　最低气温11℃
晴　西南风2-3级

　　9点联系四哥,想去王大爷(王国才)的菜地看看,他说今天就可以,我问是不是先跟王大爷打个招呼,他说他已经在地里了。我听电话那边熙熙攘攘的,原来四哥正在市场采购呢。9点12分从家里出来,因为节日路面人少、车少,所以20多分钟就赶到了四哥家。一扒头,四哥、四嫂子、大姐同时看见我,又都一块迎出来,大姐说:"谢谢你呀,螃蟹我们都吃了,让你破费!""嗨,不是生日没赶上嘛!"

　　四哥准备好电动车,我只带着摄影包坐在后衣架上,随他到王大爷的菜地里看看,四哥说:"王大爷的电三轮没在家,估计下地了。"这一道儿,我又问了问有关乐善里的事,我们穿过中环线,从平津战役纪念馆门前经过,又沿着子牙河大堤往西走,果然在高楼环抱的大都市里,竟隐藏着一片绿油油的农田,四哥停下车问地里的一位老农,王大爷那块地在哪,老农说前走几步有条小路,下去就是。

与四哥（王景召）认识快九个月了，这还是头一次拍合影

坡有点陡，我从后衣架上下来，跟在四哥的车后面疾步快走，他边走边喊大爷儿子的名字，可周围丁点声响没有，我们拐进一条田间小路，右侧种着旺盛的大白菜，左侧一畦一畦地生长着不一样的青苗，四哥也说不清这是不是王大爷的菜地。我说："没事，哪天我自己再来。"于是拿出照相机拍些环境，顺便给四哥也拍了几张，然后把摄影包放在他的电动车后衣架、搭上照相机并设置到自动档。"四哥，咱一直就说拍张合影，干脆就在这拍吧，更有意义！"他咧着嘴傻呵呵地笑着，"听你的，听你的！"我们站在田埂上，眼睛盯着镜头，耳朵听着蜂鸣器发出的"嘀嘀"声，就这样完成了留存已久的心愿。

正准备走呢，王大爷来了，让我们分外惊喜！实在太巧了。一问才知道，他不天天到这来，主要是他儿子在这盯着。他告诉我，原来自家的两亩多地，还往北走，那年修建西河桥被占用了，现在这一片虽属于西于庄农业社，但没有划归给任何人，凡有意愿种地的社员，才可以自主开垦，外人不可能享有这种"特权"。据王大爷讲，这一带大约还有十几户种地的，他们坚守在农业生产的第一线，播撒着希望的种子，用最传统的方式，种植着最安全的菜品。王大爷说，他们种的菜，不但不打药，肥料也都用的是豆腐渣加大粪，他一点点指给我看，大约三亩多地，种有白菜、茄子、大葱、西红柿、黄瓜、豆角、韭菜、红萝卜、青萝卜、水萝卜、花生、玉米、疙瘩头等，他们全家十七口人，基本不到市场买菜。我问王大爷，富余的菜卖不卖？他说不卖，送给邻居啊、朋友啊，主要还是为了有点事干。

在西于庄居住的农业户，已经极少极少，王大爷是杰出的代

王国才真不愧是土生土长的农民，他把三亩地整治得条块分明、丰富多彩

表，他的典型性在于至今没离开过生养他的土地，他父亲曾是西于庄大队的第一任支记，他本应早就"农转非"，可他没有，他对土地的眷恋无法用语言表达。

　　憨厚的王大爷非让我们刨点花生再走，我们说嘛不要，王大爷不知所措地跟在我们身后。我们把王大爷劝了回去，慢慢走出菜园子。

　　回到四哥家，我让四哥和大姐看了看那张乐善里复原草图，他们分别提了些修改意见，这时四哥接了个电话急着要走，我留下来和大姐不紧不慢地又聊了不少有关老王家的话题。

2014年10月11日(星期六)

气象详情：最高气温23℃　最低气温15℃
多云有轻雾　东南风2~3级

下午决定来次"大行动"，带着我近日完成的"作业"，正式接受西于庄历史见证者们给予的评判。说句心里话，这是需要勇气的，因为我所画的每一张复原图，都浸透了心血，我真担心他们会七嘴八舌地把图给否了，假如推倒重来，会让我发疯的。

先给李宝增老人打电话，他是"大同门"的主要见证人和描述人。我刚一说是晚报的，他马上叫出了我的名

李宝增大爷在大同门原址举着我的复原图留影

朱凤桐大爷在屠宰场原址拿着复原图留影

李学成大爷在西于庄天主教堂原址手举复原图留影

字,他的反应能力很强,身手敏捷,待人有礼有节,不像是个粗人。

2点12分从家出来,20多分钟就骑到了大红桥,我们依旧在大同门相见,为的是给他在此地拍照,也想再问问"土地庙"的模样。

李大爷提着个红布兜子,一见面主动上前握手。我停好车,取出挂在车把上的那本插着画稿的大册子,把夹在中间的三张照片递给他,他很高兴,没想到会这么大,自己会这么精神!他让我在照片反面留下电话,还告诉我他天天随身带着那本《问津》,说着撑开红布兜子让我看,果真

老住户们在大新街对我绘制的示意图品头论足

看见了那本被映得红彤彤的小册子。他说:"净是想看的,但翻翻行,拿走不行,太珍贵了。"我又有点被感动了,对李大爷说:"今儿除了给您送照片,还得给您再拍张片儿。""怎么,还拍?""对,您是大同门的主要描述者,应该载入史册!"说着我掀开大册子,《大同门情景复原图》引入眼帘,李大爷边看图,边对照方位频频点头。我琢磨怎么也得夸上两句,没想到一开口就直截了当地说:"炮楼子不对,平顶子上面有一圈城墙牙子,当兵的能在上面站岗。"完啦,如果真是这样,这张图就必须重画。西于庄人就这特点,实打实,不留情面,亏了我已经锻炼得足够坚强,否则哪敢让他们反复挑毛病。我把这张图抻出来,递给李大爷,让他站在大同门遗址前拍了一张"定位照"。然后我问他土地庙的事,李大爷还像上回那样非要到现场去说,我不肯打消这份热情,就跟着钻进小胡同,他边走边讲述小时候的趣闻。

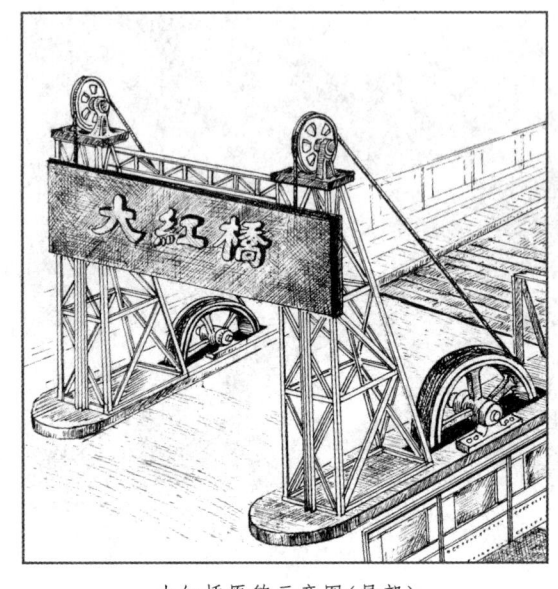

大红桥原貌示意图（局部）

来到西于庄大街与学堂胡同交口，我掏出笔记本边问、边画、边确认，他这法子也挺好，省得误解，不会儿功夫就把昔日的土地庙，即西于庄小学前身的格局、样式都弄清楚了。他还跟我透露自己会武功，练了几十年，每天凌晨4点到西沽公园，一人独来独往从不声张。我说他怎么总是疾步如飞呢！

与李大爷分手后，就特别盼望着朱凤桐老爷子能到外面来坐着。嘿，这真叫心想事成啊！他和几个老太太坐成一溜，他弟弟则在一边翻看着《今晚报》，我抬高语调喊了一声朱大爷，朱大爷一看是我，便说："可急死我了，也没法给你打电话。那天你走了，我回去就琢磨，那屠宰场两边都有门，这个我没说到，怕你画完了还得返工。"他这一开口，也用不着寒暄了，我急忙打开大册子让他看那张《屠宰场历史复原图》和《屠宰现场操作情景图》，虽然他患有白内障，可他还是贴着册子仔细观看，他边看、边问，我边回答、边解释，有点像在面试，这时又围上来好几位老住户，你一言我一语地点评起来，但似乎都没说在点上。朱大爷默无声息地把这两张图又浏览一遍，然后冲着我说："还行！"。他可是个特别挑剔的人，有关屠宰场和猪栈的事,他很直白地透着一股霸气,别人不服也不行,眼睁睁着他知道的就多嘛！他经常讲到兴奋处便说:"起我爷爷那辈就干屠宰,家里十几口人在猪栈待过,嘛事能瞒过我？"

我让朱大爷的弟弟陪着,把朱大爷带到老屠宰场大院。朱大爷坐在自己的电三轮上,拿着我绘制的那张"屠宰场复原图"完成了拍摄,这个策划终于实现,后面天凉了朱大爷就是不出来也没关系了。我跟着回到原位,又和朱大爷聊了一通,想把猪栈的基本特征再给描绘清楚,为我"复原"这一情景做准备。他说:"别人问这问那,我不愿搭理他们。你不一样,你真当事,而且有用！"他让我留了电话,并约我到家里坐坐。因为马上要去下一家,所以就匆匆离开了。

从桥口大街拐到大新街,到朱广琪老人家门口喊了几声,朱大爷满脸笑容地迎出来并让我进屋,我觉得外面光线会好些,就摆了摆手,我说:"朱大爷,让您判作业来了！""是大红桥吗？""屠宰场啊！"我把大册子担在车座上,一页一页地掀给他看,当掀到《屠宰现场操作复原图》时,我特别强调:"这完全是根据您的描述画出来的。"他一个步骤一个步骤地看,最后只提出"去猪毛"应该猫腰而不是蹲着,我打了个马虎眼说:"人都是动态的,蹲下也不为过嘛！"

随手画在笔记本上的草稿

邻居们又

都围拢过来,在观看"大红桥"时,产生了分歧,这时李大爷(李学成)正好从家里出来,我赶紧喊他过来一块看,他更直接,上来就说:"五路车没有后挂!"朱广琪大爷有点没底气了,小声说:"我记得有啊!""没有。咱打赌嘛?!我能不知道嘛,开了好几年十路,就走这条道。"朱大爷嘟囔着:"没有就没有,用得着打赌嘛!"接着又指出好几处不足,这是我花功夫最多,也是最难画的一张图,看来有点过于自信了。李大爷对"胜芳码头"给予高度评价,批是批,大家对我如此的当回事,还是赞叹有加的。

接着我约李大爷到西于庄天主教堂遗址前拍了照片,他显得挺得意,我说:"教堂完全是您一句一句帮我复原的,谁再提意见咱也不改了!"他哈哈大笑起来。此时,还碰见了住在二条胡同的周姨,我们说了会话。

天色已晚,李大爷又带着我指认和讲述了有关"大车店"的"复原"要素。

6点20分到家,夫人正在做饭,我的两条腿快戳不住了。

2014年10月12日(星期日)

气象详情：最高气温17℃ 最低气温14℃
阴有阵雨转多云 北风4~5级

昨从西于庄回来,就迫不及待地想把"大车店"和"猪栈"先画个草图出来,吃完晚饭就开始愣神儿,觉得这两幅图,一张离不开马车;一张离不开猪,表现力就在于能否选择一个好视角,我一边

"大车店"构思草图

"猪栈"构思草图

回忆朱大爷、李大爷和其他老人讲述的昔日西于庄最有典型性的这两个行业特点,一边在稿纸上胡乱构思,画来画去,渐渐成形,最起码把这两图的定位基本明确了。于是踏踏实实地坐在电视机前观看纪录片《五大道》。

早晨直奔天津美术馆,与夫人继续参观第十二届全国美术作品展——中国画作品展。其实本月3日下午已经慕名前往,但由于4点半闭馆,我们只得悻悻离开,今天是补看余下的部分。没想到前来参观的人会这么多,大门外排着上百人,几大展厅也是少有的"热闹",这次我们看得坦然多了。中午,在附近的东北菜馆吃了顿便饭。

下午夫人问我去不去姥姥家,我一心想把"大车店"画出来,夫人也看出我的意思就主动说:"别去了,该干嘛干嘛吧!"

她走后，我又站在窗台前，开始"复原"留存在头脑里的"大车店"，画面中共有五挂大马车、两辆小板车，七个不同姿态的人物，营造出当年"大车店"车水马龙的盛况。从下午3点着手，画到6点半才完成，俩腿都直了。

累得我都懒得吃饭了，不吃又饿的慌，于是就把米饭和剩菜搅在一起热了热，没10钟就吃完了。还是想接着画，有瘾是一方面，我担心哪天一下调令，就该去新部门了。

趁热打铁接着创作那幅《猪栈情景图》，前景是猪圈，着重刻画一群猪的造型，中景描绘喂猪场面，远景为猪栈柜房。三者缺一不可，虽然西于庄猪栈各式各样，但都离不开这三部分，相对这幅作品画的比较顺手，因为主角是猪，胖乎乎的、特点明显，画起来可以偷工减料，即便如此，也画了大约3个小时，直到把夫人等回来，她看了这两幅作品，也很惊讶，她说："美展真没白看，越画越细了。"说的还真对，确实受些启发，表现力有所提高。

今天，西于庄朱广琪老人两次来电，一次针对屠宰场那张图，他想再跟我说说；一次说大红桥那张图上的五路汽车就别改了，他又问了其他老人，证实"加挂"曾经有过。

2014 年 10 月 14 日（星期二）

气象详情：最高气温 22℃　最低气温 11℃
晴　西南风 2~3 级

  早晨来报社把支票交给会计，然后赶紧跑回家等着更换自来水管，这次更换是全楼一起动，家家必须留人，之前施工人员来过几次制定方案，就跟要做大手术似的。总而言之，我家厨房的柜子难逃一劫，要么拆下一角，要么掏个大洞，为了顾全大局我只能挑选其一。

  我趁着等待期间，先是把张连珍采访录音的最后部分整理完毕。工人开始施工后，我则倚在窗台前开始构思《西于庄渔民部落情景图》，现在看来，多角度采访和实地考察太重要了，否则你会无从下笔，就拿《西于庄渔民部落情景图》来说，如果你不了解历史上西于庄的渔民分两大派系，就会将之混为一谈；如果你不了解西于庄渔民部落的形成规律，就找不到准确的遗址方位；如果你不掌握渔民登岸后的生活习俗，就描绘不出部落的真实情景。

  厨房里电锯声、敲击声交替发作，我就像个局外人一样既不介入，也不受干扰，凝聚点全集中到笔尖上，上午把轮廓勾勒得差不多了,因为停水,午饭煮了点饺子,连吃带喝还挺舒服。本来想再睡一会,刚躺下工程队就来敲门,为了他们出入自由,干脆把两道门都打开,我则继续完善构图并着手刻画细节,这一画不要紧,又是3个小时。

我后来创作的"情景复原图",

根据西于庄渔业户的回忆绘制而成的《西于庄渔民部落情景图》(局部)

只要条件允许,都要选取某个历史参照物,使观者从中发现画面里充满怀旧情结的历史遗存,将其带入那个久远的时代。有的图不但画出了照片效果,其可信度真能充当照片用来考证。

天快黑了管道才更换完毕,厨房、浴房弄得一塌糊涂,我开始收拾,6点多给水成功。

晚饭后,我的思绪好像还停留在画面里,拿出来又不断地审视,进行了小修小改。看完纪录片《五大道》又来了精神,铺开稿纸绘制《胜芳码头情景图》,午夜12点都过了,才克制自己停下笔来。

2014年10月16日（星期四）

气象详情：最高气温23℃　最低气温10℃
晴间多云　西南风3~4级

周一西沽王文汉打来电话，问我下午在不在报社，什么事呢？原来他老娘托他给我送几个自家种的石榴，我一听，不能为这事让家人跑一趟，还是我去吧，就跟他说本周内自己去取，他便答应了。

下午去西于庄正好把这事一块办了。3点过一点，见王强在大新街上溜达，我问他朱大爷在不在，他说出去了。我的车子还没停稳，他就赶紧帮我敲李大爷家的门，李大爷扒头一看是我，热情地把我让进屋，他说正准备炖肉呢，我把大画册取出来，掀开"大车店"那张让他过目，他看了看没提出问题，就算认可了。我又翻了一页，告诉他这是"土地庙"草图，帮着给矫正矫正，他好像对"土地庙"了解的不多，简单说了几句也不在点儿上，他说："我不清楚的事不能瞎说，最好问问张二爷。"

来时，我倒是看见张二爷（张克敏）在胡同口坐着，正好我连问点别的事，我对李大爷说："您先忙着，我再找张大爷聊聊。"

张二爷分明认得我了，还没等靠前就主动跟我说话，我开口便

和朱广祺大爷一同来到屠宰场老厂房遗址并手举复原图留影

问:"您知道土地庙嘛?""知道,不在大街上嘛!""还记得有几间房吗?""哎呀,说不好了。"再问好像就有点所问非所答了,转而问他大同门的炮楼子,也许因为年事已高,他的记忆似乎已经形成概念,基本都是讲过多少遍的内容。我找了个借口又回到李大爷家,见他正用开水"冒"猪肉,我退出来又去喊对面的朱大爷,还没回来,就提出先到西沽串个门一会再转回来。

今天特意带着好几个人的照片,打算探望完王文汉的母亲之后,该给谁给谁,别在我手里窝着了。在龙王庙东胡同口买了一箱鲜牛奶,从哪条路去宣家渡口有点犯难,西沽的熟人太多了,带着这箱奶特别招眼,想了想还是走公所街吧,顺便把苏刚的照片送到家。喊了几声苏大爷,老伴慢悠悠地透着窗子往外看,我举着大照片,她立刻推开门,我没让她走下台阶,直接将照片递给她,我说:"老两口子学毛选,多好啊!"她哈哈地笑起来。

还好,这一路没遇上熟人,刚到王奶奶家门口,老太太一眼看见我就要出来,我摆摆手,示意在屋等着。这老太太身着红色碎花大棉坎肩,头发梳理得利利索索,加上肤色又白,看着就那么精神。我把那箱奶放在桌上,老太太马上就说:"干嘛让你破费!""哎呀,这不是看您来了吗!"接着就跟我说大石榴的事,他说今年雨多,怕摘石榴把房踩漏了,所以都熟透了,自己往下掉,糟践不少。还有两个照相的,说石榴熟了再来,也给他们留了一份。老太太做事有板有眼,我曾专访过她,一辈子很不容易。她还告诉我,许家胡同的郭奶奶(也是我采访过的)去世了,说着说着有些热泪盈眶,我赶紧错开话题。

临走时,老太太把一兜大石榴递给我,还有王文汉留给我的一

拍摄"四季西于庄"之秋时,发现其周围已高楼林立

本书，一小盒茶叶。没让老太太送我，转而进了隔壁的赵奶奶家，把照片送给她，并留了个"活扣儿"，不定哪天再来聊聊"丹华"。出了屋，一拐弯就是孙家，推开门喊了几声没动静，正要走大哥出来，我说："警惕性不强啊！""哎，在里屋看报呢！"我把他的和邻居的照片一并交给他，并嘱咐他，转告邻居，哪天还得接受采访。穿过胡同来到西沽大街，正好对着"赢果王"的院子，可是大铁门锁得太严实了，怎么敲也没人答应，只得留下个"尾巴"。

回到西于庄，朱大爷在家里正择韭菜呢，"包饺子？""不，韭菜炒鸡蛋！""想给您在屠宰场拍张照片，有时间吗？""没问题，走。"我留给朱大爷一个石榴。

说着话我们来到屠宰场老院，一直往里走，想找最原始的厂房也没找到，我选了个角度，让朱大爷拿着那张《屠宰现场操作情景复原图》拍了照，还碰见个爱说话的小伙子，原来他在屠前大街口见过我跟朱凤桐老爷子聊老西于庄的事，所以一个劲问我这问我那。之后我把大画册交给朱大爷，说："您等我几分钟，我到楼上俯拍几个镜头。"说完飞身上楼，在"固定"的那个窗口，完成了"四季西于庄"秋季的拍摄，接着快步跑上楼顶，随便补拍几张，又在二楼老车间旧址拍了一通。这一招是我事先设计好的。

我俩返回大新街，见李大爷站在家门口，问："肉炖上了吗？""炖上了。""离得开人吗？""多半天？""5分钟。""可以。""走，给您留个影。"我带着他到昔日大车店遗址门前，按照我的意图完成了今天的最后一个环节，并预定明天下午先给居委会拍照，然后去访润厚里的老先生。

2014年10月17日(星期五)

气象详情：最高气温24℃ 最低气温12℃
晴 西南风2-3级

  2点50分赶到大新街，昨天跟李大爷定好了下午去润厚里找他的同学，一问他闺女，说是洗澡去了，那就先给居委会拍合影吧，扒头一看，一屋子人，原来正召集片内老党员开会，主任说："正好给我们这些老党员拍一张吧！"于是，组织老党员们在居委会跟前拍了张合影，接着我去喊老主任丁奶奶，之前答应过她在居委会留个影。

  丁奶奶换上件过膝大衣，问我行嘛，我说太帅了，她高兴地走进曾经工作过的老房子，跟我说："原来就坐在这。"那就在原位拍吧，她似乎有些拘谨。这时居委会成员到齐了，我先在室内给他们拍了工作照，又在外面拍了合影，折腾我一身汗，居委会主任见状赶紧叫人递给我一听饮料。

  李大爷洗澡回来了，我不好意思催他马上走，就劝他歇够再说，他从屋里拿出马扎坐在台阶上，丁奶奶也凑过来跟我说话，说着说着就提起了当年西于庄腰鼓队的情景。我一听，这段经历她从

为大新街居委会全体党员留影。我觉得这张照片也很珍贵,不久他们将各奔东西,再见面恐怕就难了

没讲过,就掏出了录音笔……

　　说完这段,李大爷提出去润厚里,我跟着他穿过新红路,在桥口南街遇见了准备访问的杨德明的弟弟,让他把他哥哥从楼上喊下来,聊聊润厚里。等了一会,杨德明拄着拐杖,像是中风后遗症,慢慢悠悠地走过来,李大爷开门见山,让他说说润厚里过去的模样,他似乎不明白要讲什么,我取出那本大画册让他看,告诉他想复原润厚里拆前的老样子,这时曾在老润厚里居住过的人们纷纷围拢过来,辨认着上面所画的内容。我把话题引向润厚里,他们七嘴八舌地谈论起来,有的只能说出自己住过的那个院,有的只能描述自己住过的那条胡同,很多记忆模糊而混乱,他们自己也争论不休,我越听越糊涂,开始还在本子上写写画画,到后来好些岔头都对不上,我一想这样不行,别看说得热闹,回去也画不了。于是,由

大新街居委会成员合影

润厚里居民正在对我绘制的情景示意图进行最后"审核"

点到面,问清一步,记一步,甚至一个院、一个院,一条胡同、一条胡同的逐个"攻破",大约饿巴了一个多小时,才渐渐从散乱的信息中,归纳出一个若明若暗的轮廓,虽说还留有不少疑问,起码可以着手绘制草图了。

李大爷问:"怎么样,收获不小吧?""对,回去好好研究研究。"接着话题一转:"我想到韩大爷家再问问土地庙的事,顺便把照片给他。""那我跟你一块去吧!"

我们来到学堂西胡同,把车停在韩大爷家门口,李大爷开始叫门,又是大爷的儿媳妇开门并把我们迎进去,见大爷的小孙女也在,我先拿出她那张照片递给她,她高兴地拿着给她妈妈看,知道韩大爷耳朵背,我用表情跟他交流,他看见照片,特别是那几张翻拍的老照片感到惊喜,我在笔记本上写了几个字:"知道土地庙什么模样吗?"他讲了讲,好想也不是太肯定,但大门在正中这个线索,还是被我采纳了。

从韩大爷家出来已经5点半了,我握着李大爷的手不停地表达谢意,之后,我飞快前往河北区政协与好友勇则会面。晚上,我们在附近的饺子馆要了几个小菜,喝了十几瓶啤酒,聊得十分尽兴。

2014年10月19日（星期日）

气象详情：最高气温24℃　最低气温14℃
多云有轻雾　南风2~3级

原本没打算去西于庄，可昨下午朱广琪老人打来电话，还想约我再谈谈润厚里，想想还是济早吧，正好晚上也得去红桥参加聚会。

出门之前，又把那幅《润厚里俯瞰示意图》用铅笔加重了线条，尽量能让当地百姓看得清、看得懂。3点多开始动身，这次去西于庄可谓轻装上阵，只带了那本大画册，到了朱广祺老人家，门锁着，看来是出去买菜了，那就先去润厚里吧！

拐进润厚里，见一熟悉的老奶奶站在楼口，我凑上去极其热情地跟她打招呼："奶奶，又出来了！""你有事？""忘啦，那天我不在这了解老润厚里嘛？""哦——还没弄完？""画了张草图，您再给看看？"说着我打开画册，展现出那幅《润厚里俯瞰示意图》，她似乎看不太懂，于是我就提出些问题让她回答，这一说话，不会儿就引来好几个润厚里的居民，我就开始逐一确认，弄清了几个关键问题：第一，润厚里二条至四条胡同，往前探出了一排房子；第二，之所以润厚里四条为死胡同,皆因"六合益"大院早于润厚里。此外,沿桥口南街一侧的商铺样式以及其他疑点也得到比较可信的论证。

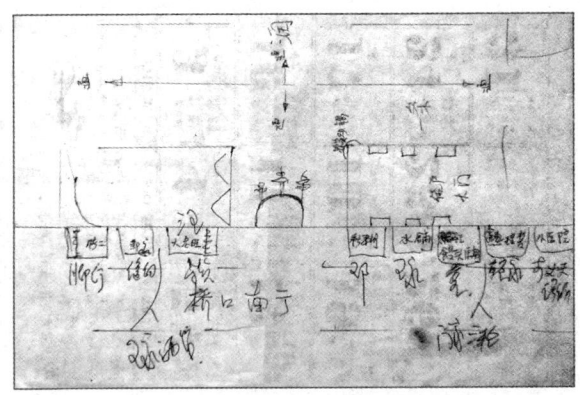

朱广祺老人手绘的润厚里草图(局部)

转过头来,又回到朱广祺家,此刻正烙韭菜馅饼呢。我一去,为了腾出手就让他儿子接过来,我见桌上有一张用挂历纸画的示意图,便走过去。他说那天我离开以后,又仔细想了想,还

草图反面是用过的挂历

专门到实地看了看,有些补充供我参考。他拿着那张图给我从头到尾讲了一遍,并说小时候就在跟前的东方胡同住,对润厚里实在太熟悉了。他说的和我在润厚里了解的虽有些重合,但增加了"复原"的保险系数。朱大爷不愿让我走,似有话要说。我见他犹豫,其实已经猜出了一二,"有嘛话您就说吧。"他从头到尾倾述了自己关心西

于庄历史的初衷,显然是听到了某些风言风语,我说:"您是老党员了,所以才这么认真,将来把西于庄历史汇编成册,你们全是有功之臣。有嘛事您往我身上推!"他说完显然轻松许多,我们又聊了些西于庄的民间文化活动,听着有些意思,我让他帮着再收集收集。

赶到岳父家都5点半了,全家人都在等着我,见我风尘仆仆的样子,给我倒了杯茶,让我定定神儿,我趁机把画册拿给岳父浏览,因为他们谁都没正式看过我画的画。

2014 年 10 月 26 日(星期日)

气象详情:最高气温 18℃℃ 最低气温 8℃ 多云℃东北风 4~5 级

昨天傍晚,戴着口罩,在浓重的雾霾中穿行,说实话,要是单为去岳父家,我完全可以坐公交,但我还是放不下西于庄,想尽快把润厚里那"最后一角儿"给"砸死"了。到了大新街,朦朦胧胧见不到人影,我冲着朱大爷(朱广祺)的家门喊了几声,还不错,没让我扑空。这一喊,旁边居委会的夏主任也出来了,她断定我是来送照片的,所以热情地邀我先到她那去,我心说,还是先办正事吧!示意她一会儿再过去。

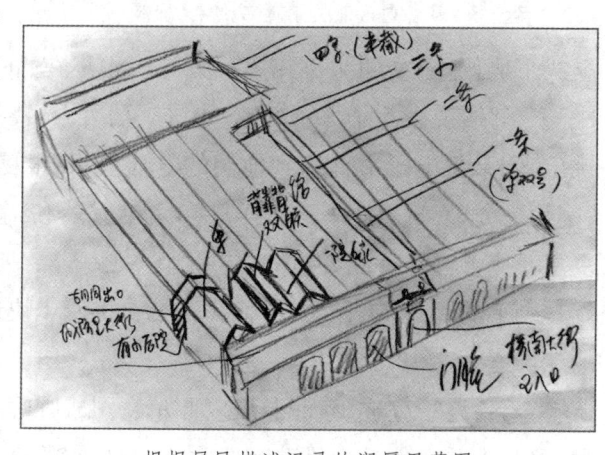

根据居民描述记录的润厚里草图

这是用时最长,且最伤脑筋的一张复原示意图,因为它已消失了近四十年(局部)

我确实带来了一沓照片,先把朱大爷的挑出来送给他,然后就润厚里的几个疑问进行探讨,朱大爷说,这几个问题也是他想要补充说明的,大约念叨了五分钟就搞定了,可要没有这几分钟,我还真不敢下笔。匆忙告别朱大爷,又到庆阳里找丁奶奶(丁文明),不在家,另一户,也不在,再到李大爷(李学成)家,邻居说去儿子那了,转过头进了居委会,我把给他们的照片挑出来,又把电子文件拷到他们的电脑里,我跟夏主任开玩笑说:"因为是合影,我只洗了一套样片,要是人手一份,就该吃低保了!"夏主任掩着嘴哧哧地笑起来。

剩下的照片交给朱大爷替我转交,接着飞快地消失在暗灰色的老街道中……

今天,终于完成了《润厚里复原示意图》,哩哩啦啦画了一个礼拜,这是十几幅作品中最费时费力的一幅,它的难点在于,片儿大、房多、布局复杂。润厚里始建于20世纪二三十年代,由成兴号在此盖房形成聚落,早期名为"仁厚里",1942年卖与曹姓,更名"润厚里"至今,1976年因地震,原建筑损毁严重,拆除后在此兴建了三栋五层住宅楼。自1981年还迁至今已过去30多年,居民对老胡同、老院落虽然记忆犹新,但许多细节仍含糊不清或说法不一,这也是为何拖延的主要原因。此外,在描绘这幅"复原图"时,采用的是俯视角度,丁点偷手都没有,一条主街、三条半胡同、二百多间房,全得有所体现,可以说,是硬着头皮画完的。

有关西于庄历史遗迹复原示意图,共完成了17幅,这也是第一次用这种方法来注释消逝的记忆,为了增加每幅作品的可靠性,我投入了大量精力,基本达到了"情景再现"的效果。我觉得"口述+绘画"是一个值得探讨的选项,可能的话,我会继续尝试。

2014年11月

2014年11月5日(星期三)

气象详情:最高气温17℃　最低气温8℃
多云转晴　北风2~3级

早晨,直接去了西于庄,想把积攒的零碎事都办利索,以后再来西于庄恐怕就不这么随便了。因为周一的中层干部例会上,已经宣布了我到今晚报摄影新闻部任职的决定。今天下午,还要参加新

李振华仔细翻看着我带来的全部绘图,给予了充分的肯定

老交接座谈会。

事先也没跟四哥联系,我觉得他下午出摊上午应该在。到了门口,隔着纱帘见二哥在小床上睡觉,没敢打扰,就去了四哥得楞兔架儿的那个院儿,结果就四嫂子一个人在干活,她告诉我四哥到人民医院看病人去了。怎么办呢?时间太紧了,要不就先办别的事?于是把王大爷(王国才)的照片挑出来,背着摄影包去了纸厂大街,心想要是能拍一下他的"农业户口"就更好。谁知,王大爷也不在,我跟老奶奶聊了聊,见她的精神状态明显不如去年,说话有点混沌不清,行动非常缓慢,还是算了吧!

回到四哥家,二哥热情地把我迎进屋,我跟二哥说,先去爬房子,一会再回来,他莫名其妙地看着我,我指了指北面:"屠宰场房顶子!我不拍了一组西于庄四季嘛,前些天上去感觉有点早,今天再看看。"说完骑着车就进了屠宰场大院并一口气登上三楼,可是窗外的景象出乎意料,原本茂盛的大树,叶子差不多都掉光了,多亏之前拍过一次!

再次回到四哥家,二哥赶紧给我倒茶,此时他妹妹也在,我就说要

我让大姐王景玲带着这张复原图来到乐善里原址拍照

用一下《我的一生》，校对几个"疑点"。二哥让他妹妹把她那本书拿来，闲聊时我跟他透露了工作变动的事，二哥也跟我讲了今年夏天在山东写自传的经过。这时书拿来了，我按检校记录，一条一条地核对，实在弄不懂就让二哥给解读，最后总算都有了着落。这期间，四哥打外面回来了，大姐也到了，我趁热闹取出大画册，让他们逐页阅览上面的作品，他们边看边议论，当翻到《乐善里复原图》时，他们纷纷给予肯定，说我画得比较准确。

最初的乐善里手稿

四哥抽身要走，说赶紧把那点活先干完（串兔架子），我说快去吧，兔架儿要紧，转而对大姐说：

进一步接近原貌的乐善里手稿

"大姐，您就是乐善里名副其实的见证人了！拿着这张图到胡同拍张照片。"大姐穿好外套，我们说着话去了乐善里，在此她又给我描述一番当年的老样子。返回屋里，四哥好像已经干完活了，我直截了当地说："你上镜次数太多了，这次让大姐露一小脸。"说完我收拾东西要走,全家人都拦着我,我说还得去另一户,他们说那就去完再回来,这就要扣留我的东西,二哥说实话了:"一听说你来,老四买螃蟹了,怎么也得吃完饭再走!"我说:"下午俩会,都是新老交接的事,满嘴酒气哪行?"他们听我这么一说,满心欢喜顿时就凉了。二哥、四哥把我送出门,我头一次见四哥如此的恋恋不舍,我劝慰他:"哪天我提前告诉你,咱喝个一醉方休!"

掏出手机一看中午11点了,骑到新红路又犹豫起来,要不再到李大爷(李震华)家串个门?原因很简单,我背着摄影包又带着大画册实在不方便,就想让该看的人都看了,以后就不再带画册出来了。一狠心还是去吧!来到李大爷家,见到我可高兴了,说头些日子还念叨呢,我说:"今儿主要是让您看看柳二爷庙画的对不对,然后给您再拍张照片。"李大爷接过画册像个老专家似的,一页一页地审读。我站在一旁,先是一句话都不说,偶尔提示一两句,我就想让他冷眼找出毛病。果然,他对西于庄天主教堂的大铁钟提出异议,我倒觉着他说的有道理,另外对大红桥的开启装置也指出了一些不足。

我陪着李大爷,带着那张《忠善堂复原图》在遗址前拍了照,他又提起了自家老宅隐藏的那面"居民登记牌",其实我也是奔这事来的,可听他念叨完目前的现状,就知道一时半会实现不了。进了屋我们爷俩又把西于庄大街上的店铺核对一遍,抬头一看墙上的挂钟,已经指向12点一刻,我对李大爷说:"哪天正式来看您,今儿不算,有些事还得进一步请教。"

李大爷意犹未尽地把我送出来,说:"他们那边(指大新街那几位老人)也都说你人性好。"我有些不好意思,忙说:"主要是西于庄人好!"

下午,一个会接着一个会,表了一次态又表一次态。

2014年12月

2014年12月10日(星期三)

气象详情：最高气温2℃ 最低气温-2℃
多云转晴 西北风4~5级

到摄影新闻部任职已经20多天，生活节奏、工作程序、精神状态……都发生了明显的变化。每天早晨不到7点上岗，然后就是接稿、选稿、改稿，参加编前会，听老总对稿件的点评，然后敲定当日"主打"，接下来把稿件分发到各个版面，如有当日，还得焦急地等待记者往回传稿，直至中午各版签付印才能松口气。每天需提供十几篇稿件，这在本市平面媒体中，日发稿量属于最高的。所以，调动记者的积极性就显得至关重要，在召开的第一个部务会上，我向大家承诺：在任期间，本人不发稿、不参赛、不要任何荣誉，目的是把所有的版面和机会留给一线记者。

今天发稿比较顺利，大家热情高涨，我心里才有了底。估计下午没什么要紧的事，便跟文书打了招呼：准备去趟西于庄。

下午2点一过，背着摄影包、带着给王家二哥洗的照片走出家门，还在小区附近的超市买了两瓶"赖茅"，花了178。因为天暖和时曾答应过给西于庄的朱老爷子送瓶酒，忙来忙去一直拖到现在，其

我和朱凤桐大爷越走越近，他也觉得我越来越可信，所以聊起来无拘无束

实我也不懂嘛酒比较好，曾听说过"赖茅"不错，价位也适中就买了。也许老爷子根本没介意我说过的话，可我既然说了就一定得兑现。

西北风，去西于庄正顶，骑到大红桥，内衣都湿了。还是老样子，在桥口下车推着上坡，透过灰色钢梁远眺朦胧的子牙河和苍凉的西于庄。然后由小辛庄大街拐到增产大街，再拐到屠前大街，在丁字口的小卖部停下，推开门见四个老爷们正打扑克，我问："哪位老哥给我打过电话？我是报社的！""哦，我，我，我打的，张哥！"小卖部的主家站起来，他特别好认，四十来岁，留着小黑胡，原来我们也算认识，天暖和时小卖部门口总坐着不少老邻居，其中就有他，我一找朱大爷，他们就围过来一块跟着听。上礼拜这位老哥突然打电话问我多晚儿还来西于庄，我问有嘛事，他说他弄来一本《西于庄记忆》，上面有些东西写的不对，想约我过来听朱大爷再给讲讲，我想了想告诉他大致日子。今天来就是为了满足他的"请求"。我对他说："主要想告诉你，我来了！你们接着玩吧，我自己去朱大爷家就行了。"

走进大国庆里,直接进了院子,我怕喊话惊动别人,就透着窗子往里看,见朱大爷盖着被躺在床上,我轻轻敲了几下门,他转过脸问是谁,我直报姓名,朱大爷撩开被子坐了起来并让我进屋,我说:"特意看您来了,我不说给您带瓶酒嘛……"刚说半截,大爷就急了,命令我拿回去,我忙说:"咱已经成朋友了,您这么看得起我,发自内心地表示感谢!""那也不行,我根本不喝酒!""要是这样以后我就不来了!"朱大爷见不好僵持,便不再说什么,他取出烟卷点上,逆光下青灰色烟雾在空中盘旋。我为了与他更亲近,也随他坐在炕沿上,我说:"上礼拜,小卖部有个人给我打了个电话,说多晚儿再来您这儿,告他一声,我来时跟他打了招呼。"朱大爷马上说:"哦。他叫崔建文,那天非要你的电话,想约你过来。怎么回事呢?他弄来一本写西于庄的书,就一段一段给我念,有些事说得不太对,我就跟他念叨,我也恨不得你过来。说实话,别的咱不敢说,屠宰场的事都在我肚里装着。"我情绪高涨地说:"今儿我来也是为这个,您先把我列出的这几点疑问给解答了,然后再讲别的。""你问吧!"大爷似乎已经准备好了。

我展开手里折叠的小纸片,上面记着8个小问题,我指给他看:"这是给您整理录音时记下来的。您先说说大坑是嘛时候填上的,填了多长时间,买这块地花了多钱吧?"这一问,立刻把朱大爷带入五十多年前,他使劲吸了口烟,而话题却从八十号大院谈起……因为是补充采访,所以我更注意每一个细节,包括屠宰场伙友们经常使用的行话和所谓的行规等等。

掐头去尾聊了一个半小时,天快黑时朱大爷的老兄弟带着那本书走进来,我告诉他这本书我已经看过了,有关屠宰场的事也跟老爷子核实了。忽然朱大爷想起个事,问:"你能帮我个忙吗?""您说。""我想策划个事。今年初二把全家都招来,一块吃顿饭,请你过来。"我马上明白他的意思,肯定是希望我给他们拍张大合影。我说:"没问题,几点?在哪?"他就讲起了订桌过程,最后才听明白,初二晚上7点,三十几口人都集中在饭店。我说,既然这是在老宅度过的最后一个春节,不如在家里拍,再有这么晚,恐怕我也得回娘家。他们一听,又重新商量起来,朱大爷又怕都到家来凑不齐人,而他老弟特别支持我的提议,商量的结果是待定。

我起身要走,朱大爷又提起那两瓶酒,还坚称自己不喝酒,我开玩笑说:"哎呀,我观察您好些日子啦!要不哪天我陪您喝来?"一说一笑,热热闹闹。

走出大国庆里,斜对过就是屠前二条胡同,说着天就要黑了,我还直担心四哥留我吃饭,结果推开他家门,却只有一个小字辈陪着奶奶,他不认识我,而奶奶跟我摆起手,我过去握住奶奶的手问好,没想到奶奶很有底气地反问:"你好吗?"看气色比头些日子舒展多了。我把照片留下就走了,沿途还拍了些胡同的夜色。

2014年12月18日（星期四）

气象详情：最高气温6℃　最低气温-3℃
晴间多云　南风2~3级

　　每天早晨不到7点上岗，一个小时内必须把编前会上讨论的"主打"照片选好、说明文改好，顺序排列好。是喜是忧都在总编辑点评的10分钟里，差不多天天处在有惊无险、侥幸过关的境地。

　　一上午忙得抬不起头，快11点时，接了个特殊电话，谁呢？西于庄朱凤桐老爷子，这是他第一次电话问我嘛时候再来西于庄，我猜他肯定是想我了，其实他不来电话我也想去一趟，因为上次说好了，再来就聊大车店。

　　我知道朱大爷每礼拜得烫几次澡，就问他哪天合适，他说听我的，那就定在了下午3点。

　　下午两点先去报社处理点事，然后跟文书交代一下便直奔西于庄。

　　推开门，见朱大爷利利索索地坐在床沿上，好像就等着我的到来，屋里收拾得挺整齐，原来他大闺女来给老爷子做饭，也为了接待我。我们聊得热火朝天，她闺女隔不会儿就给我倒一次茶，朱大

朱大爷真不愧是屠宰业的专家,所讲内容都有根有据,而且十分生动

爷说话也直:"她要不来,没人给你沏水喝。"

我们从大车店聊起,话题一直延伸到朱大爷去食品二厂以后的所见所闻,在这些被我忽略的时间节点,无意中又发现了很多有价值的东西,仿佛打开了另一扇窗子。其实,大车店好多人都提起过,可没有一个能像朱大爷这么有板有眼地、事出有因地说得这么详细。另外,有关食品二厂的事,我始终没拿它当个话题,我觉得跟西于庄没丁点关系,听朱大爷一讲才知道,屠宰场的老底子全挪到了食品二厂,尤其这群人几乎都是西于庄的,职业技巧、职业习性、职业文化也随之带去。朱大爷在谈到建厂初期,工人们收猪、运猪、接猪、宰猪等环节时,同样具有独特的史料价值。

朱大爷越聊兴致越高,似乎沉醉在往事里难以自拔。我听得几近入迷,眼前呈现着一个又一个栩栩如生的画面。不知不觉又聊过了5点,我看他闺女已经炒熟了两个菜,担心留我吃饭,当机立断起身告辞。朱大爷见状一个劲地说,后边还有好些事呢,多晚儿还来?我想了想,要不还礼拜四!

推车出来,天已大黑,我却依然舍不得离去,于是漫无目的地在街巷里溜达,时不时地拍上几张,也许因为最近出来的机会太少了才如此的眷恋……

2014 年 12 月 21 日（星期日）

气象详情：最高气温 2℃　最低气温 -4℃
晴间多云　西北风 3~4 级

　　尽管情况发生很大变化，尽管目前的心境好似疏离了西于庄，但是我依然艰难地归拢着本真的状态，我不想从西于庄走失……

　　这些天，无论忙成什么样子，只要有点间隙，我就立刻把主页转换成《西于庄采访日记》，一边浏览，一边修改，那一日日看似平淡的流水账，却完整地记录了我一年间的行进步伐，许多场景和画面仍历历在目。

　　回到家，即便硬着头皮也要继续把遗留的采访录音整理成文字，其中最让我怵头的刘景岗的口述部分，终于在今天下午画上句号。要说，刘景岗是我采访比较早的一个，可是由于他的乡音过于浓重，加上语言表达又不清晰，整理起来都快把我急疯了！甚至几个月不敢触碰，甚至有意把他换掉，甚至想让我夫人替我受罪。我知道，这些馊主意都不行，最后还得郑重地拾起来，哪怕掉光头发也得有个着落。

　　从昨天晚上就开始啃这块硬骨头，刘老爷子的一句话，可能要

实在听不清,只能贴在喇叭跟前,一句一句地分辨

听三遍五遍才明白嘛意思,弄得我心跳加速、烦躁不安,只得不停地往肚子里灌白开水,又不停地跑卫生间,很多时候,我把耳朵贴在音箱上使劲分辨着一字一句,听得脑袋发蒙时,就退到一米开外蹲在地上接着猜闷儿。从2012年开始使用录音笔采访至今,这是在后期整理中,遇到的最较真的一个。

昨天,因岳父那边楼上装修太吵,老两口躲到我这儿待了一天。中午回家前,在报社买了两条烟,一条给岳母,一条留着给西于庄的朱大爷。岳父开玩笑说,从没听说过记者给老百姓买烟的。我说:"嗨,上次买了两瓶酒,人家说不喝酒,觉得不合适,所以……"

没想到西于庄会让我整整牵挂一年。文化学者姜维群称我是"津门口述第一家",想想,也不算太离谱!

2014 年 12 月 25 日(星期四)

气象详情:最高气温 6℃ 最低气温 -3℃
晴间多云 西北风 2~3 级

  上午发稿顺利,几位老总均表示满意,我的心情也放松许多,文书也为我高兴,主动说下午去西于庄吧,有事我替您盯着。本来是想下午去的,可一直没等到朱大爷来电,琢磨来琢磨去,还是想尽快把采访做个了结。当然我也做了另一手准备,假如朱大爷不在,就去城防里大街的赵福荣大爷家,让他帮着把各猪栈的位置再核对一遍。

  2 点 40 左右直接骑进了城防里大街上的一个小胡同,临到跟前才发现,赵大爷家挂着窗帘、锁着门,看来又去鸟市了。

  道儿上还想,朱大爷还能讲些什么呢?上一次都说到食品二厂了,无非就是退休前这段经历,要是真没嘛,撂下烟,呆一会就走人,或者到四哥家串个门,或者再去赵大爷家碰碰。

  还是穿过大国庆里,骑进了朱大爷家的院子,登上高台阶往屋里看,见朱大爷坐在炉子前鼓捣着什么,我调皮地晃动着脑袋让朱大爷辨认,他欠起身,隔着玻璃漫不经心地问:"谁呀?""我呀!"

朱大爷跟他弟弟住在一个院子里，看得出他们俩的关系最好

"哦,快进来,快进来!"

"您这是干嘛呢?"我像回到自己家一样,放下摄影包、脱掉外套,凑到朱大爷跟前,朱大爷说,今儿没让大闺女来,自己正准备弄点丸子晚上吃。"那——耽误您干活啦?"我问。朱大爷说:"你来,我特高兴!"说着就要搬动那个小炕桌,我上前接过来放在床上,顺手把烟碟也拿过来。我问:"还记得咱们上次说到哪吗?"朱大爷不假思索地说:"记得,二厂嘛!"

我真不知道,话题还往哪方面引深,他讲二厂的生产工序,我不太感兴趣,所以有意简化这部分内容,也不知怎么就聊到了猪的配种,这下可找着了新的突破,没想到这里边的事还真不少,加上朱大爷绘声绘色的描述非常精彩、非常有价值。他自己也时不时地停下来,毫不掩饰地表扬自己:"谁能说得出来?就是老客儿也未必都懂!"

好么,又足足聊了俩小时,加上前两次,光补充采访就增加了6个小时,我感觉特别过瘾。朱大爷见时间已晚,说:"你先整理着,哪不明白我再告诉你。"

我穿上外套,背起摄影包,走到门口时,把那条烟往炕桌上一放,说:"上次给您买错了,这次……"大爷急着要拦我,我按住大爷的肩膀,贴近耳边说:"这是发自内心的,咱越走越近了……"说完快速离开了。

天,沉下来,蓝蓝的,老房子像剪纸立在胡同的两侧,大小不一的窗口,闪烁着暖色的光,我又掏出了照相机……

2014年12月28日(星期日)

气象详情:最高温度6℃ 最低温度-1℃
多云有霾转晴 西北风2~3级

  昨天到河北区巷肆创意产业园出席第二届问津学术年会,虽然是个民间组织,人们的热情却很高,一些对天津地方史研究做出突出贡献的专家、学者和知名人士出席了会议。会上见到许多老朋友,听了部分发言受益匪浅。他们对我近年从事口述史挖掘和整理表现出浓厚的兴趣,几个人提到了西于庄,还有的主动留了我的电话,其实这都是振良在多种场合不予余力为我推介的结果。
  因为这几天心急火燎,两眼又疼又肿。吃过午餐,向振良、勇则请了假赶紧回去睡觉。下午3点半起来,接着整理朱凤桐老爷子的口述录音,一直弄到晚上9点多。
  今天上午,依然做一些"收尾"的零碎活,因为"文件夹"太多、太乱,所以午休后急着去报社归拢到《西于庄访谈录》和《西于庄采访日记》两大部分中,然后拷了备份带回家,平心静气地盘点一年来有关西于庄的方方面面,并罗列出一组数字,应该说是对这个重要选题的集中概括,收获也是显而易见的。

从2014年1月13日启动西于庄采访至今，共深入这个老区74次，其中占用我的公休日和节假日34个，深度采访了35户原住居民，整理出访谈录9.1万字；拍摄了西于庄老街旧巷87条；记录拍摄了80个现居家庭；考察记载了十几处历史遗址；拍摄了有年味的老门100扇、收录春联60多副；手绘《西于庄历史原貌示意图》17幅、平面示意图3幅；汇编完成《图说西于庄》画册并留下10多万字的《西于庄采访日记》。

我没有食言，更没有懈怠，在新的一年即将到来之际，我可以自信满满地说：西于庄老百姓将会记住我的，人们也会在这些史料中记住西于庄的。

这一年整个人都快交给西于庄了，所取得的成果，必将成为我从事田野调查以来的"巅峰"之作

2014 年 12 月 31 日(星期三)

气象详情：最高温度 1℃　最低温度 -6℃
晴间多云　西北风 5~6 级转 4~5 级

今天,由我一手策划的《2015 我的新期待》成功见报并得到各方好评,这组图片选择 12 个不同年龄、不同职业、不同经历、不同境况的普通人,分别用直白的语言表达了对 2015 新一年的企盼。这是我到摄影部一个多月来,完成的最出彩的一次报道。有个编辑异常感慨地给各位老总发了条短信:"一组有温度、有高度、有态度的照片,今天是 2014 年的最后一天,今晚报摄影部弟兄们为我们奉献了一组《新年新期待》,将镜头对准最基层的民众,倾听他们的心声,传达他们的心愿。画面朴实、温暖,受访者展示出的'心愿'又是那么朴素、寻常。读之令人心中涌动暖流,多好的人民啊!他们每天的劳作,仅仅为了这么一丁点期待。把这组照片放在时代背景下反照现实,不由得不让我们礼赞这些纯良的百姓,他们才是社会的精英!我认为这是摄影部今年以来最精彩的策划,没有之一。"老总顿时拿给我看,让我受宠若惊。

这几天,心里就一直长草,恨不得 2014 年的最后一天再去一

这是我的同事兼好友刘筝,她专门为我拍照还是头一次

穿着这件老棉袄，面容显然有些憔悴，内心五味杂陈、激动、喜悦、委曲、孤寂，一时说不清

次西于庄，既说不清为嘛，也想不出去了干嘛。中午，吃完饭就开始运气，搜肠刮肚地想出三件事，第一给王家二哥（王景生）送一本《问津》创刊号；第二带着《西于庄猪栈分布图》让赵富荣再给核准一下；第三给自己拍一组"工作照"。提起"工作照"，过去还真不重视，总觉得那是自我作秀，后来振良提示我，"工作照"本身也有价值，我才渐渐有了这方面的意识。年初，我在拍完《老家·老院》后，就想给自己拍一组当街"举牌"的"工作照"，我曾恳求过夫人帮这个忙，只是拖来拖去，一下托到了年根儿底下。其实过了今天再拍也未尝不可，但是心理感受绝对不一样。

对，就在西于庄结束2014！

外面的风很大，树枝被吹得摇摇晃晃，我愣了一会，忽然放弃了自拍的想法，拿过手机拨通了刘筝的电话："筝筝，下午怎么安排?""没什么事。""能帮个忙吗?""说吧!""想让你给我在西于庄拍几张照片。""行啊,咱几点走?""3点,带着你的Ipad!"

3点5分,刘筝发来短信,告知已在小区门口等候。我换上那件军绿老棉袄,背上摄影包兴冲冲地走出家门。刘筝的车擦得锃亮,差点没认出来,我打开车门坐到副驾驶位置上,车子缓缓起动,我把自己的想法细致地跟她复述一遍,她建议我还是用那块老写字板比较好,可是车已开出很远。之前,我是想用那块写字板,组织完《新年新期待》报道后,觉得Ipad更有时代特色,于是就改了主意。

我引导着刘筝把车开进大新街,找了一个夹空停下来,我在I-pad显示屏上用手指写下"大新街"三个字,便开始了策划已久的拍摄,接着又到临近的桥口街拍了几张,原想再去当铺西街和清河沿大街,我怕她的车停在胡同里不安全就没声张,然后把车开出来停在新红路的一个空挡,我们去了西于庄大街。

刘筝使用50毫米镜头给我拍摄,因为她是个高手,所以没过多指点。心想,她随便拍

屠前大街是我投入西于庄采访的起点,也是我结束采访的终点

想想一年的艰辛,想想一年的收获,我忽然大声地喊起来:难忘啊——2014

吧,怎么也比我自拍强啊!拍了几条大街后,刘筝才渐渐找到感觉,我带着她又去了城防里大街、屠前大街、增产大街、纸厂大街和小辛庄大街,最后我在Ipad上分别写了:"难忘2014"和"2014.12.31.",站在冷清的大街正中,定格了这一年的最后一天。

太阳渐渐落下,如果再去王家送书或去赵大爷家核对示意图,不知要到几点,算了,别让刘筝陪着我了。我坐上车提高嗓门说道:"圆满结束,开拔!"我们顺着小辛庄大街右拐上了大红桥,我下意识地瞅了瞅封冻的河面,心想过些日子就可以下到河面,考察大红桥的传动装置了,还可以近距离拍摄一下"小火轮"码头……

2014,我留给了西于庄,西于庄让我沉迷!

2015年1月

2015年1月9日(星期五)

气象详情：最高气温9℃ 最低气温-2℃
晴间多云 西南风2~3级

  今天上午,给《今晚报》头版发了一组好片子,见报后的标题为:《学艺不辍 授业不倦——京剧路上的苦行僧》,这是我参与策划并悉心指导完成的,应该又是一个小小的突破。所以我特别高兴,部门文书也兴奋异常,临近中午悄悄对我说,天儿这么好,下午您去拍片吧,有嘛事我替您盯着。

  听人劝,吃饱饭,下午2点一过就准备好照相机,本想直奔海河,可又特别想拿到今天的报纸看看效果,于是先来到报社。在楼下,我电话通知文书送过来一套报纸,然后放在摄影包里扬长而去。当自行车骑到进步桥时,实在有些按耐不住,停下来坐在满是灰尘的条椅上,摊开报纸看了起来,心里不断地赞叹:真好,真好!

  天气好、光线好、心情好,眼神也好,一路往北,发现不少值得拍的好镜头。不知不觉,就像有磁力似的又来到了西于庄。今天到这里来,有两件事想办,一是找城防里的赵富荣核实猪栈的位置;另一件是想踩着子牙河的冰面,观察大红桥的底盘上还有没有残

这个卖报人我遇上过好多次,但从未跟西于庄联系上,今天特意寻找她,一是想资助她一点,一是想听听她的故事

存的传动装置,顺便再拍一下"小火轮"码头。

来到城防里大街,推着车走进狭窄的胡同,拐过去直冲着的就是赵大爷家,可是那把锈蚀的锁头依然挂在那里。完啦,没戏了,那就去探探冰面怎么样吧!再次返回大红桥,从桥上往下看,倒是有几处垂钓者留下的痕迹,只是近瞧远瞅却没有一个人,关键是子牙河的堤岸直上直下,要想到冰上去,非得从老三角花园那儿下河,然而一旦发生意外,没有人能马上靠近。

我有点不死心,还是想找一处能下河的地方,可是沿岸全盖满了房子,别说下河,连看都看不见,绕来绕去又回到大红桥口,心想,我并不是怕死,只是不能找死。刚提拔到摄影部当主任,没俩月掉冰窟窿里淹死了,人们肯定说我乐极生悲。这时,身后有两条纯黑色的狼狗发疯似的冲我狂吠,要不是拴在铁链上非扑过来不可,看来这两条狗有预感,好像提醒我,冰太薄,有危险!

犹如鬼催般的,骑着车又朝郭家菜园方向走去,意思是再看看渔村附近的冰面怎么样。站在大堤上远远望见那几座光秃秃的老桥墩,周围确有人在上面活动,此刻我反倒不想下去了。心情平静以后,我举起长焦镜头一会朝东,一会朝西各拍了几张,然后调头去了西于庄后大道,快到新红路交口时,忽然想起了常年在此卖报的那位老大姐。

哎?怎么没在,难道不出来了!正在疑惑之时,见马路对面闲置的报亭前,站着个身穿肥大防寒服的人,是她!我推着车走过去,心想,给她留点钱吧,因为她卖的是《今晚报》啊!走到卖报大姐跟前,便道上立着一只老式菜篮子,里面整齐地插放着当天的《今晚报》,她的脸紫红紫红的,用干裂的手整理着那沓卷皱的纸币,间或也喊几声,但声音很弱很弱,似乎一出口就被寒风刮没了。

我与她攀谈起来,她不太愿意跟陌生人说话,我问一句,她勉强回答一句,原来她姓庞,今年六十多岁,原先就在身后的老铸锅厂上班,家住西于庄东刘家胡

我本来想得挺好,可是卖报人很耿直,她宁愿坚守到天黑,也不会随便把报处理了

她有意躲开我,多少让我伤点儿自尊,但我依然很敬佩她

同,老两口每天早晨分别卖《渤海早报》,傍晚再卖《今晚报》。单就《今晚报》,每天上个100来份,过去卖5毛钱一份时,一份能挣8分钱,现在卖1块钱一份了,可挣两毛钱,但是几乎每天都卖不完。我说,那就别买了,这么冷的天,多受罪啊!她说,不行,都是老主顾,到点儿就来了,每天都得等着他们!我问,今天还有多少没卖出去。她说不上来,我猫腰数了一下,还有14分,于是对她说,这些报我都买了,顺手拿出50块钱递给她,拿着吧,我觉得你太辛苦了!她左右躲闪着,不停地说,报纸都是有数的,你拿走了,一会人家来了怎么办?还得现给人家买去。我说,我不要报纸,就想帮帮你。你看,我有今天的报!我是真心想把钱给她,也说不上什么原因,是出于对《今晚报》的感情呢,还是出于对卖报人的怜悯?

不会儿,陆陆续续来了几个买报的人,骑车来的,开车来的,走着来的,老大姐得意的说:"看了吗,开始上人儿了!"她见我依然握着钱不肯离去,便补了一句,我有退休金,这就是玩儿!说完提着篮子往路口走去。

望着她坚守的身影和淡然的表情,我对自己的冒失感到羞愧……

2015 年 1 月 11 日(星期日)

气象详情:最高气温 4℃ 最低气温-3℃ 晴间多云 南风 2~3 级

上周五没上了冰面依然不死心。吃过早点,收拾完屋子,没等我说话,夫人先开腔了:"我感冒了,别传上你。今儿,天儿不错,你出去拍片吧!"她这一说不出去都不行了,此刻正有个朋友来找她,我趁机溜了。

天儿确实不错,车子骑到半道我愣把手套摘了,可是我不希望这样,这么暖和冰能冻得结实嘛。途经大红桥往下看了看,左右各有俩人在冰面上逮鱼,我心想他们能上我就能上。于是直奔"三角花园",这块三角地长满了荒草,随处是粪便,我担心自行车会丢,就藏在杂草里,然后跳下防护堤,从新红桥桥下穿过,像上次一样,还是小心翼翼地沿着斜坡往前走,大约走了 200 多米,看看岸边的冰面水汪汪的无法踩踏,快走到大红桥时,我冲着逮鱼的人喊了一句:"师傅——从哪能上冰!"那人漫不经心地说:"哪都行,你自己试试,"我接着问:"你们从哪上的?"那人指指大红桥南岸的木架子。

我从斜坡下到河沿,边上的冰根本就没冻上,再走几步有一垄芦草,看样子能从这儿登上去,我抬脚就往上踩,冰面发出清脆的断裂声,一不做二不休吧,接着又踏上另一只脚,当我再往前迈腿时,两脚全都沉到冰下,我一个健步窜上岸。鞋湿了,活该!要是再走几步人都湿了!

看着薄薄的冰面,着急又担心,我架上相机自拍了这张照片,心想要是出了事,这便是遗照

可是,我一点也没害怕,还接着往桥边靠近,这时从桥口的围墙上翻越过来三个人,沿着防护堤向我这边走来,我问:"从哪能上冰?"打头的那人反问:"上冰干嘛?"我说想看看桥底下的传动装置,那人坚定地说:"你没看桥边上还开着化嘛!不能上,就不点儿厚!我们打鱼的都不敢上。"望

还是上不去,我无奈地对老桥说:"家里还指着我呢!"

着三个远去的背影,我彻底失望,或者说终于放弃了。

上岸以后,决定到四哥家串个门,这也是有意上午出来的原因之一,他每天下午卖兔头儿,我每天上午编报纸,很难碰面。说话得有俩多月没见过他了,另外把二哥要的那本《问津》也带过去。到门口隔着窗户往屋里瞅了一眼,可是看护老娘的却不是二哥,这人我又没见过,于是又去四哥那院,往里看看也没人。打电话问问吧,四哥一听是我,让我等会儿,马上返回来。

站在胡同里感觉有点傻,便掏出相机拍拍墙根的大水缸,再拍拍码放整齐的、已烧过的蜂窝煤……又等了会,四哥骑着电动车来了,他见我在门口干站着,埋怨我不进屋,我说屋里人我不认识,他说,那是他五弟,每周日上午都是他来值班。我随他进了屋,四嫂子也在家,引荐了五弟之后,坐下来闲聊。其实我还有个想法,就是想再找找感觉,能不能大年三十,选在他家拍一张"难忘今宵"的特别策划,经过综合考虑,觉得不太理想。

四哥这一年除了定时出摊卖兔头儿之外,大部分时间都用在了组织同学聚会上,据说越闹越大,我说,看你,从鼻子一直红到脖颈子,一看就知道"局儿"太多了。又聊了会儿,见 11 点半了,我赶紧起身并将《问津》留下,走人。四哥非要留我喝点小酒,我谎称中午儿子、儿媳要来,推托哪天定好了再说!

在西于庄又小转一圈……

2015年1月25日(星期日)

气象详情:最高气温4℃　最低气温-1℃
阴有轻雾　西南风2~3级

　　这些日子,只要一有空就加紧整理和修改《西于庄访谈录》,总体上说,还真是不错。许多史料很有价值,整个西于庄的三个重点行业、屠宰业、运输业和渔业都有相当篇幅的叙述,许多细节生动、详实,如果不是亲历者很难说得出来。为了便于出版,在稿子全部

按照列出的目录,心里自然形成了路线图,所以不费周折就完成了补拍

大红桥桥口每年春节前都有卖年画、春联、吊钱的,今年的招牌画是习大大和彭麻麻,凡由此路过的人都不由自主地驻足

看完之后,还是按照采访的先后顺序,将被访的35个人,分别建立了独立的文件夹,内有整理好的文字和相关配图。然而在组织这些图片时,我突然发现少了一个环节,每个被访者除了一张人物肖像和一张室内陈设外,都差一张旧宅外景,不知当时为何没想起这一段儿,我觉得还是有必要补上这个缺憾。

　　下午2点一过,带着35个人的名单出发了,道儿上想,力争在天黑之前全部拿下。因为这三十几个人我是再熟悉不过了,谁们家在哪住连犹豫都甭犹豫,所以我非常顺畅且有秩序地挨家"造访"。第一家:桥口街6号卢炳慧;第二家:桥口一条6号曹家中;第三家:桥口一条12号邓淑玉;第四家:当铺西街二条10号陈德沛……开始,拍完一家就在名单上画个圈并写上序号,怕回去以后照片对不上,到后来,就只剩下画圈了,就我的记忆根本不会错位。这次全跑过来才发现,我采访的这三十几个人主要分在五个区域,第一个区域:桥口街;第二个区域:大新街;第三个区域:西于庄大街;

第四个区域:屠前大街;第五个区域郭家菜园,涉及西于庄的东部、中部、南部和西部,横向有面,纵向有点,点线相连应该具有一定的典型性和普遍性,这让我感到十分欣慰。

因为只拍旧宅的外观,所以一点也不麻烦,加上天气寒冷家家关门闭户,碰见熟人的几率很低,使我轻燕如飞,百发百中,大约一个半小时35户都报了一到。原想再到买兔架的地方找一下四哥,让他和大哥准备几张年轻时的照片,另有几件事需要核实,可是找到他肯定又得送给我兔架子,不合适!还是改日再说吧。

车子骑到大红桥口,见一年画摊挂着一幅习大大和彭麻麻挥手致意的大幅画像,好亲切啊!我停下来,换上长镜头停在卖乌豆的跟前,随手抓拍了几张。

西于庄的老百姓真是好!

2015年2月

2015年2月2日(星期一)

气象详情：最高气温5℃　最低气温-2℃
多云转阴　南风2~3级

这几天，接着利用晚上的时间，完善和优化即将脱稿的《西于庄访谈录》，我觉得越是快收尾就越应该谨慎，省的留下遗憾。所以，就不厌其烦地地反复重温和阅读这些访谈录，不仅要调理好语

进入最后的冲刺阶段，创作书中插图的欲望也越来越强烈，似乎有点刹不住车了。

还是下决心把早先绘制的"大同门"给推翻了,虽然变化不大,但必须尊重历史

言的流畅度,而且尽可能保留每个受访者的个性化,做足"天津味",做足"西于庄味"。一方面尽可能使文字好读、好懂,另一方面还要原汁原味地将"土语""行话"贯穿其中,有的我在文中加了注,有的还专门补写了注释,这在过去也是没有过的。特别是文中涉及的历史事件、历史人物,如:"献校祝寿""根治海河""除四害""打老虎""半工半读"等等,都通过查阅史料作了简要的说明,使内容更丰富、更完整。

此外,这两天下决心把不太准确的"历史原貌示意图"又进行了局部修改,甚至有的推倒重来。比如,西于庄人最熟悉的大同门,其历史原貌有很多细节存在分歧,这里面有记忆偏差,有道听途说,同时也有对某个历史时

原想再画一幅有栅栏门和护城河的,只打了个草稿,最后还是放弃了

"大同门"第一稿

"大同门"第二稿

屠宰场后大水坑草图

段不同断面的截取，也就是说，大同门的卡口设置，在几年里多少有些变化，根据我掌握的大量信息判断，早期的大同门确实有"门"，且定时开关，后不知何故改为活动式栅栏。至于炮楼外形，我综合各种描述，加上资料对比，兼顾、融合了若干元素后，毅然决定从新绘制。这完全是出于自愿，因为第一稿当地百姓还是基本认可的，只是我觉得与历史原貌有距离。新绘制的《大同门历史原貌示意图》，在城防大堤上增加了电网，右首的炮楼体积增大、增高，枪眼缩小，特别是在炮楼顶部还画了一个站岗的士兵，使视觉比例更接近历史真实。

再有，我还绘制完成了屠宰场后大坑的情景复原图，虽然这个坑在西于庄并不算大，可是它的脏和臭，让很多老住户记忆犹新，许多人在谈起屠宰场时自然提到大臭坑，所以补上这幅图很有必要。在构思时我用臭坑西侧的乐善里当参照物，使大坑具有明显的方位感，然后再现了填埋时的景象，预示着后来的大、小国庆里在此诞生。

2015年2月5日(星期四)

气象详情：最高气温6℃　最低气温-2℃
晴间多云　西南风2~3级

　　振良曾跟我说，手绘"西于庄历史原貌示意图"非常好，在这个领域属于开创性的，我自然心里美滋滋的。但是，他要求我至少完成20幅，一时间把我给难住了。几个月来始终停留在第17幅的位置再也没有进展。头两天，通过仔细阅读访谈录才激发出新的灵感，其中"屠宰场后大坑"已经完成，另一幅"大清河淤后初建形态图"已经构思和着手绘制，但是，当再现庆阳里建筑布局时却陷入困境，到了不敢下笔的地步。为嘛呢？上次在绘制屠宰场后大坑时，有些过于自信，结果把乐善里的建筑布局给画错了，悔得我够呛，我特别不愿在画稿上修修改改，所以当庆阳里有些拿不准时，还不如停下来。

　　今天下午，先到眼睛店验光、配镜，然后见光线还不错就去了古文化街，随便抓拍些有趣的画面，接着直奔西于庄。在道儿上，心想，这是多大的代价啊，为了看那几间破房子又得跑一趟，我这两条腿也太不值钱了。想着想着，就想起小时候，为了效仿别人的一

大清河残痕复原示意图（局部）

件东西，不管多远，也不管跑多少趟，非得弄明白不可。记得"文化大革命"初期，吴家窑大街上的佟楼（"文革"中改名"红楼"）商场是我常去的地方，因为这个商场的橱窗布置得特别好，那时学校不怎么上课，想起来就往那跑。至今还记得那个美工，整天穿着蓝布大褂，站在橱窗里没完没了地鼓捣，我就贴着玻璃饶有兴致地看着他干这干那。有一次他做了一组批判刘少奇的泥塑，让我十分着迷，回到家也弄块胶泥捏着玩，实在捏不下去了，就跑到橱窗前呆呆地傻看，使劲往眼里边装，然后趁着记忆还没消退迅速跑回家"复制"，别说，最后还真弄出几个。70年代末，我又迷上了"羽毛画"，隔三差五到劝业场或百货大楼的工艺品柜台前去观摩，回来就闷头试验，为了让我学有所成，父亲专门买了只山鸡供我拔毛，母亲下班就到厂子附近的鸡毛掸子加工厂周围，捡拾散落的鸡毛。为了做得像模像样，一遇难题就往商场跑，从八里台到劝业场也不近啦，那会儿全凭两条腿！

西于庄依然冷冷清清，我推着车走进庆阳里，仔细观察院落的布局，可是由于私搭乱盖，几乎见不到原貌，我只能通过某些细节来判断。围着庆阳里转了一圈，还好，没碰见我熟悉的老住户，离开前又拿相机拍了张外貌带回去研究。

当晚，我一气呵成，把这幅《大清河残痕》绘制出来，有依据、有味道，看着非常恬静而优雅。

为完成20幅绘画作品，真逼得我够呛，可我还是挺认头

2015年2月12日(星期四)

气象详情：最高气温6℃　最低气温-1℃
多云间晴　南风2~3级

  前天，朱凤桐大爷来电话非让我去一趟，电话里支支吾吾，我说最近实在太忙，有嘛事就说吧，他说过来一块商量商量。我直截了当地问，是不是春节拍照的事，您告我哪天去就行了，可他还是坚持让我过去当面说说。我想了想，就定在了今天下午。
  中午，我先给王家老四打了电话，告诉他下午去西于庄，让他把"全家福"那张老照片备好，另转告大哥也找几张年轻时的照片，还有二哥给我留的几本书等等。我想节前也应该到他家露个面，提前拜个年。
  下午从家里带了一份礼品茶，直接去了王家，一进门屋里满当当的，桌子上堆了好些杂物，老太太正坐在简易马桶上解手呢，见到我又热情地挥挥手，我提着礼盒高声说道："老奶奶，给您拜早年来啦！"老太太高兴地连声说好。这时我才发现，大哥、二哥、二嫂子、二姐和四哥都在家。原来，大哥正常来值班，二哥、二嫂子听说我来，特意过来跟我会面，二姐是给老娘拾到屋子来了，四哥刚睡

王家二姐干活特别麻利,节前回到娘家帮着做卫生,她轻盈地跨到窗户上擦玻璃,我顺手记录了这一高难动作

醒,迷迷瞪瞪地坐在一边不说话。我打开笔记本,先核实了几个小问题,然后问照片的事,可是他们并未准备好,说,过后给我发到邮箱。接着二哥把存在这儿的两本书递给我,一本《西于庄记忆》,一本《"丁中"师生风云路》,前一本我有了,后一本是二哥他们同学会自己搞的忆旧文章汇编,我们又闲聊了一会,起身要走,四哥终于说话了:"你去完朱大爷家,给我打一电,我带你洗澡去!"我说不行,好容易出来一趟,想顺便到文化街拍点年味。大哥、二哥也说,一会回来吧,然后又提我串门花钱的事,我指指老太太,"这不是给老人拜年嘛!"这个理由比什么都硬磕。

他们把我送出家门,四哥还一再嘱咐我打电话,我恋恋不舍地跟他们道别,四哥又凿吧一句:"有嘛事就过来。"嘿,他到提醒我了,我说,去年春节不是拍了80个家庭吗,有可能麻烦你再帮我补上20家。他一听,不就20家吗,好弄!

随后到朱大爷家,朱大爷还是一个人在床边坐着,我进了屋,他反而挺平静,问我工作的事,又问西于庄采访的事,我问朱大爷是不是

这是二哥送给我的《丁中师生风云路》一书

拍照时间定下来了,他说订在初二下午,问我几点好,我说就这个点正好(3点50分),他担心屋子小照不开,我说,一切技术问题都别管,来多少人都行。又说了些别的,准备走时,朱大爷把我拦下,说,"我叫你来主要是给你留了两块酱牛腱子。"说着一瘸一拐地猫腰给我去取,我说不要,根本不行,朱大爷说:"我拿你当外人了嘛?你要是不想让我过个痛快年就别要!"

没想到的是,朱大爷除了送我两块牛肉外,还让我带走一盒进口的"车厘子",我一个劲跟朱大爷商量,牛肉我要,这盒水果就算了,他又说:"你不愿吃,就给姥姥家送去。"弄得我左右为难,情急之下我蹦出一句:"我是共产党员,不能要老百姓的东西。"朱大爷更急了:"出了这个门儿你是共产党员,在屋里咱俩就是朋友!"朱大爷告诉我,这是大姑爷的手艺(指酱牛肉),本来还想给你几个四喜丸子,大姑爷说那个档次低就别拿了。

这真是访谈访出了交情,这个比嘛收获都大!

2015年2月15日(星期日)

气象详情：最高气温8℃　最低气温2℃
小雨转多云　北风3~4级

上午,把另一组经我精心策划的《为城市守夜的人们》特稿发到头版,心里很高兴。我告诉文书和做后期的两位下午放假,回去干干家务,准备过年。

本来想把厨房好好清理清理,可是又觉得时间可惜,于是坐在电脑前开始绘制最后几幅配图, 其中有:《西于庄天主教堂前商铺分布示意图》《大新街沿途店铺分布示意图》和《西于庄猪栈分布示意图》,为嘛这几张图非要放在最后呢?有俩原因,第一:用电脑绘

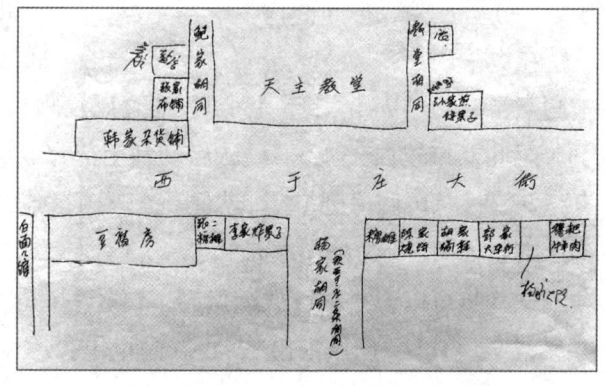

西于庄大街商家分布示意图草稿

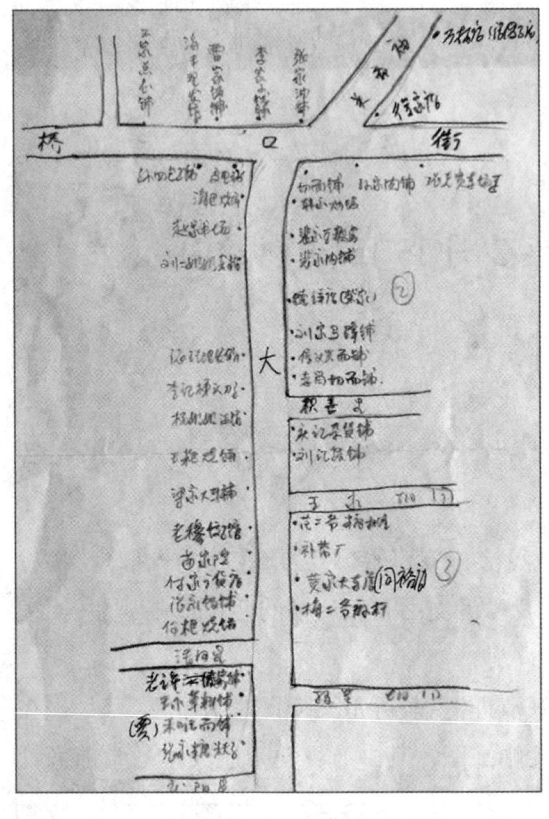

西于庄大车店分布示意图草稿(局部)

图不太熟练,那天,把此事跟儿子说了,可是他节前也忙,谁也感受不到我心里究竟有多急,思前想后还是"求"自己最省事。第二:图中标注的内容,仍处于核实阶段,总觉得不太牢靠,所以一直拖到现在。

我发现,有些特别不愿做的事,一旦做了也不过如此,万事不求人虽说不怎么好,但比万事全求人更自在,更容易掌握进度和节奏。从下午两点半,连续"突击"了5个小时,还算比较顺利地把这三幅图拿下。至此,《口述西于庄》书稿从启动到全部完成历时一年,晚上8点把"文件"从电脑拷到U盘,就像一个呱呱落地的婴儿,终于脱离母体来到世间,接受人们的品评。

这些年可以说是误打误撞做起了口述史,这个过程包括方式方法,都是自己一点点悟出来的,其间也走过不少弯路,多少次想打退堂鼓。真正理智的把它当作一件有意义、有价值的事情来做,还得说是得到了好友王振良的肯定和引导。他不仅把我之前采写的南市、堤头和工人新村，汇编到他的《天津记忆》里，而且鼓励我坚持做下去。他曾对我说："口述史越来越被重视，你这个方向是对的，至于方法，有的你已经在用，事在人为！"由此，才有了后来的"口述铃铛阁"和"口述西沽"，才有了"高规格"的"口述西于庄"。正因为我头脑里没有条条框框，所以做起事来更简单务实，更容易激发出新点子、新方法、新形式。这次能把西于庄这个专题做得如此充分，就是调动了我的全部潜能，成为采访能力、写作能力、摄影能力、绘画能力、设计能力、策划能力的集合体。

2015年2月17日（星期二）

气象详情：最高气温8℃　最低气温-1℃
晴　北风3~4级

我有意想记录这一刻，所以才让在街上玩耍的孩子拍了这张照片

上午很紧张，不是因为发稿，而是因为明天那个新闻策划，说起这个策划，这是我到摄影部后，第三个份量较重且充满新意的一次大胆尝试（成稿标题为：我的本命年），我将这个创意交给了"王津项目组"，自启动以来，已经为此实施了半个多月，近日我天天在催，生怕留给我的改稿时间太少，结果不出所料，都临近中午了才仓促地把文字稿交给我，看后觉得不理想，于是闷头修改，直弄到中

午12点多。

本来下午想直接去西于庄，可我又对稿子不太放心，回到报社想再看看，结果让我急出一身冷汗，中午改完的稿子全被原稿覆盖了，没辙又重来一遍，都完了事已经3点多钟。为嘛今天非去西于庄呢？主要

丁主任一出大门就被镜头拦下，真是年味扑脸啊

是去年没来得及拍摄贴吊钱、贴春联的画面，想今年补上，另外还有个"预案"需要提前跟人家打招呼。于是，胸有成竹地带着昨天中层例会后发给每个人的一套"福字"，向着西于庄焦急地奔去……

我已经想好了，这套"福字"送给丁文明（原西于庄居委会主任），一是提前给她和附近几位帮助过我的老住户拜个年，一是给丁主任"派"点活。拐进大新街，见几个孩子在嬉戏，我停下来问他们谁能帮我拍张照片，其中两个举手，可是当我把相机要交给他们时，其中一个孩子退怯了，另一个孩子倒是勇敢地接过相机，对着我就一通"秃噜"，给孩子吓了一跳，原来我设在了连拍档上，他不抬手指头就跟打机关枪似的。我开玩笑说："你是想把我毙了嘛！？"几个孩子飞也似地跑开了。

我从后道骑进庆阳里，正遇见丁文明的弟弟打外边回来，我问

西于庄百姓的心气依旧很高，许多老院都挂起了大红灯笼

丁主任在家嘛，他说应该在，随口喊了几声，丁主任从屋里出来，边走边问："谁呀——"一推大门见是我，正要开口，我急忙说："别动！"顺手掏出相机拍了几张，我说："这大红对联多好看，必须给您拍下来。"进了屋，里面坐着来串门的邻居，圆桌上摆满了自己蒸的馒头和蒸饼儿。我倚在床前先给丁主任拜年，然后打开那盒"福字"，丁主任很高兴，我向她"汇报"了前段时间有关西于庄史料整理的进度，还告诉她绘制出了庆阳里的示意图，又勾起了她不尽的往事。最后我提出要请丁主任帮忙，她问嘛事，我说去年春节拍了80个家庭，今年想补到100个，初五以后带着我走一圈。丁奶奶爽快地答应了，走时非让我带几个蒸饼儿，我说拍片不方便就没拿。

从庆阳里出来，正碰见李学成大爷，他异常兴奋地朝我走来，我伸手迎上去，他却支楞着两手说太脏，我一把握住他那厚重的老手，连声问候加拜年。接着又到朱广祺大爷家扒了下头，门锁着，便拜托李大爷带话，然后明确告诉他们初五以后再来。

西于庄的老住户们，没有因为今年春节没走了而沮丧，反而像什么都没发生似的，该贴春联贴春联，该贴吊钱贴吊钱，人们过年的心气依然很高。我在胡同里穿行，碰上老住户贴春联就搭咯搭咯拍上几张，离开时道声谢谢或拜个早年。这也是为了弥补去年的遗憾，虽然有些赶喽，总算是补上了这一环节。

在屠宰场前街，我采访过的张奶奶、王奶奶和其他老邻居又都见面了，我感慨地说："多快呀，又一年。去年我来时好像还在眼前……"接着，我问王奶奶还认识我嘛？王奶奶迟疑一秒钟边说，"你是张建！"哎呀！高兴死我了，一年之后竟能叫出我的名字。我说正想找您呢，"您是不是叫王改弟？""对，'改革'的'改'，'弟弟'的'弟'。""那就对了，我把您写到书里啦！"

有一老邻居站在一边听我说话，我问，给您在门前拍一张？她说，我不拍，能不能给我那群鸡拍一张。我扭头一看，果然墙角有好几只鸡，还是一只公的带着几只母的，我问，那公的是不是它们的"头儿"，老太太说是，我抬手拍了几张。然后从屠宰场前街拐到纸厂大街，一路边拍边走，绕来绕去，就是舍不得离开。想起来了，还有一个原因：去年拍了100扇带着年味的老门，后来在整理时发现，竟然有65对春联是不一样的，这让我十分好奇，心想要是西于庄暂时拆不了，就再拍一部分，实现100扇门与100副春联的对应，所以一直转悠到快5点。

只有贴上春联、吊钱才叫过年

2015 年 2 月 18 日（星期三）

气象详情：最高气温 10℃　最低气温 0℃
晴间多云　南风 2~4 级

今天是大年三十。

上午加班，这是我到报社 20 年来，第一次毫不参假的加班，从不到 7 点，一直盯到快 12 点，因为今天头版终于刊发了由我策划的摄影专题《我的本命年》。

拍了无数次的年俗，身在其中还是热血沸腾，

中午夫人正忙和做饭，简单吃了点，开始收拾屋子，为的是下午再去西于庄。大约2点半从家里出来，这一路好清静啊，车少、人少，马路显得空旷而寂寥。2点57分就到了大红桥，还是推着车上坡，这座老铁桥往日被小贩列队似的挤满

自拍一张留个念想

两侧，卖菜的、卖鱼的、卖旧书的、卖杂物的，把便道都封死了，而今天才显现出桥的本来面目。

去年的大年三十是在西于庄过的，那天是启动《老家·老院》专题，没想到这个大年三十又来到这里。今天的目的是把老门与春联对应到100组，它的难度在于记不准哪扇门去年拍过或没拍过，补拍的"门"不能重复，春联也不能重复，因此在凭借老印象的同时，只能多拍、多拍、再多拍。

今年的春联、吊钱和窗花相比去年似乎少了一些，但火爆程度、鲜艳程度依然如故，陈旧的老宅顿时生动起来。一个多小时，我把西于庄的街巷全部丈量一遍，该拍的也都挤进了我的镜头，所以快刀斩乱麻，尽快返回家中，为的是养精蓄锐夜里还得返回来拍节日烟火呢！

除夕夜在老屠宰场厂房屋顶上，见证了西于庄的最后一个春节

夫人在厨房默默地操持着除夕的团圆饭，我说帮着打打下手还不让，那就接着去做卫生，反正我不能看着别人干活，自己在一边闲着。大概5点来钟，儿子、儿媳来拜年，6点半，一桌丰盛的饭菜就摆好了，除了鱼、肉、虾之外，还上了两只超大的帝王蟹。开饭之前，全家一起向我万般思念的母亲遗像行礼，然后自拍了合影。

团圆饭吃的轻松、愉快，席间我不仅向夫人致谢，而且肯定了儿子、儿媳的和睦，就这样边吃边聊直到"春晚"开始。快到午夜11点时，夫人煮上饺子非让我吃几个再走，其实我肚里满当当的，图个吉利吧，勉强吃了几个。

11点一刻，从家里出来到南丰路与灵隐道交口与本部门记者王津会面，我们俩谁也没等谁，就这么准点走到一起。然后坐着他的车先去报社取三脚架，接下来奔西马路拐到三条石大街，再左拐至河北大街，然后越过新红桥顺坡拐向新红路，进入桥口南街向右再向左，在挂着大红灯的老屠宰场门前停下来。王津从后车座取出白天拍片时用过的"难忘今宵"的后两个大字，一同随着我走进了屠宰场大院，然后用手电照着地面，深一脚浅一脚地往楼上移动，要是不熟悉的人肯定没戏，接近午夜12点的时候，正好登到楼顶，我赶紧支架子，对准眼前的西于庄开始拍摄。可是，不知怎么的快门说嘛按不下去，这时鞭炮声已经此起彼伏，看看电量已经到底儿，估计是电快用光了，然而换上新电池还是不行，我叫王津给看看，好么，原来是刚才在家拍合影时定在了自拍档上，哎呀，这个恼啊！

楼顶的风很大，站一会就透心凉，我们根本顾不上冷暖，所有的注意力全放在这片老区的最后一个除夕夜上，我准备用"慢门"拍摄烟花四射的情景，可是，整个西于庄并没有想象得那样通明璀璨，在狭窄的胡同里燃放鞭炮只闪现忽明忽暗的亮光，环视西于庄外围才时不时地有一簇簇带着颜色的烟花腾空而起。我对王津说，

王津为我拍摄了这张工作照，实在太难得了

王津（左）把白天在采访现场使用过的『难忘今宵』展牌带到西于庄，然后选了「今」和「宵」两个字登到房顶，我们各拿一面自拍，感觉还挺贴切。

估计是街道或派出所不让燃放的结果。可不呗，平房连着平房，真要有事可就大了！我选了两个点位，轮换着观察和拍摄，只要看见远处有烟花腾空就按下快门，折腾来折腾去大约拍了半个多小时。其实，此刻的西于庄早已恢复了平静。

　　费劲八火的就待半个来小时有点心不甘，我们俩转而拍摄工作照，王津把带上来的两块PVC大牌子立了起来，一平方米一个字，"今"和"宵"倒也挺贴切。我一手扶一块倚在矮墙边，背后是西于庄黑乎乎的屋顶和子牙河对岸的新西站。王津不停地拍，闪光灯扑得我俩眼直冒绿光，接着我们又一人扶着个字自拍，也不知鼓捣了多长时间，我往院里看了一眼，见大铁门关上了，便催促他抓紧"逃跑"。还好，大门只是虚掩着，我们悄悄溜出来，坐上车返回家中。此时已是大年初一的凌晨1点20分，不到7点又该去上班去了。

2015 年 2 月 20 日（星期五）

气象详情：最高气温 6℃　最低气温 1℃
多云转阴雨夹雪　东南风 2~3 级

今天是大年初二，也俗称"姑爷节"。早晨还是那个点儿冒雨赶到报社，一直忙到中午 12 点，三天加班就这么结束了。

中午想踏踏实实睡一觉，刚睡半个多小时就被电话惊醒，原来是西于庄朱大爷（朱凤桐），他说外面下着雨，大老远的就别来了。那怎么行呢？既然答应了，下刀子也得去！我说，没事，只要你们没变就按原计划进行。朱大爷的大姑爷接过电话，也说不行就算了。我一听他的自我

冒雨赴约让朱家非常意外和感动

和谐欢乐的一大家子,我看着眼热也参合进去

介绍,赶紧问:"酱牛肉是不是您做的?""对!""哦,太好吃了!""真的?以后多晚儿想吃就告我!""行,您跟朱大爷说,我4点之前到!"

接完电话再也睡不着了,起来整理照片。夫人自己一个人先去姥姥家了,这也是多年的习惯,她知道我要么去西沽要么去西于庄,最后才在姥姥家汇合。

3点20分,穿着雨衣从家出来,雨虽不大却很密集,整条马路上见不到几个像我这样骑着自行车的人,塑料雨衣特别轻,一有风就吹起来,这一道儿我不停地拿手往车筐里掖雨衣的边缘,担心把摄影包弄湿了。大约3点50分骑到了大红桥,本想绕一圈又怕过点儿,索性还是早去一会儿到人家吧。

把自行车直接推进朱大爷家的院子,并高喊:"来啦——"我脱下雨衣搭在门口的铁管上,进屋一看,已经坐了十几个人,朱大爷见我湿漉漉的样子不知说嘛好,有点自责地说:"嗨,我说就别来了,太不合适啦!"我说:"没事,干记者的,就是这个样子。答应的事必须兑现!"朱家大姑爷跟我握了手,我再次提起他做的酱牛肉,说心里话,确实不错,我吃了三四回,都没舍得往姥姥家拿。

一屋子人,有去年见过面的,也有没见过的,看得出他们都挺受感动,你一言我一语地闲聊起来。我说,去年几乎在西于庄过的,感情实在太深了。今年的大年二十九、三十也来了,尤其除夕的午夜12点,我在屠宰场楼顶俯拍咱西于庄!他们听后都啧啧称赞。话说至此,我倒想起个事,我问他们,是不是街道或派出所不让西于庄人放花放炮?他们说,这可早着呢,从我们小时候,家大人就不让放"刺花"呀,"钻天猴"嘛的,就连炮放得都少,怕火烧连营。怪不得,我等了这么长时间也没见烟花四射的壮观景象了。

看看时间,已经4点多,我问朱大爷人到齐了没有,朱大爷不好意思地说,有几个算几个吧,他还是担心人多拍不下来。于是我建议挪到他老兄弟那屋去拍,他那屋不仅宽敞而且整齐。朱大爷说没问题,我即刻就去那屋看地界儿,正好他老兄弟也在,我说了自己的想法,然后忙着摆凳子并试了试镜头,挺好。

回到朱大爷屋

"50后"张建与"80后"张建坐到一起

朱家人送我到大门外,场面真挚而温馨

里,见大伙坐得挺齐,顺手掏出相机一边拍一边逗乐,笑声充满整个屋子。接下来,我带着大伙到斜对过那间屋去拍合影,不会儿屋里黑压压站满了人,我赶紧把小辈儿的安排到最后一排,然后又组织第二排,这时朱大爷拄着拐棍慢吞吞地走进来,坐在了第一排正中。就绪后,我一个一个进行微调,为确保画质,我特意使用闪光灯补光。有趣的是,我忙活一通刚宣布解散,忽然想起自己应该和这个大家庭拍一张,于是又安慰各位退回原处,正忙活着又赶过来几个亲属,我说:"真是来得早不如赶得巧啊!"这时有家属抬高嗓门说道:"我们家这位也叫张建,跟你重名!"我一听,"好啊,一会咱俩合个影!"

又一轮狂拍之后，我冲着队伍里的张建挥了挥手说："张建，你来换我这个张建。"他从后排挤出来接过相机，我又开玩笑地说："张建换张建，一个都不少！"我怕挡上后面的人，干脆坐在墙边的炉子上，张建站在我刚才的位置拍了几张后宣布解散。接着，各自的小家庭又分别轮着拍，我拿出了百分之百的耐心满足他们，临走前我叫过张建，问："你多大？""八〇的。""哦，我五七的。""嚯，你比我大二十多岁呢！"我们俩并肩坐在一起照了张合影。完事，我对他说："一会我穿上雨衣在你们大院门口，替我拍张工作照。""没问题！"

跟朱大爷告辞，重新穿上雨衣，推着自行车走出院子，然后我调转过来，张建对着我拍摄，我接过相机看了看显示屏的图像，还不错！此时，几个人站在雨中挥手向我致意，见此情景我又冲着他们拍了几张。

热热闹闹办完这件事，心里好高兴，前后用了一个小时。从大国庆里出来，我继续在雨中穿行，老街地面上的水洼映着残破的旧宅和火样的春联，我庆幸自己下手早，提前把要拍的全拍完了，否则被雨水淋过的春联、吊钱效果能好得了吗？说业精于勤也好，天道酬勤也好，总而言之，勤奋永远不会错。

小雨转中雪，从岳父家出来又回到西于庄

进了岳父家,一一给他们拜年。今年这个初二没去饭店,而是在家里自己做的饭,我喜欢在家吃,踏实、欢快。席间我以姑爷身份发表一通感慨,一年了嘛,该说到的都说到了。

不到9点,我和夫人提前撤离,为的是到附近住的老姨家串个门。雨还在下,我用自行车驮着她,好在不到十分钟就到了,然后海阔天空地聊到10点。再出来,小雨变成了中雪,夫人自己乘地铁回家,我则一溜烟儿又骑进了西于庄,空寂的街巷,昏暗的灯光,纷飞的雪花,湿滑的地面。雨衣硬棒棒地像纸片套在身上,摄影包开开合合也都湿漉漉,照相机的取景器已经模糊得看不清任何东西,仅凭着聚焦的蜂鸣器声音来按快门,尽管如此,西于庄的南片、北片都走了一遍。

两只鞋、半截裤腿和防寒服袖口全湿透了,往回走有些吃力,心想那些先进人物也不过如此吧!

2015年2月23(星期一)

气象详情：最高气温6℃ 最低气温-4℃
晴间多云 西风2~4级

昨下午把西沽转了个遍，捎带脚到西于庄补了几个镜头。

今天上午，整理几天来拍摄的电子文件，为保险起见，大部分都拷到移动硬盘。中午，儿子打电话商量来吃饭的事，我说正好张句(侄子)刚送了饺子，过来吃吧，听他的口气又有些犹豫，问他晚

伴着鞭炮声，开始了《老家·老院》的再度拍摄。图为「张二爷」的儿子、儿媳

"破五"都吃饺子,我来到朱凤桐老爷子家送照片时,闺女、姑爷也正忙着呢

我心想最好别来,否则我去西于庄到晚上还得赶回来弄饭,最后决定明天晚上再来。

太好了,夫人外出聚会,整个下午加晚上都由我自己支配,我可以尽情地办我想办的事。午饭把剩了好几天的银丝卷和半个四喜丸子吃了,然后睡了一个小时,起来后洗了洗头发,炖了壶开水,沏了杯茶,把侄子捎来的照片装在牛皮纸袋里,取出去年拍摄《老家·老院》时用过的写字板,检查了笔、板擦等。为了让丁主任了解我的意图,狠狠心把那本《图说西于庄》也带上,临走前喝了几口浓茶。

3点到了丁主任家,巧的是那个邻居又来串门,我把摄影包、手提袋都放在床上,并没急着说我自己的事,可话题不管从哪个方向切入,最后还是归到西于庄的老事上,我有意让她说说当地的婚丧嫁娶,听着听着觉得还挺有意思便取出录音笔,大约聊了半个多小时,丁主任非要给我倒水喝,这才把我的《图说西于庄》拿出来,翻到"老家·老院"那部分让她看,她马上就明白下一步要做什么。我说:"其实,我都弄呲了。去年硬着头皮完成80户,没想到老天爷又给我一次机会,非让我补到100户,想来想去,只有您能帮我!"丁主任把握十足地说:"别客气,不就20户嘛,没问题。"说完,她让我把自行车推到院子里,自己从衣柜取出外套准备出发。

我拿起写字板,一笔一划地写上:"庆阳里3号"交给丁主任,2015年《老家·老院》的补拍就这样再次启动了!

还好,来串门的这个邻居主动帮我拿着写字板,丁主任打头阵负责联系老住户,我们一行三人成了"最佳组合"。

为了在忙乱中不至于落下采访内容,我事先在笔记本上作了登记表:姓名、出生年月、现住址、基本情况等,去年就因为有的没问全或没拍全又"回炉"。即便如此,也还是有些顾前不顾后,我脖子上挂着照相机,左口袋掖着签字笔和记录本;右口袋塞着板擦和白板笔,每到一处先写门牌号,然后组织拍摄,经常一采访或一寒暄就把"室内陈设"给忘了,或两者拍完了没问姓氏名谁。今天更有

沧桑的老街布满炮宵,像铺上了红地毯

也许因为在此度过最后一个春节,街头放炮的还是不少

乐儿,在大新街120号拍完照片、采访完,便急着追赶丁主任他们,都走出几十米了,忽然发现两手空空,照相机竟忘在了老住户,我赶紧跑回去,人家正纳闷呢!

转了一圈,又回到庆阳里,在20号院安排了两户,在采访第2户时,签字笔说嘛也写不出字了,不得已找老住户临时借了一支救急。

从庆阳里又绕到鲍家胡同,由鲍家胡同转回大新街,在采访的第12户家里呆的时间最长,女主人是老知青,祖辈在东门内大街,受家庭熏陶,起小就特别喜欢过年,天津的老民俗都印在了脑子里,如今都六十多岁了,可过年的心气依然不减。屋外春联、吊钱、窗花、宫灯一个都不少,屋内更是红红火火,就连每个小物件都贴着"福"字,墙上挂着自己的十字绣作品,尤其那幅毛主席像愣是让我没看出是手绣的,她那充满美好期盼的心境真让我佩服。

从这家出来后,我对丁主任说:"今儿破五儿,就到这吧!"她也表示同意,我们回到丁主任的老屋,跟她预定初八或初九,我带着照片过来,再完成另外8户,行前我把写字板、《图说西于庄》都留在了她家。

5点整,我带着朱大爷(朱凤桐)家的大合影,满心欢喜地朝着大国庆里奔去。推门一看除了朱大爷,他大闺女、大姑爷也在,正给老人包饺子呢!我拿出照片让他们看,都高兴的不得了。朱大爷说,我们家这些亲戚都夸你,心眼好、实在,下着雨还赶过来给我们拍照。我说:"我是个急脾气,昨天一拿到照片就恨不得马上给你们。我一个人高兴,不如大家看着都高兴!"

我有意想在这多坐会儿,为的是天擦黑时再拍些老街夜色,于是就问起西于庄的婚丧嫁娶来(这是振良交给我的新任务),可是,由于西于庄穷人多、外人多,没有形成自身的独特民风,整个西于庄愣没有一家杠房和花轿铺,即便有想办红白喜寿事的,也都是由西沽人来操持。

坐到6点,窗外传来鞭炮声,我起身告辞。

当家家户户都吃饺子的时候,我还在西于庄老街转悠

出了胡同没走几步,见地面上净是红彤彤的炮屑,我来了精神,今天一定得拍几个放炮的,在桥口南街赶上一个,在小辛街赶上一个,在新红路赶上一个,在小辛庄大街又赶上一个,我的快门声被鞭炮声吞噬了。

今天,可谓天时地利人和全让我占尽了,我收获了太多太多。

浑身是汗,脖颈子被风一吹冷嗖嗖的,我不顾一切地往家赶,当车子骑到南开花园时,肚子一阵阵拧的疼,说着说着就要兜不住了,心想在坚持一会就到家了,可是越这么想越坏事,一着急想起路口的小区隐藏着一座公厕,我直冲过去……

2015 年 2 月 27 日（星期五）

气象详情：最高温度 5℃　最低温度 -2℃
阴转小雪　东南风 2~3 级

　　临近中午，文书把一月份的月评报表取回来了，还没等让我看，就说，这月又拿了 5 个一等奖！而且排名前三的全是咱摄影部。我接过报表一看，不仅如此，还拿了 5 个二等奖；2 个三等奖，我的工作业绩换算成这几个硬梆梆的数字，实在是既欣喜又舒坦。

舍不得这点年味，于是改拍西于庄老院儿

尽管院不像院，且杂乱无章，但还是能多拍一张就多留一张吧

也是快中午的时候，西于庄的丁主任来电说自己现在没在自己家，拍片的事能不能推迟几天。那怎么不能，只要正月十五之前办成就可以，我一下子推到了下周二。她说已经跟5户打了招呼，来了就能拍。

既然下午不去西于庄了，腾出时间可以好好歇歇，或者写点什么，可是这心说嘛也静不下来，又觉得这种不阴不晴的天儿正适合拍老房子，于是深埋多日的想法终于钻出芽儿来，趁着年味未消，要不再拍一部分老宅院儿？这简直是没事又给自己找事！这个想法冒出过几次都被我压下去了，今天却有些欲罢不能的冲动，好像不拍今儿就过不去啦！

下午3点进入西于庄，天冷，街也冷，多数院落都大门紧闭，我不可能砸人家的门拍摄，这是遇到的第一个难题——有院儿拍不了。第二个难题是，由于长期的私搭乱盖，院子都成了夹道，甚至连大门都没有，所以老宅院的特点不明显。为此，我把重心放在了西于庄以北，这一带是西于庄的发源地，相比年代久远，还有点成型的宅院。

从桥口一条胡同开始,然后北吴家胡同、当铺西街、槐树胡同、清河里,再到东刘家胡同、陆家胡同、小辛街、纯德里、昌和里、东丁家胡同,一圈下来,大概1个半小时。天,不知不觉地阴了下来,我有些饥饥缩缩,别在折腾感冒了吧。现在,就连有病都没资格,一个萝卜一个坑,容不得半点马虎!

总共拍了20个老院儿,哪天再说吧!即便放弃也无所谓。

2015年3月

2015年3月3日(星期二)

气象详情：最高温度6℃　最低温度-3℃
晴间多云　西北风5~6级

今天是跟丁主任约好拍片的日子,上午忙活到快12点,然后赶紧跑回家吃饭。一年多来吃炒米饭几乎是我的常态,一是打扫剩饭、剩菜,一是比较省时、省事,一开火有个十分八分就吃上了。

为下午精力充沛,午觉睡得稍微长了一点,2点一刻才起来,然后做些必要的准备。不知为什么,想起还要再拍八九个老家庭,心里突然又犯起怵来。这是何苦呢？80个就80个呗,谁也没逼我非要弄到100个。可是,就最后这一哆嗦了,错过去肯定又后悔。真有意思,睡一觉把情绪给睡坏了,直磨蹭到2点40才不得不起身出门。

今天的风很大,去西于庄方向正顶,刚出来不会儿就吹透了,后悔没穿那件带帽子的防寒服,然而当车子骑到西马路时,脖颈子就开始冒汗了,再骑到大红桥,说嘛也上不去坡了,习惯性地看了下时间:3点20,比往常多了十几分钟。

进入大新街,先到清河里的公厕方便一下,正在此时,电话响了,我猜是丁主任,果不其然,她问我大风天还来得了嘛,我告诉她

今天我的《老家·老院》就能完成100个了,所以心情无比激动

已经到门口了。

这回我直接把自行车推进丁主任的院子里,丁主任还是感到挺意外,说:"一看这风,估计来不了了。"我说,"那哪行,既然定好了,必须的……"

听丁主任说,事先做了点工作,有五六户打了招呼,咱直接去就行。我说,最好今天能完成,要不门上这点年味就没了。她底气十足地对我说:"放心吧,你也看看我的能力。"上次来串门的那个邻居似乎也在等着我的到来,自觉自愿地帮着打下手。于是,我们这个"三人小组",又开始了新一轮的入户拍摄和采访。

今天差不多都是清河里的老住户,就像串联似的,出了这院儿又进那院儿。丁主任的面子很大,她几乎不解释为嘛要给人家拍照,最多就说:"这是报社记者,给你们留个影。"然后,让我坐下来采访,她再联系下一家。

我逐步进入状态,不论拍照还是了解情况都顺风顺水,老住户们也是有问必答,极度配合,越是这样就越要冷静,不能丢三落四,事后再返工。我还是那样,只要见着老两口都在家就主动给他们拍合影,我发现西于庄没有老头儿的占多数。在拍摄清河里10号时,迎面墙上挂着的习大大和彭妈妈的大幅画像让我眼前一亮,我问,这是在桥头买的吗?说是,又问多少钱,说六块五。没想到老百姓就像当年挂毛主席像时,心甘情愿地挂上习主席的画像,尽管他们生活的现状并不乐观。

一圈下来,完成了预期目标。丁主任是个聪明人,她说:"用不用多备两个供你选择?""哎呀,老主任,您真是说到我的心里去了!""那就走,咱到大新街。"

我们从清河里出来,沿着大新街往东走,她见着大门口贴得红红火火的就上前敲门,最后完成的两户,一个是大新街85号;另一个是大新街91号。

说实话,我太高兴了,今天实现了我的终极目标——100个"老家·老院",要是没有这份坚守,要是没有热心人的帮助,恐怕连梦

协助我拍照的丁主任和老邻居也充满了成就感

计划完成之后,我主动邀请丁主任拿着这块牌子,站在大新街中央合影

都梦不到。

我们三个走在空荡荡的大新街上,相互用眼神传递着喜悦之情,忽然我拱手抱拳郑重地冲着她们表示谢意,二位老人满面春风地、略带神气地朝我笑起来。我疾步向前,接着,一转身便定格了她们的真实状态。当走到李大爷(李学成)家门口时我停下来,把写字板上的门牌号涂掉,只留下三个字:大新街。我对丁主任说:"咱俩合个影吧!"于是把相机交给邻居大妈,她措手不及地说,我哪会照相啊!一年多来,无论老人小孩、大哥大姐,谁跟我说这话都没用,说嘛也让他们拍成了,一来相机好使,几句话就能掌握要领,二来我由初期的无奈变成了当下的自觉,我让我自己的照片全部出自普通老百姓之手。

老人托着相机拍了几张,我看了看把人全放在左下角了,告诉她往上移移,结果还是那样,于是我说了句最好懂的话:"把我们的腿拍全了。"再一看，还挺好！

回到丁主任家，我把带来的照片一张张地展示给她们，然后把一支"高级"签字笔连同借的那支笔留下，托丁主任还给人家，还留下两张示意图也托付丁主任交给李大爷、朱大爷，让他们帮着再核对核对。

丁主任问我何时再来，我说过几天连送照片吧。老二位送到我大门口，我悄声离开了……

掏出手机想看下时间，没想到显示屏死黑死黑的，一点电都没有了。此时，大风好像减弱许多，仰面环视天空，清澈而深邃，我决定在西于庄等到天黑，最后再拍一次带年味的夜色，为了掐好时间，我顺着西于庄后大道进入郭家菜园和齐兴村，直至西站西大桥桥头，然后往回拍，说实在的，别看等到了这一刻，确实没有什么可拍的。

回到家，先瞄了一下表：7点10分。夫人见我狼狈的样子就急了，问："打了几次电话为嘛不接？"我说手机没电了，她马上反问，"天黑了能不知几点吗？"我说，不是为了再拍几张夜景嘛。我讨好似地跟进厨房，见台子上摆了好几个新出锅的菜，我说："你千万别生气，今儿我特高兴，100个老家·老院终于弄完了。"

我取出一罐啤酒想庆贺一下，夫人说："你刚灌一肚子凉风，再喝啤酒能好受嘛！不如喝点白的。"于是倒了一两汾酒，先让夫人抿了一口，然后递给我，说："祝贺，这回是不是全弄完了？""是啊，要不我这么高兴。"

饭后，我把新补拍的20个"老家·老院"整理出来，单独建了文件夹。至此，所有跟西于庄有关的想法都实现了。

2015年3月11日（星期三）

气象详情：最高温度10℃　最低温度1℃

晴转多云　南风2~3级

  上午10点多，期刊总社的李娟娟来电说陕西老梁要来，中午让我陪着接待一下，说实话我真的很勉强，可是甩给娟娟一个人又不近情理，结果从11点40分，陪到下午两点多，要不是我提议散伙还不知耗到何时。

  困得我睁不开眼了，慌忙赶回家睡觉，刚眯瞪着，王津一个电话吵醒，再接着睡，娟娟又一个电话打来，完了，彻底没戏，干脆起来给振良找"文件"吧，头发昏、眼发涩，打开清凉油往脑门子、太阳穴上抹，不会儿好受多了。

  开始翻箱倒柜，昨天是从移动硬盘里找，今天是从光盘里找，就在快绝望时，终于还是找着了2009年为他翻拍的《拿手戏》。这下心情也明亮起来，困意也蒸发掉，看了看时间，立即决定赶赴西于庄，把最后一批照片分发给老住户。

  这批照片至少有20多张，这么说吧，自打启动西于庄采访，凡我给老住户正规拍过照的，一个不落，全送给12寸彩色打印照片。

这是我拍摄《老家·老院》的最后一张照片,没想到竟是"空镜头",这意味着一切归零

甚至跟我采访无关的老住户,只要有意愿,我从不吝啬地给予回报,尤其老两口都在家的,我就是费一通口舌也要给他们拍张合影。别看如今人手一机,拍照跟玩似的,其实老人们很少享受这种待遇。正因如此,我特别体谅他们,能多拍就多拍,不就费点事、花点钱嘛!一年多来,我至少送出去几百张照片,看着人们高兴的样子,就值!

3点44分骑到庆阳里,丁主任家的大门紧闭,我试着推了一下,倒是没锁着,喊了两声却没动静,我大着胆往屋里瞅瞅,见丁主任还在睡觉,于是敲了一下玻璃,这下屋里说话了,我闪开房门后退两三米等候,丁主任扒头一看是我,赶紧让我等会。我一个劲喊,不着急,多缓缓。几分钟过后,她打开门说,睡得晚,这几天血压有点高。我说,出来前也是犹豫再三,一想,还是来吧,早点把照片送给人伙,不还鲜亮点儿嘛!

我一张一张抽出来让丁主任看,虽然她领教过的我水平,但还是显得挺惊喜。借此机会,我说,上次不是有一家没拍屋里嘛,今儿送照片时补一下,您要能跟着更好。丁主任一边穿袜子一边说,没问题。这时,她闺女来了,连外套都没脱坐在床上翻看照片,一边看一边叫好,尤其觉得她妈妈那几张更帅。

说笑一会后,我们起身到桥口三条胡同李奶奶家,刚到门口丁主任就喊开了,李奶奶迎出来,一看又送来张照片,好高兴啊!刚走进屋,被我给拦住,掏出相机对着迎面的陈设就是一通拍,李奶奶看我仰着身子便说,要不把洗衣机挪开,我摆了摆手。李奶奶从柜子边把之前那张照片拿给我看,告诉我压上塑料膜了。我说那就把这张也压上吧!

刚才这张片子,应该是我的 100 个"老家·老院"的封镜之作,也算是最后的定格。我边收相机,边问李奶奶:"这是准备炸丸子?""不是,包棒面团子。""哎呀,我最爱吃这口,一般人包都包不上!""那就一会过来拿几个!"李奶奶还真当事了,把我们送到大门外,还一个劲地嘱咐。

返回庆阳里没进院子,而是直接去了李学成家,丁主任帮我叫开门,自己先回去了。李大爷跟我有说不完的话,他封上炉子走进屋来,顺手把我画的那张《大新街商铺分布示意图》和《西于庄猪栈分布示意图》递过来,说:"这张图老朱说了,没毛病。这张……有一处颠倒了。"我拿出笔按照他说的纠正过来,他满意地看着我。然后又聊起我留给他的一个题目:西于庄的红白事。他说,红事我还没找准人,白事没问题了,他们家过去开棺材铺的,对这里边的事门清。他散乱地讲了一些自己的经历,有的怪现象至今无法解释。说有一回开车去火葬场,一路倍儿顺,嘛事没有。可回来,说嘛打不着车,都检查了,全好好的,归其有人说了,在车跟前儿烧点纸吧,烧完纸再一起动,那个痛快!他说,出了正月,哪天上午把这位老先生约到这来聊。我想,要是聊得不错,可以再增加一个!

出了大新街还想再转一转,然后骑到西于庄大街口去厕所,出来开车锁时,迎面走过来曾采访过的周姨,我主动打招呼,她也说看着像我。我问最近有信了吗?她说有信了,想要钱的先走,但每平米的价钱没变。我劝她别着急,推着走。站在厕所跟前也没有更多好聊的,寒暄几句,也不好意思再往大街里走了,便与她告辞打道回府……

是不是到今天,可以说西于庄的采访全部结束了呢?不得而知,好像取决于我本人,似乎又不完全……

2015年5月

2015年5月17日(星期日)

气象详情：最高气温34℃　最低气温20℃
晴转多云　西南风3~4级

　　这些日子一直忙着整理采访日记，今天总算有了头绪，心情自然舒缓许多。

　　上周四给四哥去个电话，他正给同学忙活丧事呢，听着乱哄哄的声音，只说了几句话。一是问他最近西于庄有没有动静，他说，有

居委会的宣传墙上写着两句动情的标语「故居虽难舍，新家更美好」

服务大厅见不到多少来办手续的老住户

动静。好多"要钱的"（房子闲置）都走了。我又问，怎么没见拆房呢？他说，凡走了的，就在门上写个"拆"字，暂时都不动。最后告诉他，我想他了，他听后特别高兴，希望哪天一块坐坐。

下午夫人外出参加个活动，我独自站在窗前琢磨究竟干什么好，想来想去，决定再去西于庄。这是自3月11日以来的再次链接，中间形成了两个多月的"空白"。其实，这两个月也没怎么远离西于庄，只不过是在家里处理"后期"，另外也是有意克制自己不再跑现场，否则弄到何时算个头？这几天紧着给日记配照片、配插图，觉得有些内容还欠火候，就想得机会再丰富一下。此外，西于庄动迁在即，怎么也得去看看。

2点半从家出来，没想到外边跟下火似的，一时有点不适应，马路上的行人大多穿着半袖衫，而我还长裤长褂，骑到大红桥已是大汗淋漓。这次去西于庄，虽然理由找了一大推，其实还是奔着"花草"来的，去年拍摄"私家花园"的时机有点晚，所以趁着月季开得正旺,赶紧补上几个镜头。在西于庄大街与二条胡同交口,有几株月季长得跟树似的,整个枝头挂满了缤纷的花朵,也给破旧的老区平添了几分娇艳。

从纸厂大街绕出来,沿小辛庄大街往北,特意到"西于庄危改指挥部"看看。院子很空旷,靠西、靠北是两遛简易平房,墙面上挂着红底白字的大横幅"依法依规 公开透明 客观实际 合理补偿 特困帮扶 托底保障",院子以东立着若干玻璃橱窗,里边贴着公示文件和各类表格。三三两两的老住户走进院子,看不出他们来干什么。新添的电子显示屏倒是非常明确地闪烁着几行大字:"截止2015年5月16日第一期提前签约率……距离提前签约期结束还有48天 截止5月16日共签约931户",我停留片刻,又对着橱窗拍了几张告示就走了。

再次回到纸厂大街,走到头拐进城防里大街,然后由西于庄大街二条绕学堂西胡同至常关大街、西于庄后大道,奔清河沿大街、当铺西街……

看看表3点57分,整一个小时。

回到家,迫不及待地用凉水洗脸降温,然后打开电脑,把这篇日记写完。

艳丽的月季花,连小狗都舍不得离开

2015年5月31日(星期日)

气象详情：最高气温32℃　最低气温18℃
晴　东北风3~4级

昨上午，跟李大爷(李学成)定规今儿10点到他那去，与两个多月前说的那个开棺材铺的老住户聊聊。

这个"题目"还是振良给出的。春节刚过，他给我打电话，说北京有个博士对西于庄的婚丧嫁娶感兴趣，问我这方面情况多不多。说实话，西于庄有关这方面的民俗不是很多，原因很简单，就是太穷了，根本没有大操大办和讲究老例儿的条件。再加上西于庄自上世纪40年代才渐成气候，往来人员混杂，流动性很强，很难形成约定俗成的"定律"。但是，振良还是希望我再访访，他讲话，"我已经跟人家吹出去了！"

春节一过，我就开始扫听，因为李大爷(李学成)接触人多，就先给他"布置"了"作业"。不久，他悄悄告诉我找到了一个，过去他们家在附近开杠房，有关白事儿能说出个一二。我一听俩眼随即冒光，可李大爷却说有嘛事出了正月再说，后来又说等天暖和再说，这一摺就是好几个月。

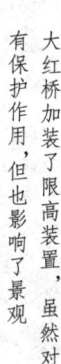
大红桥加装了限高装置，虽然对桥有保护作用，但也影响了景观

为嘛我又拾起这个事呢？有关西于庄的书稿都弄完了，想想还就这么个岔头儿没了结。当然我不去，振良也不会说嘛，只是西于庄没了，再想去也去不成了。上周四，屠前大街小卖部那大哥电话告诉我，他们准备召集几百人到区政府要说法，问我能不能报道。我跟他解释一番并叮嘱他千万别冲动，也用不着太着急，大热的天儿，悠着点！

周六周日夫人去蓟县游玩，我一个人在家反倒把"工作时间"拉长了，所以决定趁她没回来增加一趟西于庄。要是夫人在家，又该说我"自残"了！最近，不知为嘛，头老发晕，那天量量血压，低压60，高压90，我琢磨是不是查体时血抽多了，哈哈哈……

8点起来，一边做卫生，一边等电话，因为今天要发一组我重点策划的稿子，我不在班多少有些担心。临近9点没来信，估计没嘛问题了，于是提前一小时前往西于庄。

骑到大红桥，见桥口新立起了限高的铁架子，有两个工人正在涂刷油漆，我掏出相机拍了几张也算是记录吧！过了桥直接奔西于

因为讲得比较庞杂,不得已坐在龙王庙东胡同补记一些要点

庄"拆迁办",在距"拆迁办"几十米处聚集着几十个老住户,他们有的手拿"材料",有的趴在汽车前盖子上抄录着什么,而"拆迁办"大院却空空荡荡,我小心翼翼地赶紧从原道返回,然后去了大新街。

车子刚到大新街与清河街交口,就见李大爷(李学成)和邻居围在一堆闲坐,左眼贴着正方形纱布,虽然一只眼,可没等我到跟前就瞅见了我,并立马起身收起马札迎上来。我问眼怎么啦,李大爷告诉我,刚住了一个礼拜医院。等进了屋,李大爷才细致讲述这只眼的前因后果。十多年前他患上了青光眼,后来治好了,又过一段时间忽然看不见东西了,即便如此也没当个事,头些日子疼了一宿,实在坚持不了才去的医院,搽了一礼拜的药觉得差不多了,就去洗个澡,结果可能是拿热气一蒸,复发了,大夫说是眼球穿了孔。老爷子一听,毫不含糊地跟大夫说,眼球要是保不住就摘,本来就看不见东西,遇上点刺激又受不了,还不如摘掉算了。

闹了半天,李大爷还真的摘了一只眼。这个当口儿来找人家心里有些过意不去,见李大爷要忙着给我沏茶,叫我给拦住了。10点过了,李大爷主动给约访的那家打电话,老伴说剃头去了。我们开始聊"房子",正说半截呢,住对面的王强走进来。听他说,上周五约有几百人去了区信访办,那些当头儿的都躲了,一般工作人员根本解释不了。他说,公安、交警也去了不少,可老百姓倍儿规矩,自行车都放一边,所有人都在便道上站着,既不吵也不闹,就是想要个明确的说法。他手里拿着一份花3块钱买的,有关拆迁补偿的国家规定复印件。他给我举例子说,有地契、没地契的能一样吗,住好几辈的跟住几年的能一样吗……

李大爷怕我等着急,又打了个电话,对方说剃头的人太多得排队。结果11点都过了,这位久盼的大爷才赶过来。我们围着圆桌坐下来，开门见山聊起了"棺材"。

这大爷原在西于庄关帝庙大街住，家父早年在老城里学徒，后在北门内大街上的济昌材厂当领东。40年代末来到西于庄刘家开的"景兴成"材厂，因解放后姓刘的被镇压，他父亲就接过了材厂当掌柜的。还别说，他对这行非常清楚，讲起棺材的材质、样式、风格来头头是道。可是正讲到最带劲地方，老伴来电话催他回家吃饭，我回头一看表，好家伙都12点了。我怕断了线，一个劲地跟他定规下次的采访时间，不知为嘛他只能上午出来，没辙，那就熬到下周公休日再说吧。

天儿真够热的，到了家一下脱了个精光，就这样，汗还滴答答直流……

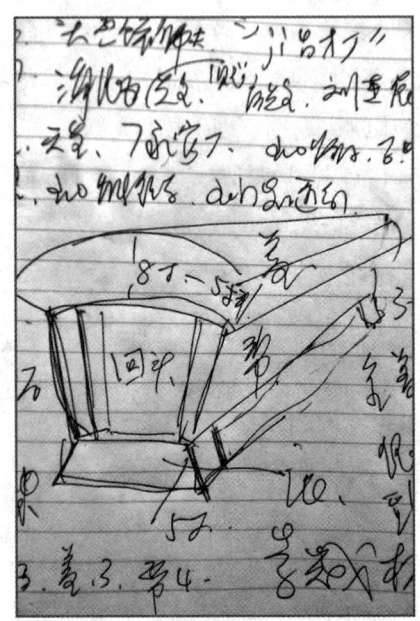

过去棺材制作有好多讲究，有些行话必须标注下来，好在我还能画上几笔

2015年6月

2015年6月6日(星期六)

气象详情:最高气温32℃ 最低气温21℃
雷阵雨 东北风2~3级

这几天,好像就等着礼拜六快点到来,恨不得赶紧把"棺材"这段弄完了。我怕有变故,昨天给李大爷(李学成)打了俩电话,第一个是为提醒李大爷一下,听口气有点拿不准,说问问对方再说。于

西于庄的主要街面上,传横幅,语言通俗易懂,随处可见宣

这是位于新红路上的"拆迁办",该地为西于庄天主教堂旧址

是下午4点又通个电话,告知没问题,我心里才高兴起来。

今晨洗漱完,正赶上夫人晨练打外面回来,手里提着"大福来"锅巴菜、果子、豆浆,让我趁热吃。别说,"大福来"锅巴菜就是好,吃起来口感特棒,要不老字号呢!

吃美了,一看表9点,还可以待上半小时再走,于是操起墩布擦地,不会儿汗就下来了,干了20多分钟,稍微喘了喘气,跟夫人打招呼,走人。

10点之前来到李大爷家,正好碰见朱大爷(朱广祺),我放好车跟他在路边聊了一下会,主要是拆迁补偿费的事,他说今天又有好些人找(政府)去了。因为他是个老党员,人又特别老实,只能对他说些安慰话。

李大爷听见我在外边的说话声,叫我进屋,嘴里不停的念叨:

"昨天我跟他说了,没说不来。有时也不好说,一有事就是急的!"我觉得李大爷推荐的这位被访者,始终笼罩一种莫名的神秘感,然而他不直说,我也不好追问,按常规几个月前就应该访完了,一拖再拖,似有隐情。我面带难色地说:"主要还是因为我上午出不来。本来今天也得加班,一想到跟您约好了,说嘛也得来。"李大爷有点过意不去,似乎又挺无奈,他说:"我不敢再打电话催他,他老婆子知道了又是事!""怎么,家里人不愿意?"我问,"嗨——别提了……"

李大爷把上礼拜我起这走了以后发生的事情说了一遍。这大爷回到家,可能跟他老婆子念叨了几句,这下不要紧,他老婆子马上把电话打过来,非问李大爷都说了嘛,李大爷坦率地告诉她,就聊了些西于庄的"白事",对方好像不大相信。不得已,李大爷带着我给他的《口述西沽》小册子登门解释,说人家是报社的,就想听听过去的老例儿。李大爷还特意给她翻看了那本小册子,她斩钉截铁地定下两条规矩:第一不能露出他老头的名字,第二不能给他拍照。

怪不得呢,原来这里边有事。我非常体谅李大爷的难处,有些半劝导地说:"没事,别往心里去。您这一说,我倒踏实了。后边他乐意说说就说说,不乐意就算!等于给您找事了。"李大爷听我这么一说,也像石头落了地。接着他指了指里屋墙上的挂钟说:"都11点了,估计是不来了!"我也就不想多待了,心想既然这事没办成,那就到四哥家串个门,于是起身告辞,走到屋子门口,我握住李大爷的手,十分郑重地向他表示感谢。

到四哥家,就大姐一个人守着老娘,她说老四两口子跟同学去西安了,二哥也有事,她来替班。我先跟躺在床上的老太太,又是握手又是问好,老太太的气色真不错。然后坐下来自然提起了拆

通知告示贴得到处都是，拆迁形势越来越紧迫

迁，当初那种兴奋劲一点都没了。我打心里同情他们，可又能说些什么？

从王家出来沿着屠前大街拐到纸厂大街又拐到小辛庄大街，看了看静悄悄的"拆迁指挥部"，然后调头从小辛庄大街拐进增产大街，从张家胡同横穿西于庄，看见好些胡同都贴着超大幅的《致西于庄地区居民群众的一封信》之一、之二等等，偶尔有几个居民站在一起议论着什么。

2015年6月13日（星期六）

气象详情：最高气温27℃　最低气温18℃
雷阵雨转多云　东北风3~4级

今天，终于把《西于庄采访日记》整理完毕，很累。没想到这个过程会如此漫长，从闪现写日记这个念头，到真的把笔落在纸上，这小套儿足足拉了一年多。也就是说，每去一趟西于庄，必须记下在那里的所作所为，长短不一，繁简不一，反正哩哩啦啦没断流，最后定格在2015年的6月6日，今天就算封笔后的小结。

俩月前就着手整理这部日记，只是没拿出整时间，往往在工作间隙看上一两篇，忙起来也就扔到脑后头了。总认为写都写完了，修修改改还不容易吗，可真一弄起来才发现并不这么简单，除语言通顺外，一些细节的表述必须调整到方便阅读的层面上来。特别是在这一年多里光闷头写了，到最后一清点才惊讶地发现，竟然鼓捣出了107篇、13万多字，我长这么大也没码出过这么多字的日记啊！

上小学时，正赶上"文革"，老师要求学生们早晨的"天天读"过后，必须写一篇日记，但是你要真按日记理解就错了，日记不能有任何跟政治无关的内容，假如写了，就会批评你是没有政治头脑的

采访日记要是来不及在电脑上敲字,就先记在本子上,免得一些细节忘了

糊涂虫。后来有人发明了日记"模板",像找到救命稻草一样地纷纷效仿,即把自己的"活思想"先暴露一下,然后耳边立刻想起伟大领袖的谆谆教导,或眼前忽然闪现一行大字:"……"由此把自己从迷途中拉了回来。再以后,听说一些人因为日记惹了祸,被打成叛徒、特务、反革命等等,他们的日记里充斥着资产阶级腐朽思想,甚至隐藏着反攻倒算的狼子野心。起那以后,受到惊吓,再不敢白纸黑字的随便乱写了。

我有个朋友坚持写日记30几年了,光日记本就码了一箱子,但他写日记从不让人看,甚至有些内容只有他自己才能看懂,那属于绝对的私密,我羡慕他的毅力,却不羡慕他的做法。

2006年6月,报社有个编辑约我写一写"拍客",当时别说写,我连这个词都没听过,于是她给我提供了几个网址叫我"补习补习",结果这一看就入迷了,所谓"拍客"就是一群"好摄之徒",利用博客平台发布自己的图片,这种随意性、包容性即刻吸引了我,于是在好友的帮助下也开通了自己的"博客日记",想不到一下坚持了10年之久。对于我这个患有"日记恐惧症"的人来说,怎么一下就治愈了呢?关键还是时代变了,心态变了。不过我在发布"博客日记"时,至少把握两个要点,一是以图为主,无图不发;二是不谈工作,少谈政治。多年下来,觉得也挺珍贵。

从2008年投入南市采访以来,先后完成了堤头、铃铛阁、西沽的口述史挖掘,但是几年来所付出的辛苦和点点滴滴的体会却没能留下任何文字,我似乎游离在历史采集的行迹之外,许多可供后人借鉴的经验教训包括有意思的趣闻,几乎成为缥缈的虚影。

在这次动笔之前,我特别担心会写成流水账,后来振良鼓励我说:"即便是流水账也有价值。"他还给我举了个例子,有一文人就爱记些闲白儿,可后来就从这些看似没用的文字中得到了许多有价值的线索,日记反而成就了他。振良的话多少给我一些启迪,渐渐地形成了一个写作思路:一是保持原汁原味,力图有情、有景、有人;二是避免与访谈录重复,着眼点放在过程和细节上。现在看来,我基本做到了,实现了日记与访谈的互补。即:日记主要回答何时、何地、何背景,访了何人、做了何事;访谈录主要回答被访者都讲了些什么。

西于庄采访日记从语言表述上突出了三个特点:第一,通过大量的人物对话,描绘出重点人物的性格特征。比如,四哥这个最早出现在日记里的原住民,几乎贯穿日记的全部,他的言谈举止具有一定的鲜活性。第二,通过大量的行程记录,勾勒出这一区域的地貌形态。比如,我在拍摄老街旧巷时,特意把"线路图"罗列下来,从哪进从哪出,把胡同与胡同的关联铺陈开来。第三,通过大量的内心流露,传递出丰富而真实的情感波动。比如,采访受挫后的无助与低落;迸发灵感时的欢欣与冲动;为求圆满的窘迫与自虐等等。正如天津社科院历史研究所所长张利民教授看后所评价的那样:"日记

采访日记几乎是在这种状态下完成的,我都不知道最后会写出这么多字

写得很生动,让我读起来放不下。"

西于庄采访日记还有一个看点也比较独到,那就是融进大量的配图,它不仅提升了日记的可信度,而且营造出阅读时的情景氛围。一开始"文"和"图"是交叉的两条线,几个月过后,我忽然产生干脆做成"图文日记"的构想,借以丰富日记的信息量和可视元素,采用插画和插图的方式将平静的文字"激活",文字侧重过程,图片侧重结果,特别是我把图片说明与每篇文字结合起来标注,更觉贴切、自然、有趣。

在最后对文图日记的"归拢"中,真是下了一番功夫。曾出现过有文无图或有图无文的情况,在反复掂量后,有文无图的日记,下狠心删掉了,有图无文的日记,根据图片记载做了补写。在选配图片时我主要考虑的是,不能跟访谈录使用的照片相同,单这一点,给自己增加了好大难度。比如,2014年9月和10月,正是我集中绘制"西于庄历史遗迹复原图"的时段,20多张配图几乎都穿插在了相关口述人的文字里,那么日记该怎么办呢?思来想去,忽然灵机一动,把那些定稿前构思的草图放了进去,客观上展现出每幅图画所形成的过程。

尾　声

　　这一百多天的采访日记,也可以看作是一整篇,因为它就一个主题——西于庄。日记就此打住,而后续的回访与探望并未停止,即使老区已经被拆得七零八落了,我还时不时地沿着街巷的旧痕在里面绕行,我想用镜头默默地伴着它的消失……

　　浏览十多万字的采访日记,最大的感慨便是光阴荏苒,要不是一个字一个字地将其敲下来,这些琐碎的记忆肯定会随着分分秒秒而流失,之所以凝固这个片段,起码替我回答了这本书所展现的内容是怎么来的,我究竟为此付出了怎样的心血,如果仅此而已,也就够了。

后 记

张 建

　　按当初的说法，2015年春节，西于庄的老住户就可以在新居里度过了。可是，春节来了，他们仍蜗居在被称为棚户区的老宅里。那年的除夕夜，我登上废弃的食品二厂楼顶，冒着严寒拍摄辞旧迎新的那一刻。面对被礼花映照出的简陋的屋顶和家家户户闪烁的微弱灯光，我不停地为他们祈福——让梦想尽早变成现实吧！

　　再有两个多月又该过春节了，至少还有三分之一的老住户依旧留守在那里。我隔些日子便会去那里看看，满眼都是被推到的房屋，随处都是残垣断壁，站在瓦砾上极目远望，很容易让人联想到电视里播放的战争与灾难，那种心境难以用语言表达。拆迁本来是个喜庆的事，可最后几乎都变成萧瑟的结尾。当我再次碰见曾经走访过的老住户时，他们明显地带着几分忧虑与无奈，甚至告诉我，谁谁谁已经不在了。他们没有兴致再谈论往事或讲述趣闻，不只因为他们处在悬而未决的恐慌中，还因为眼前那些活灵活现的生活气场消散了，那些写满故事的参照物坍塌了。

我庆幸自己采访西于庄动手早,在老住户心情愉悦的恬淡时光里,把西于庄的前世今生从不同角度得以复述,得以把现存的或消失的人文地貌,进行了现场实录和"历史复原"。因此,在这部记录即将问世之时,我真诚地感谢西于庄人对我的信任、理解和支持;感谢《今晚报》副刊部主任王振良先生对该选题给予的特别关注和帮助;感谢书法大家孙伯翔先生为该书题字,知名学者姜维群先生为该书作诗,更要感谢文史专家张利民教授为该书作序;感谢天津古籍出版社唐舰老师为此付出的辛勤与汗水。说实在的,我做口述史纯属误打误撞,既无理论基础,又无实践经验,之所以能维持到今天,全是圈内好友及老师们的辅导和提示,书中肯定多有瑕疵,还望谅解和指教。

2016 年 11 月 8 日

《问津文库》已出书目

(总计 54+3 种)

◎ 天津记忆

沽帆远影　刘景周著	59.00 元
荏苒芳华：洋楼背后的故事　王振良著	49.00 元
津门书肆记　雷梦辰原著/曹式哲整理	49.00 元
故纸温暖：老天津的广告　由国庆著	28.00 元
沽上文谭　章用秀著	38.00 元
百年留踪：解放桥的前世今生　方博著	39.00 元
南市沧桑　林学奇著	79.00 元
津沽漫记：日本人笔下的天津　万鲁建编译	39.00 元
忆弢盦：来新夏先生纪念文集　焦静宜编	92.00 元
与山河同在：天津抗日杀奸团回忆录　阎伯群编	38.00 元
楮墨留芳：天津文化名人档案　周利成著	30.00 元
布衣大师：允文允武的艺术名家阎道生　阎伯群著	30.00 元
口述津沽：民间语境下的堤头与铃铛阁　张建著	28.00 元
大地史书：地质史上的天津　侯福志著	29.00 元

丹青碎影:严智开与天津市立美术馆　齐珏著　　　　28.00元
立宪领袖:孙洪伊其人其事　葛培林著　　　　　　30.00元
津门开岁:徐天瑞日记解读　王勇则著　　　　　　58.00元
水产教育家张元第　张绍祖编著　　　　　　　　　36.00元
八年梦魇:抗战时期天津人的生活　郭文杰著　　　28.00元
沽文化诠真　尹树鹏著　　　　　　　　　　　　　48.00元
圈外谈艺录　姜维群著　　　　　　　　　　　　　38.00元
记忆的碎片:津沽文化研究的杂述与琐思　王振良著　38.00元
水产教育家张元第集　张绍祖编　　　　　　　　　58.00元
应得的荣誉：女医生里昂罗拉·霍华德·金的故事
　　[加]玛格丽特著/胡妍译　　　　　　　　　　38.00元

◎ **通俗文学研究集刊**
望云谈屑　张元卿著　　　　　　　　　　　　　　39.00元
还珠楼主前传　倪斯霆著　　　　　　　　　　　　38.00元
品报学丛.第一辑　张元卿、顾臻编　　　　　　　　38.00元
云云编:刘云若研究论丛　张元卿编　　　　　　　　38.00元
品报学丛.第二辑　张元卿、顾臻编　　　　　　　　32.00元
刘云若评传　张元卿著　　　　　　　　　　　　　32.00元
郑证因小说经眼录　胡立生著　　　　　　　　　　78.00元

◎ **三津谭往**
三津谭往.2013　王振良主编　　　　　　　　　　39.00元
三津谭往.2014　万鲁建编　　　　　　　　　　　39.00元
三津谭往.2015　孙爱霞编　　　　　　　　　　　48.00元

◎ 九河寻真

  九河寻真.2013 王振良主编   59.00元

  九河寻真.2014 万鲁建编   59.00元

  九河寻真.2015 万鲁建编   88.00元

◎ 津沽文化研究集刊

  《雷雨》八十年 耿发起等编   55.00元

  陈诵洛年谱 张元卿著   48.00元

  碧血英魂:天津市忠烈祠抗日烈士研究 王勇则著 98.00元

  都市镜像:近代日本文学的天津书写 李炜著   38.00元

  天津楹联述略 李志刚著   36.00元

  口述津沽:民间语境下的西沽 张建著   56.00元

  口述津沽:民间语境下的西于庄 张建著   108.00元

◎ 津沽名家诗文丛刊

  王南村集 王焕原著/宋健整理   68.00元

  严范孙先生古近体诗存稿 严修原著/杨传庆整理 48.00元

  星桥诗存 苏之銮原著/曲振明整理   58.00元

  退思斋诗文存 陈宝泉原著/郑伟整理   88.00元

  待起楼诗稿 刘云若原著/张元卿辑注   42.00元

  刘大同诗集 刘建封原著/刘自力、曲振明整理 88.00元

◎ 津沽笔记史料丛刊

  严修日记(1876—1894) 严修原著/陈鑫整理 138.00元

桑梓纪闻　马鸿翱原著/侯福志整理	42.00元
天津县乡土志辑略　郭登浩编	98.00元
严修日记(1894—1898)　严修原著/陈鑫整理	128.00元

◎ **随艺生活**

方寸芸香:藏书票里的书故事　李云飞编	98.00元
问津书韵:第十三届全国读书年会文集　杜鱼编	78.00元
开卷二〇〇期　董宁文、董国和、周建新编	168.00元